1 MONTH OF
FREE
READING

at
www.ForgottenBooks.com

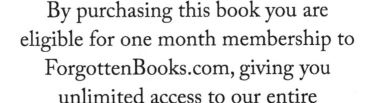

By purchasing this book you are eligible for one month membership to ForgottenBooks.com, giving you unlimited access to our entire collection of over 700,000 titles via our web site and mobile apps.

To claim your free month visit:

www.forgottenbooks.com/free373171

ISBN 978-0-266-31820-0
PIBN 10373171

This book is a reproduction of an important historical work. Forgotten Books uses
state-of-the-art technology to digitally reconstruct the work, preserving the original format
whilst repairing imperfections present in the aged copy. In rare cases, an imperfection in
the original, such as a blemish or missing page, may be replicated in our edition. We do,
however, repair the vast majority of imperfections successfully; any imperfections that
remain are intentionally left to preserve the state of such historical works.

LES

| HÉRÉTIQUES

D'ITALIE

DISCOURS HISTORIQUES

DE CÉSAR CANTÙ

TRADUITS DE L'ITALIEN

PAR ANICET DIGARD ET EDMOND MARTIN

SEULE TRADUCTION AUTORISÉE, REVUE ET CORRIGÉE PAR L'AUTEUR

TOME IV

L'HÉRÉSIE SCIENTIFIQUE

> Qui cathedram Petri, super quam fondata
> est Ecclesia, deserit, in Ecclesia non est : qui
> vero Ecclesiæ unitatem non tenet, nec fidem
> habet.
> S. CYPRIEN, *De Unitate Ecclesiæ.*

PARIS

LIBRAIRIE SAINT-GERMAIN-DES-PRÉS

PUTOIS-CRETTÉ, LIBRAIRE-ÉDITEUR

RUE DE L'ABBAYE-SAINT-GERMAIN, 13

1870

DISCOURS I.

Conflits de juridiction. — Politique catholique. — Bellarmin. —
Hérésie sociale.

Outre les canons fondamentaux, tels que la transmis-
sion du caractère sacerdotal par une cérémonie sacrée,
où intervient l'action divine, la subordination à un chef
infaillible, l'indissolubilité du mariage, et tout ce qui concerne la vie éternelle, matières dans lesquelles l'Église ne
fait aucune distinction de temps ou de lieux, elle qui est
immuable dans sa manière de prêcher le Christ et le
royaume des cieux; dans ses rapports avec l'ordre civil,
elle accepte des tempéraments suivant le caractère des
peuples et leur état moral.

Au milieu de tant de divergences accidentelles et
dogmatiques, l'unique but auquel se ralliaient uniformé-
ment les dissidents était d'abolir la centralisation de l'autorité pontificale, en opposant à la catholicité les natio-
nalités, à l'unité de la foi les opinions individuelles, et en
subordonnant le pouvoir ecclésiastique au pouvoir civil,
c'est-à-dire la conscience aux décrets du prince, le droit
au fait, la liberté à la permission, le for intérieur au for extérieur.

Tous les torts étaient-ils de leur côté?

Que l'autorité ait le devoir de réglementer les œuvres,
non pas celui de s'emparer des peuples, en sorte que les

deux pouvoirs restent indépendants chacun dans la sphère de leur compétence, c'est ce qu'avait mal compris le moyen âge, lorsque l'unique pouvoir qui eût survécu à la ruine de la société, le seul capable de contenir la domination brutale des Barbares et de protéger le peuple, était le pouvoir ecclésiastique. Il en sortit un droit nouveau, reconnu même par ceux à qui il imposait un frein, et qui défendait les faibles en vertu d'une autorité immédiate et directe ou émanée du souverain pontife [1]. En mettant les papes au-dessus des souverains, même au point de vue temporel, on parut transgresser le précepte « Rendez à César ce qui est à César; » les Césariens ne niaient point le droit canonique, ils discutaient seulement sur le point de savoir s'il ne convenait pas de lui subordonner le droit public, et Dante lui-même, monarchiste des plus absolus, tenait pour règle en cette matière que *illa reverentia Cæsar utatur ad Petrum, qua primogenitus filius debet uti ad patrem.*

L'État prévaut sur l'Église. A mesure que les gouvernements rétablirent l'ordre et reprirent de la vigueur, on retrancha à l'Église ce que la nécessité des temps lui avait attribué en dehors de la compétence qui dérivait de son essence divine : mais l'action réelle de la Réforme tendit à mettre le temporel au-dessus du spirituel au point d'oublier de rendre à Dieu ce qui appartient à Dieu. Les nations, ou pour mieux dire, ce

(1) Au douzième siècle, Hugues de Saint-Victor établissait d'une manière remarquable les limites des deux hiérarchies sociales. « *Illa potestas dicitur sæcularis, ista spiritualis nominatur. In utraque potestate diversi sunt gradus et ordines potestatum, sub uno tamen utriusque capite distributi, et velut ab uno principio deducti et ad unum relati. Terrena potestas caput habet regem; spiritualis potestas, summum pontificem; ad potestatem regis pertinent quæ terrena sunt, et ad terrenam vitam facta omnia; ad potestatem summi pontificis pertinent quæ sunt spiritualia, et vitæ spirituali attributa universa. (De Sacramentis, lib. II, p. 2, c. 4.)*

petit nombre d'individus qui s'arrogent le droit de parler
en leur nom, ne voulaient plus de l'unité théocratique ; on
voulait en reconstituant l'État le rendre entièrement indépendant de l'Église, et la protestation sembla un légitime
effort tenté pour dégager l'inviolabilité de la conscience du
droit encore obscur de la société moderne. Ce qui constitua
l'hérésie, ce fut non l'émancipation des liens qui subordon-
naient tout à la curie romaine, mais l'institution d'Églises
distinctes, nationales, et façonnées selon les exigences de
la société civile. On présentait sous de fausses couleurs la
grande lutte engagée entre l'Église et l'État ; il ne s'agissait
pas désormais d'affranchir l'âme du citoyen, mais au
contraire de l'asservir davantage, en revenant au paganisme.

Les princes reconnurent tout d'abord quel parti ils
pourraient tirer de la Réforme, en concentrant en leur
personne les pouvoirs de l'Église, et en confisquant ses
biens. Ce fut une maxime chez les Luthériens qu'un
pays devait accepter la religion que voulait le prince ;
Grotius range au premier rang parmi les droits inhérents
à la majesté impériale celui d'imposer sa religion à ses
sujets : *In arbitrio est summi imperii quænam religio publice
exerceatur ; idque præcipuum inter majestatis jura ponunt
omnes qui politica scripserunt.* Ceci implique, suivant
Böhmer, le droit d'instituer des docteurs, de régler le
culte, de réformer les choses sacrées et la discipline, de
diriger l'enseignement et la prédication, de soumettre les
causes sacrées à la juridiction criminelle, civile et pé-
nale, de trancher les controverses religieuses, de convoquer les conciles, de délimiter les diocèses et les paroisses.
Voilà bien l'absolue tyrannie, si elle eût jamais été appliquée dans la plénitude de ses conséquences, et si elle

n'eût pas été limitée par les constitutions écrites, auxquelles il fallut bien recourir après qu'on eut mis de côté
ce suprême gardien de la vérité, de la justice et du droit.
C'est ainsi qu'à la monarchie catholique du moyen âge se
substituait la monarchie politique des temps modernes,
avec l'unité et l'universalité du pouvoir public.

Comment
les papes
défendent
leur
autorité.

Ce que les protestants avaient obtenu tout d'un coup
par la révolte ouverte, certains catholiques s'ingénièrent
à l'obtenir par des expédients destinés à faire accorder
la conscience avec la toute-puissance que l'État convoi-
tait. Les princes qui avaient déclamé contre les abus ne
savaient pas se prêter aux remèdes; et, à l'encontre des
décisions de Trente, ils mettaient en avant les droits de
leur souveraineté : de là de nouveaux dissentiments, qui
jetèrent le trouble au sein de l'Église.

Quant au dogme, aucun catholique ne pouvait attaquer
l'autorité irréfragable du concile ; mais parmi les articles
il y en avait qui touchaient à la société séculière. Les prélats de Trente s'inquiétèrent peu de la partie qui appartient légitimement à la politique, et on les a accusés de
prendre pour un acte de rébellion envers Dieu ce qui n'é-
tait qu'une tentative d'affranchissement en face de l'arbitraire des pouvoirs humains. Effrayés des attaques dirigées contre leurs attributions les plus élevées, les papes ne
songèrent plus qu'à se défendre, si bien que, au lieu de
continuer à être à la tête du progrès comme ils l'avaient
été jusqu'alors, ils eurent l'air de prendre vis-à-vis de ce
progrès une attitude d'opposition ou tout au moins de
défiance dès qu'ils le virent se séparer d'eux. Des sé-
vérités d'un caractère tout à fait précaire, et imposées par
les circonstances, furent considérées comme l'exercice
d'une mission sacrée et durable, et l'Italie en cessant d'être

le centre de l'unité religieuse cessa d'être la maîtresse des sciences politiques.

Mais au premier moment Rome sut attirer à elle tous les éléments de la vie morale et intellectuelle, et retrouver sa vigueur en précisant le dogme, en corrigeant les mœurs, en posant comme absolues les vérités qu'elle enseigne, et en affirmant qu'en dehors d'elle il ne peut pas y avoir de salut (A). Elle ne se contenta pas d'arrêter les nations latines sur la pente qui les entraînait vers la Réforme, elle voulut même ramener à son obéissance les esprits fourvoyés; et reprenant l'offensive, elle parut faire revivre les temps de sa suprématie. Pour arrêter la recrudescence des tendances païennes auxquelles cédait la société d'alors, elle eût voulu faire cesser toute cette diversité d'églises particulières, de rites nationaux, persuadée que c'était faire preuve de force que d'exiger de nouveau cette unité absolue qui dans le principe avait sauvé la civilisation.

Comme les restes d'une armée mise en déroute se recomposent autour de l'état-major, ainsi les catholiques sentirent le besoin de se serrer autour du pape, et surtout les Jésuites, ranimés par le souffle du catholicisme rajeuni, s'appliquèrent à défendre le seul pasteur autour de qui devait se former un seul bercail.

La presse avait montré une puissance à laquelle le monde était loin de s'attendre, en se faisant aggressive et dissolvante sous l'étendard de la Réforme pour ébranler les pouvoirs établis, les souverainetés reconnues, et mettre à la portée de toutes les intelligences les objections accumulées depuis quinze siècles contre le catholicisme. Auparavant, ou elles s'éteignaient avec l'homme qui les avait inventées, ou elles restaient le partage des théologiens et des érudits : avec le pro-

testantisme, la religion ne fut plus la souveraine de
l'opinion, mais les contradictions et les attaques, justes
ou injustes, furent accréditées, et se répandirent partout.
Les catholiques voulurent d'un côté mettre un frein aux
excès de la presse, et de l'autre s'en servir pour consolider et reconstruire; on vit surgir alors de merveilleux
écrivains, même dans notre camp, qui se firent remarquer non-seulement par la profondeur de leur doctrine,
mais aussi par leur aptitude à l'expliquer et à la propager;
un nouveau champ de bataille grandiose s'ouvrit à la littérature théologique et historique pour défendre l'autorité et les droits de Rome. Le protestantisme, par cela
même qu'il s'était montré implacable dans sa lutte contre
le saint-siége, amena les apologistes à adopter de préférence cette méthode dans la défense de l'Église. Melchior
Cano, qui le premier fit un traité sur les *Lieux communs
théologiques*, soutient les droits du surnaturel et de la révélation, et donne pour bases à la foi les prophéties et
les miracles : néanmoins, cet auteur lui-même et ceux qui
l'ont suivi dans cette voie traitent plus de l'Église et de la
papauté que des preuves et des caractères de la révélation.

Les
Décrétales
et la bulle
*in Cœna
Domini.*

On appelait les Décrétales le code de la tyrannie papale,
empiétant sur l'autorité des évêques[1]. La critique sévère de
notre époque a fait justice des balivernes débitées à propos
des fausses Décrétales : on reconnaît qu'au fond elles n'ont
établi aucun point qui ne fût déjà accepté; qu'elles tendaient à défendre l'indépendance des évêques en face du
pouvoir envahissant des métropolitains; et cela non point
en inventant des documents, mais en recueillant des frag-

(1) Voir *les Hérétiques d'Italie*, tome I, Disc. III, page 93.

ments de constitutions et de lettres, soit royales, soit pontificales, qui étaient auparavant en vigueur, et à les formuler comme des lois. Pie IV nomma une congrégation pour les corriger, en rétablissant les passages mutilés, en dégageant le vrai texte de ce qui était apocryphe, et en rétablissant la chronologie. L'autorité pontificale fit justice des fausses Décrétales; elle en fut mieux affermie, parce qu'elle était plus mesurée, et elle régénéra le droit ecclésiastique, dont la collection put être publiée sous Grégoire XIII.

L'entraînement d'un récent triomphe ou le besoin de dissimuler une défaite se montrèrent dans les efforts faits pour ressusciter au milieu d'un siècle de doute et de négation les prétentions qu'à une époque organique avaient émises publiquement Grégoire VII et Innocent III; on vit affirmer de nouveau la prépondérance illimitée de l'Église sur l'État, la supériorité du pape sur toute juridiction, et la déchéance du souverain qui sortait du giron de l'Église catholique. L'acte où sont formulées nettement ces doctrines est la bulle dite in *Cœna Domini*, parce qu'on en faisait une lecture solennelle le jeudi saint de chaque année. Elle est ancienne et a été plusieurs fois augmentée; c'est Paul V qui y mit la dernière main : on la cite d'ordinaire comme le comble des prétentions papales. Laissons de côté les points d'une moindre importance, et dépouillons cette bulle de la phraséologie du temps et de la cour de Rome; en vingt-quatre paragraphes, elle excommunie les hérétiques quel que soit leur nom, ceux qui les défendent, ou lisent leurs livres, ou en détiennent, ou en impriment, ou les répandent.

Ceux qui appellent du pape au concile, ou des ordonnances du pape ou de ses commissaires aux tribunaux laïques;

Les pirates et les corsaires de la Méditerranée, et quiconque pille dans quelque mer que ce soit des navires naufragés que montaient des chrétiens ;

Ceux qui imposent aux peuples de nouveaux impôts ou taxes, ou péages, ou augmentent les anciens ;

Ceux qui fournissent aux Turcs des chevaux, des armes, des métaux, ou autres munitions de guerre, ou leur donnent des conseils ; ceux qui offensent dans leur personne les cardinaux, patriarches, évêques, nonces, ou les chassent des terres qui leur appartiennent; ceux qui insultent les juges ou les procureurs commissionnés pour les causes ecclésiastiques, ou interdisent la publication des lettres apostoliques ou des monitoires ;

Ceux qui amènent les causes et les personnes ecclésiastiques devant le for séculier, et font des lois contre la liberté ecclésiastique, ou troublent les évêques dans l'exercice de leur juridiction, ou mettent la main sur les revenus de l'Église et sur les bénéfices, ou qui lèvent des taxes sur le clergé ;

Ceux qui troublent les pèlerins en route vers Rome, ou qui y demeurent, ou qui en reviennent ;

Ceux qui occupent ou ravagent une portion de territoire appartenant à l'Église, y compris la Sicile, la Corse et la Sardaigne ; et aussi les Marches, l'Ombrie, la principauté de Bénévent, Avignon, le comtat Venaissin, et en somme tout ce qui appartient *de fait* à l'Église. L'excommunication est étendue à ceux qui mettent la main sur les vases d'or et d'argent, les habillements sacerdotaux, le mobilier, sur les papiers et les biens dépendant du palais apostolique. L'absolution ne sera accordée qu'à ceux qui préalablement auront cessé les voies de fait, ou qui auront annulé les actes contraires à la liberté ecclé-

siastique, en les faisant disparaître des archives et des
livres : il n'est aucun privilège ou grâce quelconque qui
puisse mériter au coupable l'absolution, excepté à l'article de la mort, et dans ce cas même on doit exiger
de lui des garanties de repentir et des satisfactions. La
condamnation frappe aussi quiconque empêche de publier
ou d'exécuter la bulle.

Les réactions vont toujours aux excès, et dans une *Prétentions*
lutte avec ou sans armes la meilleure défense c'est *du pouvoir*
l'attaque. Les princes qui d'abord avaient résisté au *séculier.*
concile de Trente, et qui en l'acceptant avaient fait des
réserves pour les coutumes et les lois de leurs États, n'é-
taient rien moins que disposés à faire des concessions :
chacun d'eux ne pensa plus qu'à briser les barrières
qu'opposaient au pouvoir absolu les immunités du clergé
et à miner peu à peu la juridiction ecclésiastique. Les
rois se figuraient que pour être vraiment indépendants ils ne devaient laisser aucune ingérence à d'autres
dans leur propre pays, et ne reconnaître chez eux aucune
autorité en dehors de leur centralisation. Les princes les
plus catholiques eux-mêmes, aveuglés par ces prétentions, effrayèrent parfois les papes en les menaçant de
délaisser la messe pour la cène et pour le prêche : avec
ces épouvantails ils les amenèrent à leurs fins. D'autres,
sans aller aussi loin et reniant la logique, s'efforçaient
de dépendre le moins possible de Rome, chatouil-
laient les ambitions nationales, et sous prétexte d'indépendance tendaient à isoler les ecclésiastiques de leurs
États d'avec ceux des autres, et à empêcher les communications directes avec le chef spirituel, en formant des
Églises spéciales, nécessairement dociles au pouvoir
local par le bon plaisir duquel elles existaient, et qu'un

auteur moderne a surnommées les avortons du protestantisme [1].

La supériorité des conciles sur le pape, thèse soutenue
dans les assemblées de Constance et de Bâle, fut maintenue par les Allemands; les Français en firent la base
des libertés gallicanes, et reconnurent l'infaillibilité du
pape alors seulement qu'il est d'accord avec l'assemblée
de l'Église [2]. Dans l'Église gallicane elle-même, on ne
discutait pas sur la liberté individuelle, mais bien sur la
distinction des deux pouvoirs et sur leur indépendance
réciproque; on n'y faisait pas allusion à la liberté de conscience. Or, admettre une opposition, ce n'est pas renier
ceux qui disputent; lors même qu'on ne parvient pas à les
accorder, l'Église et l'État existent, puisqu'ils sont en lutte.

L'exéquatur. Pour enlever tout prétexte aux déclamations contre
l'avidité des prélats, on avait décidé que leurs parents
n'hériteraient point de leur fortune, mais bien l'Église
romaine; aussi le pape envoyait-il dans le monde entier des collecteurs. De là dérivèrent des controverses
et des disputes inextricables entre les héritiers et les
administrations ecclésiastiques, des troubles de possession, surtout sous les papes très-sévères comme Pie V.
En alléguant leur devoir de veiller à l'exécution des
legs pieux, les évêques réclamaient le droit de voir les
testaments; il en résultait que les secrets de famille
étaient dévoilés, et qu'on exploitait de prétendues fraudes,

---

(1) A. VINET, *Essai sur la manifestation des opinions religieuses:*
Paris, 1842.

(2) Dumoulin disait que les décrets du concile de Trente « ne peuvent
le moins du monde être reçus sans violer la majesté royale et sa justice,
sans fouler aux pieds l'autorité des trois états qui existent en France,
l'autorité de la cour, celle du Parlement et la liberté du peuple chrétien ». *Conseil sur le fait du Concile.*

comme le firent plus tard les gouvernements modernes. La prohibition du concubinage entraînait comme conséquence le recours à la force pour rompre des unions temporaires, et les tribunaux ecclésiastiques voulaient dans ce but avoir leurs sbires et leurs prisons. Toutes ces prétentions parurent aux gouvernements des actes d'usurpation, et l'opposition fut telle, que, affectant de considérer le pape comme un étranger qui prétendrait envahir avec sa juridiction universelle la juridiction particulière du prince, ils soumirent ses actes et ses décrets à l'examen préalable, aux formules d'exéquatur et de *placet* (B.), qui n'étaient accordées qu'après vérification pour reconnaître si « les droits de l'État n'étaient lésés en rien ».

La bulle *in Cœna Domini* fut repoussée en beaucoup d'endroits, et acceptée ailleurs sous la réserve qu'on la modifierait dans son application. Venise, en dépit des insistances du nonce, la rejeta; Albuquerque, gouverneur de Milan, lui refusa l'*exequatur ;* à Lucques, les décrets promulgués par les agents pontificaux n'étaient considérés comme obligatoires que moyennant l'approbation du magistrat; les ducs de Savoie conféraient des bénéfices réservés au pape : les évêques de la Toscane laissaient adoucir dans leur application ces rigoureuses mesures. Mais les moines rivalisaient de zèle pour que la bulle fût admise dans toute sa rigueur : malheur à ceux qui parlaient de taxes sur les biens ecclésiastiques! Le clergé, ayant refusé l'absolution à des magistrats, fut la cause de tumultes à Arezzo, à Massa sur mer, à Montepulciano et à Cortone. On prodiguait l'épithète d'hérétiques, car on considérait comme tel quiconque désobéissait à un ordre émané du pape.

A Gènes, il était défendu de tenir des réunions chez les   Conflits

Jésuites, sous le prétexte qu'on y fomentait des intrigues électorales; l'Inquisition y fut toujours contenue dans de justes limites, et après 1669 elle fut soumise à la junte de juridiction ecclésiastique. L'archevêque Étienne Durazzo, martyr de la peste de 1556, eut à soutenir d'interminables discussions avec le doge sur la place qui lui était due dans le chœur, ainsi que sur le titre d'éminence; et faute d'avoir reçu satisfaction, il refusa de couronner le doge ; la lutte se prolongea même après la démission de l'archevêque.

Les gouverneurs de Milan opposaient aux réformes de Charles Borromée les droits de la couronne, et le sénat les privilèges de l'Église milanaise : aussi Pie V en écrivant aux magistrats de la cité leur rappelait-il que *nulla re magis sæcularis potestas stabilitur et augetur, quam amplificatione et auctoritate ecclesiasticæ ditionis; quidquid ad spirituale patrimonium firmamenti et virium accedit, eo temporalis status maxime communitur ; nam observantia et pietas principum et magistratuum in ecclesiarum antistites, populos ipsis adeo præbet obedientes, ut fatendum sit regnorum ac statuum incolumitatem uno illo ecclesiastici juris præsidio tanquam fundamento contineri, quod utinam contrariis ad multorum exitium exemplis non pateret.*

Nous avons déjà parlé de saint Charles. Son cousin et successeur, Frédéric Borromée, dut aller deux fois à Rome à propos de ces disputes; il menaça des censures ecclésiastiques quiconque trafiquerait avec les Suisses et les Grisons hérétiques, et excommunia le gouverneur, parce que, en interdisant les risières dans les environs de Milan il s'était arrogé un droit de juridiction sur les propriétés du clergé [1].

(1) Quelques ecclésiastiques empêchaient l'écoulement des eaux à

La situation du royaume de Naples était plus complexe, à cause de sa dépendance féodale vis-à-vis du
saint-siège. Philippe II, roi d'Espagne, admit avec quelques restrictions les décrets du concile de Trente; il ordonna, le 2 juillet 1564, au vice-roi de Naples de les
publier, pour les faire observer aussi dans ce pays, protestant néanmoins contre toute clause qui dérogerait aux
privilèges régaliens, au patronage royal, ou aux autres
droits de la souveraineté. Le régent, après un examen
attentif des canons de Trente, y trouva plusieurs points qui
préjudiciaient à ces droits. Par exemple le concile inflige
l'excommunication et une amende à quiconque imprime
des livres traitant de matières sacrées sans la licence de
l'évêque; or, disait-on, si la censure appartient à l'Église,
il appartient au prince de consentir ou non à l'impression. Dans certains cas on accorde aux évêques le pouvoir
de procéder contre des ecclésiastiques et des séculiers,
non-seulement par voie d'excommunication, mais encore
par l'exil ou par d'autres peines pécuniaires et même
corporelles; or l'exécution doit être réservée au roi. Les
évêques ont aussi été investis par le concile du droit
d'approuver les maîtres et les professeurs, droit qui
attaque l'autorité du prince et celle des universités. Pour
fonder de nouvelles paroisses ou des séminaires, l'évêque
a la faculté d'imposer au peuple des décimes, des obla-
tions, des collectes; tandis que ce droit est de son es-

travers leurs propriétés; partant, ils gênaient la liberté des aqueducs,
consacrée par un des plus utiles et des plus anciens statuts du Milanais,
et qui est la cause de sa grande prospérité agricole. Saint Charles,
considérant *hac in re non de Ecclesiæ ejusque ministrorum damno, sed de
utilitate evidenti agi*, ordonna de cesser cette opposition. (*Édit du
21 août 1572.*)

sence inhérent à la souveraineté, et complétement étranger
à la puissance ecclésiastique. De même la visite et l'administration de tous les établissements de charité, des
hôpitaux et des confréries, la révision de leur comptabilité, le droit de commutation de volonté en matière de
testament, celui d'infliger des peines aux laïques et aux
patrons qui se rendent coupables de malversation dans
l'administration des revenus d'église, ou de falsification
dans leur comptabilité, le fait de soustraire aux tribunaux
séculiers les clercs tonsurés, tous ces divers actes sont
autant d'empiétements sur la juridiction civile. Dans le
royaume de Naples, une antique coutume autorisait à
annuler et à révoquer les censures injustes, ce que le concile défendait absolument; il frappait aussi d'excommunication et allait même jusqu'à priver de leur droit de souveraineté les princes qui permettaient le duel; quant aux
duellistes et à leurs témoins, outre la censure, il leur
infligeait la confiscation des biens et les décrétait d'infamie perpétuelle.

Malgré ces réclamations on laissa publier les canons du
concile dans le royaume, mais sans aucune promulgation
officielle, et on les regarda comme non avenus toutes les fois
qu'ils semblaient porter atteinte à la régale. Aucune bulle
ou aucun rescrit venant de Rome n'était valable sans l'*exequatur regium,* et comme le pape s'offusquait de ce procédé, Philippe II, dans une lettre lui recommanda de ne
pas s'exposer volontairement à faire l'expérience de ce
que pourrait tenter un puissant monarque poussé aux extrémités.

La bulle *in Cœna Domini* fut l'occasion de nouveaux conflits : le vice-roi duc d'Alcala s'y opposa résolûment jusqu'à
menacer d'arrestation les libraires qui l'imprimeraient;

une personne fut condamnée aux galères pour avoir publié
le livre de Baronius contre le privilège d'exemption, nommé
la *Monarchie sicilienne*, privilège qui donnait au roi les in-
signes et les droits de légat pontifical (C). Par contre, les
évêques prétendaient à la juridiction en matière testamentaire, et au droit de conserver pendant un certain temps
les biens de quiconque décédait intestat, pour en appliquer
une partie aux suffrages du défunt; dans les cas mixtes,
c'est-à-dire toutes les fois qu'il s'agissait de sacrilége,
d'usure, de concubinage, d'inceste, de parjure, de blasphème, de sortilège, ils soutenaient que la poursuite pouvait être déférée au for ecclésiastique ou au for séculier,
selon que la plainte avait été d'abord portée à l'un ou à
l'autre : de là d'inextricables altercations. Le peuple y
trouvait son compte : en effet un impôt d'un ducat ayant
été mis, en 1582, sur chaque tonneau de vin, le capucin
frère Lupo se mit à menacer au nom du ciel d'un lourd
châtiment quiconque en ferait ou exigerait le payement. On
peut s'imaginer le bon accueil qu'on fit à de pareilles exhortations; les choses allèrent à ce point qu'il fallut suspendre l'impôt. Maints évêques, en vertu de la fameuse
bulle, prohibaient la perception des gabelles dans leur
diocèse : la place de Nido à Naples refusa le payement d'une
taxe nouvelle, parce qu'elle n'avait pas été approuvée par
Rome. Le pape encourageait cette résistance, et menaçait
même de mettre la ville en interdit. On renvoya du confes-
sional et on priva du viatique quiconque avait opiné en sens
contraire dans les conseils du vice-roi, et ce fut à grand'
peine que le célèbre régent Villani obtint l'absolution à
son lit de mort.

Par suite, il y eut souvent conflit entre les devoirs du
sujet et ceux du chrétien, sans qu'on vît d'ouverture à

transaction. Ajoutez à cela les citations devant la cour de
Rome, et les visiteurs apostoliques que le pape envoyait
dans le royaume pour exiger des décimes, pour examiner
les aliénations illégitimes des biens ecclésiastiques et pour
vérifier si les conditions imposées aux legs pieux avaient
été exécutées, afin que dans le cas contraire le bénéfice
en fût attribué à la fabrique de Saint-Pierre.

Des privilèges ecclésiastiques que s'attribuait l'autorité
séculière rendaient la Sicile indépendante de Rome, mais
la soumettaient à l'Espagne et à l'Inquisition; celle-ci avait
dans cette île plus de pouvoir que dans aucun autre pays de
l'Italie, attendu que les inquisiteurs éludaient la juridiction
des évêques, bravaient la résistance des vice-rois, et opposaient aux excès de pouvoir des barons l'action secrète
des *foristi* ou familiers du Saint-Office. Le duc de Terranova ayant envoyé aux galères un orfèvre voleur, un
ordre venu d'Espagne lui enjoignit de le relaxer, parce
qu'il était familier du Saint-Office, de lui payer deux cents
écus à titre d'indemnité et de faire pénitence publique. Un
certain Mariano Alliata, familier lui aussi, avait été banni
en 1602; le Saint-Office ordonna aux juges de le rappeler;
et comme ceux-ci n'obéissaient pas, ils furent excommuniés. L'archevêque les ayant relevés de l'excommunication, le Saint-Office l'excommunia lui-même. Celui-ci recourt au vice-roi, marquis de Feria, qui envoie contre les
inquisiteurs deux compagnies de hallebardiers avec le con-
nétable et l'exécuteur des hautes œuvres : les inquisiteurs
de leur côté lancent l'excommunication des fenêtres du
couvent contre ces envoyés et contre ceux qui leur prêtaient main-forte : les soldats répondent en enfonçant les
portes du couvent, mais à la vue des moines tranquillement assis en cercle, ils n'osent leur faire violence; à la

fin le dissentiment est arrangé par le retrait de l'interdit et la consignation du délinquant aux inquisiteurs [1].

Les princes toléraient avec peine ces restrictions apportées à leur autorité, et voyaient d'un mauvais œil que le Saint-Office ne se contentât pas de rendre des jugements, mais introduisît peu à peu une force armée indépendante, qui brisait l'unité de gouvernement. De là un ensemble de litiges qui fait sourire de pitié notre époque, mais qui au fond avaient alors le caractère de questions constitutionnelles, où ·la liberté apparaissait sous la soutane du prêtre, comme de nos jours elle se montre sous la robe de l'avocat et du magistrat. Anciennement cette liberté n'était connue que sous la forme de privilèges, et ils étaient si nombreux, si variés, défendus avec un soin si jaloux par les corporations ou par l'énergie individuelle, qu'ils constituaient un ensemble vigoureux et suffisant de garanties publiques. L'Église avait été la première à conquérir et à assurer ses libertés, et souvent elle protégea les libertés publiques ou individuelles qui paraissaient menacées. Lorsque la monarchie absolue les eut absorbées toutes, il parut à beaucoup de peuples que les immunités de l'Église, plus ou moins respectées, seraient une compensation plus ou moins suffisante aux franchises que leur avaient enlevées les princes; partant ils se firent les champions des immunités ecclésiastiques.

Mutilée par les exigences des princes, la politique romaine parut se retourner et favoriser de préférence les peuples, parce qu'elle reconnaissait leurs droits et mettait quelque chose au-dessus de l'omnipotence de l'État et du roi. Le lecteur qui nous a suivi dans nos études a pu voir

(1) Chronique manuscrite existant à la bibliothèque communale de Palerme, 2, 9. E. 55.

comme cette politique a toujours eu une prédilection pour les gouvernements électifs, pour le suffrage populaire, pour la prépondérance des hommes vertueux : à l'absolu du pouvoir royal elle a toujours opposé la loi de Dieu, c'est-à-dire la justice éternelle. C'était l'époque où triomphait la puissance des princes; mais des princes ayant pris la place de la royauté absolue, le droit nouveau y substitua les domaines héréditaires, l'omnipotence parlementaire, c'est-à-dire la suprématie du nombre et de la force. Une fois l'autorité divine ébranlée, il fallut chercher de nouveaux fondements aux devoirs des individus et des nations.

Albéric Gentile. Ammirato. Paruta, Botero.

Parmi les penseurs italiens qui se détachèrent de l'Église, nous avons déjà nommé Albéric Gentile. Fondateur de la science du droit public, il séparait celui-ci de la religion, et voulait que les différences de foi et de culte n'eussent aucune influence sur les relations d'État et sur les ambassades. Cependant chez les publicistes d'alors on sent, malgré qu'ils soient protestants, la réaction catholique, et on ne les voit plus, à l'exemple de Guichardin et de Machiavel, faire parade d'immoralité, afficher l'indifférence entre le bien et le mal et une espèce de culte pour le succès, quels que soient les moyens employés. Beaucoup de nos compatriotes ont suivi cette voie, sans y laisser de traces remarquables. Scipion Ammirato défend la cour de Rome, et, suivant lui, elle n'a pas été la cause du démembrement de l'Italie, qu'il préfère du reste à une « union mal affermie et pire qu'un replâtrage », union qu'on ne pourrait obtenir sans la ruine du pays. Paul Paruta, admirateur passionné de la liberté de sa chère Venise, fut l'historiographe de la guerre qu'elle eut à soutenir contre les Turcs, véritable épopée de la réaction catholique. Nous pouvons retrouver tous les sentiments que cette réaction fit naître en son âme dans son Soliloque sur sa propre vie. Jean Botero, Piémontais, secrétaire de saint Charles et de Frédéric Borromée, dans sa *Ragione di Stato,* fonde toute une théorie de gouvernement sur l'Évangile, c'est-à-dire sur la justice et sur l'humanité; théorie en parfaite contradiction avec les principes de Machiavel, qu'il combat toujours et ne nomme jamais [1]. Admettant l'hypothèse qui fait de l'État « une puissance stable, établie sur les peuples », Botero justifie trop les moyens employés pour sa conservation ; il approuve la Saint-Barthélemy, tandis qu'il regrette l'expulsion des Maures de l'Espagne et qu'il loue la France d'avoir accordé la liberté du culte aux protestants. L'orgueil et la puissance, suivant lui, ont engendré les vices du clergé, qui ne devrait avoir d'autre autorité que celle que donnent la modération et le désintéressement. Dans sa *Regia Sapientia*, il trace des règles pour la conduite des rois, empruntées à l'Écriture, et dont Bossuet s'est peut-être inspiré pour sa *Politique tirée de l'Écriture sainte.*

Mais les protestants libéraux n'aboutissaient qu'à la négation, soit qu'ils résistassent au despotisme au nom du droit et non du devoir, soit qu'ils se fissent les champions de ce criticisme maladroit qui voit les plaies, non la difficulté du remède, et qui, détruisant le respect, pousse à la désobéissance. Ils accusaient les catholiques de légitimer la résistance aux représentants de l'autorité; ils leur reprochaient de vouloir que l'Église, elle aussi, eût sa part de puissance, au lieu de la laisser se concentrer tout entière aux mains des princes; de supposer

---

(1) Botero professe cette doctrine dans les *Uffizi del Cardinale,* liv. I, page 64.

quelque chose de supérieur et d'antérieur aux pactes sociaux, tandis qu'eux ne faisaient dériver les obligations
que des lois; enfin, d'enseigner avec saint Thomas que
l'obéissance aux rois est subordonnée à l'obéissance due à
la justice.

Les théologiens d'Italie soutenaient que l'autorité du
pape est supérieure aux prérogatives de la puissance politique, attendu que la première est de droit divin [1]. Ré-
pondait-on que le droit des princes, lui aussi, devait
avoir une origine divine, car sans cela il manquerait de
base? ils n'hésitaient point à répondre à leur tour que
la base pouvait en être dans le peuple, fortifiant ainsi
la souveraineté du droit des princes, c'est-à-dire le droit
que Dieu a conféré aux sociétés de pourvoir à leur propre
gouvernement toutes les fois qu'elles en manqueraient;
ils ajoutaient que ces sociétés ne peuvent cependant violer
les droits acquis ni substituer le caprice de la foule aux
institutions légitimes.

Bellarmin
et
Antarelli.

Le théologien qui personnifia en lui ces idées fut Robert Bellarmin, jésuite de Montepulciano (1542-1621).
Selon lui la puissance civile dérive de Dieu : faisant abs-
traction des formes particulières de monarchie, d'aristocratie et de démocratie, il donne à cette puissance pour
base la nature humaine, et comme elle n'est incarnée
dans aucun homme en particulier, elle appartient à la

---

(1) Cette théorie fut de nos jours ressuscitée par Gioberti dans le
Primato et dans les *Prolegomeni*. Le père Ventura a dit que « le pouvoir
« politique devait être subordonné au pouvoir ecclésiastique au même
« degré que le pouvoir domestique l'est au pouvoir politique ». Con-
sultez aussi sur cette matière AUDISIO, *Diritto pubblico della Chiesa e
delle genti cristiane*, vol. 3, Rome, 1863, ouvrage traduit en français par
le chanoine Labis, professeur au grand séminaire de Tournay, Paris, Le-
thielleux, 1856.

société tout entière. Celle-ci ne peut l'exercer par elle-même, d'où il suit qu'elle est forcée de la transférer à une personne ou à plusieurs; que le peuple peut à son gré établir soit un roi, soit des consuls, soit d'autres magistrats, et qu'il a aussi le droit de les changer [1].

La mission principale et immédiate de l'Église, c'est l'ordre spirituel; celle du prince, c'est l'ordre temporel. Si le prince empiète au détriment des âmes, l'Église doit le rappeler à l'ordre, et même prononcer sa déchéance.

La suprématie du pape échappe à toute espèce de tribunal, le pape étant l'âme de la société, dont la puissance temporelle n'est que le corps [2]. Cependant il ne doit s'immiscer dans les affaires de la politique, que dans les pays qui relèvent de lui; il y a plus, il est licite de lui résister toutes les fois qu'il trouble l'État, et d'empêcher qu'on lui obéisse. Il ne peut déposer de son plein gré les rois, à moins qu'ils ne soient ses vassaux; il peut bien en transférer le royaume à d'autres, lorsque le salut des âmes l'exige, et chaque fois qu'il s'est prononcé, une nation doit cesser de leur obéir [3].

---

(1) De laïcis, lib. III, cap. 6 : *Certum est politicam potestatem a Deo esse,..... Jus divinum nulli homini particulari dedit hanc potestatem ; ergo dedit multitudini..... Respublica non potest per se ipsum exercere hanc potestatem : ergo tenetur eam transferre in aliquem unum, vel aliquos paucos... Pendet a consensu multitudinis constituere super se regem, vel consules, vel alios magistratus... Sublato jure positivo, non est major ratio cur ex multis æqualibus unus potius quam alius dominetur.....*

(2) *Summus pontifex simpliciter et absolute est supra Ecclesiam universam et supra Concilium generale, ita ut nullum in terris supra se judicem agnoscat.* De Concilii auctoritate, cap. 17.

(3) *De romano pontifice capite totius militantis Ecclesiæ*, II, 29. *Pontifex ut pontifex, etsi non habet ullam mere temporalem potestatem, tamen in ordine ad bonum spirituale habet summam potestatem disponendi de temporalibus rebus omnium christianorum.*

Ce système, tout à la fois juridique et historique, est
celui que nous avons exposé comme dominant dans les
temps où l'on professait le règne du Christ. Bellarmin
préfère à la monarchie pure celle qui est tempérée par
l'aristocratie; et si, lui aussi, affirme que le pape peut faire
de l'injustice la justice, il convient de rappeler qu'Hobbes
attribuait le même droit aux rois[1].

L'œuvre de Bellarmin déplut souverainement à Naples
et à Paris; elle ne fut pas davantage agréable à Rome, et
Sixte Quint la mit à l'Index, mais contre le vœu de la
Congrégation, en sorte qu'elle ne tarda point à en être
rayée : une preuve suffisante du mérite de cet ouvrage,
c'est l'apparition de vingt-deux livres composés pour le
réfuter[2]; bien plus on alla jusqu'à ériger des chaires spéciales pour le combattre.

En 1585 parut un *Avviso piacevole dato alla bella Italia da
un giovane nobile francese*. C'est, au dire de De Thou, l'œuvre de François Peratto, seigneur de Maizières, calviniste.
L'auteur de ce libelle y a entassé tout ce qu'ont pu dire de
pis contre les papes les classiques italiens et d'autres; il

---

(1) *Reges quæ imperent justa facere imperando quæ volent injusta.*
HOBBES, De cive, 112. L'opinion attribuée à Bellarmin se fonde principalement sur le *De Romano pontifice*, lib. IV, c. 5, mais le dernier point
est ordinairement laissé dans l'ombre.

(2) L'*Antibellarmin* d'Adam Scherzer; un autre de Samuel Weber; le
Contrat Antibellarminien de Conrad Vorstius; l'*Antibellarmin biblique*
de Georges Albrecht; le *Collège antibellarminien* d'Amand Polano; les
Disputes Antibellarminiennes de Louis Crell; le *Bellarmino enervato* de
Guillaume Amesio; et nous passons les autres sous silence, notamment
les réfutations du roi Jacques Stuart. Duplessy-Mornay écrivit aussi
« *le Mystère d'iniquité,* ou *Histoire de la Papauté,* livre où l'on voit par
quels progrès elle est arrivée à son apogée, quelle fut l'opposition que
lui firent de siècle en siècle les gens de bien, et où l'on défend les droits
des empereurs, des rois et des princes chrétiens contre les assertions
des cardinaux Bellarmin et Baronius ». Saumur, 1611.

soutient que le pape est l'antéchrist, et que, pour le bien de l'Italie, il faudrait l'exterminer. Bellarmin répondit au libelle par son *Appendix ad libros de summo pontifce, quæ continet responsionem ad librum quemdam anonymum;* il y soutient que la beauté de l'Italie « consiste en ce qu'elle n'a été souillée par aucune tache d'hérésie ni de schisme ».

Néanmoins ce qui prouve combien il sentait le besoin de ménager les opinions courantes, ce sont certaines instructions par lui données à un évêque, son neveu; il lui dit, entre autres choses : « Nous vivons à une époque où il est « fort difficile de défendre les libertés ecclésiastiques, sans « encourir l'indignation des pouvoirs séculiers. D'un autre « côté, si nous sommes timides ou négligents, nous offen- « sons Dieu et son glorieux vicaire. Il faut que par notre « manière d'agir nous prouvions aux princes et à leurs mi- « nistres que nous ne recherchons point les occasions de « nous heurter avec eux, mais que la seule crainte de Dieu « et l'amour de son nom nous déterminent à prendre la « défense des libertés de l'Église. De ce que nous nous « sommes engagés dans un combat légitime, cela ne nous « empêche pas d'apprécier la bienveillance des princes « du siècle. »

Bellarmin, prédicateur très-goûté dès l'âge de vingt-deux ans, fut envoyé par saint François de Borgia à l'université de Louvain pour s'opposer à l'hérésie qui s'y était glissée. « Il reçut dans cette ville, en 1569, la consécration sacerdotale de Corneille Jansenius, évêque de Gand[1], qui combattit Baïus dans ses erreurs sur la Grâce, et continua à se livrer à la prédication et à l'instruction de la jeunesse, jusqu'à ce que, pour motif de santé, il fut

---

[1] Ne pas le confondre avec l'évêque d'Ypres, auteur de l'*Augustinus*.

revenu à Rome. Dans ses *Disputationes de controversiis
fidei adversus hæreticos,* il expose d'abord l'hérésie, puis
la doctrine de l'Église et les sentiments des théologiens,
en les corroborant non point par des raisonnements, mais
par des textes tirés de l'Écriture, des Pères, des Conciles
et par des exemples pratiques; il termine en réfutant ses
adversaires. Modèle d'ordre, de précision, de clarté, ayant
dû préserver son style des aridités et du formalisme de l'é-
cole, si parfois il se trompe sur le compte des écrivains ecclésiastiques qui n'étaient pas encore passés au crible d'une
sévère critique, Bellarmin sait hardiment rejeter les écrivains apocryphes; il ne tonne point contre ses adversaires;
mais, appuyé sur l'autorité des théologiens, il les réfute,
en leur opposant la vérité dans toute sa clarté, dans toute
sa précision. Mosheim, un des champions les plus intré-
pides de l'hétérodoxie, prétend que « la candeur et la
« bonne foi de Bellarmin lui firent encourir les reproches
« des théologiens catholiques, parce qu'il se donna la peine
« de recueillir les preuves et les objections de ses adver-
« saires, et qu'il les exposait avec une scrupuleuse fidé-
« lité, dans toute leur force. »

Dans un des nombreux libelles publiés contre lui, on
racontait que le savant jésuite, la conscience déchirée
par les remords, s'était rendu à la *Santa Casa* de Lorette
pour confesser ses fautes; mais que le pénitencier, après
en avoir entendu quelques-unes, l'avait renvoyé comme
étant irrémissiblement damné; si bien qu'il était tombé par
terre et avait péri au milieu d'horribles contorsions. Ceci
s'imprimait alors qu'il vivait dans une humilité laborieuse.
Objet de l'admiration générale pour son désintéressement
et son humilité, son nom volait de bouche en bouche dans
toute l'Europe et l'on traduisait partout son catéchisme.

Un Allemand fit exprès le voyage de Rome, et avec un notaire guetta Bellarmin près de la maison où il habitait jusqu'à ce qu'il en sortît; puis il fit dresser un acte constatant
qu'il l'avait vu, et après cela s'en retourna tout glorieux
dans sa patrie. Le pape le créa cardinal, *quia ei non habet
parem Ecclesia Dei quoad doctrinam*. Et lorsqu'il mourut,
il fit non-seulement une profession entière de la foi catholique, mais il déclara être en parfaite communauté de
sentiment sur le chapitre de la Grâce avec les Jésuites [1].

Un autre jésuite fameux, le père Santarelli, enseignait
aussi que le pape pouvait infliger aux rois des peines temporelles, et pour de justes causes délier leurs sujets du
serment de fidélité. En vain ses confrères firent-ils disparaître cet ouvrage : le parlement de Paris et la Sorbonne,
à qui il avait été dénoncé, le condamnèrent et le firent
brûler; ils contraignirent les Jésuites à adhérer à cette
condamnation, et à reconnaître solennellement l'indépendance des princes (D.).

Les Jésuites à cause de ces opinions furent déclarés
ennemis des rois, apôtres de la démocratie, prédicateurs
du tyrannicide, en un mot, précurseurs du libéralisme

(1) Après d'autres, Augustin et Louis de Backer, imprimèrent
à Liège, en l'année 1853 et suivantes, la Bibliothèque des écrivains de
la Compagnie de Jésus en sept gros volumes. Le catalogue des œuvres de Bellarmin, des traductions et des réfutations, occupe quarante-
six colonnes. Son livre intitulé *Disputationes de controversiis fidei adversus hujus temporis hœreticos* a eu plusieurs éditions. Bellarmin, sur
les instances du cardinal Tarugi, composa un *Abrégé de la Doctrine
chrétienne*, et sur l'ordre de Clément VIII le *Commentaire plus développé de la doctrine chrétienne*. Cet ouvrage fut approuvé par les plus
illustres théologiens et par les papes, ainsi que par le concile de Rome
de 1725 : il fut attaqué par les Jansénistes, surtout par J.-B. Guada-
gnini, contre qui François Gusta écrivit la *Défense du Catéchisme du
Vén. cardinal Bellarmin* (Venise, 1799).

moderne. Celui-ci devait à son tour les qualifier de sup-
pôts du despotisme, d'oppresseurs de la pensée, d'alliés
des tyrans; et alors, comme de nos jours, ce jugement fut
porté sur eux sans examen, sans loyauté. Il est de notre
devoir de faire connaître que Clément VIII, dans une instruction sur l'Index, recommande « qu'on abolisse tout ce
« qui, conformément aux opinions, aux mœurs et aux
« exemples du paganisme, favorise le gouvernement ty-
« rannique, et l'érige en raison d'État en contradiction
« avec la loi du christianisme ». Voilà bien de quel côté
était le sentiment le plus humain.

Et pourtant on a publié partout l'opinion que la Réforme
avait enfanté la liberté, et que notre Église l'exécrait. La
vérité est que l'Europe, à partir de cette époque, étant
divisée en deux camps, le catholique et le protestant, la
commune action civilisatrice cessa, et qu'il fallut organiser
un équilibre qui devint désormais la loi de la politique.
Réduite à l'impuissance, alors qu'elle avait les attributions
sociales les plus élevées, l'Église dut se borner de plus en
plus aux exigences de la vie individuelle et de sa conservation; elle fit alliance avec les rois, et abandonna peu à peu
les tendances populaires qui l'avaient caractérisée dans le
moyen âge; la tyrannie officielle, qui avait toujours été
condamnée par elle, mais qui alors fut introduite par les
princes protestants, s'étendit aussi aux catholiques. Le
clergé, qui ne pouvait lutter contre elle, songea à l'utiliser
comme un frein contre les dissensions et les révoltes des
réformés; de leur côté, les princes, se sentant menacés par
la libre pensée, confondirent dans une même désignation
les hérétiques et les rebelles, et poursuivirent également
les uns et les autres. Par contre, les fauteurs de la Réforme
et les propagateurs d'une liberté effrénée et intolérante,

voyant l'Église catholique se ranger du côté de la résistance et des gouvernements absolus contre les franchises politiques naissantes, la dénoncèrent comme un suppôt du despotisme, et engendrèrent cette confusion des choses humaines et divines que notre siècle se complaît à ressusciter pour la ruine de la vraie liberté.

Autrefois, quand on confondait le délit avec le péché, et quand le for séculier était au service du for ecclésiastique, l'Église voyait affluer vers elle tributs, taxes, droits de toutes sortes; mais à cette époque tout fut changé. Les papes, à bout de ressources[1], déchus de leur autorité, se trouvant bientôt écrasés en face de l'absolutisme organisé et armé, durent se résigner à beaucoup de concessions pour sauver l'essentiel, et laisser les princes s'emparer peu à peu des attributions ecclésiastiques que les protestants avaient usurpées. La sanction de ces conquêtes fut plus tard insérée dans les Concordats, qui sont précisément le contre-pied de la formule absurde et subversive, proclamée par certains politiques de notre époque, la séparation de l'Église d'avec l'État. L'Église catholique possède la vérité tout entière, la vérité pure, et avec elle les principes lumineux de la justice et de la prudence, si bien que, même

Les Concordats.

(1) Le cardinal Sforza Pallavicini voulait que la cour de Rome fût très-riche, afin qu'elle pût pourvoir non-seulement à l'esprit, mais aussi aux avantages selon la chair, parce qu'elle est cette âme qui retient dans l'unité tant de royaumes, et qui constitue un « corps politique le « plus formidable', le plus vertueux, le plus lettré, le plus heureux « qui existe sur la terre. » Pour cela, elle a besoin de « fleurs d'argent », il faut que les cardinaux aient un train de maison pompeux, et que les évêques en aient aussi un en proportion avec leur dignité ; il faut voir accourir à Rome pour le service du pape des hommes de toutes espèces de caractères, tant ceux qui vivent exclusivement de l'esprit que ceux qui désirent par-dessus tout les biens de ce monde, même ceux qui placent ces biens au-dessus des biens de l'âme.

dans l'ordre temporel, elle est le guide le plus propre à
nous conduire à la félicité. Mais si sa puissance temporelle est désirable, elle n'est pas toujours possible : au
contraire, il est nécessaire qu'il y ait une puissance spirituelle, sûre, indépendante, qui exerce les droits particuliers et immuables que son divin fondateur lui a conférés.
L'Église se reconnaît à elle seule l'autorité de définir, de
corriger les abus, de modifier, de réformer la discipline
extérieure, en tant que celle-ci n'est pas en contradiction
avec les dogmes et le droit divin. Aussi, sachant se conformer aux besoins des temps, plusieurs fois elle a accordé
des privilèges, des indults, des dispenses, des grâces, des
exemptions.

Tant que ces mesures avaient pour objet plutôt la
faveur octroyée que l'avantage général de l'Église, elles
furent rédigées en la forme ordinaire; mais, dès qu'il s'est
agi d'assurer l'exercice des droits de la religion, et lorsque
ces mesures modifiaient certaines disciplines pour toute
une nation, en sorte qu'elles acquéraient force de loi, elles
revêtirent une forme plus solennelle, et on leur donna le
nom de *concordats*.

Ils furent toujours provoqués par les princes sur des
matières où ne s'étendaient point leurs facultés, et prirent
plutôt les apparences d'une demande que celles d'une
exigence : le saint-siège les sanctionna pour des motifs
graves, tels que le libre exercice de la religion catholique
ou de la juridiction épiscopale, la libre communication
des fidèles avec le pape, l'emploi des biens d'Église, l'ob-
servance de la discipline ecclésiastique, la nomination des
évêques attribuée aux chapitres ou aux princes, la connaissance des causes ecclésiastiques et l'appel au saint-
siège, l'intégrité de la foi et des mœurs des catholiques

vivant au milieu des hérétiques, ou enfin pour tous autres motifs semblables.

Rome considéra les concordats comme une libéralité de la part des pontifes et comme entraînant des devoirs pour les princes : ceux-ci reconnaissant l'indépendance de l'autorité ecclésiastique, ceux-là faisant des concessions dans l'intérêt du repos des consciences. Ce ne seraient point des pactes bilatéraux, si l'Église se réservait le droit de les interpréter, de les modifier, de les abroger ; aussi suivent-ils la nature des autres contrats quant à la durée et à la résiliation.

Mais aujourd'hui que la Réforme s'est greffée sur la raison d'État, une politique destructive de toute personalité juridique brise arbitrairement les accords conclus avec l'Église, et elle la veut entièrement séparée de l'État, sauvegardée seulement en cela qu'il l'ignore, en réalité persécutée, dépouillée de ses biens propres, privée des droits d'association et d'enseignement, et réduite aux contemplations sereines et aux oraisons jaculatoires. Cette hérésie sociale est désignée dans le nouveau langage sous le nom d'Église libre, ou pour mieux dire asservie aux opinions inconstantes des majorités politiques. Tel est en résumé le sort qu'on lui fait, plutôt que d'accepter ce dualisme humain de l'âme et du corps, en vertu duquel la société s'achemine à travers ce monde d'exil vers l'éternité.

NOTES ET ÉCLAIRCISSEMENTS

(A.) — Les docteurs distinguent l'infidélité en positive, privative et négative.

Elle est *positive* pour ceux qui repoussent la connaissance de l'Évangile; *privative*, pour ceux qui l'ignorent par leur faute; *négative*, pour ceux qui n'ont jamais entendu parler de la révélation. L'Eglise n'excuse pas l'infidélité positive et la privative; mais la négative étant involontaire, par cela même n'est pas coupable à ses yeux. Jésus-Christ a dit : « Si je n'étais pas venu et que je « ne leur eusse point parlé, ils n'auraient point de péché » (St Jean, XV, 22). Et saint Paul (ad Rom. X, 14) : « Comment croiront-ils en celui dont ils n'ont pas ouï parler, et comment en entendront-ils parler s'ils n'ont pas de prédicateurs qui le leur annoncent? » L'Eglise a condamné ceux qui disent : « L'infidélité purement négative chez ceux à qui Jésus-Christ n'a pas été prêché est un péché ».

Quant à la nécessité du baptème, le concile de Trente l'admet *in re, vel in voto* : et on peut reconnaître le désir implicite chez celui qui, ne connaissant pas le baptème, est pourtant dans la disposition de faire tout ce que Dieu prescrit comme moyen de salut. Voir Gousset, *Theologia dogmatica.* Traité de l'Église, part. I, cap. V, art. III, n° 914.

(B.) — *L'exequatur* ou *placet royal* peut être considéré comme une connaissance que le prince prend des mutations d'office ou des changements apportés dans les choses publiques que le pouvoir universel du pape introduit dans le domaine particulier de ce prince : et, limité à ce point, c'est une inspection raisonnable et légitime. Elle devient une usurpation lorsqu'on considère le pape comme un prince étranger, qui n'a aucun droit de juridiction sur le territoire d'autrui, si ce n'est avec le bon plaisir du gouvernement. Clément VIII, en 1596, écrivait au vice-roi de Naples, Olivarès : « Rien n'est plus faux que d'attribuer une antiquité très-reculée à *l'exequatur*, puisque ses origines et ses causes sont parfaitement connues. » En effet il prit naissance pendant le grand schisme, alors qu'Urbain VI, en 1378, prescrivit aux évêques d'examiner les bulles pontificales avant de les mettre à exécution, afin de vérifier si elles émanaient du pape légitime ou de l'anti-pape Clément VII. Les princes usèrent de la même précaution, mais le motif de cette mesure n'existant plus, ils laissèrent encore la libre circulation des bulles. La puissance qui la première apporta des restrictions fut le Portugal, vers l'an 1486, et elle reçut de sévères avertissements de Sixte IV et d'Innocent VIII : c'est ainsi que princes et ministres prirent volontiers exemple sur ce gouvernement pour exercer un droit d'ingérence sur les provisions papales et pour subordonner l'Eglise à l'Etat. Benoît XIV, en janvier 1742, adressait à ce propos une instruction à la cour de Turin, dans laquelle il disait qu'il tolérait le visa des bulles et des brefs, mais sans qu'on y apposât aucun décret d'exécution ; et encore exceptait-il du visa les bulles dogmatiques en matière de foi, les bulles et les brefs qui règlent les mœurs et les saintes coutumes, celles contenant promulgation des jubilés et indulgences, celles émanées de la sacrée pénitencerie, et les lettres écrites par les sacrées congrégations aux évêques et à d'autres personnes pour des informations.

(C.) — Ce privilège dit de *la Monarchia Siciliana* est de toutes les délégations faites par le pape à des laïques la plus fameuse. Urbain II aurait, à la date du 5 juillet 1098, conféré au roi Roger et à ses successeurs les pouvoirs de légat *à latere* et la faculté de choisir leurs vicaires sous le titre de juges de la Monarchie. Ce privilège donnait au roi un tel droit de juridiction sur les évêques, qu'il pouvait annuler les interdits, les excommunications et les sentences prononcées par eux, et les suspendre ; de plus, il pouvait rendre nulles les sentences et les peines portées par le pape si elles n'avaient pas été approuvées par ce tribunal. De pareilles concessions étaient si exorbitantes, qu'on doutait de leur authenticité. L'acte bien examiné, on voit que dans les diplômes originaux par lesquels Roger décrétait l'érection d'églises et de couvents, il s'exprimait toujours ainsi « de concert et par ordre d'Urbain II ». Baronius démontra la fausseté de l'acte de 1098, ce qui valut au dernier volume de ses Annales d'être prohibé en Espagne, et lui-même eut l'exclusion de la papauté au conclave de 1605. Dans un espace de quatre cent trente ans, on ne trouve plus aucune mention de ce privilège, et c'est seulement en 1513 que l'avocat Jean Luc Barberio le publia dans *Caput brevium,* collection des diplômes des Deux-Siciles, sans indiquer la source où il l'avait puisé. En 1578, Zurita publiait l'*Historia sicula* de Gau-

frido Malaterra , contemporain d'Urbain II, dans laquelle ce bref
était inséré au liv. IV, c. 29; mais il pourrait se faire qu'il y eùt été
inséré frauduleusement ou même altéré. Charles Quint s'en pré-
valut, et en 1526 le faisait signer par les conseillers de Sicile et
publier dans le livre *De Monarchia.*

Du reste, ce bref porte textuellement, *quod omni vitæ tuæ tempore, vel filii tui Simonis, aut alterius, qui legitimus tui hæres exsti-
terit, nullum in terra potestatis vestræ, præter voluntatem aut consilium vestrum, legatum romanæ Ecclesiæ statuemus : quin immo,
quæ per legatum acturi sumus, per vestram industriam legati vice
exhiberi volumus,* etc. Le bref valait donc uniquement pour le roi
Roger et pour son fils aîné Simon, ou pour son autre fils. Pourtant de là vinrent d'interminables disputes, assoupies peu à peu
par les concessions particulières des papes; et notamment Clément XI, par la constitution de 1715 *Romanus pontifex,* a pourvu
à la répression de grands abus; Benoit XIII, mieux encore, fixa
les limites des pouvoirs concédés par ce privilège dit *della Monarchia.* Charles VI ne tarda pas à violer le concordat, et par la suite
les rois s'en firent un précédent pour soutenir comme légales ces
usurpations qu'on pratiquait alors en Toscane et ailleurs aux dépens de l'autorité ecclésiastique : peu à peu elles grandirent à ce
point qu'on vit en 1860 Garibaldi s'asseoir sur le trône et recevoir
l'encens. Voyez *La Sicilia e la Santa Sede,* Malte, 1865 (1).

(D.) — Il y avait longtemps que les papes avaient renoncé à l'i-
dée qu'ils pouvaient déposer les rois. Le 23 juin 1791, le cardinal
Antonelli, préfet de la propagande, adressait une note aux évêques
d'Irlande, où il dit : « Il faut bien distinguer entre les vrais droits
du siège apostolique et ceux qu'on lui attribue méchamment. Le
saint-siège n'a jamais enseigné qu'on doive refuser la fidélité aux
souverains hérétiques, et qu'un serment prêté à un roi qui est en
dehors de la communion catholique doive être violé, ou qu'il soit
permis au pape de priver ces rois de leurs droits temporels. »

Les évêques des Etats-Unis, réunis au Ve concile de Baltimore,
envoyèrent au pape une adresse, où, parlant de leurs adversaires,
ils s'expriment ainsi : « Ils s'efforcent d'inspirer des soupçons sur

---

(1) Depuis l'apparition de l'original italien des HÉRÉTIQUES, Pie IX, par une
bulle du 15 octobre 1867, a aboli complétement le tribunal de la *Royale Monarchie* et de *l'Apostolique légation de Sicile.* Bien plus, il a excommunié l'abbé
Rinaldi de Palerme, qui, malheureusement rebelle à cette décision suprême, a
persisté jusqu'à ce jour à exercer les fonctions de légat *a latere* au profit du
pouvoir civil royal. (*Note des traducteurs.*)

leurs frères catholiques qui ont versé leur sang pour la liberté de
ce pays ; ils prétendent que nous sommes sous le pouvoir du pape
pour les choses civiles et politiques, et qu'ainsi nous dépendons
d'un souverain étranger... Plusieurs d'entre nous ont déclaré hautement, et sous la foi du serment, que le pape n'exerce vis-à-vis de
nous aucun pouvoir civil : et cette déclaration fut parfaitement
acceptée par Grégoire XVI. » Voir M. Affre, *Essai sur la suprématie
temporelle du pape*, 1829. Cet auteur a démontré, contrairement à
La Mennais, que la bulle de Boniface VIII a été abrogée peu d'années après par Clément V, en tant qu'elle disait que la puissance
temporelle était soumise à la censure de la puissance spirituelle.

François Suarez, à qui Grotius ne pouvait trouver d'égal en fait
de pénétration philosophique et théologique, démontre que le sentiment commun à tous les jurisconsultes et théologiens était que
tous les rois tiennent leur pouvoir de Dieu par l'intermédiaire du
peuple, et en sont responsables non-seulement envers Dieu, mais
aussi envers le peuple. Un prédicateur ayant avancé en présence
de Philippe II à Madrid que « les souverains ont un pouvoir absolu sur la personne et sur les biens de leurs sujets », l'Inquisition le poursuivit, et le condamna à certaines pénitences et à se
rétracter en disant du haut de la chaire « que les rois n'ont sur
leurs sujets d'autres pouvoirs que celui qui leur a été accordé par
le droit divin et par le droit humain, et qu'ils n'en tiennent aucun de leur volonté libre et absolue ». Voir Balmès, *le Protestantisme comparé au catholicisme.*

Les prétentions du pape excitaient une telle jalousie, que *la Jérusalem conquise* du Tasse fut prohibée par le parlement de Paris, parce que l'auteur en décrivant les troubles de France, y
avait dit du pape au chant XX, 77,

> Ei solo il re può dare al regno
> E'l regno al re, domi i tiranni e i mostri,
> E placargli del cielo il grave sdegno (1).

---

(1) Voici la traduction de ces vers :

> « Lui seul (le pape) peut donner le roi au royaume
> « Et le royaume au roi ; il a dompté tyrans et monstres ;
> « Il peut apaiser le terrible courroux du ciel, quand il plane sur eux. »

DISCOURS II.

Les hérétiques en Vénétie. — Académie de Vicence. — François Negri. — Jérôme Zanchi et autres.

Dès 1248 Venise avait établi que l'on punirait ceux qu'un concile de prélats aurait déclarés coupables d'impiété. Et dans la formule du serment prêté en 1249 par Marino Morosini en qualité de doge, on lit pour la première fois : *Ad honorem Dei et sacrosanctæ Matris Ecclesiæ et robur et defensionem fidei catholicæ, studiosi erimus, cum consilio nostrorum consiliariorum vel majoris partis, quod probi et discreti et catholici viri eligantur et constituantur super inquirendis in Veneciis. Et omnes illi qui dati erunt pro hæreticis per Dominum Patriarcham Gradensem, Episcopum Castellanum, vel per alios episcopos provinciæ ducatus Veneciarum, comburi faciemus de consilio nostrorum consiliariorum vel majoris partis ipsorum.* — Le 4 août 1289, sur les instances de Nicolas IV, on introduisit l'Inquisition, composée de trois juges, qui étaient l'évêque, un dominicain et le nonce apostolique : toutefois ils ne pouvaient siéger au tribunal sans une commission signée du doge; le doge seul pouvait leur prêter main forte dans l'exercice de leur charge; on déposerait une somme entre les mains d'un député de la commune qui ferait les dépenses et recevrait tous les émoluments et tous les bénéfices; trois *Sages de l'hérésie*, chargés par le doge d'empêcher les abus et de tenir le

gouvernement au courant des délibérations prises, devaient assister aux séances. Les juges devaient procéder
uniquement contre l'hérésie, mais non contre les Turcs et
les juifs, qui ne sont pas hérétiques; non contre les Grecs,
attendu que leur controverse avec le pape n'avait pas
encore reçu de solution; non contre les bigames, attendu
que le second mariage étant nul, ils avaient violé les lois
civiles et non le sacrement; pareillement les usuriers
n'attaquaient aucun dogme; les blasphémateurs manquaient de respect à la religion, ils ne la niaient pas; les
sorciers et les magiciens n'étaient pas non plus justiciables
de ce tribunal, à moins qu'il ne fût prouvé qu'ils avaient
abusé des sacrements. Les amendes revenaient au trésor
et les biens des condamnés à leurs héritiers.

Un livre favorable aux opinions de Jean Huss avait été
dénoncé : le sénat le fit brûler et fit promener l'auteur
avec le bonnet du condamné : puis on l'envoya en prison
pour six mois, et ce fut tout. Le gouvernement de Venise était
bien plus tolérant encore à l'égard des juifs en leur qualité de négociants. L'ingénieur Alberghetti inventa en 1490
une machine nouvelle : s'étant associé, pour l'appliquer,
avec quelques juifs, il demanda au *Collége* si l'ordonnance
du 19 mars 1414, relative aux privilèges, était applicable
aux juifs. Il lui fut répondu que cette commission regardait quiconque avait inventé quelque chose de grand ou
d'utile, sans distinction de Vénitiens ou d'étrangers, de
chrétiens ou de juifs, de cité ou de secte. Plus tard on défendit même de s'élever contre les juifs du haut de la
chaire, de les obliger à aller au sermon ou de porter des
signes humiliants.

Premiers germes de la Réforme Venise. Nous trouvons dans une autobiographie de Jean Bembo,
Vénitien, écrite en 1536 et publiée en 1861 par le savant

Théodore Mommsen, que sa mère, Angela Corner, et
d'autres dames vénitiennes, dont le nom a disparu dans une
déchirure du manuscrit, assistaient à la lecture et à l'explication de l'Évangile en langue vulgaire, que faisait le
médecin Jean Marie, de Bologne. Celui-ci, dénoncé par
François Georges, frère mendiant, fut mis en prison et
délivré longtemps après par le pape Jules. Cela dut donc
arriver dans les premières années du siècle, et avant que
les réformateurs tonnassent en Allemagne.

Le 26 août 1520, le vicaire du patriarche Contarini se
présenta au sénat, et exhiba la bulle pontificale qui condamnait les œuvres et les propositions de Luther, en menaçant d'excommunication quiconque les soutiendrait ou
les professerait : il demanda la permission d'envoyer ses
sergents à la librairie de l'Allemand Jourdain, située à
Saint-Maurice, pour séquestrer les dits livres venus d'Allemagne. Cette permission lui ayant été accordée, il les
fit brûler solennellement; mais quelques exemplaires
étaient déjà dans le public, et Marin Sanuto, auteur de
Diarii curieux, dit en avoir eu un, qu'il conservait dans
son cabinet. Sanuto raconte encore que « sur la place
« Saint-Étienne, messire André, de Ferrare, prêcha avec un
« grand concours de peuple; la place était remplie, et lui
« il écoutait sur la terrasse de la maison de Pontremolo,
« écrivain de l'Office des Dix; le prêcheur dit du mal du
« pape et de la cour de Rome. Il suit la doctrine du frère
« Martin Luther, qui, homme très-savant en Allemagne,
« suit la doctrine de saint Paul, est très-opposé au pape,
« et a été excommunié par lui [1]. »

Le pape se plaignit par la bouche de son secrétaire

---

(1) *Diarj manuscritti*, t. XXIX, p. 126 et 482.

Bembo de l'impunité accordée à ce religieux, et recommanda que la république ne permît pas l'impression d'un
ouvrage de lui, dont les sentiments étaient luthériens :
on en donna l'assurance au légat; quant au religieux, on
le laissa ou on le fit partir.

Cette même année, Burckard Schenck, gentilhomme
allemand, écrivait à Spalatino, chapelain de l'électeur de
Saxe, que Luther jouissait d'une grande estime à Venise;
que ses livres passaient de main en main, malgré la défense du patriarche; que le sénat avait eu peine à permettre
la publication de l'excommunication contre l'hérésiarque,
publication qui n'avait été lue qu'après la sortie du peuple
de l'église. Luther lui-même se félicitait, dans ses lettres[1],
que bon nombre de disciples y eussent accueilli la parole
de Dieu; il était en correspondance avec Jacques Ziegler,
qui déployait un grand zèle dans son prosélytisme. De là
encore partaient des exhortations à Melanchthon pour qu'il
ne chancelât pas dans la foi et ne trompât point l'attente
des Italiens.

Le 21 mars 1521, le Conseil des Dix délibérait au sujet
des hérétiques de Valcamonica, accusés de sorcellerie; ¯
et, rappelant le zèle toujours déployé par la république en
faveur de l'Église catholique, il ajoutait que l'on devait
procéder en cette matière avec beaucoup de mesure et de
justice, et confier la procédure à des personnes d'une
grande intelligence, d'un jugement droit, au-dessus de
tout soupçon. En conséquence il fallait en charger, si-
multanément avec le père inquisiteur, deux évêques recommandables par leur savoir, leur vertu, leur intégrité,
qui devaient s'entendre avec deux docteurs laïques pour

(1) LUTHERI *Op. comp.*, édit. Walch. XXI, p. 1092.

la procédure. Après le procès, terminé sans qu'on eût eu
recours à la torture, les accusés seraient soumis à un
nouvel interrogatoire fait par deux recteurs de Brescia,
avec intervention de la cour du podestat et de quatre autres
docteurs, procédant avec toute diligence et circonspection
avant de passer à la sentence, et prenant garde que la cupidité de l'argent ne fît condamner ou diffamer quelque innocent (A). Ils recommandaient ensuite d'envoyer dans
la vallée des prédicateurs, dont ces montagnards, simples et
ignorants, avaient plus besoin que non pas d'un inquisiteur.

Monseigneur Aleandre écrivant de Ratisbonne à Sanga,
le 31 mars 1532, à propos d'un certain frère Barthélemy,
minorite vénitien, en fuite parce qu'il était soupçonné de
luthéranisme, lui disait que monseigneur Teatino lui voulait particulièrement du mal. Il sollicitait un bref du pape
qui le justifiât de manière à ce qu'il pût vivre tranquillement dans sa patrie; mais en même temps il tenait des
propos de vrai luthérien, et assurait que les hérétiques lui
faisaient des offres avantageuses pour qu'il se donnât à eux.
Aleandre usait avec lui tantôt de douceur, tantôt de sévérité; mais, ne venant pas à bout de le convertir, il crut
que ce qu'il y avait de mieux à faire était de le laisser aller
au milieu des Luthériens, et non de le laisser rentrer
dans Venise, où « ayant des parents et, à cause de la tristesse des temps, de nombreux fauteurs *etiam de summati-
bus* », il pourrait semer de tristes germes.

Nous le retrouvons plus tard à Nuremberg, au milieu
des Luthériens, « qui en chantait de belles contre l'Église
« en des termes qui faisaient bien du tort aux Vénitiens ».
Aleandre ajoute : « De Venise, Messire Robert Magio
« me presse vivement par ses lettres de revenir; il dit
« que c'est très-nécessaire, et que tout le monde m'attend.

« Dans une que j'ai reçue hier, il m'a écrit que les temps
« sont favorables et que je pourrai faire de bonnes œuvres
« dans cette cité[1]. »

Balthazar Alfieri, d'Aquila, établi à Venise et agent d'un
grand nombre de princes allemands, eut la facilité d'y répandre des livres et des idées nouvelles; celles-ci firent si
bien leur chemin qu'en 1538 Melanchthon exhortait le
sénat à y permettre l'institution d'une église. « Vous devez
« accorder particulièrement aux savants le droit de ma-
« nifester leurs opinions et de les enseigner. Votre patrie
« est le seul pays qui possède une aristocratie vraie, ayant
« la sanction du temps et toujours ennemie de la tyrannie.
« Assurez donc aux personnes pieuses la liberté de penser,
« et qu'on ne rencontre pas chez vous le despotisme qui
« pèse sur les autres pays[2]. »

Le carême de 1547 fut prêché à Saint-Barnabé par un
jeune servite, avec un concours plus grand qu'il n'y en
avait jamais eu; mais le prédicateur, ayant paru s'égarer
en des témérités contraires à la foi catholique, il fut arrêté; ses livres et ses papiers lui furent enlevés; leur
examen prouva qu'il était « Luthérien, personne de grand
« scandale et digne de châtiment[3]. »

C'est à Venise que Henri de Salz et Thomas Molk de
Kœnigsgratz firent imprimer une Bible hussite, qui se

(1) *Monumenta Vaticana*, XCII et XCVIII. En ce temps vivait un
prédicateur fameux, frà Zaccaria de Luni, qui en 1534 obtint du sénat
l'ile de San-Secondo, où un grand nombre de personnes s'enrôlèrent
sous la règle de Saint-Dominique. V. CODAGLI, *Histoire de l'ile et du
monastère de San-Secondo*. Ce P. Zaccaria a écrit une *Defensio qua
tuetur II. Savonarolam sociosque ab hæresi immunes esse*, manuscrit qui
se trouvait naguère au couvent de Saint-Marc de Florence.

(2) *Epistolæ*, col. 150 et 154, édit. de Londres.

(3) Voir *Lettres d'hommes illustres, conservées à Rome;* Parme, 1853,
p. 181.

trouve maintenant à la bibliothèque de Dresde[1]. Nous
avons vu que Bruccioli y publia sa Bible vulgaire dans
un sens luthérien. Dans les maisons de Jean Filadelfo on
imprima, en 1536 et 1537, le « Commentaire sur l'épître
de saint Paul, composé par Juan Valdès, *pio y sincer
theologo*; en 1546, Paul Gherardo y fit imprimer *le Bienfait du Christ*, Philippe Stagnino *les Opinions de saint
Augustin sur la Grâce*, et en 1545 Augustin Fregoso Sos-
tegno *Le libre arbitre*. C'est à Venise encore que prêchait
Ochin; à Padoue, Pierre Martyr Vermigli fit un long
séjour, et Spiera de Castelfranco tint une école (voir notre
T. II, p. 415). A Trévise, il se forma un cénacle de novateurs. A Venise, dans un de leurs clubs, que fréquentaient
environ quarante personnes, on tenait des conférences
dans lesquelles on dépassait de beaucoup les limites posées
par le protestantisme. Melanchthon en prit ombrage : aussi
écrivait-il en 1539 au sénat de prendre des précautions
contre les antitrinitaires, et de ne pas le confondre avec
eux. « Il est temps d'y pourvoir, leur dit-il, car le bruit
court que plus de quarante personnes à la ville et dans
les campagnes sont infectées du mauvais principe an-
titrinitaire, personnes toutes nobles et de grand esprit[2] ».

Nous avons parlé de monseigneur della Casa, nonce du
pape à Venise en 1544, et de la part qu'il prit au procès de
Vergerio. Ses lettres font ressortir la manière dont le gouvernement de cette république en usait avec l'autorité ecclésiastique. Il écrit au cardinal Farnèse, le 29 mai 1546 :
« J'ai fait mettre en prison un certain François Strozzi,

*Le nonce
Della Casa.*

(1) D'après Lebret, *Staatsgeschichte von Venedig II*, 2e partie,
p. 1168.
(3) Melanctonis *Epist.*, t. I, p. 100 : voir en outre Allvoerden,
Hist. M. Serveti, p. 34.

« hérétique endurci, qui, à ce qu'on croit, a traduit en
« italien *Pasquillo in estasi*, un livre très-mauvais et très-
« dangereux. Une épigramme très-mordante et très-cruelle
« faite par lui contre la personne de S. S., ayant été trouvée
« sur lui lorsqu'il fut pris; S. S. ayant fait à Rome toutes
« les démarches nécessaires auprès de l'ambassadeur du
« sénat de Venise, et moi, de mon côté, n'ayant pas manqué
« de faire ici toutes mes diligences pour obtenir d'en-
« voyer à Rome ledit François, lequel est prêtre et a été
« moine pendant douze ans, nous n'avons rien pu obtenir,
« et finalement le sérénissime doge m'a donné hier matin
« un refus si catégorique que je juge qu'il est inutile d'in-
« sister davantage. Le doge l'a motivé sur la conserva-
« tion de la juridiction, et a montré combien chaque État
« doit s'efforcer de la maintenir. »

Le 29 juin : « Au sujet de François Strozzi, la Sei-
« gneurie illustrissime m'a promis ce matin de le mettre
« à ma disposition dans telle prison qu'il me plairait;
« et comme je l'ai maintenant en un lieu commode,
« je ferai prendre toutes les dispositions que réclame la
« justice dans un cas aussi affreux[1]. »

Le 25 août : « Il y a ici de nombreux partisans de Lu-
« ther, qui souvent font beaucoup de bruit. Comme il n'est
« pas possible de les combattre, bien que les sénateurs

(1) Pierre-Philippe Pandolfini, résident de Toscane à Venise, écrit,
le 17 juin 1546, qu'il a recommandé au sénat M. François Strozzi, et
qu'il lui a été répondu par le président que les sénateurs étaient convaincus de son innocence, et que Strozzi était faussement accusé d'hérésie. Dans une autre lettre, du 25 juillet, il dit que Strozzi avait insulté
et menacé le légat, ce qui avait retardé la décision. Plus tard, il annonce qu'il avait été mis en liberté. Le même écrit, à la date du 7 mai
1547, que le sénat a désigné trois hommes des premiers de la cité pour
procéder, d'accord avec le nonce, contre les Luthériens. *Arch. Dipl. de
Florence.*

« soient très prudents et ne prêtent pas facilement l'o-
« reille à tout, ils augmentent en nombre et se répandent
« partout. »

Le 21 mai suivant : « Je n'ai pas encore pu avoir de
« solution sur ce que je dois faire du religieux hérétique
« dont j'ai parlé mercredi dernier au sénat d'une manière
« qui a fait impression, montrant aux membres de cette
« assemblée que les remèdes ordinaires ne suffisaient pas
« pour réprimer la malice de cette secte, ainsi que l'ex-
« périence l'a prouvé jusqu'ici. Mais comme les avis ont
« été partagés, je n'ai pas eu de solution définitive : et
« je me suis bien gardé de proposer des choses qui ne
« seraient pas exécutées; une telle proposition ne ferait pas
« honneur à cette nonciature et donnerait de l'audace
« aux hérétiques. J'aurai cette solution lundi, et je suis
« très-certain que les envoyés de la *Signoria* ont encore
« reçu dernièrement des pouvoirs plus étendus et ont été
« exhortés à la sévérité et à la rigueur. J'ai, pour cette
« raison, de bonnes espérances. »

Nous savons d'autre part que le religieux fut dégradé
à Saint-Marc, conduit en habit séculier au fort et condamné à vie. Ses livres et ses écrits furent brûlés[1].

Le 11 juin 1547, le même della Casa écrivait : « Je crois
« que ce que S. S. a dit à monseigneur l'ambassadeur
« a fait beaucoup de bien à la cause de l'hérésie, parce
« que deux des envoyés de la *Signoria* m'ont beaucoup
« remercié des bons rapports qu'ils disent savoir que j'ai
« faits à Rome sur leurs personnes et en ont témoigné
« infiniment de plaisir. L'affaire marche, et j'espère
« qu'avec quelque habileté il sera remédié d'une manière

(1) *Lettre de Valerius Amanio*, 30 mai, Archiv. Dipl. di Firenze.

« très-opportune à cette ennuyeuse et périlleuse ma-
« ladie. »

Et le 3 août 1549 : « A propos de deux hérétiques de
« Padoue, pour étayer une plainte contre eux, on a confié
« au vicaire le soin de faire une enquête secrète, et l'on
« tâchera de les faire venir ici. »

Enfin le 9 novembre, à l'élu de Pola à Rome : « Comme
« j'insistais, hier matin, au sénat pour obtenir que Gri-
« sonio, impliqué dans l'hérésie de Conegliano, fût livré
« au bras séculier, le président m'interrompit en me di-
« sant qu'on avait fait une campagne louable contre ceux
« de Digiano, etc.; il faudrait, ajoutait-il, prendre garde
« que les prêtres mis à la place des coupables fussent
« bons, et qu'ils résidassent là pour guérir et amender
« tout ce que les hérétiques avaient corrompu, etc. »

L'Anglais
Archiew. En 1546, Balthazar Archiew, Anglais, demandait au sénat la permission de se fixer à Venise comme résident
de sa nation, et de présenter les lettres dont les princes
d'Allemagne l'avaient chargé. On discuta pendant plusieurs jours si on devait le lui accorder. Michel Barozzi
soutenait que dans un pays catholique on ne pouvait tolérer un résident hérétique, à la faveur duquel l'hérésie
trouverait moyen de s'infiltrer; mais Pesaro faisait remarquer qu'il s'agissait de politique et non de foi : les protestants étaient de grands princes, ils occupaient la moitié
de l'Europe, combattaient l'empereur, ce qui tournait à
l'avantage de Venise; si l'on voulait avoir égard à la foi, que
de rigueurs ne faudrait-il pas, par exemple, pour réprimer
la simonie? Barozzi répliquait que la demande d'Archiew
intéressait la foi, puisqu'il cherchait à se procurer dans
Venise un domicile fixe et reconnu, et par là même toute
facilité pour parler, répandre des livres, et scandaliser les

catholiques par ses libres allures de protestant. Trevisan insistait; les protestants, disait-il, n'avaient pas à Venise un envoyé pour traiter de la foi, mais d'affaires d'État; les princes allemands cherchaient uniquement la conservation de leur propre liberté et des intérêts religieux; en vue de ces intérêts, vingt-neuf ans après avoir embrassé la nouvelle foi, ils s'étaient unis dans une ligue et envoyaient des ambassadeurs aux puissances. Venise n'avait pas été oubliée, et puisqu'on lui adressait par l'intermédiaire d'Archiew une lettre, il serait discourtois de n'y pas répondre, et imprudent de ne pas rester en bons termes avec une ligue aussi puissante. En effet, la lettre fut reçue; on y donna une réponse évasive, et Archiew demeura comme résident d'Angleterre. Le pape s'en étant plaint, on lui répondit que cela était nécessaire à cause des communications continuelles avec ce royaume, et que du reste S. S. ne pouvait douter de la dévotion de la république.

Cependant il ne faudrait pas croire que les Vénitiens se fatiguassent de persécuter l'hérésie, soit que le caractère de l'époque les y portât, soit que l'hérésie troublât la tranquillité publique, premier but de ce gouvernement. Dès le 22 avril 1547 on avait donné aux assistants du Saint-Office la commission que voici :

« *Nos Franciscus Donato, dux Venetiarum*....., sachant *Décret contre les hérétiques.*
« que rien n'est plus digne du prince chrétien que le zèle
« pour la religion et la défense de la foi catholique, —
« tâche qui nous incombe tout particulièrement en notre
« qualité de doge et à laquelle se sont dévoués nos pré-
« décesseurs, — nous vous avons élu, en l'honneur de
« notre sainte mère l'Église, et avec l'aide de notre petit
« conseil, vous, nobles de Venise bien aimés, Nicolas

« Tiepolo, docteur François Contárini et docteur Marc-
« Antoine Vénier, comme ceux qui êtes par excellence les
« hommes droits, prudents, bons catholiques et diligents
« en toutes vos actions, surtout lorsque vous savez qu'il
« s'agit de l'honneur de Dieu. Nous vous confions le soin
« de rechercher soigneusement les hérétiques qui se trou-
« veraient dans cette ville et aussi de recevoir les plaintes
« qui vous seraient faites contre quelqu'un d'entre eux ;
« vous agirez de concert avec le révérend légat et ses
« ministres, avec notre révérend patriarche et ses mi-
« nistres, avec le vénérable inquisiteur de la méchanceté
« hérétique, sollicitant chacun d'eux en temps opportun
« et à l'occasion de faire les procès, dont vous serez les
« assistants, et veillant à ce que les jugements prononcés
« contre les coupables soient exécutés. De temps en
« temps vous nous aviserez de tout ce qui se passera,
« et nous ne manquerons pas de vous aider et de vous
« favoriser suivant la formule de notre promotion, etc. »

Le 21 octobre 1548, le Conseil des Dix prit la résolution
suivante :

« En exécution de la *Promission* de notre sérénissime
« prince et du capitulaire des conseillers, Sa Sérénité a
« délégué, de leur consentement, trois des premiers
« membres de notre noblesse pour rechercher les héré-
« tiques et recevoir les dénonciations faites contre eux,
« dans cette cité et le duché seulement. S'étant réunis avec
« l'auditeur du révérendissime légat et l'inquisiteur,
« trois fois la semaine, depuis le mois d'avril 1547 jusqu'à
« ce jour, ils ont obtenu les bons résultats que chacun
« sait. C'est ainsi qu'ont cessé les conventicules qui aupa-
« ravant se tenaient dans plusieurs lieux publics et privés
« de cette ville, et un grand nombre de personnes plon-

« gées dans cette dépravation diabolique ont abjuré pu-
« bliquement. — Si cette bonne œuvre se faisait dans les
« autres villes de notre État où cette secte détestable existe,
« ainsi que nous invitent à le faire dans un grand nombre
« de cas importants divers de nos recteurs et le révé-
« rendissime légat apostolique lui-même, il n'est per-
« sonne qui ne sache combien l'on ferait une chose agréable
« au Dieu tout-puissant et à Notre-Seigneur Jésus-Christ.
« Cependant, il est arrêté que la délibération de ce
« conseil du 21 mars 1521, en matière de sorcellerie et
« d'hérésie, pour ce qui regarde les hérétiques de la foi
« catholique et les sacrements de la sainte Église, soit ré-
« formée, et qu'il soit de nouveau déclaré que l'on ait à
« observer tout ce que l'on observe dans notre ville, à
« savoir :
« Que les recteurs des villes désignées ci - dessous
« doivent premièrement élire deux docteurs, ou per-
« sonnes intelligentes, catholiques et de bonne vie, et
« se réunir en quelque lieu propre à cela avec le révé-
« rend évêque, son suffragant ou son vicaire, et avec le
« vénérable inquisiteur. Tous ensemble rechercheront les
« hérétiques et recueilleront les dénonciations contre
« tout habitant de la ville, des châteaux ou du diocèse. Le
« recteur et les deux élus seront toujours présents pour
« recevoir les plaintes et ouvrir les procès, donnant leur
« avis et prêtant leur appui jusqu'à leur entière con-
« clusion; et seront par ces révérends ecclésiastiques
« appliqués les arrêts contre les personnes reconnues
« coupables, d'après la teneur des saints canons. Au
« prononcé de ces arrêts devront toujours intervenir le
« conseil et les deux élus des recteurs, comme il est dit
« ci-dessus, et non autrement : ils seront présents et don-

« neront leur avis en toute chose regardant cette matière.
« L'arrêt devenu définitif, les recteurs devront le faire exécu-
« ter. Et si, par quelqu'empêchement légitime, les recteurs
« ne pouvaient être présents à toute la suite du procès, un
« d'eux devra au moins y assister avec l'un de ceux qui
« ont été mentionnés ci-dessus. Et dans les endroits où
« il n'y aurait qu'un seul recteur, celui-ci devrait y as-
« sister en personne, ayant toujours à côté de lui les
« deux députés choisis par lui pour cet objet. Cet ordre
« sera, du reste, inséré dans les commissions des recteurs,
« afin qu'il soit en tout observé. Les procès intentés jus-
« qu'ici sur cette matière, — sans la participation des rec-
« teurs, — sont déclarés nuls, mais ils peuvent être recom-
« mencés en la forme dite ci-dessus.

« Il est aussi prescrit aux susdits recteurs qu'aussitôt
« reçu notre présent ordre ils devront le faire procla-
« mer publiquement dans toutes les villes sous leur com-
« mandement et dans tous les châteaux soumis à leur
« juridiction, afin que si quelqu'un a des livres défendus
« par la sainte Église catholique, il puisse, comme c'est
« son devoir, les présenter au recteur dans le délai qu'il
« aura fixé, sans encourir aucune peine; et ces livres se-
« ront brûlés publiquement. Passé le terme fixé, on pro-
« cédera contre les insoumis de la manière qu'il paraîtra
« convenable aux recteurs.

« Et dès maintenant, en même temps qu'on adressera
« aux recteurs[1] la délibération ci-dessus, on leur écrira
« secrètement et à part ce qui est contenu ci-dessous. »
« Instruction secrète. »

---

(1) C'est-à-dire ceux de Padoue, de Brescia, Cividal de Bellune,
Vicence, Bergame, Feltre, Vérone, Trévise, Udine, Chioggia, Adria
et Capodistria.

« Vous aurez vu ce que nous vous avons prescrit avec
« notre Conseil des Dix, sur la manière de procéder
« contre les hérétiques avec notre assistance et notre avis,
« et sur l'élection que vous devrez faire de deux personnes
« qualifiées, prescription qu'il est de notre volonté que
« vous exécutiez. — Nous vous disons maintenant, avec
« le même Conseil que lorsqu'il s'agira d'une personne de
« laquelle il vous paraîtrait que pourrait provenir quelque
« scandale, avant de la détenir et de la juger, vous de-
« vrez en donner avis aux chefs de ce Conseil, en lui faisant
« connaître particulièrement la qualité de la personne,
« ses parents et adhérents, ses biens, et toute autre chose
« qui vous semblerait digne de considération. Vous ob-
« serverez la même chose avant l'exécution du jugement,
« à l'égard de qui que ce soit, lorsqu'il comportera la
« perte de la vie, ou d'un membre, un châtiment corporel,
« ou la confiscation des biens. Dans ces cas on vous
« donnera les instructions que l'on jugera convenables.

« Cet ordre étant très-important, nous voulons que
« vous le teniez très-secret et le gardiez pour vous seul,
« en sorte qu'aucun de vos serviteurs ni personne au-
« tre le puisse connaître, et vous le remettrez, en obser-
« vant le même secret, de la main à la main à votre suc-
« cesseur, qui en fera autant à ceux qui viendront après
« lui. »

Le même Conseil des Dix avec sa Junte écrivait aux
divers recteurs des provinces :

« Vous aurez vu la manière dont il faut procéder
« contre les hérétiques luthériens. Vous vous confor-
« merez soigneusement à l'instruction qui vous a été
« donnée. — Nous ajoutons avec le même Conseil et sa
« Junte que lorsque vous aurez cru devoir décréter contre

« quelqu'un la peine de mort, la perte d'un membre ou
« la confiscation, vous ayez à suspendre le procès, pour en
« référer aux chefs de ce Conseil : vous lui adresserez le
« dossier de l'affaire, sous cachet, et attendrez nos or-
« dres. »

Supplices
à
Venise.

Le 29 novembre 1548, le doge François Donato écrivait
au recteur de Bergame :

« Nous avons appris, à notre grand déplaisir, qu'il
« existe dans cette ville quelques hérétiques qui non-seu-
« lement ne vivent pas catholiquement, mais publient,
« discutent et cherchent à faire prévaloir les opinions
« luthériennes: c'est une chose que nous ne voulons
« souffrir en aucune façon. » Le pape s'étant plaint que
le capitaine et le podestat de Vicence laissaient prêcher
librement l'erreur, la Seigneurie, conformément aux ordres très-sévères transmis, commença les supplices.
Guido Zanetti fut remis à l'Inquisition romaine; Jules
Ghirlanda de Trévise et François de Rovigo furent conduits à Venise et étranglés sans procès; Antoine Ricetto
de Vicence, François Spinola, prêtre milanais, et frà Baldo
Lupetino eurent le même sort; François de Ruego fut
étouffé, en 1546. Quelques-uns profitèrent de ce terrible
avertissement pour s'enfuir : de ce nombre fut Alexandre
Trissino, qui avec d'autres se réfugia à Chiavenna, d'où il
écrivit à son compatriote Léonard Tiene, l'excitant à embrasser la Réforme avec toute la ville.

Altieri, que nous avons déjà nommé, écrivait de Venise,
à Bullinger, le 24 mars 1549 : « Ici la persécution devient
« tous les jours plus insolente : un grand nombre de per-
« sonnes sont arrêtées et condamnées soit aux galères, soit
« à la détention perpétuelle ; on en amène quelques-uns
« à se rétracter par la crainte du châtiment, tant le

« Christ est encore faible en eux : beaucoup sont pros-
« crits avec leurs femmes et leurs enfants, d'autres cher-
« chent leur salut dans la fuite. Parmi ces derniers se
« trouve le pieux et savant évêque Vergerio : celui-là, s'il
« vient à vous, accueillez-le bien et ayez pour lui toutes
« sortes d'égards. Quant à moi, j'en suis réduit à la même
« extrémité, puisqu'il plaît à Dieu d'éprouver par les
« tentations la foi des siens. »

Cet Altieri amena les Suisses et les Allemands à ne rien
épargner pour faire retirer le décret du sénat; il en écrivit
au duc de Saxe et alla en Suisse. Il affirmait solennellement
que les Vénitiens étaient tous favorables aux Français, et par
le fait même hostiles à l'empereur; en conséquence, les
princes d'Allemagne devaient les compter pour beaucoup
et les considérer comme utiles à leurs projets; mais il ne
put obtenir que des lettres de recommandation, et à son
retour à Venise il lui fut intimé de professer le culte romain ou bien de s'en aller. C'est ce dernier parti qu'il
prit : il passa par Ferrare pour se rendre à Florence, puis
revint dans le pays de Brescia, d'où il écrivait à Bullinger,
en novembre 1549, qu'il était en butte à toutes espèces de
vexations, et courait péril de la vie; qu'il n'entrevoyait pas
un seul endroit en Italie où il pût vivre en sûreté avec sa
femme et son enfant : « les impies, disait-il, n'auront pas
« de repos qu'ils ne m'aient englouti vivant. »

Plus violent encore, Vergerio écrivait : « Ce serait une
« cruauté, une barbarie et une ânerie de vouloir empê-
« cher de rétablir la pureté et la beauté de la langue vulgaire.
« Eh bien, n'est-ce pas une cruauté, une barbarie, une
« ânerie cent fois plus grandes d'avoir envoyé comme lé-
« gat à Venise le Milanais Archinto, qui ne pense à au-
« tre chose qu'à faire traîner en prison et à exiler une

« foule de gens de bien, par le seul motif qu'ils se mon-
« trent désireux de voir rendre à l'Église cette pureté
« et cette beauté de l'Évangile que Jésus-Christ est venu
« nous enseigner et qui avait été horriblement souillée et
« déshonorée [1] ? »

Et à Dolfin, évêque de Lesina : « L'injustice et la cruauté
« n'ont fait que croître chez vous depuis quelque temps,
« car de nos jours les papes font noyer nos fidèles, de
« nuit et secrètement, sans que leur défense ait pû être
« entendue, au moins en public, comme cela est arrivé
« dernièrement de deux saints martyrs du Christ : 1° frà
« Baldo Lupetino d'Albona, qui avait pour neveu et dis-
« ciple M. Mathæus Flaccius Illyricus, bien connu du
« monde, et 2° Barthélemy Fonzio, qui entre autres ont
« été noyés nuitamment ; et ces mêmes papes ne veulent
« pas que les accusés dans cette affaire puissent être en-
« tendus, si ce n'est par quelque inquisiteur du diable
« et dans un coin. *Sed tu Domine usquequo ?* »

A la date du 24 avril 1551, il raconte : « Il y a de nou-
« veau en Italie que les *Signori* de Venise ont publié un
« décret aux termes duquel aucun légat du pape, ni évê-
« que, ni inquisiteur ne pourra procéder contre qui que
« ce soit sans la présence et l'intervention d'un magis-
« trat laïque ; et maintenant le pape frémit : il a fulminé
« une bulle qui défend sous les peines les plus graves à
« tous les princes séculiers de s'immiscer ni beaucoup ni
« peu dans les causes des accusés pour cause de religion :
« nous allons voir si les Vénitiens voudront obéir. Quelle
« bonne chose si par cette voie la discorde éclatait entre
« eux et l'Antéchrist [2] ! »

(1) *Jugement sur les Lettres de treize hommes illustres* (en italien).
(2) Manuscrit existant à la Bibliothèque de Zurich.

Enfin, Vergerio écrivait de Tubingue à Bullinger, le 6 septembre 1554 : « J'ai ici avec moi Jérôme Donzelino, mé-
« decin, chassé tout dernièrement de Venise pour la cause
« de l'Évangile ; c'est un homme savant, qui est très au
« courant de ce qui se passe en Italie : il m'affirme que
« l'erreur de Servet se répand plus que jamais en Italie
« comme une peste, et que lui-même a été engagé par
« Gribaldo à y adhérer. Il est certain qu'à Bâle quelques
« personnes ont formé d'accord avec un certain nom-
« bre d'Italiens, une conspiration qui enfantera quelque
« grand mal si elle n'est étouffée. » Et sur ses derniers
jours (1562), il annonçait *Venetos impios sævire, quod
antea non fecerunt; nec dubium est quin cum papa sint
confederati contra, ut aiunt, lutheranos. Florentiæ ibidem ;
imo una vice propter religionem XVIII captos et in carcerem confectos fuisse. Theologum qui diversam de Trinitate
sententiam pro concionibus defendere voluerit, Genevæ esse
decolatum ; quod factum non omnes approbant.*

Il y avait donc à Venise la liberté de mœurs et non la
liberté d'opinions : celle-ci est souvent confondue avec
celle-là. La vérité est que l'institution des trois *Sages de
l'hérésie,* en 1551, était un expédient pour avoir le moyen
de surveiller l'action du Saint-Office. Les *Exécuteurs
chargés de réprimer le blasphème* devaient approuver les
imprimés, veiller sur les hérétiques, les blasphémateurs,
les violateurs des choses sacrées, et sur ceux qui célébraient
la messe sans avoir reçu les ordres.

Cependant les papes querellaient la Seigneurie pour
son trop de douceur; Jules III, en particulier, adressa à
ce sujet, en 1550, de vives remontrances à l'ambassadeur
Mathieu Dandolo (B). Il se plaignait aussi que les laïques
fussent appelés à juger avec les ecclésiastiques en matière

Les papes
stimulent
le zèle
des Inquisi-
teurs
à Venise.

de foi : ce pape publia une bulle pour protester contre cette pratique.

Ce furent peut-être les instances du pape qui provoquèrent la notification suivante, datée du 3 novembre 1550 :

« *Franciscus Donato, Dei gratia, Dux Venetiarum, etc.,*
« *nobilibus et sapientibus viris Francisco Venerio, de suo*
« *mandato potestati, et Hieronymo Grimani, capitanio Ve-*
« *ronæ, et successoribus suis, fidelibus dilectis salutem et*
« *dilectionis affectum.* Ayant estimé juste et convenable de
« procéder partout d'une manière uniforme dans la juri-
« diction de notre État contre les inculpés d'hérésie, nous
« avons délibéré en Conseil avec les Dix et la Junte que
« dans les cas d'hérésie qui se présentent et qui se présen-
« teront on doit observer la même forme de procéder ar-
« rêtée par nos villes de Brescia et de Bergame, relatée
« dans les lettres écrites aux recteurs de ces villes par les
« Dix et la Junte réunis en conseil, sous la date du 29 no-
« vembre 1548, en ces termes : Réunissez-vous avec le ré-
« vérend vicaire, ou avec le révérend évêque, s'il y en a un,
« et l'inquisiteur, pour, avec eux et les premiers docteurs
« de la ville qui vous paraîtront doués de vertu et de doc-
« trine, intenter diligemment les procès en cette matière,
« nonobstant tous autres ordres; vous vous trouverez
« présents à tout ce qui se fera; ou, si quelquefois, par un
« empêchement inévitable, vous ne pouvez y assister,
« vous y ferez venir en votre place votre vicaire, et vous
« userez de toutes les diligences possibles pour que la
« procédure soit conduite de la manière qui convient,
« car nous pouvons exiger à juste titre de savoir com-
« ment les choses se passent en une matière aussi im-
« portante. Le procès terminé, vous en enverrez immé-
« diatement le dossier au chef du Conseil, et lorsque nous

« l'aurons examiné, nous vous aviserons de ce qu'il faudra
« faire. En attendant, de l'autorité de notre Conseil des
« Dix et de la Junte réunis nous vous ordonnons d'observer
« et de faire observer lesdites lettres, de les faire en-
« registrer en votre chancellerie pour servir de mémoire
« à ceux qui vous succéderont et être observées par
« eux[1]. » Pic IV se plaignait, en 1564, à l'ambassadeur
Marc Soranzo que la Seigneurie ne se montrât pas assez
sévère dans les cas d'hérésie découverts à Venise, Vérone, Vicence. « Il faut qu'ils se montrent plus sévères,
« et qu'ils appliquent des remèdes plus efficaces qu'ils
« ne l'ont fait jusqu'ici. Leur État confine par plusieurs
« côtés aux hérétiques; il est nécessaire qu'ils fassent
« bonne garde pour que cette peste ne pénètre pas chez
« eux, et pour que ceux que l'on découvrira soient punis
« rigoureusement. Ce qu'ils n'ont pas fait jusqu'à pré-
« sent, il faut qu'ils le fassent désormais de la manière
« dite. Nous avons su aussi qu'à Padoue on a toléré des
« étudiants allemands ouvertement hérétiques, qui en ont
« perverti d'autres[2]. »

En conséquence, le Conseil des Dix publia une ordonnance dans laquelle il professait qu'on ne pouvait rien
faire de plus agréable à Jésus-Christ et à tous les fidèles
que de chercher les moyens d'éloigner ces méchants qui
en matière de religion suivent des opinions particulières :
c'est pourquoi ils enjoignaient aux recteurs de les chasser
de toutes les terres de la république, dans les quinze jours
qui suivraient la publication du décret, sous la menace

(1) Page 139 du vol. Ier, arrêts et décisions du Conseil des Dix et du
grand Conseil, n° LIX du catalogue. Il existe sur le même objet
d'autres lois, du 29 décembre 1550, du 13 mars 1555.
(2) Manuscrit 697, classe 7e, ital., à la Bibliothèque Saint-Marc.

s'ils revenaient d'être enfermés en lieu sûr, dans une prison autre que celle des criminels ordinaires, et d'être frappés d'une amende considérable.

Cela ne les empêcha pas d'écrire, la même année, aux Grisons de venir faire leur commerce sur le marché de Venise, sans crainte d'être inquiétés par l'Inquisition dans une partie quelconque de l'État, pourvu qu'ils fussent tranquilles et ne fissent pas de scandale.

Sollicité par Pie V de faire appliquer l'inquisition rigoureusement par la Seigneurie, l'ambassadeur vénitien Paul Tiepolo écrit lui avoir répondu que cela serait fait, mais qu'en y regardant de près « on trouverait que l'on « vit dans cet État plus religieusement et plus catholi- « quement que peut-être n'importe où ; qu'il ne savait « pas de pays où l'on fréquentât davantage l'église et les « offices divins ; ce dont le pape ne parut pas parfaite- « ment convaincu, peut-être à cause des informations con- « traires qu'il avait reçues. »

Un autre fois il écrit : « L'inquisiteur de Brescia est « venu me trouver; il m'a dit que le pape l'avait longue- « ment questionné sur les affaires de cette ville, et que « lui, sachant bien qu'avec S. S. il n'y avait besoin ni d'é- « peron ni de frein, il avait agi de son mieux pour pal- « lier et radoucir les choses ébruitées, affirmant que « les illustres recteurs lui avaient promptement accordé « tous les secours et toutes les faveurs dont ils le savaient « avide. Il ajouta avoir dit à S. S. qu'il avait appris qu'elle « n'était pas bien disposée envers la sérénissime répu- « blique; mais que, dévoué à S. S., il se faisait un devoir « de lui dire qu'il ne connaissait pas d'État qui fît plus pour « le Saint-Siége ; qu'enfin, alors même que dans le nombre « on trouverait certains esprits peu droits, il ne fallait pas

« avoir mauvaise opinion d'une république aussi digne et
« aussi bonne. »

Il raconte ailleurs qu'il rassura le saint-père au sujet de
la vigilance très-soigneusement exercée par la Seigneurie
sur les hérétiques, et cela non-seulement par zèle religieux, mais pour la concorde et l'union entre les citoyens,
que l'hérésie troublerait; « les choses, ajoute-t-il, étaient en
« bon et peut-être meilleur état que dans aucune autre
« partie de la chrétienté malgré le voisinage de l'Alle-
« magne, à laquelle la république touchait par plus de
« 300 milles de frontières, circonstance qui l'obligeait
« à de fréquentes relations commerciales avec les Alle-
« mands. » Et plus loin : « Nous agissons plus que
« nous ne parlons; chez nous ce n'est pas tout feu et
« flamme, mais l'on fait bel et bien mourir secrète-
« ment quiconque mérite ce sort... Les démonstrations,
« plus solennelles, sévères, publiques, effrayantes, pour-
« raient causer plus de préjudice que de profit, et con-
« firmer dans leur erreur ceux qui s'abandonnent à leur
« propre sens, au lieu de les épouvanter : en France et
« dans les pays de Flandre, où l'on avait fait massacrer les
« gens par dizaines de mille, non-seulement on n'en avait
« pas eu de bons résultats, mais on avait vu chaque jour
« se multiplier le nombre des partisans de l'opinion des
« morts. Le Conseil des Dix avait dernièrement fait une loi
« d'après laquelle quiconque serait banni d'une ville pour
« cause de religion devait se considérer comme banni de
« l'État tout entier, chose qu'à la rigueur on n'aurait peut-
« être pas pu faire, suivant les règles de la justice[1]. »

---

(1) Romanin (tome. V, page 328 de son *Histoire de Venise*) me reproche d'avoir dit que Venise fut *sévère et même atroce* dans les châtiments qu'elle a infligés aux hérétiques. Laissons parler les faits.

Cette phrase terrible de Tiepolo : « Nous faisons bel et
bien mourir secrètement quiconque mérite ce sort »
était, espérons-le, une de ces formules diplomatiques où
la seconde partie détruit l'effet de la première, et dont se
servent ceux qui cèdent dans la forme pour maintenir le
fond. S'il y eut des supplices secrets, ils durent être excep-
tionnels, et nullement érigés en système. En 1588, Sixte-
Quint se plaignant de la manière d'agir de la république,
le cardinal Farnèse lui dit en souriant : « Saint-Père, ces
« messieurs gouvernent l'État avec les règles d'État et
« non avec celles du Saint-Office. Et si l'on doit avoir un
« œil sincère pour la religion, on doit aussi regarder à
« autre chose [1]. »

Dans les archives des Médicis, nous avons recueilli une
lettre du chevalier Nobili, ambassadeur de Toscane, qui
écrit de Madrid, à la date du 8 juin 1568 [2] :

« J'ai appris de l'ambassadeur de Venise qu'il y a ici
« un Italien qui a habité un grand nombre d'années la
« Suisse et le pays des Grisons aux confins du Milanais,
« où il a connu un grand nombre de vassaux du roi en
« intelligence avec les luthériens de ces pays ; cet Italien
« est venu à la cour pour dénoncer à Sa Majesté ceux
« qui sont infectés de l'opinion hérétique. Il a aussi eu
« des entretiens avec l'ambassadeur de Venise, auquel il
« a dit qu'en s'occupant de cette affaire il a trouvé un

Romanin était juif, et ne pouvait bien comprendre l'organisation chrétienne, trop peu connue des Italiens eux-mêmes. Romanin donc, pour
montrer la douceur du gouvernement vénitien, cite les égards dont les
juifs étaient l'objet. Qu'ont à faire ici les juifs ? ils ne tombaient, nous
l'avons dit, sous la juridiction de l'Inquisition ou de l'Église catholique
que lorsqu'ils tentaient de faire des prosélytes.

(1) Dépêche de Rome, man. 1279 de la Marciana.
(2) Archives de l'État à Florence, Rang, 4898.

« grand nombre d'habitants des terres des Vénitiens, tous
« hommes de qualité, ayant ces idées perverses : il a
« ajouté que si la république voulait le récompenser, il
« irait dans cette contrée et rendrait compte de tout en
« bonne sincérité et avec preuves à l'appui ; ce qui a en-
« gagé l'ambassadeur à écrire à la république pour l'ex-
« horter à voir les choses comme elles sont, et à châtier
« sévèrement ceux qui suivent cette ligne de conduite
« dans leur État, et spécialement à Brescia et à Bergame,
« villes que cet Italien désigne comme particulièrement
« infectées. »

Et à la date du 30 juillet : « A propos de ce qu'ont écrit
« à Sa Majesté catholique, par lettre du 11 avril dernier,
« monseigneur le duc et votre Excellence sur le danger
« que les Français et les hérétiques feraient planer sur l'I-
« talie, s'ils entreprenaient de pervertir ce pays, Sa Sainteté
« a écrit la même chose, et s'efforce de démontrer en quelle
« suspicion l'on devait tenir le duc de Savoie et les Véni-
« tiens, le premier à cause de l'hérésie qui infecte ses
« États et de son voisinage avec la France, les autres à
« cause du peu de vigilance qu'ils exercent sur la ma-
« nière de vivre d'un chacun : le concours ou la permis-
« sion de ces deux suffisent, paraît-il, pour faire naître en
« Italie tous les troubles fomentés par ses ennemis. Il s'est
« longuement étendu au sujet du duc et de la républi-
« que, et les a chargés beaucoup auprès de Sa Majesté,
« comme étant ceux dont la bonne volonté pour le ser-
« vice de la foi et celui de Sa Majesté est la plus dou-
« teuse. »

Jacques Brocardo, Vénitien ou, suivant d'autres, Pié- Jacques
Brocardo.
montais, suivit Calvin, et prétendit confirmer par la sainte
Écriture des visions qu'il disait avoir. En 1565, s'étant re-

tiré dans le Frioul, il y écrivit sur la physique ; mais il y fut découvert, et les Dix le firent arrêter. Relâché, il s'en alla errant à Heidelberg, en France, en Angleterre, en Hollande, où il publia des livres dans lesquels il soutenait que les prophètes avaient prédit les événements particuliers au seizième siècle : il les appliquait aux faits à venir pour ce qui concernait Philippe II, Élisabeth, le prince d'Orange. Le synode de Middelbourg désapprouva cette mamière d'interpréter la Bible. Le Breton Ségur-Pardaillan crut que le personnage désigné dans ces prophéties comme destiné à abattre l'hydre papale était Henri IV, et il sollicita ce monarque de l'envoyer aux princes protestants pour cet objet; mais il devint ridicule lorsqu'il eut révélé la source d'où il tirait cette persuasion.

Un commentaire de Brocardo sur la Genèse fut condamné par le synode national de La Rochelle en 1581. Il rétracta plus tard ses livres mystiques et prophétiques, ce qui ne l'empêcha pas d'être expulsé de la Hollande : il erra misérablement jusqu'après l'année 1594.

Procédure l'Inquisition en matière d'hérésie.

Le mode de procéder, en fait d'hérésie, à Venise, ressort de l'instruction suivante :

« *Modus qui servatur in tribunali nostro in procedendo* « *contra hæreticos.*

« Et primo, porrecta querela, sive denuntia contra ali-
« quem per judices ecclesiasticos, videlicet reverendum
« dominum Auditorem reverendissimi d. Legati aposto-
« lici et per patrem inquisitorem hæreticæ pravitatis,
« cum assistentia clarissimorum dominorum deputa-
« torum contra hæreticos, ex offitio super ea testes assu-
« muntur et examinantur; et si faciunt inditia aut proba-
« tiones, ita quod deveniri possit ad capturam denun-
« ciati, tunc Judices ecclesiastici, accedente consilio

« prædictorum clarissimorum dominorum deputatorum,
« dictam capturam decernunt; sin autem, eundem ad
« comparendum personaliter citari mandant, qui si non
« comparuerit, proclamatur in scalis publicis, et contra
« ipsum proceditur, ejus contumacia non obstante. Si
« vero comparuerit, judices ecclesiastici cum assistentia
« prædictorum clarissimorum d. deputat. ejus rei reci-
« piunt aut constitutum, et eo recepto, decernunt (acce-
« dente consilio ut supra) quod incarceretur aut consi-
« gnetur in aliquo loco quem ei deputant pro carcere,
« cum fidejussione de se præsentando et de non rece-
« dendo, et successive ad ulteriora proceditur, exami-
« nando testes et contestes, et constituendo inquisitum
« qui confitetur se errasse, et qui se remittit sanctæ ma-
« tris Ecclesiæ correctioni. Tunc formata abjuratione
« illa, reus, ore proprio, si scit legere, sin autem notarius
« reo præsente et omnia in eadem abjuratione confitente,
« recitat die statuto per judices. Deinde ipsi judices ec-
« clesiastici, habito colloquio de pœna sive pœnitentia,
« ad quam reus veniat condemnandus, cum prædictis
« clarissimis dominis deputatis, et citato reo ad audien-
« dam sententiam, illam in scriptis, accedente consilio
« ut supra, proferunt et promulgant, et in ipsius sen-
« tentiæ fine serenissimi principis pro executione ipsius
« sententiæ brachium humiliter implorant. Si vero reus
« negaverit delicta, de quibus in inquisitione, perpe-
« trasse, tunc in arctiori carcere detrudi mandatur, ut eo
« mediante, delicta per se perpetrata confiteatur. Si vero
« illa confiteri negaverit, tunc et eo casu utatur deductis
« in processu et attestationibus testium, dummodo vi-
« deantur esse conformes et sine aliqua inimicitiæ suspi-
« cione, ac tales quod in juditio fides eisdem adhiberi

« possit : et sic ad sententiam condemnatoriam, prout
« juris fuerit ut supra, proceditur. Si vero testes exami-
« nati non plene probaverint, ita quod tantummodo in-
« ditia fecerint, aut semiplene probaverint, tunc et co
« casu proceditur ad torturam, licet hactenus in tribunali
« nostro hujusmodi non evenerit casus, et ita hactenus
« fuit servatum et processum, cum assistentiam prædic-
« torum clarissimorum domin. deputatorum et eorum ac-
« cedente consilio decretum et sententiatum. »

Les archives du Saint-Office, maintenant réunies aux autres au couvent des Frari, sont composées de 150 dos-
siers. A part un procès de 1541, la série régulière ne
commence qu'en 1548. D'après Romanin, de 1548 à 1550,
on fit 63 procès tant dans la capitale que dans les provinces; 19 furent suspendus; les autres aboutirent à des
amendes ou à l'exil : quelques-uns se terminèrent par
une prison temporaire, un par une condamnation aux
galères et un autre par une condamnation à mort. Les inculpés sont ou des prêtres ou des artisans; il y a peu de
bourgeois, pas de nobles. La Bibliothèque de Saint-Marc [1] ne
possède que la sentence prononcée contre François Barozzi
pour sorcellerie, séduction, apostasie obstinée : celui-ci s'é-
tait résolu à tout confesser, pourvu qu'on lui laissât la vie
sauve et ses biens; il resta quelque temps en prison, paya
cent ducats, de quoi faire deux crucifix d'argent, et s'obligea
à faire certaines prières et à se confesser régulièrement.

Procès de sorcellerie. Les procès de sorcellerie ne manquèrent pas dans les
États de Venise. Les *Diarii* de Marin Sanuto en rapportent
plusieurs qui eurent lieu avec les abus ordinaires de la
procédure d'alors, et l'on y trouve des preuves évidentes de

_____

(1) Manuscrit 367, classe VII, Ital.

superstition, de délire, d'hallucination. On voit dans les *Annales de Brescia*, qui existent en manuscrit à la Bibliothèque
du Quirinal, qu'en 1455, le père Antoine, inquisiteur, faisait appel au gouvernement contre les hérétiques dépendant de la paroisse d'Edolo, qui refusaient les sacrements,
immolaient des enfants, adoraient le diable. En 1510, on
avait brûlé à Edolo et à Pisogne plus de 60 sorciers et sorcières accusés d'avoir ensorcelé des hommes, des femmes, des animaux, d'avoir desséché des prés et des herbes.
Pendant qu'on les conduisait au bûcher, ils ne se montraient nullement effrayés, dans la conviction que le
diable ferait un miracle pour les sauver. En 1518, on avait
brûlé plus de 70 sorcières dans la Valcamonica et confisqué leurs biens : une lettre d'Orzinovi de cette même
année dénonce comme infectés de sorcellerie un grand
nombre de prêtres qui ne baptisaient pas et qui disaient
la messe *comme Dieu veut*.

Le docteur Alexandre Pompejo raconte dans une lettre
datée de Brescia, 28 juillet 1518, que 2,500 personnes se
réunissaient sur le mont Tonale pour y assister au sabbat. Charles Miani, patricien de Venise, rapporte avec les
plus grands détails que, sollicitées par leurs mères, les
jeunes filles forment une croix sur la terre, la foulent aux
pieds et crachent dessus ; au même instant se présente
à elles un cheval, qu'elles montent, et tout à coup elles se
trouvent transportées sur le mont Tonale, au milieu
d'une orgie. Introduites dans une salle magnifique toute
tendue de soie, elles voient assis sur un trône d'or et de
pierres précieuses un grand seigneur, qui les fait pisser
sur la croix et les accouple à des jeunes hommes d'une
beauté ravissante. Il se tenait des réunions du même
genre sur le mont Crocedomini entre la vallée Sabbia et la

Camonica, ainsi que le rapporte Gambara, dans ses notes sur les *Gestes des Brescians pendant la ligue de Cambray.*

Censure
établie sur
les livres. Pour l'inquisition des livres défendus, Venise se montra jalouse de sa souveraineté : elle confia cette matière au Conseil des Dix qui, par un décret de janvier 1526, défendit de rien imprimer sans la permission des trois chefs du Conseil. Elle remit ensuite ce soin aux Exécuteurs chargés de réprimer le blasphème. L'Index de Clément VIII ne fut reçu qu'avec de certaines restrictions, et dans le concordat de 1596 on établit neuf chapitres : 1° les livres signalés comme devant être expurgés par le nouvel Index peuvent être vendus aux personnes qui ont la permission de l'évêque ou de l'inquisiteur; 2° si les imprimeurs veulent les réimprimer, ces livres pourront être corrigés par l'évêque ou par l'inquisiteur sans être renvoyés à Rome; 3° on consignera l'original des livres nouveaux entre les mains du secrétaire des réformateurs de l'université de Padoue, ou au chancelier du capitaine dans les autres villes; 4° on imprimera sur les livres le décret de permission et le nom du réviseur; 5° il n'y aura pas de gravures déshonnêtes; 6° les libraires présenteront, une fois pour toutes, à l'inquisiteur, l'inventaire des livres qu'ils ont en leur possession pour qu'on élimine ceux notés par l'Index ; 7° les évêques et les inquisiteurs ne pourront défendre un livre que pour cause d'hérésie ou pour fausse permission; 8° les imprimeurs ne sont pas obligés au serment; 9° les héritiers des libraires donneront à l'inquisiteur la note des livres défendus qu'ils trouveraient dans l'héritage.

Ces rigueurs n'empêchèrent pas la typographie d'être une des principales et des plus nobles industries de Venise, illustrée par les Alde, les Baglioni, les Comini, les

Zatta. Les Baglioni obtinrent la noblesse de Venise, et les Albrizzi la dignité de procureurs de Saint-Marc.

Tous les chefs-lieux de la République avaient leur tribunal de l'Inquisition, organisé sur le modèle de celui de Venise : d'accord avec les réformateurs de l'université de Padoue, ce tribunal révisait les livres et les estampes; la permission devait être enregistrée par le magistrat des Exécuteurs contre le blasphème. Deux consulteurs, l'un ecclésiastique, l'autre séculier, étaient questionnés sur les différences entre les jugements religieux et politiques. Un Réviseur des brefs examinait toutes les bulles et tous les papiers qui venaient de Rome.

Tout ce que nous avons dit au Discours IX du t. I, p. 331 et suiv. de l'école de Padoue s'applique à Venise, dont Padoue était le gymnase. Caracciolo qualifie cette ville de « repaire d'hérétiques; là résidèrent pendant quelque « temps non-seulement Vergerio, mais Henri Scotta, « Sigismond Gelvo, Martin Borrao, Gribaldi et Calvin « lui-même, lorsque, fuyant la Picardie, il vint en Italie, « et arriva jusqu'à Florence. Chioggia avait un évêque « très-suspect d'hérésie, si bien qu'il ne dut qu'au car- « dinal de Trente de n'avoir pas été arrêté au Concile. « En général, on peut concevoir, par le rapport que l'é- « vêque Teatino fit au pape Clément VII, combien toute « cette province de Venise était souillée d'hérésie. »

Parmi les lettres de Bullinger, il s'en trouve une, du 30 mars 1543, où Oswald Miconio parle d'un doyen de Padoue qui croyait pouvoir accorder les rites catholiques avec les nouvelles croyances, et d'un autre, dont il ne donne pas le nom, qui soutint, dans un colloque, qu'il ne fallait qu'un seul pasteur et un seul bercail, qu'on devait observer le carême, le jeûne, les fêtes et invoquer les

Padoue et les Averroïstes.

saints; et qui prétendait (dit-il) allier le Christ à Bélial. Il
cite encore un autre Italien, qui captiva Calvin au point
d'en obtenir une commende; mais étant venu à Argovie,
il déclara publiquement ne pas croire à l'Esprit-Saint.

Bernardin Tomitano, de Padoue, qui publia une *Exposition littéraire du texte de Mathieu Évangéliste* (Venise,
1547), laquelle a été probablement traduite d'Érasme,
fut également accusé d'hérésie. Mais il se justifia dans les
« Discours I et II aux seigneurs de la sainte Inquisition de
Venise » (Padoue 1556).

Il existe aux archives du Vatican un « écrit composé
sous Frédéric Cornaro, évêque de Padoue, sur la question
de savoir s'il faut tolérer oui ou non tolérer la licence de
la nation allemande[1] ; » il s'y plaint qu'à cette université
on ait les mêmes exigences qu'à celles d'Angleterre, de
Genève, d'Allemagne, « lesquelles veulent qu'après trois
« jours tous les étrangers soient obligés de quitter leurs
« rites et de s'accommoder à leurs abus et à leur li-
« cence. »

L'enseignement des Averroïstes[2] survécut dans l'É-
cole de Padoue, même après que les formules barbares de
cette doctrine eurent été bafouées par les humanistes,
et le fond par les catholiques. Zabarella, Zimara, Frédéric
Pendasio, Louis Alberti et autres continuèrent cette tradition, bien que tous répudiassent l'unité de l'intelligence. Le Vénitien François Ludovici, dans une des nombreuses continuations du poëme de l'Arioste intitulé le
Triomphe de Charlemagne, chante Renaud. Le héros pé-

(1) Manusc. Urbin, 859, fol. 325.
(2) Voir notre T. Iᵉʳ, page 344 et suiv. On imprima à Riva de Trente,
en 1560, un abrégé de la Logique d'Averroès; souvent réimprimé, il est
demeuré jusqu'à ces derniers temps classique parmi les Israélites.

nètre dans les entrailles du mont Atlas, se trouve au milieu du temple de la Nature, et la voit donner l'existence
à tout ce qui végète, à tout ce qui respire : la Nature
est mise à la place de Dieu, de même que l'intelligence et
la raison tiennent lieu de l'âme. A cette question de Renaud, pourquoi les hommes ont-ils une âme immortelle
plus intelligente que celle des bêtes, la Nature répond :

« J'en place plus (d'intelligence) dans l'homme que ce n'est
mon vouloir. Et cette intelligence est si grande que votre savoir
excède de loin celui de tout autre animal. Cette autre chose qu'en
vous l'on dit immortelle, ce n'est pas moi qui la fais ; si Dieu la
fait qu'il la fasse. Ce que c'est, je ne le sais pas ; je ne sais non
plus ce qu'elle vaut. Il peut très-bien arriver qu'il lui plaise de
créer, quand je fais vos corps, ce quelque chose de votre être
qui à la fin de votre existence retourne dans son sein. Et cela, si
bon vous semble, vous le pouvez croire.

Le dernier représentant marquant de cette école fut Cremonini.
César Cremonini de Cento, qui professa dix-sept ans à
Ferrare et quarante ans à Padoue. Les quelques écrits
qu'on a imprimés de lui ne justifieraient pas sa haute
reputation ; mais il reste un grand nombre de copies
des cours qu'il faisait aux élèves. Il n'accepte pas l'u-
nité de l'intelligence : il admet comme intelligence active Dieu lui-même, distinct des puissances de l'âme,
existant par lui-même, vie de l'Univers, lequel Univers
n'est jamais, mais devient (*Mundus nunquam est, nascitur
semper et moritur*). Il distingue toujours la vérité philosophique de la théologie ; dans l'exorde du traité de l'âme
en particulier, il dit à ses auditeurs : « Je ne prétends pas
« vous enseigner ce qu'il faut croire de l'âme, mais seu-
« lement ce qu'a dit Aristote. Or tout ce qui est dans
« Aristote est contraire à la foi, et les théologiens y ont
« abondamment répondu. Soyez-en avertis une fois pour

« toutes, afin que si vous entendez quelque proposition
« mal sonnante dans mon enseignement, vous sachiez où
« vous en trouverez la réponse (A). »

Ces précautions et d'autres semblables n'empêchèrent
pas l'inquisiteur de Padoue de lui écrire, le 3 juillet 1619,
pour lui rappeler le décret du Concile de Latran qui
oblige tous les professeurs à réfuter sérieusement les erreurs qu'ils exposent [1].

« Sa Sainteté m'a donné ordre de faire savoir à Votre
« Seigneurie que dans votre apologie non-seulement
« vous n'avez pas corrigé le premier livre, intitulé *Dis-*
« *putatio de Cœlo,* selon la disposition du Concile de La-
« tran, en résumant le raisonnement d'Aristote, en le ré-
« futant, et en défendant manifestement la foi catholique,
« mais que vous avez de votre propre sens créé certains
« modes d'explications et de distinctions, qui contien-
« nent des assertions dignes de censure, comme on peut
« le voir par les observations que je vous ai fait parvenir.
« En conséquence, il convient que vous corrigiez de vous
« même le premier livre, d'après la prescription du Con-
« cile de Latran : c'est là votre devoir et non celui des
« théologiens ou d'autres; car vous devez le faire par obli-
« gation de conscience, si vous êtes ce philosophe chrétien
« et catholique que vous dites être; vous le devez encore à
« votre réputation, si vous voulez être regardé comme un
« philosophe chrétien et non comme un philosophe païen.
« Il faut de plus que vous enleviez de l'apologie et réfutiez
« certaines manières d'expliquer et de distinguer que vous
« avez tirées de votre propre raison pour l'éclaircissement
« des propositions notées et censurées dans le premier

---

(1) Cette lettre se trouve à la Bibliothèque du Mont-Cassin, n° 483.

« livre, car elles ne satisfont pas à l'ordre qui vous a été
« donné, et on ne doit pas les tolérer en elles-mêmes.
« Donc, en raison de la nécessité qu'il y a de prévenir
« les maux que peut causer la lecture de ces livres, il
« convient que vous corrigiez le premier livre, suivant
« l'ordre qui vous a été donné en conformité du Concile
« de Latran, et que vous enleviez du second les erreurs
« et les assertions dignes de censure que vous avez
« écrites de votre propre sentiment, en même temps que
« la méthode par vous suivie pour déclarer votre ma-
« nière de voir sur ces choses; autrement, on m'écrit de
« Rome qu'on en viendra à défendre ces livres; et dans
« cette affaire on n'a rien autre chose en vue que la gloire
« de Dieu et le salut des âmes.

« En outre, on fait remarquer à Votre Seigneurie que
« la rétractation dans les choses concernant la foi doit
« être claire et évidente, non embarrassée, non ambiguë.
« D'autres hommes de mérite ont exposé Aristote dans
« cette université de Padoue : sur tout ce qui tient à
« l'âme mortelle, ils prouvaient qu'Aristote, avec le
« seul secours des lumières naturelles, s'était trompé,
« et ils ont réfuté ses arguments d'une manière re-
« marquable *in principiis philosophiæ* : ainsi en a agi
« de nos jours Pendasio, homme de beaucoup de sa-
« voir et de piété. Outre le long entretien que j'ai eu
« avec Votre Seigneurie à ce sujet, j'ai cru devoir vous
« transmettre ces observations par écrit. Que Votre Sei-
« gneurie me réponde donc distinctement par écrit sur
« tout ce que je lui dis, afin que j'en puisse rendre
« compte à Rome pour vendredi prochain. Dieu vous con-
« serve! »

Cremonini répondit :

« J'ai vu la lettre que m'écrit votre paternité : j'y
« trouve deux choses : par l'une vous m'avertissez, vous
« m'exhortez et vous me persuadez de satisfaire aux
« observations auxquelles mes livres ont dernièrement
« donné lieu. Je vous remercie de votre bonne af-
« fection : vous savez, je crois, que l'autre fois j'ai été
« très-prompt à suivre l'ordre de Sa Sainteté, et vous
« devez donc croire que cette fois encore j'agirai de
« même à l'égard de toute requête convenable. Vous me
« dites ce que je dois faire : à ce propos, je vous dirai,
« chemin faisant, ce que je puis. Je verrai les observa-
« tions le plus tôt possible. Étant à cette heure un peu
« indisposé, je ne puis dès maintenant me livrer à l'é-
« tude : j'en agirai avec votre paternité de manière à ac-
« complir tout ce qu'il faudra.

« Pour ce qui est à remanier dans le premier livre, je
« ne puis absolument le faire, car lorsque je l'ai com-
« posé, il a été arrêté par ordre de Sa Sainteté que l'on en
« ferait, à l'occasion, l'apologie : ce que l'on a fait. La
« chose a été sue au Sénat; on la tient pour jugée, en sorte
« que je n'ai pas le pouvoir de rien changer au livre.

« Voici tout ce que je puis faire. Dans la dernière
« partie que je publierai, *De cœli efficientia*, j'aurai égard
« à toutes les difficultés qui se présenteront, et je ferai
« le nécessaire pour me montrer ce philosophe catho-
« lique et chrétien que je dis être, que je suis en effet,
« votre paternité le sait. Ma conduite habituelle me jus-
« tifie, et il ne faut point s'en rapporter à des relations
« menteuses, j'en prends Dieu à témoin. Quant aux ma-
« nières d'explication que vous dites, je crois qu'elles se-
« ront en partie notées dans les observations; je verrai
« à me mettre d'accord avec vous. Nous verrons aussi

« ensemble le Concile de Latran, et je ferai ce qu'il
« faudra. Mais quant à changer ma manière de dire, je
« ne sais comment je pourrai promettre de me changer
« moi-même; chacun a sa manière, qui l'une, qui l'au-
« tre. Je ne peux ni ne veux rétracter les expositions
« d'Aristote, puisque je l'entends ainsi et que je suis payé
« pour déclarer ce que j'entends, et en ne le faisant pas
« je serais obligé à la restitution du salaire. Ainsi je ne
« veux pas rétracter les considérations par moi émises
« sur l'interprétation que vous avez faite de mes explica-
« tions, sur mon honneur, sur l'intérêt de la chaire que
« j'occupe, et partant du prince. Mais il y a un re-
« mède : que quelqu'un écrive le contraire, je me tairai
« et je ne ferai rien pour répliquer. C'est ainsi qu'on fit
« écrire à Suessano le livre *De Immortalitate,* contre Pom-
« ponace.

« Quant aux choses de l'âme, ce n'est pas le temps
« d'en parler; lorsque je ferai le commentaire, je me
« comporterai en bon catholique, et je ne me montrerai
« inférieur en piété chrétienne à aucun autre philo-
« sophe. »

Il faut bien reconnaître que ses croyances ne lui attirèrent
aucun désagrément, puisqu'il continua à enseigner à Padoue. Mais son nom resta comme le type de l'incrédulité
savante; on a dit de lui qu'il avait brisé d'une manière peu
philosophique l'accord entre la foi et la philosophie, en
donnant la formule suivante : *Intus ut libet, foris ut mores ;*
on ajoute que mort octogénaire, dans la peste de 1631,
il protesta du fond du tombeau contre l'immortalité par
cette épitaphe : *Hic jacet Cremoninus totus.*

Ce fait est-il bien avéré ?

Gisbert Voet écrit que *antehac ab crudelissimo viro et*

amico mihi communicatum erat epitaphium quod dicebatur
sibi fecisse, Totus Cremoninus hic jacet : sed postea ab eo-
dem aliunde aliter informato monitus, revocavi illud [1].

Mais Balzac, faisant l'éloge d'un certain **M.** Drouet,
dit : « Son nom est en grosses lettres dans les archives de
« l'École de Padoue ; et il sortit de la discipline du grand
« Cremonini presque aussi grand et aussi savant que luy.
« Non pas que pour cela il soit partisan aveugle de feu
« son maistre. Je vous puis asseurer qu'il n'en a espousé
« que les légitimes opinions, et jamais fidèle ne fut mieux
« persuadé que luy que le Dieu d'Abraham et d'Isaac est
« le Dieu des vivants, et non pas des morts. »

Laurent Crasso disait de Cremonini [2] : « C'est un poison
« spirituel contagieux d'enseigner que l'âme de l'homme,
« sujette à la corruption, ne diffère pas dans la mort
« de celle des brutes, comme il le faisait, bien qu'il ait
« eu la prudence d'assurer qu'en cela il ne faisait que sou-
« tenir l'opinion d'Aristote. » Il ajoute que Cremonini
« était bien fait de corps, austère de visage, très-sobre de
« sommeil, ambitieux de science, hypocrite dans sa con-
« duite, éloigné de toute religion ; et que, de l'avis de plu-
« sieurs, il avait fait à un grand nombre de ses élèves la
« confidence de sa doctrine perverse. »

En vérité on est étonné que le péripatétisme scolastique ait été si tard en honneur à l'université de Padoue,
et que Cremonini exposât le traité de la *Génération* et de
la *Corruption,* celui du *Monde* et du *Ciel,* pendant que Galilée y expliquait Euclide ; ce Cremonini, qui refusa lorsque
Galilée découvrit les satellites de Jupiter de les regarder
avec le télescope, parce que ce fait était en contradiction

(1) *Selectarum disputationum theologic.*, vol. I, p. 206.
(2) Éloges d'hommes de lettres, t. II, p. 124.

avec Aristote. Mais la ruine de cette école fut moins due
à la science sérieuse et expérimentale qu'au triomphe définitif de l'orthodoxie.

De la terre-ferme des États de Venise, outre le nom *Hérétiques Véronais et Brescians.*
de Flaminio est venu jusqu'à nous celui de Paul Lazise, de
Vérone, chanoine de Latran, qui, à l'époque où il enseignait
le latin à San-Frediano de Lucques, entendit Pierre Martyr, prit goût aux dogmes hétérodoxes et en fit profession
en 1542. Il fut quelque temps professeur à Zurich, puis à
Bâle; enfin Martin Bucer l'appela à Strasbourg pour y enseigner le grec et l'hébreu.

Un des chefs de la cohorte des lettrés charlatans, ce
fut Jules César Scaliger, probablement natif de Vérone,
qui attaqua d'abord Érasme à propos des railleries dont
celui-ci poursuivit les latinistes italiens, et fut plus tard
soupçonné d'adhérer aux opinions nouvelles. On sait d'une
manière positive qu'il mourut en bon catholique, le 21 octobre 1558. On a cependant gravé sur son tombeau à Agen
cette épigraphe sceptique : *J.-C. Scaligeri quod fuit.*

Domitius Calderini, de Caldiero près de Vérone, auteur
de plusieurs commentaires sur les anciens, secrétaire
apostolique à Rome, se fit des ennemis par sa critique pré-
somptueuse. Ceux-ci dirent de lui qu'il fuyait la messe
et qu'il s'écriait quand il devait y aller : « Allons à l'erreur
commune¹. » Cela a suffi pour qu'on l'ait placé parmi *les
témoins de la vérité.*

Alexandre Citolini, de Serravalle, au diocèse de Ceneda, est l'auteur d'un *Art de se souvenir,* où il réduisait
à diverses catégories les choses de la pensée, afin de pouvoir discourir sur tous les sujets indifféremment. Outre

(1) VIVÈS, *De veritate fidei,* liv. II, p. 264.

cet ouvrage, il fit imprimer à Venise, en 1564, la *Topo-
cosmie, ou le Monde réduit à un seul lieu*, mélange bi-
garré de toutes les choses matérielles et intelligibles, ren-
fermant plusieurs des erreurs dans lesquelles il s'était
laissé entraîner. Il se réfugia à Strasbourg, puis en Angleterre. Sturm fait de lui un grand éloge.

Le 13 juillet 1527, Clément VII adressait une bulle à
l'évêque de Brescia, Paul Zema, et à l'inquisiteur de cette
ville, où il les félicitait, eux et tout le municipe, de se montrer dignes de l'excellente réputation que leur avaient
laissée leurs parents et leurs aïeux, en veillant soigneusement à ce que l'hérésie ne pénétrât pas dans leurs murs, et
en étant toujours prêts à l'extirper si elle s'y introduisait.
Il avait appris que quelques-uns, ternissant leur honneur,
n'avaient pas eu honte de professer la doctrine luthérienne, enseignant en secret ce qu'ils n'osaient confesser en
public, et entraînant ainsi un grand nombre de personnes.
Ils avaient élu trois citoyens qui à force de zèle avaient
fait disparaître presque entièrement de la ville l'hérésie
diabolique de Luther, en punissant ses fauteurs et ses propagateurs. Il les exhorte à écouter ces citoyens, afin que
dans la ville et tout le diocèse la doctrine luthérienne et
les autres erreurs soient déracinées entièrement. Rappelant l'accusation par eux portée contre J.-B. Pallavacino,
religieux carme, qui dans le dernier carême, prêchant à
Brescia, avait émis des propositions erronées et contraires
à la foi catholique, au grand scandale des âmes pieuses ;
il les autorise à prononcer leur jugement, sans appel,
même au Saint-Siège ; à obliger par les censures ecclésiastiques les témoins qui se récuseraient ; à procéder
contre ceux qui soutiendraient, favoriseraient ou conseil-
leraient les maximes de frère Martin, à déclarer infâmes,

incapables de tester et indignes de la sépulture en terre bénite ceux qui s'obstineraient; enfin l'évêque et l'inquisiteur de Brescia pourront recevoir l'abjuration des repentants et le serment par lequel ils s'engageront à ne pas retomber, moyennant quoi, ils seront absous de toute infamie ou incapacité [1].

Nous avons déjà parlé du Brescian Jacques Bonfadio, que le gouvernement de Gènes avait fait mourir pour un crime abominable. Les écrivains démocrates ont donné à entendre que la cour de Rome avait été l'instigatrice de son supplice. Or, il existe aux archives de Gènes une lettre de monseigneur J.-B. Lomellini, écrite de Rome, le 1er février 1551, à ce gouvernement; il y raconte que le cardinal Crescenzio lui avait dit que « Sa Sainteté était grandement « scandalisée de la conduite de la *Signoria*, à laquelle on « avait dû en peu de temps faire des réclamations au sujet « de trois ou quatre cas exorbitants; entre autres et avant « tout celui de Bonfadio, que l'on avait fait mourir sans lui « donner le temps de prouver qu'il était prêtre, bien qu'il « alléguât cette qualité. »

Nous avons trouvé parmi les pièces du procès du cardinal Morone la lettre suivante, qui est d'une écriture difficile à lire et très-incorrecte. « Au très-savant pré- « dicateur et révérend vicaire général dom Hippolyte « Crisola, mon très-honoré. Rome, à la Paix.

Celse Martinengo.

« Très-cher frère, je vous ai déjà écrit deux fois de- « puis ma première lettre; je crois vous avoir écrit mes « intentions et mes sentiments : je ne dirai rien autre « chose, sinon qu'enchaîné par Dieu, contre ma volonté et « mon choix, je suis venu à Milan, où j'ai commencé à

_____

(1) *Bullarium Romanum.*

« prêcher : que la volonté du Seigneur soit faite ! Je prê-
« cherai avec tout le zèle dont je serai capable ; que Notre
« Seigneur me guide ! Je n'ai jamais eu l'intention de
« nuire à personne ; je prends Dieu à témoin que si ma
« conscience était en paix, tout serait calme. J'userai des
« remèdes dont vous me parlez. Je suis persuadé que
« la liberté chrétienne doit servir à la charité chrétienne
« autant que la charité doit servir à la foi. Maudite soit la
« liberté chrétienne qui détruit la charité, mais plus
« maudite soit la charité qui détruit la foi. Si je pouvais
« réunir ces trois choses, je serais l'homme le plus heu-
« reux du monde ; mais je ne le puis. Je pensais trouver
« l'évêque de Bergame, pour voir s'il pouvait m'apaiser. Je
« vous prie en grâce d'implorer l'appui de Pole, de Mo-
« rone, du patriarche et de l'évêque de Bergame : recom-
« mandez-moi à eux tous. Voyez si vous pouvez avoir assez
« de loisir pour me soulager là où je souffre. Cela me con-
« solerait. Je désirerais jouir des douceurs du monde, tou-
« tefois honnêtement et chrétiennement, si je le pouvais.
« Jamais je n'ai été aussi calme que maintenant que je
« sais qu'on ne m'abandonnera pas. Mais c'est avec un
« grand bonheur que je verrai arriver la fin de ma pré-
« dication. Écrivez : j'écrirai à mon tour, et je prierai, en
« attendant, notre commun père Jésus-Christ, qui est le
« seul maître du cœur, de voir que c'est là une plaie du
« cœur. Ne manquez pas de prier avec tous les fidèles.
    « De Milan, le premier dimanche de carême (1552).
                                        « Votre CELSE.

    « Je vous envoie les salutations d'Octavien Pisogno et
d'Adiodato, qui sont ici avec moi. »
    Ce Celse Maximilien, fils du comte César Martinengo

de Brescia, chanoine de Latran et excellent prédicateur,
appelé à Lucques par Vermiglio, tomba avec lui dans l'erreur. Vergerio raconte que ce grand serviteur de Dieu
se trouvant près de Milan, Muzio envoya des soldats avec
des bâtons et des épées pour l'arrêter et le livrer aux
mains des Scribes et des Pharisiens [1]. Ayant quitté l'Italie,
Martinengo s'arrêta dans la Valtelline, mais il y fut soupçonné d'être anabaptiste et unitaire [2]. Il devint néanmoins
pasteur de l'Église italienne à Genève, dont il fut reçu citoyen gratuitement le 30 janvier 1556.

Pierre Martyr, dans une lettre à Calvin, du commen-

(1) *Défense présentée au sérénissime doge Donat.* « Un certain Muzio,
dont la profession est de publier des placards et de mener les gens se
faire tuer sur les barricades, est devenu théologien papal en trois jours
et de plus capitaine des papistes. Demandez au gouverneur du château
de Milan s'il est vrai qu'accompagné de la cour et de ses sbires il est
allé, *cum fustibus et gladiis,* prendre le bon serviteur de Jésus-Christ Celse
Martinengo pour le livrer aux mains des Scribes et des Pharisiens. »
Les archives de Genève portent cette note : Le comte Celse Maximilien
Martinengo de Brescia est arrivé en cette ville au mois de mars 1552,
et peu de temps après il a été installé ministre de l'Église.

(2) Philippe Gallizio écrit de Coire à Bullinger, le dern'er jour de
février 1552 :

« Celse Martinengo, passant par ici, m'a soutenu qu'on ne peut pas
avec les Écritures canoniques prouver les mots de trinité et de personnes, et que nous devons nous servir des expressions employées par
les Saints-Pères ; que la virginité de Marie après son premier enfante-
ment n'est pas prouvée par les Écritures ; qu'il faut exclure le baptistère
de l'Église... Comander se demande ce qu'ils veulent... Je crois qu'ils
portent dans leur cœur des choses qu'ils n'oseront pas divulguer.......
D'Italie, on apprend que certains ne craignent pas de dire que Jésus-
Christ est né de la semence de Joseph, et que le récit de Mathieu et
de Luc relatif à la Conception de Jésus-Christ par l'opération du
Saint-Esprit n'est pas autrement fondé sur l'Evangile. Ces têtes am-
bitieuses ne peuvent se reposer. » — Et Comander à Bullinger, le 6 avril
1552 : « L'Italie et notre chère Valteline elle-même sont déchirées par les
Anabaptistes. Martinengo, qui est affligé de cette plaie, est allé en Angleterre ; que les bons se tiennent en garde contre eux ! »

cement de 1557, déplore la mort de la femme de Marli-
nengo, l'Anglaise Jeanne Straffort, veuve Williams, réfu-
giée à Genève, et devenue son épouse en février 1556.
Quant à lui, il mourut en 1557, et eut pour successeur
Lactance Ragnoni, de Sienne. Nous aurons occasion d'en
parler ailleurs.

Caracciolo, déjà tant de fois cité par nous, dit qu'il y
avait à Bergame beaucoup d'hérétiques, et en premier
lieu l'évêque et son vicaire, le prévôt Nicolas Assonico; et
que Ghislieri fut envoyé pour leur faire leur procès, et
cela non sans courir de grands dangers, car Assonico
était aimé des recteurs et des principaux de la ville. Mais
« Ghislieri fut enfin découvert. Les recteurs et l'évêque
« ayant envoyé des gens pour le prendre et le faire
« mourir cruellement, il s'enfuit, grâce à quelqu'un de
« l'Inquisition, et fut remis en lieu sûr. Le procès, eu égard
« à son importance, et pour qu'il ne courût pas le même
« danger que l'inquisiteur, fut confié à un religieux de
« saint François; peu de temps après, grâce à un ami,
« Ghislieri eut de nouveau la direction du procès, et s'en
« retourna à Rome, heureux d'une si belle œuvre. Cité
« à Rome, l'évêque y comparut en personne, quoique pro-
« tégé et défendu par des hommes puissants. Enfermé au
« château Saint-Ange et convaincu, il se reconnut coupable
« de plusieurs chefs d'hérésie du plus mauvais exemple qui
« auraient infecté tout le pays si le zèle de Ghislieri n'eût
« prévenu la ruine de tant d'âmes. Privé de son siège, l'é-
« vêque mourut ensuite misérablement, à Venise. »

Soranzo.   Nous savons que le fameux Pierre Bembo avait été
préconisé au siège de Bergame, mais qu'il ne s'y rendit
jamais. Il avait eu pour successeur, en 1547, Victor Soranzo, qui, plusieurs fois accusé d'hérésie et plusieurs fois

condamné de ce chef, fut enfin destitué[1].' Son vicaire, le prévôt Assonico, fut l'objet des mêmes poursuites, et mourut à Venise.

En 1593, Alvise Priuli, recteur de Bergame, écrivait à la *Signoria* de Venise : « qu'il n'y avait pas d'hérétiques « sur ce territoire, bien qu'un grand nombre de mar- « chands allemands l'habitassent; ces marchands toute- « fois vivaient sans faire de scandale, et la fréquence des « relations entre les Bergamasques et les habitants de la « Valteline ne nuisait point à la religion; car ces très- « fidèles sujets, occupés de leur négoce et de leur trafic, « sont très-éloignés de l'oisiveté de laquelle dérivent tous « les maux. »

Mais le pays n'était pas aussi pur d'hérétiques : nous pouvons citer à cet égard le médecin Guillaume Grat- tarola, refugié chez les protestants, et Jérôme Zanchi, d'Alzano (1516-1596). Ce dernier était fils de François et neveu de Paul Zanchi : Paul avec ses fils Basile et Chris- tophe, se signala par ses travaux d'érudition. Basile, bon poëte et chanoine de Latran, versé dans la connaissance des Écritures, fut accusé d'hérésie sous Paul V, et mis en prison; il y mourut, en 1559. Jérôme Zanchi, non pas l'ermite de saint Augustin, mais le chanoine régulier, changea de religion après avoir entendu prêcher à Luc-

Jérôme Zanchi.

---

(1) Interrogé s'il connaissait Soranzo, Morone répondit : « Cet homme venait quelquefois chez moi. Il se déclarait réformé, et parlait toujours des choses de Christ. Il me dit qu'ayant été une fois appelé à Rome, il y avait été accusé sur un grand nombre d'articles. Un jour que je le trouvais disposé à s'enfuir de Rome, il se mit à me parler du mariage des prêtres, qu'il prétendait être légitime : il m'assura que le cardinal Sfondrato avait toléré un prêtre qui avait pris femme. Je ne pouvais supporter ces intempérances de langage; je lui disais qu'il était dans l'erreur, et je cherchais par beaucoup de raisons à le persuader du contraire. »

ques Pierre Martyr, et lui resta toujours dévoué depuis.
Ayant quitté sa patrie en 1550, il succéda à Gaspard Hé-
dion dans la chaire d'explication des saints livres à
Strasbourg. Il remplit cette fonction de 1553 à 1563, et
faisait en outre des leçons sur Aristote. Comme tous les
Italiens, il n'acceptait pas dans son intégrité la confession
d'Augsbourg; modéré, il réprouvait les exagérations,
n'outrageait pas le pape, reconnaissait beaucoup de préjugés chez les Réformés, et cherchait à concilier les diverses opinions. Il écrivait à Sturm : « Je suis indigné de
« voir dans nos Églises réformées chez un grand nombre
« la manie d'écrire à propos de tout, plutôt que de laisser
« ce soin aux pasteurs, aux docteurs et aux colonnes de
« l'Église. Souvent nous obscurcissons à dessein le véri-
« table état de la question, afin qu'elle ne puisse être
« comprise : nous avons l'imprudence de nier les choses
« évidentes et nous affirmons effrontément le faux : nous
« inculquons fortement aux peuples comme principes de
« foi des doctrines manifestement impies, et nous dénon-
« çons comme hérétiques des opinions parfaitement or-
« thodoxes : nous torturons les Écritures pour les mettre
« d'accord avec nos inventions, et nous nous vantons d'être
« les disciples des Pères, tandis qu'au contraire nous re-
« fusons de suivre leurs doctrines. La tromperie, la ca-
« lomnie, l'injure nous sont familières, et nous ne pen-
« sons pas combien par de semblables écrits nous nuisons
« au progrès de l'Évangile, quel coup nous portons à l'É-
« glise de Jésus-Christ, et combien nous raffermissons les
« sectaires dans leurs hérésies, combien nous excitons les
« tyrans à prendre les armes contre nous, combien nous
« dilatons sur la terre le règne de Satan; que ce soit bien
« ou mal, vrai ou faux, peu nous importe, pourvu que

« nous soutenions notre cause. O temps, ô mœurs! quel
« homme en voyant, en lisant, en examinant tout cela,
« s'il conserve une étincelle de piété, ne sera profondé-
« ment affligé et troublé, et ne déplorera amèrement les
« malheurs de notre temps [1] ? »

Mais en cherchant à mettre la paix, Zanchi fut lui-
même constamment mêlé à des discussions. Il était devenu
membre du chapitre de Saint-Thomas, où ses divergences
sur la.prédestination, sur la persévérance dans la sainteté, sur l'ubiquité et sur l'antéchrist lui valurent mille
contestations : on ne le saluait plus, on ne lui adressait
plus la parole. Poussé à bout, il souscrivit, pour conserver son poste, un formulaire, mais avec des réserves,
et *modo orthodoxe intelligatur.*

Il renonça ensuite au canonicat, et se fixa à Chiavenna
de 1563 à 1568, *fructuose quidem, sed non absque cruce.* Il
avait épousé Violante, fille de Celio Curione, dont Vermigli décrit la mort, dans une lettre à Pierre Martyr : celle-
ci, toute pleine d'aspirations, goûtait d'avance les douceurs
du paradis et elle brûlait du désir de voir le Sauveur : elle
chargea Olympe Morata de l'ensevelir, puis elle expira,
dans les bras de son mari, en s'écriant : *Au ciel, au ciel* [3].
Il épousa ensuite Livie Lumaca, riche héritière de Chiavenna, dont il eut de nombreux enfants. L'électeur palatin Frédéric III le fit demander pour professer la théologie à Heidelberg. Là il écrivit contre les antitrinitaires ;
mais à la mort de son protecteur, le pays ayant changé
ses croyances, il en fut renvoyé, avec tous ceux qui s'é-

(1) Hieronimi Zanchii *Responsio ad Jo. Sturmium,* au tom. VIII de
ses *OEuvres théologiques,* col. 835.

(2) Melchior Adam, *Vitæ Théol exter.;* voir notre T. II, Disc. XII,
pag. 574.

cartaient du Luthéranisme pur, et se refugia à Neustadt,
jusqu'au moment où il put rentrer à Heidelberg. A l'âge
de soixante-dix ans, et déjà aveugle, il fit une profession
de foi pour lui et pour *sa famille*, dans laquelle il déclare,
en s'adressant à Ulysse Martinengo, n'avoir pas répudié
tous les dogmes de l'Église romaine, mais ceux-là seulement qui n'étaient pas conformes aux enseignements de
l'Église primitive; en l'abandonnant il s'était proposé de
rentrer dans son sein dès qu'elle se serait amendée; il
le désirait de tout son cœur, puisque rien n'est plus désirable que de passer ses derniers jours dans le sein de l'É-
glise où l'on a été baptisé.

Il mourut en 1590. On plaça l'épitaphe suivante sur son
tombeau :

> *Hieronymi hic sunt condita ossa Zanchii*
> *Itali exulantis Christi amore a patria.*
> *Qui theologus quantus fuerit et philosophus,*
> *Testantur libri editi ab eo plurimi.*
> *Testantur hoc quos voce docuit in scholis*
> *Quique audiere eum docentem ecclesias.*
> *Nunc ergo quamvis hinc migravit spiritu*
> *Claro tamen nobis rem auxit nomine.*

Ses œuvres, recueillies en six volumes, dont deux de
lettres, ont été publiées à Genève, en 1619. Son ouvrage le
plus célèbre fut *De Dei natura et de tribus elohim Patre,*
Filio, et Spiritu Sancto, uno eodemque Jehova, en deux parties : dans la première il expose la doctrine pure et explique le mystère de la Trinité ; dans la seconde il réfute
les arguments contradictoires. Ces écrits lui firent une
telle réputation, que Sturm disait qu'il suffirait à lui seul
à tenir tête à tous les pères de Trente ; mais si ses livres

obtinrent de grands éloges, ils eurent peu de lecteurs :
Bayle fait remarquer qu'on les achetait pour rien et qu'ils
avaient plus d'amateurs parmi les charcutiers que parmi les
théologiens.

François Negri, de Bassano, ne fit pas moins de bruit.
Entré aux Augustins [1], à la suite d'un amour malheureux,
un amour nouveau le poussa à un assassinat, pour lequel
il s'enfuit en Suisse. S'étant lié avec Zwingle et ayant
adopté ses doctrines, il l'accompagna, dit-on, à la conférence de Marbourg en 1529 et à la diète d'Augsbourg, il
soutint la liberté absolue des cultes, qui au lieu de cela
fut limitée aux deux sectes principales. Negri finit par se
joindre aux antitrinitaires.

On a annoncé, il y a quelque vingt-cinq ans, que sa
correspondance avait été trouvée en Suisse et portée à
Bassano : mais nous avons eu beau chercher, nous n'a-
vous trouvé que deux lettres de lui parmi celles dont Baseggio a enrichi la bibliothèque de cette ville. L'une ne
présente aucun intérêt; dans l'autre, datée de Strasbourg,
5 août 1530, et adressée au révérend maître Paul Rossello,
de Padoue, il parle de tout ce qu'il a eu à souffrir pour le
Christ après son expatriation; il y dit que, le carême
précédent, s'étant rendu incognito à Venise et en d'autres
lieux de l'Italie, il y avait trouvé « plusieurs frères aux-

François
Negri.

(1) Et non aux Bénédictins, comme le dit Carrara, dans le *Nouveau
Dictionnaire historique*, publié à Bassano, en 1796. Outre cet article
étendu, Verci a parlé de Negri dans les *Notices sur les écrivains de
Bassano*. Ils sont contredits par Dominique Rossio Da Porta, ministre
reformé à Soglio, dans les Grisons, en 1794, qui s'adresse au délégué don
Fidèle de Vertemate Franchi, et avec plus d'exactitude par J.-B. Roberti
dans ses *Notices historico-critiques sur la vie et les OEuvres de François
Negri*; Bassano, 1839. C'est une erreur de Quadrio de l'indiquer comme
originaire de Lovere.

« quels je parlai avec détail (dit-il) de moi et des af-
« faires de l'Évangile. Voici les noms de ces frères : à
« Venise, je me suis entretenu avec frère Aloys des Forna-
« sieri, de Padoue, autrefois don Barthélemy en religion.
« A Padoue, je me suis entretenu avec frère Barthélemy
« Testa, auquel j'ai laissé mon bénéfice, et qui est main-
« tenant intendant de la maison de monseigneur Stampa.
« Ensuite, dans une ville du Véronais dont je ne me
« rappelle pas le nom, à trois ou quatre milles de Legnago,
« je me suis entretenu deux jours avec frère Marin Gujoto,
« *qui, quondam monachus, dicebatur* don Pierre de Padoue.
« En dernier lieu, j'ai eu, pendant toute une journée,
« un entretien avec don Vincent de Mazi. Par eux donc
« vous pourrez tout apprendre [1]. »

Après lui avoir donné des nouvelles d'Allemagne, il
conclut : « Nous ne pouvons qu'attendre quelque grave
« croix, *Orandum sine intermissione, nobis ac vobis est, ut*
« *Dominus ipse negotium suum defendat.* A Venise, je
« n'ai pu parler avec le frère Alvise comme je le désirais,
« car il était allé se fixer à Trévise, ainsi que me l'a dit
« sa mère. Je ne puis que vous demander avec instances,
« à vous et aux autres frères, de prier *enixissime* Dieu pour
« nous. »

Negri se fixa à Chiavenna en qualité de maître, mais
il ne parait pas qu'il y ait été pasteur, puisque le premier
de cette église fut Augustin Mainardi, qui vécut jusqu'en
1563, et qui l'excommunia comme socinien. Negri se dis-

_____

(1) Nous aurions désiré donner quelques détails sur les personnes
nommées dans cette lettre ; mais tout ce que nous avons pu recueillir,
et c'est à M. Baseggio que nous le devons, c'est que Fornasiero était augustin et de Bassano, comme Testa ; ils s'enfuirent, et l'on n'eut plus
de leurs nouvelles. Nous n'avons pu davantage retrouver la correspondance qu'ils entretenaient avec Spiera.

culpa à Zurich, puis publia sa propre profession de foi,
dans laquelle il admet la divinité et l'incarnation du
Christ, l'efficacité du baptême et de l'eucharistie.

Ses nombreux ouvrages témoignent de ses connaissances en fait de grec, d'hébreu et de théologie : mais il
y fait rarement preuve d'élégance et de goût. On remarque l'opuscule sur la mort de Fanino de Faenza (non
Fanno, comme dit Tiraboschi), et celui qu'il écrivit sur
Dominique Cabianca, de Bassano. Ce dernier avait fait la
guerre contre Charles Quint; puis s'étant fait l'apôtre des
nouvelles doctrines, il les prêcha ouvertement à Plaisance :
arrêté dans cette ville, sur le refus qu'il fit de se rétracter,
il fut pendu, en septembre 1550.

Negri traduisit en latin les Aventures de François La tragédie du *Libro-Arbitre*.
Spiera de Citadella. Mais son écrit le plus fameux est la
tragédie intitulée *Libero arbitrio*, imprimée en 1546, puis
en 1550 et en 1559 en latin. C'est la mise en drame des
controverses religieuses de l'époque. Les invectives contre
monseigneur della Casa, contre le Tedeschino, c'est-à-dire
monseigneur Thomas Stella, évêque de Capodistria, et
contre Muzio, l'ont fait attribuer par Zeno à Vergerio [1], par
d'autres à Louis Alamanni ou à Ochin; mais il ne paraît
pas douteux que cette tragédie soit de Negri, qui se montre
bien informé des questions qu'il y traite, des hérésies de
Luther et de Zwingle, du développement des dogmes, de
l'introduction des rites, des lois canoniques, et de l'institution des ordres religieux.

L'action se passe à Rome sur la place du Vatican,

(1) Vergerio a fait la préface et les quelques notes de l'édition de
1550, dans laquelle on lit le nom de F. Negri. On en a une traduction
française anonyme de 1559, imprimée à Villefranche, c'est-à-dire Génève,
et une en latin, de la même année, imprimée dans la même ville.

sous le règne de Paul III, et dure de midi au soir. Les personnages réels y sont mêlés à des allégories. Fabius d'Ostie, pèlerin de retour de la Terre-Sainte, fait l'exposition ou protase. Monseigneur Clergé, fils du pape et premier ministre du royaume catholique, symbolise le Pontife, dans le palais duquel se tient le concile. Diaconat, majordome de monseigneur Clergé, diplomate habile, soutient les droits du pape, et fait la peinture la plus noire de la cour de Rome. Ammonius et Triphon, chancelier et notaire, révèlent les intrigues des ecclésiastiques ; on voit paraître en outre Orbilius, domestique, le chapelain de messire Clergé et son confident, hypocrite ignorant ; l'ange Raphaël et la Grâce justifiante, envoyés sur terre pour tuer Libre-Arbitre et condamner le pape comme antechrist.

Le pape ayant convoqué le concile pour réprimer la rébellion semble réussir d'abord à conserver son autorité. Fabius d'Ostie, à son retour de la Terre-Sainte, rencontre par hasard la Parole humaine, de la bouche de laquelle il apprend la révolte des Septentrionaux contre le roi Libre-Arbitre. Diaconat survenant lui en expose les raisons et lui raconte comment Libre-Arbitre a été couronné roi par le pape, qui lui a accordé le royaume des bonnes œuvres, réservant les autres possessions pour lui et pour son fils unique monseigneur Clergé, auquel il a donné pour dot la province sacramentaire, dont la capitale est l'Ordre. Le pays est divisé en un grand nombre de contrées, dans chacune desquelles existe une hiérarchie différente, dont la première est le consistoire des cardinaux : chaque cardinal tient une cour somptueuse, dont on décrit les désordres.

Après le départ du pèlerin, Hermès, interprète du Con-

cile de Trente, vient raconter à Diaconat les discours que
tiennent au milieu des verres les théologiens festoyés par
monseigneur Clergé : ces discours roulent sur les questions relatives à la Réforme, aux décisions du Concile établissant l'inviolabilité de la volonté du pape et son pouvoir illimité, condamnant quiconque répand les maximes
contraires ou interprète d'une manière différente les
Écritures au peuple. Felin, fournisseur du Concile, raconte grotesquement les débauches auxquelles se sont livrés les théologiens.

Au second acte, Libre-Arbitre et ses ministres, Discours
humain secrétaire, et Acte Elicite, maître de maison
(c'est-à-dire les deux impulsions de l'âme à agir librement), discourent sur une lettre de l'empereur qui les instruit des progrès de la Réforme en Allemagne. Le roi fait
chercher dans la daterie des documents pour prouver leur
légitime possession : il en est donné lecture par le notaire,
et le Fou les commente de la manière que vous pouvez
imaginer. On y énumère les divers ordres religieux, leurs
richesses et leurs fautes, les dignités cléricales, les institutions de legs pieux et de congrégations séculières; on
discute ensuite de la confession, de l'eucharistie, de l'o-
raison, de la messe, des aumônes, des suffrages, des indulgences : un incident dramatique vient démontrer qu'a-
vec de l'argent on peut obtenir toutes les indulgences
du monde.

Au troisième acte, Discours humain, par commission du
roi, apprend à monseigneur Clergé et à Diaconat que,
dans un entretien secret, le pape et lui sont convenus
d'excommunier et de combattre les hérétiques allemands,
d'édicter les proscriptions les plus sévères, de rendre l'Inquisition plus rigoureuse, et de convoquer à cet effet les

cardinaux composant le Saint-Office. Diaconat voudrait
que Felin retractât ses calomnies contre les prélats; mais,
celui-ci ne faisant que renchérir sur ses accusations [1],
on interroge Hermès, qui, tout en ayant l'air de prendre
leur défense, leur délivre un diplôme d'ignorance et de
méchanceté; il expose ensuite une querelle survenue entre
Zwingle et Eckius, querelle dont le premier est sorti vainqueur.

Au quatrième acte, les saints apôtres Pierre et Paul, en
costume de pèlerins, se présentent à Bertuccio, cousin de
Pasquin; et, reconnaissant son penchant pour les nouveautés, ils se font connaître, et disent qu'ils sont venus
du ciel à Rome pour s'éclairer sur ce qu'il y a de vrai dans
les nouvelles portées par Pasquin au ciel relativement aux
innovations papales contraires à la Sainte Écriture. Pendant qu'ils sont à chercher le moyen de pénétrer à la
cour, monseigneur Clergé sort avec Felin : tous deux
s'entretiennent de la congrégation des cardinaux, formée
pour exercer l'inquisition, ce qui fournit à Bertuccio l'occasion de s'élever contre eux, contre monseigneur della
Casa, le Justinapolitain Muzio, l'évêque Stella et autres
ennemis de la Réformè. Les deux apôtres, convaincus des
écarts de la cour de Rome, déclament de manière à convertir tout à fait Bertuccio aux doctrines de Zwingle et de
Calvin, dont on expose les dogmes et la discipline.

Au cinquième acte, le dénouement approche. L'Ange
Raphaël et la Grâce Justifiante sont descendus du ciel;

---

(1) ·   Esse diu mentitus erat se Papa per orbem
          Semideumque virum, semivirumque Deum.
      At vere hunc, retegente Deo, nunc esse videmus
          Semisatanque virum, semivirumque Satan.
                                          Acte III, scène IV.

celle-ci décapite le roi Libre-Arbitre : l'ange raconte le
cas aux deux apôtres, leur dit que le pape est l'antechrist,
et qu'une condamnation redoutable menace la puissance du catholicisme. Sur ces entrefaites survient en
triomphe la Grâce Justifiante, qui ordonne à l'ange de publier partout la sentence portée par Dieu contre le tyran
usurpateur, à savoir que « l'Antechrist soit tué peu à peu
« avec le couteau de l'Esprit, qui est la parole de Dieu; »
puis, discourant avec les apôtres, la Grâce met en parallèle les canons sacrés avec les doctrines de Rome, et en
relève les contradictions [1].

Nous retrouvons en 1546 à Vicence ce que déjà nous
avons trouvé à Trévise et à Modène, une réunion de
beaux esprits, Valentin Giulio de Cosenza, Paruta, Gribaldi, Biandrata, Jean-Paul Alciat, Ochin et Lelius

*Académie
de
Vicence.*

(1) Ce ne fut pas la seule composition théatrale relative aux controverses religieuses. Thomas Kirchmaier (*Maogeorgus*), de Staubing en
Bavière, entre autres, composa *Incendia sive Pyrgopolinices, tragedia ne-
fanda quorumdam Papistarum facinora exponens* (Wittemberg 1538);
Mercator, seu judicium, in quá (tragedià), *in conspectu ponuntur aposto-
lica et papistica doctrina, quantum utraque in conscientia certamine
valeat et officiat, et quis utriusque futurus sit exitus*, 1539.

Nous avons encore une « comédie plaisante de la vraie Église
ancienne, romaine, catholique et apostolique, dans laquelle les interlocuteurs discutent et résolvent toutes les controverses entre Catholiques
romains et les Luthériens, Zwingliens, Calvinistes, Anabaptistes,
Svenfeldiens et autres. » Romanopolis, 1537.

On possède encore trois médailles à l'effigie de Negri et les ouvrages
suivants :

Rhœtia, sive de situ et moribus Rhœtorum.

*De Fanini Faventini ac Dominici Bassanensis morte, qui nuper ob
Christum in Italia Romani Pontificis jussu impie occisi sunt, Brevis
historia;* Chiavenna, 1550.

*Historiá Francisci Spieræ, civitatulani, qui, quod susceptam semel
evangelicæ veritatis professionem abnegasset, in horrendam desperationem
incidit;* Tubingue, 1555 ; probablement traduite de l'italien de Vergerio.

Socin, qui s'assemblaient pour parler religion; ils poussaient la critique jusqu'à nier la Trinité. Les persécutions alors commencées les obligèrent à se disperser; ils se répandirent dans le monde en apôtres de l'hérésie. Jules Ghirlanda, de Trévise, et François de Ruego furent mis à mort en dépit de leur noblesse, de leurs richesses et de leur renommée : les unitaires les comptent au nombre de leurs martyrs [1].

Il est singulier qu'on ne sache rien de cette académie, dont il a été tant parlé; rien, ni son titre, ni le lieu de ses réunions, ni le décret qui l'a condamnée. D'après une tradition, qui n'est peut-être fondée que sur l'originalité de la façade de l'édifice, elle se serait réunie dans la maison des Pigafetta, ou sur un plateau des environs de Vicence, au point où les collines de Lonedo se rattachent à la montagne; on montre le chemin par lequel les académiciens se seraient enfuis en Allemagne.

L'hérésie dut être favorisée par le désordre dans lequel le cardinal Ridolfi avait, grâce à son abandon, laissé l'Église de Vicence, abandon qui lui fut reproché devant le Concile par l'évêque de Calaora, que le pape Paul III avait envoyé à Vicence, lorsqu'il songeait à réunir le Concile dans cette charmante cité. Ce qu'il y a de certain, c'est que les noms de nos académiciens figurèrent plus tard parmi ceux des antitrinitaires, d'où nous pouvons conclure que cette hérésie y était commune. La famille Thiene fut principalement enveloppée dans la per-

(1) Lubieniczki, dans l'*Hist. Reform. polonicæ*, 1685, rapporte qu'en 1546 il se tenait des assemblées à Vicence; qu'un certain abbé Bucalo s'enfuit de cette ville à Thessalonique avec quarante compagnons : Giulio de Trevise, François de Ruego, Jacob de Chiari furent pris; ce dernier mourut, les autres furent étranglés à Venise. L'abbé mourut à Damas, ses compagnons se dispersèrent en Suisse, en Moravie, etc.

sécution. Jules et Bruno, exilés en 1532, s'étaient refugiés
à Mantoue avec leurs femmes, de la maison Camposampiero. Là, Jules tua sa belle-sœur, sous prétexte qu'il l'a-
vait surprise en flagrant délit, mais en vérité, a-t-on dit,
pour assurer à sa femme l'héritage : sa femme elle-même
fut tuée en 1553, on ne sait par qui. Jules est nommé dans
une sentence de l'Inquisition de Vicence du 4 avril 1570, et
dans une autre de celle de Crémone, en 1580, qui toutes
deux le privaient de ses biens, mais il les avait passés sur
la tête de ses enfants. Il s'établit ensuite en France, où sa
famille s'est propagée.

Odoard Thiene, comte de Cicogna, fief padouan, pro- Les exilés
Vicentins.
tecteur généreux des gens de lettres et de Palladio, avait
quitté sa patrie en 1557. Il s'établit en Suisse, où il accueillait quiconque s'exilait pour cause de religion. Il accepta la dédicace du discours d'Alexandre Trissin (Vicentin lui aussi, et pasteur à Chiavenna) sur la *nécessité de
se retirer pour vivre dans l'Église invisible de Jésus-Christ*
(1572). Il mourut en 1576, laissant pour son héritier principal Jules, et nommant ses exécuteurs testamentaires
Théodore De Bèze, Nicolas Balbani et Prosper Diodati.

De la Camposampiero était Tiso Thiene, à qui son père légua tous ses biens; mais l'Inquisition de Crémone cassa le
testament, parce que le légataire passait pour calviniste :
le legs profita aux neveux, qui étaient revenus au culte de
leurs aïeux. De la Camposampiero naquit encore Antoine
Thiene, qui vécut en France et était seigneur de Chelles et
de Tourane en Dauphiné. Le Saint-Office de Crémone ne
tint pas pour valable la procuration qu'il envoya de Bâle,
le 3 juin 1569, à François Borroni : ce qui fait supposer
qu'il était hérétique; mais il ne devait pas être d'accord
avec le comte de Cicogna, qui le raya du nombre

de ses héritiers, sous prétexte qu'il était déjà riche.

Alexandre Thiene fit son testament le 11 mai 1566, avant de quitter Vicence; il mourut à Spire, en 1568; ses biens furent confisqués par l'Inquisition de Crémone.

Nicolas Thiene, magistrat municipal en 1558, exilé de Vicence, devint écuyer de Henri III : il fit son testament en 1579. Il avait épousé une dame Leoni, de Padoue, dont il eut Hermès, qui, lui aussi, embrassa la réforme de Calvin et vécut à Corcelles. Adrien Thiene, ami de Palladio, qui fit son testament en 1550, vint également en France, et probablement pour cause de religon.

Cette famille avait pour intendant François Borroni, de Vicence, qui, avons-nous dit, reçut d'elle une procuration datée de Bâle, le 3 juin 1569. Étant venu à Crémone pour les affaires de ses maîtres sur le fief de Rivarolo, il y fut pris par l'Inquisition, qui confisqua ce fief et le condamna, lui, à être brûlé vif (3 août 1580).

Les Thiene étaient en grande intimité avec les Pellizari, qui les suivirent dans l'exil et fondèrent une banque à Lyon.

A Londres se fixa Gaspard Gato , marchand de soie, qui offrit à la reine Élisabeth une paire de bas faits avec de la soie, produite filée et tissée en Angleterre. Les expressions des contemporains font croire qu'il appartenait à la société hérétique.

Quelques phrases de son testament, écrit en 1575, ont fait compter Volpe Brunoro parmi les adhérents du calvinisme.

Une lettre du 7 mars 1591, de Gabriel Capra, nous apprend que les fils de Marc-Antoine Franceschini enlevèrent de force du couvent une de leurs sœurs pour la convertir :

mais cela ne suffit pas à prouver qu'ils étaient hérétiques.

Jules Pace, dont nous avons parlé ailleurs, eut un quatrième fils, Jacques, qui revint au catholicisme et fut professeur à Padoue.

Un jugement, du 5 juillet 1570, du tribunal ecclésiastique de Vicence, signé d'Antoine Rutilio, vicaire général, et de frère André de Materno, inquisiteur spécial, condamnait François Renalda et J.-B. Trento. Ce dernier, refugié en Angleterre, et devenu l'hôte du ministre d'État François Walshingam, protégea à son tour ceux qui émigraient pour motif de religion : dans son testament, du 2 mars 1588, il donnait une partie de ses biens aux Pelizzari sus-mentionnés ; il laissait des livres et quelque autre chose encore à l'Église italienne de Londres, nommant Walshingham son exécuteur testamentaire : il voulut être enseveli à Saint-Nicolas.

Le martyrologe de Genève fait mention de Ricetto, de Vicence, qui, le 15 février 1565, fut placé à Venise sur les deux fameuses gondoles, jointes, on le sait, de manière à laisser tomber le condamné à la mer en se séparant. Comme il cherchait un manteau parce qu'il faisait froid, « Quel « froid ? (répliqua quelqu'un). Tu en sentiras un bien « plus grand tout à l'heure au fond de la mer. Que « ne cherches-tu plutôt à sauver ta vie ? Les puces elles- « mêmes fuient la mort. — Et moi, répondit-il, je fuis « la mort éternelle. »

Dans un manuscrit de mémoires autographes que possède monseigneur Marasca, de Vicence, on lit : « 1559, le « 1er juin est mort en prison monseigneur Augustin, de « Citadella. Porté au champ de mars après sa mort, il a « été brûlé comme luthérien [1]. »

(1) Cet honorable ami nous a communiqué un acte du notaire Bar-

Le 11 mars 1585 Jean Strozzi écrivait de Trente au grand-duc de Toscane : « On dit ici que du côté de Lyon « on a intercepté des lettres que des Vicentins adressaient « à ceux de Lyon, pour les exhorter à se défendre constam- « ment et à ne pas chanceler, car le temps viendrait bien- « tôt où tous ensemble jouiraient de la commune victoire. » Et le 15 : « J'ai appris qu'à Vicence on a arrêté, par « ordre du Conseil des Dix, quelques gentilshommes pour « cause d'hérésie, peut-être à l'occasion de ces lettres « interceptées dont je vous ai parlé l'autre jour. »

Nous avons mentionné ailleurs les libres critiques du poëte Jean-Georges Trissin; mais il n'y a pas là une rai- son qui autorise à le ranger parmi les hétérodoxes. Il l'em- porta sur bien des concurrents, et fut choisi pour porter la traîne du manteau du pape à la cérémonie du couron- nement de Charles V à Bologne. Son fils Jules, qui était ecclésiastique, étant tombé en désaccord avec lui en 1542, nous l'a représenté comme un luthérien, séduit par Pel- legrin Morato et par un prêtre nommé Salvago, proba- blement de Vicence. Il ajouta qu'il suivit et favorisa les hérétiques, et il cite quelques faits à l'appui.

Charles Sessi naquit de Jean-Louis et Catherine Confalo- nieri, à Sandrigo, fief de sa famille, d'où l'emmena l'è- vêque de Calaora, qui était à la cour de Charles Quint, et

thélemy Buzato, du 29 novembre 1300, par lequel le Saint-Office de Vicence vend à Manfredino, fils de défunt Zuanetto, quelques maisons confisquées à Negro Misini; le texte de l'ordre donné, le 20 octobre 1227, aux religieux de cette province de prêcher contre les patarins, con- formément à la bulle de Grégoire IX; un acte notarié du 4 décembre 1281, par lequel le vicaire de l'évêque de Vicence condamne l'usurier Solate, et un autre du 9 février 1292, par lequel l'inquisiteur frère Bonagiunta, de Mantoue, condamne Barthélemy Spezzabraghe, de San- drigo, à payer 200 livres véronaises au Saint-Office pour blasphèmes proférés contre le corps de Jésus-Christ.

qui lui donna une de ses nièces en mariage. Nous avons
dit comment il fut frappé par l'Inquisition d'Espagne le
8 octobre 1559. Rendus à leur patrie, ses enfants s'établirent à Vérone.

En 1560, il était question de réunir le concile général
à Vicence, mais le gouvernement de Venise s'y refusa,
dans la crainte que les Turcs, venant à soupçonner des
machinations politiques sous le voile de la religion, ne
molestassènt les sujets de la république.

Parmi les adversaires des hérétiques, se signala saint
Gaétan Thiene, de Vicence, qui en avait converti un grand
nombre sur l'échafaud. Cet apostolat fut continué par les
théatins dont il était le fondateur, et qu'il introduisit dans
sa patrie en 1595. Depuis, le Saint-Office de cette ville condamna à mort François dit le Tartarello, hérétique relaps ;
mais un théatin réussit à le ramener à la foi et à le sauver.
Vicence ne tarda pas à voir les barnabites fonder dans ses
murs l'œuvre de la Mission pour les femmes repenties : ils
tenaient des conférences de laïques pour les opposer à celles
des hérétiques. Il faut croire que leurs efforts furent couronnés de succès, puisqu'en 1550 leurs adversaires soule-
vèrent une persécution contre eux, et en les accusant d'être
séditieux, même hérétiques, parvinrent à les faire chasser.

Nous avons connaissance de quelques autres protestants qui habitaient le petit pays de Calvene. En 1562, la
secte des angelicats prenait racine à Schio et à Arzignano : le père Pagani fut envoyé pour l'étouffer. Don Sylvestre Cigno, prêtre de Vicence, prédicateur fameux entre
1541 et 1570, déplorait qu'il existât dans cette contrée la
secte des donatistes et des rebaptiseurs. Jérôme Massari,
d'Arzignano, enseigna la médecine à Strasbourg. Quelques
sectaires de ses amis, effrayés par la persécution, avaient

abjuré, et l'exhortaient à en faire autant, à renoncer à la
communion hérétique et à accepter une conférence avec
eux. Il refusa, craignant que ce ne fût un piège pour le
prendre ; et comme on le blâmait de ce refus, il écrivit
un livre où il feint qu'un certain Eusèbe Uranio, prisonnier à Rome, rend raison de sa croyance devant le
pape et l'Inquisition. Cette exposition comprend trois journées : les juges parlent très-peu, et beaucoup trop l'accusé [1], qui se perd en de longues discussions. En 1536,
il fit imprimer *De fide ac operibus veri Christiani hominis
ad mentem apostolorum, contra Evangelii inimicos;* il fait
dans sa préface allusion à un grand nombre d'Italiens
demeurant à Bâle. Il écrivit encore une traduction latine
et une paraphrase du traité d'Hippocrate *De natura hominis* (Strasbourg, 1564), une grammaire allemande et
hébraïque : il mourut à Strasbourg, en 1564.

Hérétiques de Bassano.   Dominique Cabianca, de Bassano, fut condamné à mort
à trente ans par le Saint-Office de Crémone, et au dire de
quelques-uns il fut le premier qui fut mis à mort à
Rome pour cause d'apostasie : François Negri a écrit sa
vie, comme celle d'un martyr.

En 1594 nous trouvons réfugié à Morbegno, dans la
Valteline, Bernard Passajotto de Vicence. Puis, lorsque les

---

(1) *Eusebius captivus, sive modus procedendi in Curia Romana contra
lutheranos; in quo est epitome præcipuorum capitum doctrinæ chris-
tianæ et refutatio pontificiæ sinagogæ; una cum historiis de vitiis aliquot pontificum, quæ ad negotium religionis scitu utiles sunt ac neces-
sariæ ;* Bâle, 1535 et 1597. L'auteur prend le nom de *Hyeronimus Marius,
vicentinus;* c'est à tort que l'ouvrage est attribué à Curione. L'ouvrage est suivi d'un *Modus solemnis et authenticus ad inquirendos et
inveniendos et convincendos lutheranos, valde necessarium ad salutem
sanctæ sedis apostolicæ et omnium ecclesiasticorum, anno 1519, compo-
situs in M. Lutheri perditionem et ejus sequacium per V. M. S.* PRIERA-
TUS, etc. — Cette indication d'auteur est mensongère.

habitants de cette vallée tuèrent tous les protestants, on compta parmi les victimes Anna Liba de Schìo, femme d'Antoine Crotti, son enfant à la mamelle, et Paule Beretta, religieuse aussi de Schio, qui, échappée du couvent, avait épousé le moine Carolini. Ce dernier, traduit à Milan, se sauva, dit-on, en abjurant.

Il existe, à la bibliothèque Silvestriana de Rovigo, les éloges des citoyens de Rovigo, faits par de Jean Bonifazio, où il est fait mention de Dominique Mazzarella qui excella dans la jurisprudence et la poésie, et composa en 1568 un dialogue de la philosophie en italien avec d'autres écrits, mais *tristi fato has regiones penitus deserere coactus est.*

A Rovigo.

Balthasar Bonifazio, autre biographe, cite Théophraste Mazzarella, fils de Dominique, né dans une grande pauvreté, laid, borgne, mais d'un vrai mérite comme légiste, poëte et physicien, qui écrivit en italien un discours sur la philosophie ; mais, comme si la difformité de son corps eût exercé une fâcheuse influence sur son esprit, au moment même où sa patrie attendait de lui de grandes choses, *factus pharabuta, perduellis, desertorque fidei, Genevam repente contendit, ubi sumptus inter novatores magister et ecclesiastes, maximos quoque apud hostes catholicæ religionis obtinuit honores, si tamen infamibus viris in ignominioso impiorum asylo ullus esse honor potest.* Le biographe ajoute dans une note qu'il fut excommunié et déclaré infâme dans l'église de Saint-François.

Il paraît que Théophraste et Dominique sont une seule et même personne. Un traité de maximes religieuses, imprimé à Genève, dit en effet : « Mazarella Dominique, membre de « l'*Académie des Endormis*, à Rovigo. En butte aux rigueurs « de l'Inquisition, il abandonna sa patrie et se rendit à « Genève, où il se fit calviniste. Il y devint prédicant de

« cette commune, et changea son nom en celui de Théo-
« phraste; on dit qu'il mourut assassiné dans son lit par
« un domestique, sur la fin du seizième siècle. » Les recherches que nous avons faites dans son pays nous ont
très-peu éclairé.

Dans
le Frioul. Le Frioul ne fut pas non plus exempt d'hérésie. En
1558, le Sénat de Venise députa des commissaires qui,
unis à ceux du patriarche d'Aquilée, recherchèrent quelques hérétiques à Cividale [1]. A la même époque, le lieutenant du territoire de Gradisca signalait au chapitre d'A-
quilée son vicaire de Ferra, qui refusait de faire la levée
des corps et de les accompagner conformément aux rites
de l'Église, faisait décrocher les saintes images et défendait à ses ouailles de les vénérer [2].

Grimani, patriarche d'Aquilée, fut poursuivi par l'Inquisition de Rome pour certaines opinions sur la prédestination; ce qui le fit exclure de la promotion au cardi-
nalat en 1561, malgré les instances de la *Signoria* de
Venise. Il dut se rétracter aux pieds du pape, et ne fut absous que par le Concile de Trente, où un grand nombre
de théologiens furent d'avis que sa manière de voir était
celle de saint Augustin et des saints Pères.

En 1571, le lieutenant du Frioul, à la requête du vicaire
du patriarche et de l'inquisiteur, jugeait Zanetto Foresto,
accusé d'hérésie, ainsi que cela résulte d'une dépêche du
doge portant la date de cette même année [3], conservée aux

(1) LIRUTTI, *Notizie del Friuli*, vol. V, à la fin.
(2) MORELLI, *Storia di Gorizia*, vol. I, page 295.
(3) *Aloysius Mocenico, Dei gratia dux Venetiarum, nobili et sapienti
viro Danieli Priolo, de suo mandato locum tenente Patriæ Fori Julii, fideli
dilecto, salutem et dilectionis affectum.*
« Vu votre lettre du 21 du présent mois et les pièces que vous nous
avez adressées au sujet de la requête à vous faite par le révérend vi-

archives d'Udine. On voit dans ces mêmes archives un décret du lieutenant (1588) qui annule un procès en matière d'hérésie, fait à Gemona par les inquisiteurs, sans que, conformément à la législation, le lieutenant et deux docteurs y fussent présents.

Georges Rorario de Pordenone passe pour être l'auteur des notes marginales de la Bible allemande de Luther [1].

Horace Brunetti de Porcia, militaire, à 'qui Zarotto' de Capodistria avait appris la médecine, avait été en correspondance avec Vergerio. Il imprima à Venise en 1548 des lettres qui abondent dans le sens protestant : il combattit le catholicisme en le défigurant dans un grand nombre d'opuscules italiens, qui ne sont remarquables ni par le fond ni par la forme, et d'où sont également absentes la bonne foi et la conviction.

L'oubli a épargné Bernardin Gorgia, qui, sur la fin du quinzième siècle, s'échappa des prisons du Saint-Office d'Udine, et prêcha les maximes luthériennes dans la partie autrichienne du Frioul, en même temps que Frédéric Soriano de San-Vito [2].

Jacques Maracca, vicaire du patriarche d'Aquilée, propagea dans cette ville les maximes nouvelles, et, n'y ob-

caire du très-révérendissime patriarche d'Aquilée et par l'inquisiteur pour que vous interveniez au procès de Zanetto Foresto de Brescia accusé d'hérésie, nous vous disons avec les chefs de notre Conseil des Dix que le tribunal du très-révérendissime patriarche se tenant d'habitude à Udine, principale ville de cette province, il n'est pas convenable que ce tribunal soit transporté pour aller juger les prévenus, tantôt dans un endroit, tantôt dans un autre, et par conséquent vous devez faire partie du procès, afin que, *servatis servandis*, il soit expédié le plus tôt possible, comme il paraîtra à la justice de ce tribunal.

«Datum in nostro Ducali Palatio, die XXVI Januarii, Ind. XV 1571. » (Extrait du *Lib. privil. Civit. Utini;* page 137.)

(1) *Monografie Friulane*, 1747, page 18.

(2) LIRUTTI, *Vite de' letterati del Friuli*, vol. IV, pages 395 et 418.

tenant point tout le succès qu'il désirait, il alla les prêcher
dans la partie vénitienne du Frioul, où déjà elles étaient
répandues par Primosio, Vergerio, Nicolas de Trévise, et
par Gorgia et Soriano que nous venons de nommer.

A Bellune.   En 1567, un religieux de Cividal de Bellune fut condamné au feu avec Carnesecchi, comme relaps. Quel était
ce religieux ?

Jules Maresio avait dix-huit ans, lorsqu'après avoir achevé
ses études, il revint, vers 1541, de Bologne à Bellune, sa
patrie. Là il fut circonvenu par un Franciscain, imbu de
l'hérésie, qui lui donna à lire des écrits non orthodoxes.
Mais, lorsqu'en 1551 il eut obtenu à Padoue le grade de docteur en théologie et de gardien des Conventuels de Bellune,
ce religieux, excité par l'envie, l'accusa d'hérésie devant
l'évêque qui le renvoya à Venise devant l'inquisiteur. Mais,
comme celui-ci voulait le mettre en prison, il s'enfuit à
Rome près de son général, Jacques de Montefalco. Ce dernier étant mort, il chercha un refuge près du cardinal
Maffeo, protecteur de l'ordre, qui l'accueillit avec bonté et
l'envoya à Bologne. Là, le révérend Jules Magnano l'enferma, le menaçant des galères et du bûcher, s'il ne confes-
sait pas qu'il avait douté de quelque article de foi ; il fut
obligé de lire une formule de rétractation, et condamné à
cinq ans de bannissement en Pologne. La quatrième année,
Florio Maresio, son frère, lui donnait de bonnes espérances
de la part du général Magnano : d'autres menacèrent l'inquisiteur de le rendre suspect, s'il le laissait rentrer dans
sa patrie. Ce fut alors que Lismanin, qui venait d'arriver
de Suisse en Pologne, lui fit jeter la soutane et le mena
prêcher avec lui ; il l'envoya ensuite étudier le grec et
l'hébreu en Suisse, où Lélius Socin le surveillait de très-
près pour qu'il ne regagnât pas l'Italie, comme il en

exprimait souvent le désir. Cependant, affligé de la mort
de son père, et dégoûté de la compagnie d'Ochin, de
Pierre-Martyr et de Socin, il passa en Pologne, rentra
dans le sein de l'Église et dans son couvent. En 1566, le
tribunal ecclésiastique de Bellune instruisit son procès : au
dossier figure une lettre de lui, écrite en 1560 du couvent
des Franciscains de Cracovie, dans laquelle il raconte à ses
supérieurs tous ces détails (D). Peut-être pourrait-on
précisément voir en lui le religieux qui fut brûlé avec
Carnesecchi.

Quelques Luthériens de la Carniole et de la Carinthie[1]　Hérétiques de l'Istrie.
pénétrèrent dans le comté de Goritz, mais ils y trou-
vèrent peu d'accueil. Le curé Jean Rauscher veillait à ce
qu'il ne s'y montrât pas d'hérétiques, et le prince les exilait.

Nous avons parlé ailleurs de Lismanin de Corfou et de
Lucar de Candie. Le 20 février 1582, le résident de Venise
à Rome donnait avis de la sentence publiée contre dix-sept
accusés poursuivis par le Saint-Office, dont trois furent envoyés au bûcher comme relaps. De ce nombre était Jacob
Paléologue de Chio, fameux hérésiarque unitaire, qui,
blâmé comme excessif par Fauste Socin lui-même, erra
longtemps à travers l'Allemagne ; à la fin, il fut traduit à
Rome. Nous l'avons nommé au *Disc.* VIII du t. III, p. 424.

Mathieu Flach, né à Albona d'Istrie en 1520, et connu　Flacius Illyricus.
sous le nom de *Flacius Illyricus*, étudia les belles-lettres
à Venise sous Egnazio. Il voulait entrer en religion.

(1) Primus Truber, né en Esclavonie en 1508, mort en 1586, fut
le premier qui employa la langue esclavone comme auteur ; il traduisit
en cettelangue le Nouveau Testament, le Catéchisme, la Confession
d'Augsbourg, et quelques traités de Mélanchthon ; c'est au moyen de ces
livres que la doctrine luthérienne se répandit dans la Carniole et la
Carinthie.

Mais un de ses parents, provincial des Cordeliers, l'en détourna, et lui conseilla d'aller plutôt en Allemagne. Ce provincial était Baldo Lupatino d'Albona, qui travailla énergiquement à répandre la Réforme dans la Vénétie, et qui, après vingt ans de prison à Venise, fut jeté au fond de la mer. Quant à Flacius, il se mit à Wittenberg sous la direction de Luther et de Mélanchthon, qui lui firent le meilleur accueil.

Dans le *Catalogus Testium vèritatis* (Bâle, 1556), Flacius Illyricus a énuméré les personnes qui favorisaient le protestantisme et les écrits consacrés à sa propagande. Très-emporté contre le pape, il ne conformait cependant pas toujours ses opinions à celles de ses chefs, qui le traitaient de querelleur et d'intolérant. Il excita des troubles dont, selon toute apparence, il se faisait une arme pour tenir les princes en respect.

Pendant que Mélanchthon, qui aurait tout sacrifié à l'amour de la paix, écrivait un livre *Sur les choses indifférentes* (*De adiaphoris*), où il déclare qu'on ne doit pas repousser avec obstination des rites et des cérémonies, pourvu qu'ils ne renferment pas d'idolâtrie, Flacius hurlait, en véritable furibond, qu'il fallait dévaster les églises, menacer les princes d'insurrection, plutôt que de tolérer un seul surplis [1]. Il soutenait formellement que le péché originel est la substance de l'homme déchu : délire de l'erreur qui souleva un grand nombre de contradictions, à la suite desquelles il dut se réfugir à Magdebourg. Là, il commença l'histoire ecclésiastique, fameuse sous le nom de *Centuries de Magdebourg.*

Très-habile à déterrer les documents anciens, il

---

(1) MELCH. ADAM, *De vitis philosoph.*, p. 195.

trouva entre autres une messe des tout premiers temps du christianisme [1]. Les Luthériens la proclamèrent d'abord comme étant en opposition complète avec l'usage moderne de Rome ; mais, en y regardant de plus près, on la trouva défavorable à leurs doctrines ; ils n'épargnèrent rien pour supprimer tous les exemplaires, tandis que le cardinal Bona la faisait réimprimer à la fin de ses *Liturgici*.

(1) *Missa latina quæ olim ante Romanum circa septingentesimum Domini annum in usu fuit, bona fide ex vetusto authenticoque codice descripta a Mathia Flacio.* Strasbourg, 1557.

NOTES ET ÉCLAIRCISSEMENTS

(A.) — Voici le fragment de cette circulaire tel qu'il se trouve à la bibliothèque de Brera à Milan, au milieu des papiers enlevés à la Vénétie, dans les déprédations dont le royaume d'Italie s'est fait l'instrument :

« Notre très-religieux État s'est toujours fait un devoir de poursuivre les hérétiques et d'extirper un crime aussi abominable, comme on lit au début de la *Promission* de notre sérénissime prince et chef de nos conseils; c'est là sans doute ce qui explique la protection dont le Seigneur Dieu a toujours couvert la République : les temps offrent d'innombrables preuves de cette protection. Dans le présent cas, où il s'agit de sorciers et d'hérétiques, il importe de procéder avec maturité. En conséquence :

« Sera convoqué au lieu de nos réunions le Révérendissime Légat, par les soins de notre sérénissime Prince, en présence des chefs de ce conseil, pour y entendre les paroles graves et solennelles que Sa Sagesse dictera à Sa Sérénité : on lui déclarera combien il importe qu'en cette matière on procède avec maturité et justice, et aussi dans les formes, afin que suivant notre intention et notre désir tout se passe juridiquement et au profit de la gloire de Dieu et de la foi catholique. En conséquence, doivent faire partie de cette Inquisition un ou deux des Révérendissimes évêques et un très-vénérable inquisiteur, et tous doivent être distingués par la science, la vertu et l'intégrité *ac omni exceptione majores*, afin qu'on ne retombe plus dans les errements suivis jusqu'à ce jour; et, conjointement avec eux, deux excellentissimes docteurs de Brescia auront à conduire conformément aux lois les procès desdits sorciers et hérétiques. — L'instruction terminée, *citra tamen torturam*, on en portera les éléments à Brescia, où, par les soins des prénommés, en la présence et avec l'assistance de nos deux recteurs, de la cour du podestat et de quatre autres docteurs de Brescia réunissant les qualités énumérées ci-dessus, on fera lecture des pièces du procès, on entendra les prévenus pour voir s'ils maintiendront leurs dires ou les modifieront ; on fera un nouvel examen et un nouvel interrogatoire, enfin on appliquera la torture si on le juge convenable. Cela fait avec toute la diligence et toute la circonspection voulue, il sera procédé au prononcé de la sentence par ceux à qui il appartient, devant le conseil des susnommés, et en sera l'exécution, *servatis omnibus præmissis et non aliter,* confiée au bras séculier. Et sera ladite procédure appliquée et observée même pour les procès antérieurement intentés, alors même que le jugement aurait été prononcé. *Præterea,* on tiendra un langage énergique au Légat et on lui enjoindra, relativement aux dépenses nécessitées par l'Inquisition, d'assigner un budget convenable, sans commettre ni extorsion ni exaction, ainsi que cela s'est, dit-on, pratiqué jusqu'à présent : il faut prendre des mesures telles qu'il devienne impossible de faire condamner ou humilier qui que ce soit pour de l'argent, comme cela s'est souvent fait jusqu'ici, sans qu'il y eût même apparence de fautes. — On doit aussi considérer que ces pauvres habitants de Valcamonica sont gens simples et de peu d'esprit, et qu'ils auraient plus besoin de prédicateur et de bonnes instructions sur la foi catholique que de persécuteurs et de sévères châtiments, car elles sont nombreuses les âmes à sauver dans ces montagnes et ces vallées. — *Demum,* on amènera par la persuasion le Révérendissime Légat à députer quelques personnes capables pour reviser les procès et constater les vices de forme et tous manquements, citer et châtier les auteurs de ces manquements qui ont soulevé des mumures de mécontentement ; et tout cela devra se faire sans retard pour le bon exemple de tous. *Et ex nunc captum sit* qu'après que cette justification aura été faite au Révérendissime Légat, le Conseil se réunira pour délibérer ce qu'il y aura à écrire à nos recteurs de Brescia et d'ailleurs, suivant que cela sera jugé nécessaire, et il est dès maintenant arrêté que toutes les *mesures* ordonnées depuis la suspension prononcée en ce Conseil le 12 décembre dernier sont rapportées et annulées, et ne devront recevoir aucune exécution. »

(B.) Cette dépêche de l'ambassadeur Mathieu Dandolo, datée de Rome 15 juin 1550, se trouve à la bibliothèque de Brera :

« *Excellentissimi Domini.* Lundi, un peu après vêpres, est venu chez moi le Révérendissime Mignanello, ex-légat à Venise, celui qui, dans les choses d'Etat excepté, fait plus pour Sa Sainteté que tout autre : il m'a dit que Sa Sainteté le dépêchait vers moi pour m'informer qu'au consistoire de ce matin quatre révérendissimes cardinaux des plus âgés et des plus considérables étaient allés devant

le trône porter plainte contre les Luthériens qui se trouvent
dans l'État de Votre Excellence, déplorant le peu de soin que
l'on met à les réprimer, proposant à Sa Sainteté de vous envoyer
un légat spécial pour ne pas laisser se répandre dans ces contrées et les contrées voisines un fléau aussi funeste. Mon inter-
locuteur avait assuré le pape des bonnes intentions de Votre Excellence au sujet des mesures nécessaires ou convenables à prendre ;
mais ce dernier avait voulu l'envoyer me parler de ses sentiments
et me prier d'en écrire chaudement, offrant son appui et en particulier l'envoi d'un légat ou prélat chargé de cette mission spéciale,
et lui rappelant, outre son grand amour pour l'État de Venise, outre le service qui est dû à Dieu, tout le mal qu'il vous peut incon-
testablement faire au temporel, vous avertissant enfin qu'en ceci
Vos Excellences ne doivent pas s'en rapporter aux habitants du
pays, car Elles peuvent bien penser qu'Elles n'y sont pas aimées de
tous. Je lui dis pour réponse les choses que j'avais autrefois dites
à Sa Sainteté : je lui parlai du très-digne magistrat que vous aviez
nommé pour instruire contre les hérétiques, de tout ce qu'il fait
avec l'assistance des légats et des auditeurs; que Sa Seigneurie qui
était parmi ces derniers pouvait en justifier; que, pour ce qui concernait Venise, j'étais presque sûr de mon fait; que des autres
parties de l'État je ne savais rien, mais que je pouvais affirmer
que ce grand magistrat ne négligerait rien ; que par conséquent il
n'était besoin ni de légat ni d'un autre prélat quelconque; que Vos
Excellences ne manqueraient à rien de ce qu'elles doivent au Seigneur Dieu et à son service, mais que je ne négligerais pas de vous
l'écrire par le premier courrier ; quoiqu'il s'en montrât très-impa-
tient, il parut se contenter que je ne vous écrivisse pas autrement
que par le courrier ordinaire. J'ai depuis appris de bonne source
que tout ce remue-ménage avait été causé par quelques pères inquisiteurs d'après les récits qu'ils ont fait de grands événements qui
se seraient passés à Brescia et surtout à Bergame : ils ont rapporté
entre autres les faits et gestes de quelques artisans qui, les jours de
fête, parcourent les campagnes et montent sur des arbres pour
prêcher la doctrine luthérienne aux populations et aux paysans :
ils disent qu'un procès a été engagé, il y a plus d'un an, contre eux
à Bergame, duquel ils sont sortis absous par Votre Excellence : se
voyant à l'abri de toute opposition et de tout châtiment, ils se sont
enhardis et continuent pire que jamais..... A la fin le Révérend
Mignanello me dit qu'il avait été sur le point d'oublier de me parler
d'une chose très-importante. Et il entra dans le détail de cette
chose, mais avec une infinie douceur et de grands témoi nages de

bienveillance, disant qu'il lui plaisait pour l'amour de Dieu de remplir sa mission, mais qu'il le faisait aussi par l'amour qu'il portait à l'Etat de Venise, me priant de vous avertir par tous les moyens possibles, parce que c'était pour Venise de la plus grande importance; car, lorsqu'il voudrait plus tard y remédier, il ne le pourrait plus. Il cita l'exemple de l'Empereur qui, au commencement, aurait pu avec un signe de croix tout empêcher; faute de l'avoir fait, on peut dire qu'il a comme perdu l'empire, qu'il ne sait ni que faire, ni que dire, ni comment s'en tirer; les États qui lui obéissent sont assurément plus grands que celui de Votre Excellence : il me répéta qu'il me tenait ce langage, autant par estime pour vous que pour remplir son devoir envers Dieu. Venant ensuite aux événements de Bergame et de Brescia, vous savez ce qu'il en a dit. Il me parla ensuite de Padoue en des termes qui témoignèrent de l'irritation soulevée par la question de l'Université, où se trouve une jeunesse facile à se laisser infecter des doctrines nouvelles. Je lui répondis que je connaissais Padoue, l'ayant habité comme particulier et comme militaire, que je n'avais jamais entendu rien dire de pareil. — Vous ne la trouveriez plus la même, me dit-il, je sais ce que je dis; la vérité est qu'un docteur piémontais, élevé depuis peu à une des premières chaires de droit, sème les opinions nouvelles dans l'Université; continuant, il ajouta : Offrez notre concours aux *Signori* de Venise, si vous le jugez à propos : nous enverrons un prélat avec mission spéciale, ou tout autre chargé d'affaires qui ne négligera rien de ce qui sera en notre pouvoir. Priez-les, pour l'amour de Dieu, de croire, par amour pour Dieu et pour eux-mêmes, que nous savons ce que nous disons. Et, pour faire ce qui présentement est en notre pouvoir, nous avons rappelé l'évêque de Vérone qui était en Allemagne à notre service, afin qu'il veille à ce que ce pays, placé au milieu de tant d'autres infectés par l'hérésie, ne soit pas à son tour infecté. Je louai Sa Sainteté de son amour paternel et de son zèle pour la religion : je la remerciai de ses sentiments envers l'État de Venise, répétant ce que j'avais déjà dit du très-digne magistrat, du zèle qu'il déploie à Venise, et de la vigilance que je croyais exercée dans les autres villes de l'État; que néanmoins je ne manquerais pas de vous écrire en toute diligence comme on m'en priait, promettant d'agir de telle façon qu'il ne serait pas besoin d'envoyer un prélat avec mission spéciale; que je vous ferais cependant part des offres paternelles de Sa Sainteté, et de ce il me pria de nouveau. »

(C.) — Voici le préambule de son traité sur l'âme, d'après le

manuscrit existant à la bibliothèque *Mariana* (de Venise), classe
VI, n°190 :

« Explicaturi libros Aristotelis de anima, quamvis illis audito-
« ribus eos exponamus, quos a rectæ veritatis tramite, quem ape-
« ruit christiana religio, deviaturos nec timendum est, nec potest
« credi, ob sanctas et religiosas institutiones in quibus vivunt,
« tamen, ob nostrum legendi munus non debemus sine præfa-
« tione hujusmodi contemplationem aggredi. Estote igitur ad-
« moniti nos in hac pertractatione vobis non dicturos quid sen-
« tiendum sit de anima humana, illud enim sanctius me, et vere
« præscriptum est in sancta Romana Ecclessia : sed solum dic-
« turum quod dixerit Aristoteles. Per sapientiam enim certe
« insipientiam assequeremur, si magis Aristoteli quam sanctis viris
« credere vellemus. Aristoteles enim unus est homo, et dicit
« Scriptura, « Omnis homo mendax, Deus veritas; » quare verita-
« tem ex Deo ipso et ex sanctis hominibus, qui ex Deo locuti
« sunt, accipere debemus, atque illam semper et constanter
« anteponere omnibus aliorum sententiis, quamvis viri qui illas
« protulerint sint apud mundum in existimatione. Rationes
« omnes quibus Aristoteles, de anima loquens, videtur esse ve-
« ritati contrarius solvunt præcipue theologi, ex quibus S. Tho-
« mas et alii ipso recentiores. Quare quotiescumque continget ut
« aliquid dicatur minus consonum veritati, habebitis apud istos,
« quid sit respondendum, et ego illud opportune memorabo,
« quandoquidem in his libris hanc sum expositionem scripturus,
« ut nihil dissimulem eorum quæ ab Aristotele dicuntur, ¦et dic-
« torum fundamenta, prout ex ingenio potero, aperiam; quando-
« cumque tamen aliquid accidet, quod a veritate christiana sit remo-
« tum, illud admonebo, 'et quomodo allata fundamenta sint
« removendo declarabo. Scitote tamen quod non sunt multa in
« quibus Aristoteles dissentiit a veritate, et illa non sunt ita
« demonstrata, ut non possint habere demonstrationum resolu-
« tionem. Hic igitur est modus nostræ expositionis, quam non aliter
« facere debemus ex sacrorum canonum decreto. »

(D.) « Reverendissime Pater et Domine Clementissime.

Scribit D. Petrus, in priore sua canonica epistola, diabolum,
leonis instar, circumire quærereque quem devoret, unde monet
idem Petrus ut ei, fortes in fide facti, alacres intrepidique resista-
mus. Hanc Apostoli divinam sententiam veram esse, luculenter
testantur divinæ literæ, quæ tradunt diabolum ipsum suis fal-
laciis in ipso mundi exordio primis nostris parentibus insidias stru-
xisse, imposuisse¦, et demum in extremum exitium una cum

universa posteritate conjecisse. Hoc ejus vafrum et fallax inge-
nium adversus humanum genus semper exercuit, quo et Optimi
Maximi Dei gloriam obscuraret, et homini, quoad fieri per ejus
sedulitatem poterat, incommodaret. Modo excitavit tyrannos, qui
corporibus, modo hæreticos, qui bonorum et simplicium animis
insidiarentur; nec unquam destitit quousque et Christum ipsum
Dei Filium calumniis impiorum gravatum, agnum tamen inno-
centissimum in crucem egit. Cum autem Christus sibi Ecclesiam
sanguine suo acquisivisset, et caput teterrimi illius serpentis con-
trivisset, non cessarunt parenti (?) frustra negotium Ecclesiæ
Domini adhuc facessere, eam omnibus scalis et machinis ad-
motis diripere, diruere, ac solo æquare voluerunt; sed Dominus præsto semper fuit, et lupos, qui illam invadebant, procul
fugavit. Inter alias autem pestes, quas mendacii pater diabolus
in Ecclesiam Dei invexit, nulla fuit nocentior Martino Luthero
apostata qui ante annos 40, Dei et propriæ salutis oblitus, Ecclesiam
Domini sponsam deserens, et aliam nescio quam imaginariam sibi
fingens, novam doctrinam, nova dogmata novosque ritus excogi-
tavit, hæcque omnia editis in lucem perniciosis libellis orbi christiano
obtrusit. In quos et similes cum Dominicus Fortunatus Bellunensis
theologus franciscanus ante annos 30 incidisset, et, ut erat titulo
magis quam re theologus, eorum lectione delectatus fuisset, evenit,
ut post annos decem me quoque decem octo annorum adolescentem
bonarum artium studiosum, e gymnasio bononiensi reducem, ad
eorumdem librorum, quos mihi summopere commendabat, lec-
tionem adhortatus fuerit. Ego vero, qui purus simplexque eram,
et omnium liberalium artium, præsertim vero theologiæ, cognos-
cendarum cupidus, purus, sic me induxi, ut non exiguum hujusmodi librorum numerum emerem, quos per annos aliquot apud
me servavi, inspexi, legi, animo plane candido nec a sancta catholica Ecclesia vel tantillum alieno.

«Accidit vero ut me Patavii strenuam operam literis navante, in
patriam Bellunum charissimorun parentum revisendorum gratia
revocarer : ubi cum Fortunatus animadvertisset me non contem-
nendos fecisse in literis progressus, veritus ne paucos post annos illum et dignitate et auctoritate superarem, rationem commodam ex-
cogitavit, qua me patria pellere, adeoque pessumdare quandocum-
que vellet posset. Itaque mihi reditum Patavium adornanti, suasit
ut literas ad fratrem meum sacerdotem, Franciscum nomine, virum
bonum et Dei timentem, quem ille superstitiosum et hypocritam
esse dicebat, Patavio darem, et librum insuper aliquem ejus farinæ ei relinquerem. Ego imprudens, nihil mali hic latere putans, li-

brum, cui erat *Postilla Corvini,* reliqui; et cum primum Patavium
rediissem, epistolam satis quidem juveniliter et imprudenter scrip-
tam ad eumdem fratem meum dedi, qua illum ad ejus libri lectio-
nem, prudenter tamen, et superstitionem et hypocrisim relinquen-
dam adhortabar. Hanc epistolam Fortunatus proditorie intercepit,
et per totos quinque annos suppressit : interim vero amicitiam ar-
ctissimam mecum simulavit, et quotannis conscientiam confessione
sacramentaria expurgare, et singulis fere diebus divinissimum
Salvatoris nostri sacramentum ut alter Judas intra sua viscera
recipere non est veritus. Anno vero nostræ salutis supra millesi-
mum et quingentesimum quinquagesimo primo, cum doctor
theologiæ creatus et guardianus mei conventus electus in patriam
rediissem, et sancte ac inculpate vivere instituissem, ille per totos
duos menses me ferre non potuit, quandoquidem ad suam tyran-
nidem et vitam omnino impuram connivere nolebam : idcirco
epistolam ipsam in lucem prolatam, reverendissimo episcopo Bellunensi, qui tunc aderat, obtulit; meque, cum sibi duos alios nequam ordinis nostri sacerdotes adjunxisset, hæreseos accusavit.

« Episcopus judex, in re præceps et parum æquus, inaudita
parte, patrium solum vertere me jubet : minister provinciæ
guardianatu me privat, et Inquisitori ordinario sisti mandat.
Ego male acceptus utrique pareo; libros, quos in agro Tarvisino
suspectos habui, ad unum exuro; Venetias proficiscor ; Inquisitorem accedo. Ille jubet me Tarvisium reverti, recipitque se re-
vocaturum me esse Venetias post dies xv : exspecto unum et alterum mensem; non parvos sumptus facio, et meis illic amicis
gravis fio. Generalis quidem Jacobus Montifalchius per literas
ministro mandat, ut me in tutum carcerem det, ibique diligenter
ad suum usque reditum servet. Inquisitor me Venetias revocat,
in carcerem conjecturus : amici consulunt, ne me Inquisitoris
illius indocti, mali, et mihi infensi judicio credam, sed potius ut
reverendissimum generalem accedam. Illis pareo, deque hoc toto
negotio Inquisitorem admoneo, itineri me accingo, et Urbini
generalem exstinctum invenio. Romam recta propero, meque reverendissimo cardinali Maffeo, ordinis vice-protectori, sisto : ille
me amanter excipit, et me per literas diligentissime commendavit,
ad reverendum Julium Magnanum vicarium generalem Bononiam
mittit; is me indignissime acceptum quartana febre laborantem
in tetrum carcerem conjicit, ibique totum mensem satis inhu-
maniter servat; post alterum fere mensem, facta per amicum
quemdam meum 200 coronatorum fidejussione, Venetias se sequi
jubet. Illic me sumptu meo viventem integrum mensem detinet,

territat; deinde triremes, carceres perpetuos, ignes minatur; et tandem vi extorquet a me confessionem, quod circa articulos quosdam dubitaverim, quo apparentem aliquam causam condemnandi me habere videretur. Audet dicere facilius se mihi parsurum esse si hominem occidissem, quam quod scripserim eas literas : tentat subjicere me reverendissimi legati judicio, verum frustra. Discedit tandem, et me Inquisitoris illius nequam, cujus judicium detrectaveram, arbitrio linquit.

« Inquisitor prædam nactus, quam dudum optaverat, carnificinam de me instruit, et in quoddam privatum cubiculum venire jussum, quo multos actus publici testes futuros vocaverat, formulam abjurationis nescio quam mihi in manus dat, jubetque ut clare legam. Ego cum prius illam utcumque legendo percurrissem, rei indignitate motus protestor, me non esse reum eorum quæ Inquisitor de me concinnaverat, asseroque lecturum me quidem esse Formulam ut scripta erat, quo semel tandem e manibus hominis illius liberarer, quin majora, atrocioraque lecturum, si talia in ipsa Formula continerentur; non tamen fateri propterea me juste puniri, sed Deo oppressorum vindice in testem vocato, affirmo constanter, me injuste opprimi atque damnari. Ad hæc Inquisitor nihil respondit, nisi ut jusserat formulam ipsam legerem. Legi itaque, qua lecta ille me absolvit; deinde sententiam quam contra me tulerat, promulgari mandavit. Illam ego cum audivissem injustam adeo atque iniquam, ad Sanctum Tridentinum Concilium appellare decreveram : sed et monitis et precibus reverendi magistri Camilli Bellunensis patrui mei, qui aderat, mitigatus supersedi. Dicebat enim Deum vindicaturum propediem injurias, quibus afficiebar; sumpturum supplicium de proditoribus et iniquis judicibus meis, quod sane fecit; et tandem innocentiam meam christiano orbi ostensurum, quod cito futurum spero.

« Venio in Poloniam, et hic totum fere quinquennium, quod temporis spatium exsilii mei terminus erat, honeste catholiceque vitam duco. Elapso quarto mei exsilii anno, reverendus Julius Magnanus generalis bonam mihi spem facit per literas reverendi domini Flori Archipresbyteri Bellunensis fratis mei germani, fore ut me cito in Italiam ab exsilio revocet, si quidem meæ vitæ honeste catholiceque traductæ fide dignorum hominum testimonium ante præmittam. Pareo, amplissimumque testimonium omnium meorum fratrum, quibuscum familiariter vixeram, et summi insuper Cracoviensis magistratus ad eum mitto. Ille, testimonio accepto, nescio qua causa, revocationem ad generale capitulum,

quod postea Brixiæ proximo mense junio celebravit, usque pro-
rogat. Illic de meo negotio cum provinciæ meæ patribus frigide
tractat, tandem reverendo magistro Camillo Bellunensi provinciæ
Sancti Antonii ministro, patruo meo, jubet, ut me in Italiam per
literas familiariter revocet; promittitque daturum se operam, cum
in Italiam venero, ut salva atque incolumi ejus existimatione,
libertati et dignitati meæ, quoad ejus fieri possit, consulat. Ego
ad nova examina et judicia vocari me' videns hæsito, et quid mihi
sit faciendum plane ignoro. Interea ex Italia amici et propinqui
certiorem me reddunt, Inquisitorem in meo negotio reverendissimo generali adversari, omnemque movere lapidem ne ego ante
absolutum quinquennium in Italiam redeam, minas insuper ad-
dit.

« Hic vero in Polonia apostata Lismaninus ab Helvetiis redux, ve-
luti ex Trophonii antro prodit : quem cum ego semel atque iterum
cum aliis fratribus officii causa invisissem, ille, ut callidus 'est et
versipellis, audito mearum rerum statu, suis artibus ita me fasci-
navit et irretivit, ut propositis a parte sinistra, quæ me manebant
in Italia, pœnis, a dextra vero præmiis, quæ hic promittebat, nolen-
tem me et tergiversantem in suam sententiam me pertrahere facile potuerit. Hoc autem dico quod ad habitum tempus ad depo-
nendum attinet : quandoquidem quod ad fidei et catholicæ religionis negotium pertinet, Deus scit me tale quidpiam in animo
nunquam habuisse. Cessi itaque dolens, cum ut a tyrannide illius
Inquisitoris tutus essem, tum ut mutato statu experirer tantum
prosperiore aliqua fortuna uti possem. Cum autem unum et alterum mensem apud illum mansissem, observata ejus et sui similium
religione ac vita, reditum ad meos meditari incipio, scriboque non
semel ad reverendum commissarium, ut mittat qui me Cracoviam
reducant. Lismaninus literas eas intercipit, et me in Helvetiam
linguarum græcæ et hebraicæ addiscendarum causa mittere quamprimum tentat. Ego his angustiis circumseptus quid faciam aut
quo me vertam nescio : tandem ejus in hac re consilio acquiesco,
atque ad Helvetios, circiter calendis octobris anni 1556, me statim confero, sperans futurum ut illinc in Italiam redeundi aliqua
mihi occasio daretur. Ticuro ad patrem scribo, eum de meo statu
certiorem reddo, rogoque ut quamprimum potest ad me illinc addu-
cendum ire properet, aut aliquem e meis fratribus mittat.

Lælius Sozzinus Senensis literas eas, quas illi diligentissime com-
mendaveram, supprimit, meque et Italiam cito revisendi et cha-
rissimos parentes meos aliquando amplexandi certissima spe privat. Circumventus ab his qui se falso Fratrum titulis ornant, stu-

dio hebreæ linguæ per annum integrum me totum do; anno sequenti græcas literas salutare incipio, quo tempore literæ de morte charissimi parentis mei nuntiæ ad me scribuntur. Ego infausto hoc nuntio consternatus, de opera linguis ulterius navanda animum plane despondeo. Ad Lismaninum scribo, illumque supplex rogo, ut in Poloniam reduci me quamprimum cûret. Ille cum subolfecisset me per sesquiannum nec artificiosissimis Ochini concionibus, nec prælectionibus doctissimis P. Martyris et aliorum non potuisse trahi in suam de religione sententiam; tantum abest, ut meo desiderio satisfecerit, ut nec minimo quidem responso dignatus me fuerit. Ad Deum tunc me converti, illumque precibus ex intimis cordis recessibus petitis continenter pulsavi, ut me e faucibus luporum ereptum Poloniæ et catholicæ Ecclesiæ restitueret. Annuit statim clementissimus cœlestis Pater, et meos labores ac ærumnas miseratus effecit, ut Italus quidam, religione excepta optimus vir mihi, se ultro obtulerit, reducturus secum me in Poloniam honeste et commode, nulloque meo sumptu, si vellem. Conditionem a Deo per hominem tam pie oblatam libens accipio, meque itineri statim accingo. Cracoviam ante biennium bonis avibus tandem redeo, et hic apud meos in Dei et proximi servitio, rugiente diabolo, qui me devorare volebat, catholice honesteque vivo; quod num verum sit, tu, piissime pater, fidelibus testibus, quibuscum familiariter vixi versatusque sum, scire facile poteris. Illic autem historiæ hujus finis esto.

Articuli quatuor.

Quoniam vero Inquisitor, qui me judicavit ante annos novem ex Epistola mea ad fratrem, tum ex scheda quam a me extorsit vicarius generalis, articulos quatuor excerpsit, quos satis esse putavit ad meam, damnationem, operæ pretium erit illos huc adscribere, et brevi ac aperta responsione diluere.

Primus est, aberrasse me dubitando aliquoties de purgatorio, justificatione, liberoque arbitrio. Respondeo, me sacræ theologiæ studiis nondum initiatum potuisse facile de hisce articulis inter doctos nostri temporis ontroversis dubitare, cum viderem rationes et auctoritates Sanctarum Scripturarum, et veteris Ecclesiæ Sanctorum Patrum utrinque adduci; cum autem in ea dubitatione numquam perstiterim, nec super his articulis aliquid unquam certi contra fidem catholicam asseruerim, non video qua ratione hunc articulum tamquam hæreticum mihi affixerit, præsertim cum non dubitatio temporaria, sed assertio pertinax hæreticum faciat.

Secundus est, aberrasse me retinendo per multos annos nonnullos et varios libros hæreticos scienter, quos etiam sciebam esse probibitos. Respondeo verum quidem esse me libros hujusmodi retinuisse : hos autem libros tenebam et servabam, non ut abuterer illis, sed uterer tantum. Putavi enim abusum tantum verum prohiberi, non autem usum, cum nulla creatura plane sit, qua quis uti vel abuti non possit. Pulcherrima autem cogitatio fuit velle hæreticos suis ipsorum gladiis jugulare. Quoniam vere errasse me fateor hos libros contra summi pontificis placitum retinendo, etiamsi non malo, ut dixi, animo; ita constanter assero me propter hunc articulum ab Inquisitore hæreseos non potuisse aut debuisse damnari.

Tertius est aberrasse me, quod ejus doctrinæ hæreticæ fautor exstiti hortando quemdam germanum meum, ut vacaret, daretque operam ut proficeret in eadem, in commodando et commendando quemdam librum hæreticum et suspectum, Corvinum appellatum, promittens eidem illius professionis me alios libros mandare, quando cognoscerem suum profectum et studium in eisdem. Respondeo, meram esse calumniam et mendacium, quod dicit me doctrinæ hæreticæ fautorem exstitisse. Totus enim vitæ meæ transactæ cursus ostendebat, me a doctrinæ hæreticæ professione abhorrere. Si hæreticus fuissem, pœnitentia indulgentiaque anni jubilæi quam Julius III omnibus Venetorum ditioni subjectis, qui superiore anno Romam ire non poterant, concesserat, meam conscientiam non purgassem. Quod autem articulum hunc probare contendit, propterea quod ad fratrem meum germanum epistolam illam suspectam scripserim, et librum reliquerim ejusdem farinæ, nihil efficit. Ostendi enim supra, quod etiam Romam ad reverendissimum Alex. cardinalem (Alexandrium?) scripsi, me proditoris suasu epistolam ipsam scripsisse, et librum eidem fratri meo reliquisse. Quando dicit recepisse, me missurum esse fratri meo libros ejusdem professionis alios, quando cognoscerem, etc., impudenter mentitur : duo enim illa verba de suo infarsit, quæ in meo exemplari nunquam visa sunt. Non debuit igitur adeo veteratorie mecum agere, et me, cum catholicus essem, etiamsi tunc, ut paulo post evenit, ruptus (?) fuisset hæreticum facere.

Quartus est aberrasse, quod parvipendi sacram canonum doctrinam existimans, facere ad hypocrisim, minusque prodesse animabus quam pestilentissimam doctrinam illam in eisdem libris hæreticis prohibitisque contentam. Respondeo, et hunc articulum, quem mihi falso affingit, esse impudens mendacium. Ego enim sacram canonum doctrinam numquam parvipendi ; immo manifeste apparet, me illam maximi semper fecisse, cum in ea epistola fratrem meum hortarer ad studium eorumdem canonum; quos dicebam, quod etiam in scheda repetii, veram Sanctam Scripturam interpretandi et veritatem a falsitate cognoscendi regulam esse. Apparet igitur Inquisitorem hunc, non Deum, sed suos tantum privatos affectus ante oculos habuisse, et me injuste, impie, et nihil minus quam christiane condemnasse. His articulis affine est, quod in sententia dicit, me spontaneam istorum articulorum confessionem fecisse, confirmasse, et ratificasse, cum actio ista omnis coacta fuerit ac violenta, ne dicam tyrannica, quemadmodum ipsa protestatio mea præ se tulit.

Videat igitur, post Deum, singularis pietas tua hanc causam meam, et requirat. Itaque cum videas manifestissime, piissime præsul, quid egerim, quid passus fuerim per totos fere decem annos, quantam jacturam fecerim charissimorum parentum, libertatis, existimationis, fortunarum, valetudinis, aliarumque rerum; quam obedienter paruerim sententiæ etiam iniquissimæ; cum experiaris insuper, me recte de sacra catholica religione sentire, ea omnia, quæ hominem christianum et verum catholicum decent, munia obire, in sancta romana Ecclesia constanter vivere ac mori velle, ab omni hæresi et hæretica professione alienissimum esse ; per Deum et tuam pietatem te supplex rogo, velis me manu tandem mittere, in pristinam libertatem asserere, Italiæ, patriæ, propinquis, amicis, existimationique restituere, et ita restituere ne posthac in cujusvis invidi sycophantæ arbitrium situm sit me hæreseos insimulare, aut damnare atque adeo periculum aliquod vitæ, existimationis aut fortunarum mihi creare; quandoquidem, præterquam rem christiano episcopo dignam fecisse te scies, hominem vere catholicum sublevasse, et tibi etiam devinxisse perpetuo cognosces. Potestatem tibi fecit sanctissimus Pius IV, vivæ suæ vocis oraculo me absolvendi, liberandi, pristinæ libertati et dignitati restituendi. Id ne differas exsequi, quod heros tam pius jussit. Bonam meæ paternæ hæreditatis partem jam exhausi; tempus, rem omnium pretiosissimam, inter Polonos et Helvetios frustra trivi discendo et docendo; propter multas causas doctior non potui. Effice nunc, pater amplissime, ut una eademque opera omnia isthæc damna brevi temporis spatio tua singulari pietate sarcire possim. Omnia candide exposui, nihil sciens et prudens celavi. Vides, ex re minima quantas tragœdias per suos satellites excitavit rugiens ille leo diabolus. Privavit vita Deus suo justo judicio intra parvi temporis spatium auctorem mearum calamita-

tum, Inquisitorem illuminiquum, et tres alios mihi infensissimos
hostes; spero, illum de reliquis quoque, qui superstites sunt,
supplicium brevi sumpturum. Illis rogo ut parcat, ipsis ut melio-
rem mentem det. Hunc supplicem libellum, amplissime pater,
tumultuarie scriptum, et plus æquo verbosum pro tua ingenuitate
boni consule, ac vale.

In nostro Cracoviensi Franciscanorum monasterio. Nonis
Augusti MDLX.

Amplitudinis Tuæ addictissimus cliens.

F. JULIUS MARESIUS BELLUNENSIS.

[1] Les Maresia étaient une famille bourgeoise distinguée, mais ne
faisant pas partie de la Commune ou Conseil des nobles. Florio,
fils de François, fut disciple de Pierre Valeriano, qui lui dédia le
livre V de ses hiéroglyphes et fut archiprêtre de chapitre. — Bonaventure, autre Conventuel, fut visiteur de son Ordre en Pologne
en 1579, assistant et théologien du général Antoine des Sapienti,
au concile de Trente et second inquisiteur du Saint-Office à Bellune pendant quarante ans, de 1566 à 1606. Je dois tous ces renseignements à Don François des Pellegrini. Le père Dominique
Fortunat, mentionné dans la lettre ci-dessus, est le premier des
Inquisiteurs de Bellune : il fut nommé à cette charge en 1546.
L'évêque dont le religieux se plaint était Jules Contarini (1542-75),
neveu du célèbre cardinal Gaspard son prédécesseur, auquel
toutefois il se recommande vers la fin de sa lettre, et qui laissa
une excellente réputation de piété et de sagesse.

DISCOURS III.

Les révolutionnaires d'il y a soixante et onze ans abattirent avec fureur Venise l'Italienne, par cela seul qu'elle était antique. Eh bien, autant ils lui témoignèrent alors de mépris, autant aujourd'hui montrent-ils d'admiration et de tendresse pour cette glorieuse république, dont le cri fut toujours : « Italie et indépendance. » Elle aspirait à l'hégémonie de toute la péninsule, et elle y aurait établi des républiques municipales au lieu de ces principautés dont la destinée fut si triste, si la ligue de Cambrai, premier crime de la politique moderne, n'était venue briser ce que les ambitieux appelaient son ambition.

Les Vénitiens avaient été les premiers à accepter le Concile de Trente. Non content de les en louer, Paul IV fit don à la République de ce magnifique palais de Rome, nommé aujourd'hui encore palais de Venise, en exprimant le désir d'y voir résider d'une manière fixe son ambassadeur, ce qui fut réalisé. En échange, la sérénissime République donna pour résidence au nonce à Venise le majestueux palais Gritti. Ni ces actes de courtoisie, ni la vigilance de la *Signoria* à poursuivre les hérétiques, n'empêchaient les Vénitiens de se tenir toujours sur le qui-vive dans leurs relations avec les papes. Ils se réservaient la faculté d'accorder ou de refuser l'érection 'd'é-

glises et de couvents, celle de surveiller les études, excepté
les études purement ecclésiastiques ; de régler les manifestations extérieures du culte et de[les protéger; d'examiner les actes'qui venaient de Rome, et de leur donner
l'*exsequatur*. Ils ne voulaient pas que les immunités ecclésiastiques vinssent entraver la punition des délits communs[1] ; ils poussaient leur ombrageuse jalousie jusqu'à
craindre que le clergé n'acquît par ses vertus de l'influence sur le peuple. « La raison d'État ne veut pas que
« les prêtres soient exemplaires, parce qu'ils seraient
« trop respectés et trop aimés par le peuple, » voilà ce
qu'on lit dans le *Discours aristocratique sur le gouvernement des Signori de Venise*[2]. Un jésuite réunit-il les gon-

(1) Les œuvres de Sarpi et surtout ses lettres à Priuli , ambassadeur
auprès de l'Empereur, en sont une preuve. On lui soumit le cas de savoir « si le haut Conseil des Dix, dans l'examen des accusés ecclésiastiques, doit intervenir avec le vicaire patriarcal ; » il répondit négati-
vement.

Dans la lettre LXIXe on lit : « Quelques moines de Padoue, ayant un
grand nombre de baronnies toutes possédées par eux, s'étaient arrogé une
juridiction sur les paysans, laquelle leur a été enlevée au grand déplaisir du pape. Rome supporte tout ; mais à la fin il faudra ou
rompre, ou tout perdre. Le'pape a cru déplaire en ne créant pas un cardinal vénitien ; mais les bons croient que cela convient au service public. »

En 1865, le comte Papadopulo fit imprimer les *Lois vénitiennes relatives aux ecclesiastiques jusqu'au dix-huitième siècle.*

(2) Venise, 1670, chap. 116. Au temps de Clément VII, lorsqu'il s'a-
gissait de faire la guerre aux Turcs et aux Luthériens , les Vénitiens
s'y opposaient : quant aux premiers, ils donnaient pour motif la crainte
de les porter à des réactions ; quant aux autres, ils redoutaient de les
entraîner à faire un pas désespéré ; aussi préféraient-ils toujours la
convocation du Concile, et le moyen qui consistait à délivrer et à
purger tout doucement les esprits du funeste poison (*Secreta du
27 octobre 1530, aux Archives de Venise*). Aussi, don Pierre de la
Queva étant venu en ces jours à passer par cette ville pour se rendre
à Rome dans le but'de solliciter du pape la'réunion du Concile, les
Signori de Venise lui témoignèrent à ce propos toutes leurs sympa-

doliers tous les jours de fête pour leur apprendre les vérités catholiques, la *Signoria* se dit que les gondoliers sont en contact avec des personnes de tout rang, et que partant ils peuvent servir à l'espionnage : elle interdit la réunion et expulse le Jésuite. Un autre déclame-t-il contre le carnaval, en disant que l'argent qu'on y dépense serait mieux employé à secourir le pape dans la guerre contre les Turcs, qui menacent sans cesse la République, la *Signoria* l'exile.

Tout le clergé indistinctement était soumis à la juridiction des Dix et absolument exclu des emplois civils : toutes les fois qu'on avait à traiter des affaires relatives à Rome, on éloignait du Conseil les *Papalisti*, c'est-à-dire ceux qui avaient des attaches avec cette cour, ou simplement une parenté quelconque dans les États pontificaux. Le 9 octobre 1525, les Dix arrêtèrent que les citoyens ayant des fils ou des neveux dans les ordres ne pourraient être admis à traiter d'aucune affaire concernant Rome. Sous le prétexte que la défense de Corfou et de Candie, boulevards de la chrétienté, coûtait plus de 500,000 écus par an, Venise obtint du pape le dixième des revenus ecclésiastiques, sans excepter ceux des cardinaux. Le Doge lui-même donnait, au nom de Dieu et de saint Marc, l'investiture des trente-sept sièges épiscopaux vénètes ; mais, après la ligue de Cambrai, la Cour romaine s'en était arrogé la

thies; parce que « il en est bien peu parmi eux, qui, sur le point de la réforme du clergé et de l'incarcération des biens ecclésiastiques ne soient pas plus luthériens que Luther lui-même ; ils disent publiquement que le pape, les prélats', les prêtres doivent vivre uniquement de la dîme. » Telles sont les paroles de Rodrigues Nigno, ambassadeur de l'Empereur, paroles qu'on trouve dans la liasse 1303 des *manuscritti negozii di stato*, aux archives de Simancas.

collation, ne laissant à la *Signoria* que le quart des no-
minations : tous les titulaires, néanmoins, devaient être
sujets de la République. Lorsque Innocent VIII prétendit
nommer sans conditions les évêques de Padoue et d'Aquilée,
la *Signoria* repoussa toute ingérence, de même qu'elle
s'opposa à la dîme que ce même pape voulait lever sur les
établissements de bienfaisance. Pie IV nomme évêque de
Vérone Marc-Antoine de Mula, alors ambassadeur à
Rome : la *Signoria* refuse de le recevoir; elle agit de
même, lorsqu'il est élu cardinal; elle défend à ses parents
de prendre la toge de soie pourpre, en signe de ré-
jouissance; et elle s'en excuse auprès du pape en disant : « Nous sommes esclaves de nos lois, et c'est en cela
que consiste notre liberté. » Elle ne voulut pas davantage
que Vendramin, élu patriarche, allât subir l'examen à
Rome; elle défendit de publier ou de recevoir la bulle *in
Cœna Domini.*

Lorsque Grégoire XIII voulut ordonner la visite générale
des églises dans la Vénétie, comme cela s'était fait dans
toute la chrétienté, il rencontra la plus grande opposition :
cela, disait-on, ne s'était jamais pratiqué sur les terres de la
République et les pays du rite grec ou confinant à la Turquie en seraient bouleversés; on en vint jusqu'à menacer de
s'unir à l'Église grecque, et ce ne fut qu'avec infiniment de
précautions qu'on obtint de faire la visite en 1581; encore
n'y employa-t-on que des prélats indigènes [1].

Lorsque les ambassadeurs de Venise allèrent à Ferrare

(1) Nous avons eu entre les mains une relation que l'évêque Bolognetti, plus tard cardinal, adressait à Camille Paleotto relativement à la
mission diplomatique qu'il avait remplie en Vénétie sous Grégoire XIII.
Chargé d'y faire la visite apostolique, il rencontra de très-grandes difficultés de la part de la *Signoria* ; mais, grâce à sa manière insinuante
et à sa prudence, il réussit à tout arranger. Quelques-uns à la cour de

féliciter Clément VIII de l'acquisition de cette ville en 1598, le pape leur demanda que la République vînt à son aide dans ce qu'il faisait pour les infidèles convertis, en leur procurant des moyens d'existence, en les employant par exemple comme palefreniers ou chevau-légers, en les utilisant pour les travaux de la terre, l'extraction des pierres ou toute autre occupation ; qu'on ne laissât pas vivre dans le Ghetto les Juifs devenus chrétiens ; que, eu égard au grand nombre de ceux qui vivaient en état de bigamie, et bien que ce délit ressortît au For laïque, on laissât l'Inquisition en connaître, sans préjudice pour la juridiction civile ; que l'on procédât avec douceur dans la levée de l'impôt sur les biens ecclésiastiques [1].

Venise jalouse de la cour de Rome.

Venise était si jalouse de sa juridiction sur les personnes ecclésiastiques, que les Inquisiteurs d'État, ayant eu vent qu'il se disait chez le nonce que « l'autorité du prince « séculier ne s'étend pas au jugement des ecclésiastiques, si « cette faculté n'a pas été accordée par quelque indult pon- « tifical », arrêta que « les prélats indigènes qui se lais- « seraient aller à de pareils discours seraient notés sur « un livre *ad hoc* comme *peu agréables;* qu'on verrait à « leur défendre l'accès de la maison du nonce, et que, s'ils « persévéraient, on en arriverait aux dernières rigueurs, « attendu qu'il faut le fer et le feu pour détruire la gan-

---

Rome, et surtout le cardinal Gallio, secrétaire d'État, lui en surent mauvais gré ; ils auraient voulu des procédés plus tranchants ; Bolognetti fut rappelé. Il se justifia en démontrant qu'on obtient bien plus par la courtoisie, le respect, la temporisation, que par les violences, surtout lorsqu'on a affaire à des princes chrétiens, et qu'il y avait plus de chance de succès à retirer une excommunication réclamée par des hommes trop zélés qui servaient mal la cause du pape.

(1) *Ambassade extraordinaire de Venise auprès de Clément VIII.* Publiée en italien par Fulin en 1865.

« grène ». Quant aux gens du nonce, s'ils tiennent de tels
propos hors de son palais, « on en fera expédier un;
« l'auteur du meurtre ne sera pas poursuivi, et il sera crié
« par la ville qu'il a été tué par notre ordre et pour le mo-
« tif ci-dessus[1]. »

En 1603 le nonce se plaignit tout haut que l'ambassadeur d'Angleterre fît prêcher publiquement dans sa maison : ces prédications, il est vrai, avaient lieu en anglais,
mais il était possible qu'il voulût bientôt en avoir en italien. La *Signoria* répondit qu'ayant affaire à un roi
aussi puissant que celui d'Angleterre, et dont l'amitié
était précieuse, on ne pouvait défendre au ministre de ce
monarque l'exercice de son culte propre; qu'on le prierait
cependant de n'y pas admettre d'étrangers[2].

Un religieux publie à Orzinovi un libelle contre un
magistrat vénitien; celui-ci le fait arrêter, et lui arrache
des mains le très-saint sacrement, dont il s'était armé
pour se protéger. Un prêtre des Marches ayant été condamné, la *Signoria* demanda au patriarche de le dégrader. Comme celui-ci hésitait, quelques membres du
Conseil proposèrent de lui en donner l'ordre formel;
d'autres ajoutèrent que de cette manière on était exposé,
pour l'avenir, à suspendre le cours de la justice et qu'il
fallait en conséquence envoyer ce prêtre au supplice
sans la dégradation. La *Signoria* fait encore incarcérer
Scipion Saraceno, chanoine de Vicence, et l'abbé Brando-
lino de Narvesa dans le Trévisan, tous deux accusés de
crimes infâmes; elle renouvelle l'ancien décret défendant aux ecclésiastiques d'acquérir des biens immeubles et
leur ordonnant de vendre ceux qu'ils recevraient par tes-

(1) *Statuti dell' Inquisizione di Stato.* Supplemento, I, art. 3.
(2) WICQUEFORT, *l'Ambassadeur*, page 416.

tament, interdisant enfin de fonder de nouvelles églises
sans le consentement du sénat.

Paul V, jadis cardinal Camille Borghèse, s'indigna de tant Paul V.
d'envahissements. Élevé au pontificat sans aucune espèce
d'intrigues, il se crut élu par le Saint-Esprit pour réprimer les humiliations infligées au Saint-Siège. D'une
vertu sévère, il employait douze mille écus par an en
aumônes et en dots : il en consacra 160,000 à l'érection du
magnifique temple de Saint-André della Valle ; il fit de nombreux dons à N.-D. de Lorette et à plusieurs autres églises
et sanctuaires. Il décidait les affaires par lui-même, au lieu
d'en référer au consistoire ; il insista pour que les évêques résidassent ; il voulait établir une congrégation destinée à étudier les moyens d'étendre l'autorité ecclésiastique et de *mortifier la présomption des gouvernements
laïques*, et souvent on l'entendait dire : « Il ne peut
exister de véritable piété sans une entière soumission à
l'autorité spirituelle. » Il lutta en faveur de ce pouvoir, non-
seulement avec Malte, la Savoie, le sénat de Milan, les
gouvernements de Lucques et de Gênes, mais avec la
France et l'Espagne, et toujours il eut le dessus.

Il était depuis quelque temps brouillé avec le doge
de Venise pour des questions de dîme, de franchises, de
commerce, de guerre contre les Turcs. Il voyait d'un
mauvais œil cette puissance si attentive à exclure les ecclésiastiques de tout maniement d'affaires, à ne pas entretenir
de pensionnaires à Rome, à lever des impôts même sur les
biens ecclésiastiques, sous prétexte que ceux-ci formaient
le tiers du territoire entier, et à vouloir juger les prêtres
même pour les délits communs. Et, usant longtemps à
l'avance d'une épithète que Frédéric de Prusse devait
appliquer à Joseph II, le pape disait à Contarini : « Mon-

« sieur l'ambassadeur, j'apprends avec un très-grand dé-
« plaisir que messieurs les chefs des Dix veulent devenir
« sacristains, puisqu'ils commandent aux curés de fermer
« les portes des églises à l'*Ave Maria*, et de ne pas sonner
« les cloches à certaines heures. »

Rupture
avec Rome. Ce prétexte d'immixtion flagrante dans la juridiction spirituelle, dont nous avons parlé, s'étant produit,
Paul V écrivit au doge en des termes menaçants. N'ayant
pas été écouté, il réunit un consistoire dans lequel qua-
rante-un cardinaux (un seul, qui était Vénitien, fit exception) furent d'accord qu'on ne pouvait pousser la tolérance
plus loin : en conséquence, le pape lança des monitoires
le 25 décembre 1605, puis l'excommunication : celle-ci
était formulée avec une sévérité qui n'était plus dans les
mœurs (A). La *Signoria* s'en montra affligée ; mais elle
ne changea pas de conduite. Elle pouvait facilement tout
raccommoder en livrant au For ecclésiastique l'un des deux
inculpés ; mais elle se laissa dominer par l'amour-propre
et par cette démangeaison de braver l'autorité supérieure.
S'armant des mesquineries propres à ceux qui font la
guerre aux prêtres, elle cria gare à ceux « qui laisseraient
publier le monitoire », imposa aux ecclésiastiques de
continuer la célébration de l'office public et l'administration des sacrements. De là toute une petite guerre de
taquineries : les évêques de Brescia et de Trévise, le patriarche d'Udine, sont menacés de la confiscation et de
pis encore ; l'archidiacre Benaglio et l'abbé Tasso sont assignés ; on punit les prêtres et les religieux d'Orzinovi et
Lana, archiprêtre de la cathédrale de Brescia, parce qu'ils
se refusent à obéir ; on oblige à assister à l'office divin
l'inquisiteur de Brescia qui s'en excusait sur ses nombreuses occupations ; et, comme il résiste, on l'exile : on

relâche le prieur des Dominicains, mais seulement après qu'il a promis d'obéir au gouvernement; on donne l'ordre d'arrêter les commissaires apostoliques; on se plaint de la résistance des religieux de Rodengo appuyée par les recteurs de Vérone; on adresse des éloges à ceux de Bergame, qui ont donné ordre aux gendarmes et aux soldats corses d'empêcher les curés de quitter les localités soumises pour le spirituel à l'archevêque de Milan; on suggère au comte de Martinengo, général de cavalerie, d'aller, sous prétexte de chasse, faire rentrer ces curés dans l'obéissance; on oblige les recteurs de faire venir *à la sourdine,* et deux ou trois à la fois, tous les confesseurs pour savoir leur opinion en matière d'interdit, et pour punir à leur guise les récalcitrants; ordre de surveiller les religieuses en correspondance avec Rome ou qui n'allaient pas à la messe[1]. Au vicaire de l'évêque de Padoue, qui avait répondu qu'il ferait ce que l'Esprit-Saint lui inspirerait, le podestat répliqua : « L'Esprit-Saint a inspiré « aux Dix de faire pendre tous les récalcitrants. »

On bannit les Jésuites, les Théatins et les Capucins, qui se croyaient obligés d'obéir au pape plutôt qu'au prince séculier :. ils quittèrent l'État en procession avec un crucifix au cou et un petit cierge à la main[2]. Il fut défendu,

(1) *Paolo Quinto e la Repubblica Veneta. Giornale quotidiano,* Venise, 1859. C'est un extrait, fait peut-être pour un usage de chancellerie, des événements de ce temps-là, bien plus qu'un registre tenu jour par jour par un témoin des faits, comme semble l'indiquer le titre. Il passe sous silence ce qui ne cadre pas avec ses visées, ainsi que l'attestent les notes par lesquelles l'éditeur Cornet a tâché de combler les vides. Ni dans le journal, ni dans les suppléments, il n'est question des tentatives d'apostasie dont nous parlerons.

(2) Galilée écrit de Venise le 11 mai 1606 : « Hier soir on a renvoyé les pères Jésuites sur deux barques qui devaient les conduire hors de l'État. Ils sont tous partis avec un crucifix attaché au cou

sous peine d'exil et de galères, d'écrire aux Jésuites ou de recevoir des lettres d'eux, comme aussi de laisser ses enfants dans leurs collèges.

Quelle bizarrerie, si nous allions rencontrer sous des usages différents plus d'un rapport avec notre époque, en racontant les dissensions suscitées dans les différents pays et au sein des familles par la question de savoir s'il fallait, oui ou non, obéir aux papes ! Dans les couvents, des religieuses écrivent secrètement à Rome ; des religieux tirent au sort à qui devra publier les bulles de l'interdit ; d'autres vont dans l'ombre encourager à la résistance ; tel sonne les cloches malgré la défense, et tel autre fait célébrer les pâques[1]. Toutefois la *Signoria*, mieux élevée

et avec un petit cierge allumé à la main ; hier, après déjeûner, on les a enfermés dans leur maison, et on a placé deux archers à leur porte, afin que personne ne pût ni entrer dans leur couvent ni en sortir. Je crois qu'ils sont également partis de Padoue et de tout le reste de l'État, au grand regret de beaucoup de dames, leurs pénitentes. »

Toutes les lettres des résidents de ce temps-là parlent ou de satires, ou de prédications, ou de discours des Jésuites contre la République ; il n'est question que de leurs efforts pour établir une université à Goritz ou à Raguse, ou bien encore à Castiglione delle Stiviere ; cela dura jusqu'au moment où parurent l'édit ducal du 14 juin 1606 qui les expulsait de l'État, celui du 18 août qui défendait aux Vénitiens de confier leurs enfants aux Jésuites, et celui du 16 mars 1612 qui interdisait toute correspondance avec eux.

(1) Dans une chronique citée par Cicogna, *Inscriptions*, tome V, pag. 556, on lit à l'année 1606 : « On a découvert ces jours derniers que les révérendes religieuses de Saint-Bernard de Murano, excitées par leur chapelain, observent l'interdit du pape ; elles n'entendent pas la messe, ne se confessent pas, ne communient pas. Ledit révérend leur a montré la bulle d'un jubilé que le pape a accordé à quiconque observera l'interdit, et n'entendra pas la messe, leur promettant un paradis de délices, suivant leur manière de voir... Elles ont été endoctrinées par les procureurs de leur monastère, par les sénateurs leurs parents, et même par le vicaire de leur évêque ; mais, comme on n'a pu les faire se désister de leur opinion, on envoya immédiatement,

et plus adroite que certains gouvernements fiers d'un prétendu progrès, ne souffrit pas qu'on insultât la religion, ni
qu'on foulât aux pieds l'autorité, base de toute organisation politique. Un Servite s'étant permis, du haut de la
chaire, des paroles acerbes contre le pape, jusqu'au
point de dire que Paul était devenu Saul, il fut désapprouvé par elle.

Des thèses, des apologies, des consultations furent
écrites pour et contre par les juristes réputés les meilleurs [1], et particulièrement par le célèbre Menocchio,
président du sénat de Milan; le plus grand nombre
soutenait que les gouvernements avaient le droit
d'examiner les motifs des excommunications et des ordonnances pontificales. Nous savons ce qu'en pensaient
les libertins par Grégoire Leti, qui écrit dans la vie de
Sixte-Quint : « Les religieux vénitiens ont si fort à cœur
« la réputation de leur République que, pour la servir, ils
« renonceraient presque à Dieu, pour ne pas parler du
« pape et de la religion : je pense que tous les autres re-
« ligieux en doivent faire autant pour le service de leur
« prince, en dépit des nombreux et scandaleux exemples
« contraires. »

Le temps rêvé par Jules II durait encore, ce temps où
l'onn'envoyait d'excommunication que sur la pointe des
lances : aussi le pape armait-il; la République armait de
son côté; et l'Europe entière prit part à la querelle, car dans

La querelle s'envenime.

par ordre du sénat, les capitaines du Conseil des Dix pour les enfermer dans leur couvent, fixant les portes et les fenêtres avec de bons
cadenas, sous peine de la vie à quiconque s'approcherait du monastère
ou viendrait à leur secours, et les tenant sous bonne garde. »

(1) *Recueil des écrits sortis des presses de Venise, de Rome et autres
lieux, à propos de l'interdit.* Coire, Paolo Marcello, 1607 (en italien).

toute l'Europe il se trouvait des personnes intéressées à l'une ou à l'autre cause. L'Espagne qui, attentive à établir sa domination en Italie, voyait d'un mauvais œil cette République la lui disputer; l'Espagne soufflait sur le feu; elle refusa de recevoir l'ambassadeur de Venise parce qu'il était excommunié. Le duc d'Ossuna disait à Paul V qu'il ne fallait plus compter les Vénitiens pour des chrétiens, puisqu'ils avaient souvent conclu des traités avec les Turcs, expulsé les Jésuites, résisté au pape, pactisé avec les hérétiques de France et de Hollande. D'autre part, Henri IV poussait les Vénitiens à exciter des troubles dans les possessions espagnoles. Ils avaient en outre pour eux l'Angleterre, la Hollande, le comte de Nassau, les Grisons, ennemis des papes et poussés par les prédicants, qui espéraient trouver au milieu de ces dissensions une occasion d'implanter la Réforme en Italie, c'est-à-dire au cœur du catholicisme [1].

La franchise commerciale, en vertu de laquelle les Arméniens, les Turcs, les Juifs étaient également les bienvenus, favorisait à Venise l'indifférence religieuse. L'auteur du *Discorso aristocratico sopra il governo dei Signori Veneziani* assure que, lorsqu'un Luthérien ou un Calviniste venait à mourir, on permettait de l'enterrer dans l'église, et les curés ne faisaient à ce sujet aucune diffi-

---

(1) Les Vénitiens s'efforcèrent d'attirer à leur parti la république de Gênes, qui, en effet, avait alors maille à partir avec le Saint-Siège et plus encore avec l'Espagne : mais cette république répondit par une lettre que nous avons trouvée naguère à la *Bibliothèque Marucelliana* de Florence, code G. LXXIII. Elle y montrait le respect qu'on doit à l'Église et à Rome, déclarant qu'elle est bien satisfaite d'avoir révoqué les ordonnances qu'elle avait rendues contre les oratoires, et qu'elle déplorait de voir les Vénitiens risquer d'allumer en Italie une guerre qui les forcerait à prendre à leur service des ennemis de la religion (28 juillet 1606).

culté. Il ajoute néanmoins : « Je n'ai jamais connu aucun
« Vénitien disciple de Calvin, de Luther ou autres; mais
« j'en ai connu beaucoup qui l'étaient d'Épicure et de
« Cremonini, naguère professeur de la première chaire
« de philosophie à Padoue, qui assure que notre âme
« provient de la puissance de la semence, comme celle
« des autres brutes, et que, conséquemment, elle est mor-
« telle. Cette doctrine abominable a pour partisans les
« personnages les plus recommandables de la cité et en
« particulier plusieurs de ceux qui ont part au gouverne-
« ment. »

La prohibition des livres ruinait les nombreuses im-
primeries qui florissaient à Venise. Les idées démocratiques, répandues par l'école des Jésuites, troublaient l'aristocratie dominante, qui tenait en conséquence pour l'absolutisme des princes et favorisait les Protestants contre les
Catholiques.

Nous rencontrons sur nos pas, comme champion de
l'odieux césarisme, Paul Sarpi, religieux servite, un
des grands esprits de son temps, même dans le domaine
des sciences positives. Théologien de la République, il
fut conduit dans cette querelle, à examiner les titres des
papes, à diminuer par des raisonnements et par des autorités leur ingérence dans les affaires civiles, et à soutenir, contre les doctrines démocratiques des Jésuites, que
le pouvoir des princes vient immédiatement de Dieu et ne
relève de personne ; que le pape n'a pas le droit d'examiner
si les actions d'un gouvernement sont coupables ou non,
puisque cela conduirait à des recherches incompatibles
avec l'autorité souveraine. Quoiqu'il écrivît par ordre et
« conformément aux vues du gouvernement [1] », il en vint

Frà Paolo
Sarpi.
Ses doctri-
nes.

(1) Grisellini, dans la vie ou plutôt dans l'apologie de frà Paolo, dit

à se passionner pour son sujet, au point que la haine du
Saint-Siège fut désormais son caractère distinctif. Il publia
alors [1] la *Consolation de l'Esprit dans la tranquillité de
la conscience, tirée de la bonne manière de vivre en la
cité de Venise au temps du prétendu interdit du pape
Paul V*. Il y pose les questions suivantes : 1° Le pape et
l'Église ont-ils le pouvoir d'excommunier? 2° Quelles
sont les personnes sujettes à l'excommunication, et
quels sont les motifs de l'appliquer? 3° Peut-on en appeler de l'excommunication? 4° Le pape est-il au-dessus
du concile? 5° Le prince légitime peut-il être privé de ses
États pour excommunication? 6° Encourt-on justement
l'excommunication pour avoir gêné la liberté ecclésiastique? 7° En quoi consiste cette liberté, et s'étend-elle seulement à l'Église ou même aux personnes qui la composent?
8° La possession des choses temporelles appartenant à
l'Église est-elle de droit divin? 9° Une république ou un
prince libre peuvent-ils être privés de leurs États pour
cause d'excommunication? 10° Le prince séculier peut-il
légitimement exiger les dîmes et légitiment ordonner ce
qui intéresse la république quant aux biens et quant aux
personnes ecclésiastiques? 11° A-t-il par lui-même le pouvoir de juger les ecclésiastiques? 12° Jusqu'où va l'infaillibilité du pape?

Il répondait, en somme, que le pouvoir du pape se
borne à veiller aux intérêts publics de l'Église : le chré-

« qu'après son élection comme consulteur, il ne mit jamais la main
à aucun ouvrage sans avoir pour motif l'intérêt public, c'est-à-dire la
défense du souverain droit du gouvernement, ou la démonstration de
la sainteté de ses ordonnances », page 78. Il dit encore à propos de plusieurs de ses autres ouvrages : « Il fut entrepris par notre auteur, en
vue du bien public, » page 101 et *passim*.

(1) On n'est pas bien sûr que cet ouvrage soit de lui.

tien, non-seulement ne lui doit pas une aveugle obéissance, mais encore il pèche s'il la lui accorde, et il doit examiner si le commandement est convenable, légitime, obligatoire; lorsque le pape fulmine des excommunications et des interdits à des titres qui sont injustes et nuls, on n'a pas à en tenir compte, attendu que c'est un abus d'autorité; l'excommunication est inique et sacrilège lorsqu'elle est lancée contre la multitude; elle ne peut subsister si elle n'a pour motif un péché préalablement menacé d'excommunication. Le Concile de Trente, ce feu Saint-Elme qui a brillé au sein des plus violentes tempêtes de l'Église, prescrit une souveraine circonspection pour l'infliger, mais il se trompe, lorsqu'il veut que celui qui reste sous le poids de l'excommunication pendant une année soit livré à l'Inquisition comme suspect d'hérésie; il se trompe encore, lorsqu'il défend au magistrat séculier d'empêcher l'évêque de la publier : les immunités ecclésiastiques ne sont pas de droit divin. L'Église grecque, toujours pauvre, a été affligée de moins de scandales que l'Église latine. Il y a un pacte entre le peuple et les ministres de l'Église, pour que ceux-ci administrent le pain de la parole et les sacrements, et que celui-là fournisse le pain du corps. Les papes n'ont pas toujours eu le pouvoir temporel, ni même la prééminence spirituelle, et ce n'est qu'en favorisant des princes usurpateurs qu'ils les ont usurpés. Pendant que tout s'alanguit, à travers les siècles, dans le domaine des choses temporelles, la monarchie ecclésiastique accroît son pouvoir; mais elle ne gagne ni en sainteté, ni en considération. Les princes ne dépendent que de Dieu : le Christ ne pouvait transmettre à son vicaire le pouvoir temporel qu'il n'a jamais exercé. Le pape n'a aucune autorité sur

les princes, il ne peut les punir temporellement, annuler
les lois qu'ils portent, ou les dépouiller de leurs États. Les
ecclésiastiques au contraire n'ont rien qui échappe au
pouvoir séculier, et le prince exerce sur leurs personnes
et sur leurs biens la même autorité qu'à l'égard de ses autres sujets.

Attaquer Rome n'était rien moins que de l'héroïsme
dans une république toujours sourde aux réclamations de
la Curie, et frà Paolo Sarpi, qui bravait le pontife, se
courbait platement devant Philippe II. Il voulait persuader
à ce monarque qu'il soumettrait à ses lois l'Europe
et l'Afrique, qu'il ferait de Paris un village; il se montrait
le très-humble valet des nobles de son pays; et c'est en
les flattant, en s'abandonnant au courant des opinions
intéressées qu'il usurpait les honneurs du courage. Ce
qu'étaient ses sentiments en fait de liberté, nous l'appre-
nons par certaines constitutions qu'il avait rêvées pour
son Ordre : il n'hésite pas,. dans ces constitutions, à recourir à la torture elle-même; il conseille à la République des mesures tyranniques, dont voici des échantil-
lons : exclure les débats de la procédure [1]; tenir bien bas
sous le joug les nobles pauvres; écraser les colonies du
Levant; limer bec et ongles aux Grecs ainsi qu'à des
bêtes féroces, les humilier souvent, leur enlever les occasions de s'aguerrir, les gouverner par la famine et le
bâton, et réserver l'humanité pour d'autres circonstances; s'appliquer, dans les provinces d'Italie, à dépouiller les villes de leurs priviléges, faire que les habitants s'appauvrissent et que leurs biens soient achetés par
des Vénitiens; perdre ceux qui dans les conseils munici-

(1) *Opinions de frà Paolo sur la manière dont il faut gouverner la République pour qu'elle soit toujours souveraine*, etc. (en italien).

paux font de l'opposition, si on ne peut les gagner à prix
d'argent ; s'il s'y trouve quelque meneur, l'exterminer
sous un prétexte ou sous un autre, sans respect pour la
justice ordinaire, et tenir le poison pour moins odieux et
plus profitable que non pas le bourreau. Il propose une
loi de rigueur contre la presse, « attendu que depuis quel-
« ques années il paraît incessamment un tas de livres
« qui enseignent que Dieu n'a pas établi d'autre gouver-
« nement que celui de l'Église ; que le pouvoir sécu-
« lier est une chose profane, une tyrannie, et comme une
« espèce de persécution que Dieu a permise contre les
« bons ; que le peuple n'est pas obligé en conscience
« d'obéir aux lois séculières, ni de payer la gabelle et de
« participer aux charges publiques, il suffit que l'on par-
« vienne à n'être pas découvert ; que les impôts et les
« contributions sont en grande partie injustes et que les
« princes qui les lèvent sur les peuples sont excommu-
« niés : en somme, les principaux magistrats sont repré-
« sentés aux yeux des sujets comme des impies, des ex-
« communiés et des hommes d'iniquité ; et s'il est
« nécessaire de les contenir par la force, en conscience
« tout est permis pour se soustraire à leur sujétion. »

Un autre religieux, frà Fulgenzio Manfredi, Mineur, prêchait contre les Jésuites et les Capucins. S'étant rendu
à Rome muni d'un sauf-conduit, il fut reçu avec beaucoup de bienveillance et absous ; mais, ayant été arrêté à
l'improviste par le Saint-Office, on trouva chez lui des livres défendus, des écrits hétérodoxes et une correspondance secrète avec le roi d'Angleterre : il fut pendu et
ensuite brûlé.

Sarpi avait pour second frà Fulgenzio Micanzio de Pas- Frà
sirano, près Brescia : il prêchait avec une liberté telle Fulgenzio
                                                          Micanzio.

que le médecin Pierre Asselineau d'Orléans, fixé à Venise
et fort mêlé à toutes ces luttes, put dire : « M'est avis
« que Dieu a suscité pour l'Italie un autre Mélanchthon
« ou un autre Luther[1]. » Il prêcha la station du carême
de 1609, « avec liberté, vérité et grand concours de peu-
« ple et de noblesse, en dépit du nonce et de ses remon-
« trances, » ainsi que l'écrivait Duplessis-Mornay.

A chacun des écrits qui, à l'occasion de l'interdit, se pu-
bliaient contre Rome, les Protestants jubilaient : Melchior
Goldast, Gaspard Waser, Michel Lingelsheim, Pierre
Pappo, adressaient des félicitations aux auteurs, les faisaient traduire et répandre. Scaliger lui-même écrivait :
« Monsieur Charles Harlay de Dolot m'a dit qu'il avait
« porté les livres de Calvin à plusieurs seigneurs de Ve-
« nise, où beaucoup de personnes connaissent déjà nos
« écrits. » On faisait grand bruit de la prophétie de Luther dans l'exposition du Psaume XI : « L'Évangile sera
« reçu à Venise, et les pauvres chrétiens opprimés se
« sustenteront et se nourriront librement, afin que l'É-
« glise se multiplie. »

Il suffit d'avoir vécu pendant ces dernières années pour
savoir combien les controverses avec Rome ou la haine
d'un pape enhardissent et poussent à rompre avec l'É-
glise. Il ne manquait pas à Venise d'hommes auxquels
souriait un pareil résultat : tel était Octave Menino de San
Vito, juriste distingué et poète latin, qui écrivit énormément
à propos de l'interdit et engageait Casaubon à en faire
autant; Antoine Querini auteur de l'*Avis pernicieux;* l'é-
rudit Dominique Molino ; Alexandre Malipiero, « homme
« d'une piété sans enthousiasme et sans superstitions,

---

(1) *Mémoires de Duplessis-Mornay.* X, 292.

« qui avait l'habitude d'accompagner tous les soirs Sarpi,
« auquel il portait un amour et une vénération singu-
« lière, sentiments d'ailleurs réciproques entre eux [1]. »
Ajoutons don Giovanni Marsilio, jésuite napolitain apostat,
qui, réfugié à Venise, continuait à dire la messe, quoique
suspendu par le pape. « Hier est mort don Giovanni Mar-
« silio, écrivait de Venise le 18 février 1612 frà Paolo.
« Les médecins disent qu'il est mort empoisonné; mais,
« n'en sachant rien, je n'en dis pas davantage pour le
« moment; quelques prêtres se sont à la vérité employés
« pour lui faire rétracter ses écrits; il est demeuré
« ferme, disant qu'il avait écrit pour la vérité, et qu'il
« voulait mourir dans cette foi. Monsieur Asselineau l'a
« visité un grand nombre de fois; il pourra donner plu-
« sieurs détails sur sa maladie; quant à moi, je n'ai
« pu, ni je n'ai voulu, pour diverses raisons, aller au fond
« de cette affaire. Je crois que, n'était la raison d'État,
« plusieurs quitteraient cette sentine de Rome pour s'é-
« lever sur la hauteur de la Réforme; mais tel craint une
« chose, tel en craint une autre. Dieu ne paraît jouir que
« de la plus petite partie des pensées des hommes. Je
« sais que vous m'entendez, sans que j'aille plus loin. »

Les personnages que nous venons de nommer et avec
eux Léonard Donato, les trois Contarini, Nicolas, Pierre et
Jacques, Léonard Mocenigo et d'autres encore se ren-
contraient chez André Morosini, où ils discutaient le sujet
alors controversé de l'autorité princière et de l'autorité
du pape, en ennemis des exagérations de Rome comme

Tentatives
de Réforme.
Diodati.

(1) FRA FULGENZIO. Il faut voir, au livre IV de la Littérature vénitienne
de Foscarini, combien de nobles vénitiens, outre les moines et les prélats,
cultivaient les sciences sacrées et l'histoire ecclésiastique et écrivaient
sur ces matières.

de la domination espagnole. Tout ce conventicule était soutenu et encouragé par l'ambassadeur d'Angleterre, et par son chapelain le fameux Bedell, qui traduisit de frà Paolo l'histoire de l'Interdit et celle de l'Inquisition et s'efforçait d'introduire la Réforme à Venise. Il continua ses menées même après que la République se fut raccommodée avec le pape. Le nonce Ubaldini informait, en novembre 1608, le cardinal Borghèse que deux prédicants génèvois étaient partis pour Venise, sûrs d'être bien accueillis par quelques nobles, mais qu'ensuite ils avaient reçu ordre de retourner sur leurs pas.

Jean Diodati, que nous avons dit descendre de réfugiés lucquois, député de l'Église de Genève au Synode de Dordrecht en 1618, et choisi, quoique étranger, pour rédiger les délibérations de cette assemblée, avait fait la traduction de l'*Histoire du Concile de Trente de frà Paolo*. En l'informant des nouvelles ci-dessus, Bedell ajoutait : *Ecclesiæ venetæ reformationem speramus ;* il l'exhortait à venir à Venise, où son ambassadeur et frà Paolo l'attendaient avec impatience. Ce fut à cette occasion que Diodati publia sa version italienne de la Bible. Il écrivait : « Je ne suis pas sans espérance d'en faire entrer et cir- « culer quelques exemplaires à Venise, où la superstition « a déjà éprouvé une brèche par laquelle est entrée la « liberté, que Dieu sanctifiera pour le bien de sa vérité, « quand il sera temps. » Et quelques mois après : « J'en ai « déjà expédié quelques exemplaires à Venise et j'espère « en expédier bientôt un nombre plus considérable. D'a- « près le conseil de l'ambassadeur d'Angleterre à Venise, « je fais maintenant imprimer le Nouveau-Testament à « part, dans un petit format très-élégant, pour qu'il aide « aux commencements aventureux que la main de Dieu a

« manifestés. Le moins qu'il en puisse résulter sera de les
« servir par la plume ; car il faudra entreprendre une autre
« chose plus importante et plus éclatante : de beaux pro-
« jets ont été formés, et le temps est proche de les mettre à
« exécution, comme je l'espère en Notre-Seigneur. »

Duplessis-Mornay, surnommé le pape des Calvinistes
français, avait fait le *Mystère d'Iniquité*, et l'*Institution,
usage et doctrine du très-saint sacrement de l'Eucharistie
dans l'Église ancienne ; comment, quand et par quels degrés la messe s'est introduite à sa place* (la Rochelle, 1598) ;
ouvrage où les catholiques relevèrent 400 citations fausses,
qui amenèrent la tenue à Fontainebleau le 4 mai 1600
d'une conférence restée célèbre, à la suite de laquelle il
fit réimprimer son livre à Saumur avec moins d'inexac-
titudes (1604). Il s'était mis en tête de convertir Venise, et
c'est à lui que Diodati rendait compte comment depuis
deux ans il s'y était employé. A l'entendre, il résultait
des lettres écrites de Venise que le pays était renouvelé ;
on y parlait librement ; on remarquait surtout, pour la liberté de leurs discours, frà Paolo, frà Fulgenzio, Bedell,
au point qu'on se croirait être à Genève ; la mauvaise humeur contre le pape ne faisait que s'accroître, et les
trois quarts des nobles avaient déjà ouvert les yeux à la vérité. De Liquez, compagnon de Diodati, ajoutait : « Frà
« Paolo m'assure que, dans le peuple, il connaît plus de
« douze ou quinze mille personnes qui, à la première oc-
« casion, se tourneraient contre l'Église romaine. Ce sont
« ceux qui de père en fils ont hérité de la vraie connais-
« sance de Dieu, ou les restes des anciens Vaudois. Au
« sein de la noblesse, un grand nombre ont connu la
« vérité, mais ne veulent pas être nommés, tant qu'une
« occasion favorable de se déclarer ne se sera pas pré-

« sentée. Et la preuve, c'est que frà Paolo, quoique ex-
« communié[1], a reçu du sénat ordre de continuer à célé-
« brer la messe. » Il ajoute que les prêtres ayant exigé
qu'avant de recevoir l'absolution, leurs pénitents pro-
missent d'obéir au pape dans le cas d'un nouvel interdit, le gouvernement les a arrêtés « et mis en lieu
« où depuis ne s'en est ouï nouvelles ; tellement que, de-
« puis l'accord, ils ont plus fait mourir de prêtres et autres
« ecclésiastiques qu'ils n'avaient fait en cent ans aupa-
« ravant. » De son côté Link, émissaire de l'Électeur
palatin, dont on lit la relation dans les *Archives historiques* du professeur Lebret, parle de plus de mille personnes disposées à embrasser la Réforme, parmi lesquelles trois cents patriciens distingués ; on aurait donc
eu trois cents votes dans le grand conseil qui rarement
était composé de plus de six cents membres ; si on ajoutait ceux qui voteraient sous l'influence des premiers, on
pouvait facilement obtenir la majorité, et conséquemment atteindre l'objet de leurs désirs.

Avec quelle assurance tout cela est raconté ! Or, loin
de trouver une telle résolution dans les procès-verbaux,
on n'en trouve pas même la proposition. Et comment
cela eût-il été possible ? A Venise tout était catholique ;
son origine, son patron, ses fêtes nationales, ses beaux-
arts. Les solennités chrétiennes y étaient célébrées avec
éclat ; l'Inquisition contre l'hérésie y existait de toute antiquité ; la politique était entée sur la religion par suite

---

(1) Dans le précieux recueil de documents vénitiens d'*Emmanuel*
Cigogna, nous avons vu un placard, qui certainement avait été
affiché à une muraille, et qui porte l'excommunication de frà Paolo
dans les termes habituels. Le certificat d'affichage est du 5 janvier
1607.

de la croisade continuelle contre les infidèles : presque tout le monde faisait partie des confréries, dans lesquelles souvent l'homme du peuple se trouvait non-seulement l'égal, mais le supérieur du gentilhomme et du sénateur. Qu'on nous dise aussi, si c'était pour un culte à l'agonie qu'on élevait tant d'églises somptueuses. Dans le grand tableau où Paul Véronèse a peint la bataille de Lépante à la salle du Grand Conseil, toute la composition est dominée par l'image de la foi avec cette légende : « *Fides nunquam derelicta fundamentum Reipublicæ.* » Là où l'esprit public était intimement identifié au catholicisme, comment un gouvernement éminemment conservateur pouvait-il songer à la plus radicale des révolutions ? Il nous a passé sous les yeux un grand nombre d'actes à propos de l'interdit : dans tous, nous avons rencontré, à côté d'un dépit franchement avoué, la soumission chrétienne et le désir de la réconciliation.

Diodati lui-même, qui fit le voyage de Venise en 1608, n'y trouva pas, bien s'en faut, ce qu'il s'était promis : néanmoins il ne perdait pas l'espoir; ces deux moines faisaient des merveilles, mais le respect pour les religieux était encore trop enraciné (B). Il ajoute que frà Paolo ne veut pas se dévoiler, alléguant que de cette manière il pourrait mieux *saper secrètement la doctrine et autorité papale, en quoi il a extrêmement profité.* Quant à frà Micanzio, *sans doute il aurait effectué quelque notable exploit, s'il n'était continuellement contre-pesé par la lenteur du père Paul.* Ailleurs il avoue qu'il « a découvert à fond le « sentiment de frà Paolo, et qu'il ne croit pas qu'une pro- « fession explicite soit nécessaire, puisque Dieu voit le « cœur et la bonne volonté ». L'apostat De Dominis écrivait aussi à Jacques Ier d'Angleterre que Sarpi « n'entendait pas parler avec plaisir de l'abaissement excessif de l'Église romaine, quoiqu'il eût horreur de ceux qui en défendaient les abus comme de saintes institutions ».

Sarpi apostasia-t-il?   Mais Sarpi embrassa-t-il la confession protestante? Outre son histoire, ses actions et ses lettres font beaucoup douter de sa foi (C). Nicolas Vignerio ayant publié une dissertation contre Baronius, Philippe Canaye, ambassadeur de France à Venise et ami de frà Paolo, écrivait à M. de Caumartin que la *Signoria* de Venise s'estimait offensée par cet ouvrage qui rangeait leur gouvernement parmi ceux qui s'étaient séparés de l'Église. Frà Paolo, lui, applaudit, et peut-être coopéra à cet ouvrage de Vignerio et à l'exposition de l'Apocalypse par le même auteur qui personnifie l'antechrist dans le pape. On croit encore que c'est frà Paolo qui fournit les matériaux du pamphlet anglais d'Édouin Sandis sur l'état de la religion en Occident, au dire duquel il n'y aurait que superstitions et inepties dans la piété des catholiques et surtout des Italiens. Hugues Grotius faisait un grand éloge de ce livre et écrivait à son sujet : *Sandis quæ habuit scripsit ipse, sed ea ex colloquiis viri maximi fratris Pauli didicerat. Item ad quædam capita notas addidit, jam egregias in defæcando lectorum judicio* [1].

Lorsqu'il était ambassadeur en Suisse, Grotius eut entre les mains et transcrivit pour plusieurs de ses amis ce passage d'une lettre du 12 mai 1609, adressée par Sarpi à Gillot, chanoine de la Sainte Chapelle de Paris, qui écrivit sur le Concile de Trente et sur les libertés gallicanes : *Si quam libertatem in Italia aut retinemus aut usurpamus, totam Franciæ debemus. Vos et dominationi resi-*

_____

(1) Ep. 358, p. 865.

stere docuistis et illius arcana patefecistis. Majores nostri pro filiis habebantur olim, cum Germania, Anglia et nobilissima alia regna servirent : ipsique servitutis instrumenta fuere. Postquam, excusso jugo, illa ad libertatem aspirant, tota vis dominationis in nos conversa est. Nos quid hiscere ausi fuissemus contra ea quæ majores nostri probaverant, nisi vos subvenissetis? Sed utinam omnino subsidiis vestris uti possemus [1]!*

Lorsque Priuli, ambassadeur de Venise, quitta la France, un grand nombre de livres hérétiques furent emballés par François Biondi, son secrétaire, qui passa plus tard avec De Dominis en Angleterre où il apostasia. Ce Priuli eut pour successeur comme ambassadeur à Paris cet Antolne Foscarini, qu'une erreur judiciaire conduisit sur l'échafaud, et qui était fort lié avec les Huguenots. Il céda son poste au chevalier Giustiniani, que frà Paolo qualifie de *papiste,* ajoutant que pour ce motif il convient de se servir de celui de Turin, si on veut faire quelque bien en faveur de la religion [2].

Or le résident à Turin, Grégoire Barbarigo, était tout entier dévoué à frà Paolo qui le regardait « comme une « des âmes les plus tranquilles qu'ait produites non pas « seulement Venise, mais l'Italie ». Barbarigo fut ensuite envoyé en Angleterre où il mourut : on le remplaça par Gussoni, avec qui frà Paolo recommandait à Groslot de ne communiquer « pour les choses de l'Évangile, qu'autant qu'elles auraient quelque connexion avec celles de l'État et du gouvernement ». Et c'est constamment dans cette même balance que frà Paolo pèse les divers ambassadeurs.

(1) Ep. 574.
(2) Lettre du 13 septembre 1611.

Ceux qui se flattaient de convertir Venise au protestantisme durent voir un symptôme favorable dans ses intelligences avec les révoltés des Pays-Bas et dans l'admis-
sion de leur ambassadeur[1]; mais ce n'était là qu'un
expédient politique, dicté par la haine pour l'Espagne. Ils
espéraient aussi qu'Henri IV, à cause de son inimitié avec
la maison d'Autriche, y favoriserait les innovations; mais,
quelles que fussent ses croyances religieuses, le Navar-
rais, à l'instar de tous les rois de son temps, estimait que
le gouvernement a le droit d'intervenir dans les pratiques
religieuses de ses sujets; et dans l'édit de Nantes, dont on
lui fait un mérite si considérable, dans cet édit même il
n'accordait pas la liberté de tous les cultes, mais uniquement la liberté du culte calviniste. Contre toute attente,
il communiqua à la *Signoria* de Venise une lettre de Diodati qui exposait clairement à Durand, pasteur à Paris, tout
ce qui s'était tramé à Venise; il nommait les principaux
de la cité comme donnant la main à tous ces projets, affirmait que sous peu ses travaux et ceux de frà Fulgenzio se-

(1) Duplessis-Mornay, auquel l'ambassadeur de Hollande avait demandé des recommandations, lui écrivait le 3 octobre 1609 : « Pour
adresse, je ne vous la puis donner meilleure qu'au vénérable père
Paolo, directeur des meilleures affaires... auquel, avec le zèle de Dieu,
vous trouverez une grande prudence conjoincte; mais il faut l'exciter
à ce que l'une enfin emporte l'autre. Vous avez aussi le père Fulgenzio,
qui n'est que feu; prêcheur admirable. » *Mémoires*, 393. Bayle, à l'article *Aarsens*, rapporte qu'en recevant l'ambassadeur de Hollande, frà
Paolo lui dit qu'il avait grand plaisir à voir le représentant d'une république qui tenait le pape pour être l'antechrist. Ce fait fut admis
par Pallavicino dans la 1re édition de son *Histoire du Concile*; mais
il disparut des suivantes; signe qu'il le reconnut faux. Victor Siri dit
avoir trouvé dans les archives de France de nombreuses traces de la
faveur accordée par Sarpi aux Huguenots, principalement dans les registres du nonce Ubaldini, très-attentif à éventer leurs trames, et qui
chercha à se procurer les originaux des lettres pour le convaincre d'hérésie devant le sénat vénitien.

raient couronnés de succès, et que, si le pape s'obstinait, Venise romprait définitivement avec l'Église catholique, rupture déjà désirée par le doge et par quelques sénateurs.

Cette dénonciation directe (D.) force la *Signoria* à veiller et à prendre des mesures. Les Papalins ont le dessus ; Sarpi se décourage et gémit. « C'est à ne pas croire « tout le mal que cette lettre a fait. Si la guerre écla- « tait en Italie*, ce serait un grand bonheur pour la re- « ligion ; aussi le pape la craint-il ; l'Inquisition disparaîtra « et l'Évangile se répandra[1]. » Il se plaint que les occasions « en soient perdues, voire même mortes et ensevelies. « Dieu seul peut les ressusciter ; s'il lui plaît ainsi, j'ai des « matériaux accumulés et tout prêts suivant les besoins[2]. » Comme tous les brouillons, frà Paolo désirait donc la guerre et faisait appel aux étrangers, tantôt à Henri « de qui seul nous pouvait venir le salut » ; tantôt à Sully, tantôt au roi d'Angleterre, tantôt à d'autres ennemis de l'Espagne. Il déplore que le pape procède avec douceur, ce qui incline les hommes politiques vers la paix, alors surtout que les Turcs menaçaient ; et « je ne vois d'autre moyen pour « conserver et maintenir le peu qui reste que dans l'ar- « rivée de nombreux agents des princes réformés et « surtout des Grisons qui célébreraient les offices en ita- « lien [3]. Il est impossible de vaincre l'Espagne autrement

(1) Lettre XLIV, à M. de L'Isle.

(2) Lettre LX au même. Voir aussi les *Mémoires de Mornay,* X, 386, 390, 443, 456, 546 ; et Le Courayer, dans la vie de frà Paolo, qui précède sa traduction de l'*Histoire du Concile de Trente,* page 66.

(3) Lettre LI, 12 octobre 1610. Quelques jours avant l'assassinat de Henri IV, Sarpi écrivait : *Nulli dubium quin, sicut Ecclesia verbo formata est, ita verbo rite reformetur. Attamen, sicut magni morbi per contrarios curantur, sic in bello spes, nam extremorum morborum extrema remedia. Hoc mihi crede e propinquo res videnti. Non aliunde nostra salus provenire potest.* OEuvres de frà Paolo, VI, 79. Dans la

« qu'en invoquant contre elle des motifs de religion, et
« ces motifs ne se présenteront qu'en introduisant les
« Réformés en Italie. Si le roi de France savait faire, ce
« serait facile à Turin et ici. La République négocie une
« ligue avec les Grisons; de cette manière, on pourrait
« faire quelque chose, si l'on demandait le libre exercice
« de la religion à Venise [1]. » Mornay lui reprochait son
découragement, ajoutant qu'en marchant de ce pas boiteux, il mourrait avant de voir son œuvre accomplie (E).

Venise
se
réconcilie
avec Rome.

Dans cet état de choses et avec de pareilles dispositions
d'esprit, la querelle avec le pape pouvait s'envenimer. Les
Protestants en jubilaient, et Casaubon se réjouissait d'avoir
été invité par l'ambassadeur Priuli à visiter Venise, où il
connaîtrait *magnum Paulum, quem Deus necessario tempore ad magnum opus fortissimum athletam excitasset ;* il
invitait Joseph Scaliger et Scipion Gentile à se réjouir
qu'il se fût élevé au milieu de Venise un si vaillant adversaire des sophistes, pour mettre à nu les paralogismes
avec lesquels ils trompent le monde (**F.**). Mais les hommes positifs voyaient autrement; et le grand Sully, tout

Lettre **LIII**, déplorant la mort de Sully, il dit qu'il l'aimait « à cause
de son ferme attachement à sa religion ». Au sujet de Jacques 1er, il
écrit : « Si le roi d'Angleterre n'était pas docteur, on pourrait espérer quelque bien , et ce serait un bon commencement. » Lettre **LXXXVIII**.

(1) Lettre **LXXXVIII**, 29 mars 1612, adressée à Groslot. Voir sur tout
cela, *Storia arcana della vita di frà Paolo Sarpi, scritta da* M. GIUSTO
FONTANINI, *e documenti relativi.* Venise, 1803. C'est une œuvre pos-
thume que l'éditeur, l'archiprêtre Ferrario, annonce ainsi : « Qui que
tu sois, lecteur, qui entreprends de lire ce livre , il me suffit que tu
aies l'amour et le zèle de la religion, que tu sois fidèle et dévoué aux
gouvernements. Si tu es bon catholique et bon citoyen, le livre te
plaira : il fait tomber un grand masque , il dévoile un grand impos-
teur, il fait connaître un impie forcené, etc. » Ce ton caractérise assez la
pièce.

huguenot qu'il était, déplorait que Sarpi travaillât à
amoindrir l'autorité du pape chez les Vénitiens qui,
au premier signe donné par eux de leur volonté d'apos-
tasier, auraient vu accourir à leur secours les Turcs, les
Grecs, les Évangéliques, les Protestants de tous les pays,
rallumant un incendie pareil à celui du temps de Léon X
et de Clément VII. En conséquence, il se concertait avec
les cardinaux de Joyeuse et de Perrone pour empêcher
de tels germes de se développer en Italie, et pour remettre
Venise d'accord avec le pape [1].

Un pareil danger alarmait les âmes pieuses [2]. Bellarmin
laissa de côté les controverses avec les hérétiques pour
réfuter les libelles des *sept théologiens* vénitiens. Outre
les arguments mis au service de l'autorité papale par lui et
par Baronius (G.), Rome avait une armée dont elle menaçait Venise, à telles enseignes que l'empereur, les rois
d'Espagne et de France, les ducs de Savoie et de Florence durent s'interposer pour rétablir la paix. En avril
1609, un nonce du pape fut envoyé avec les instructions les plus modérées : on abrogea tous les actes ayant
lésé quelque intérêt; on rétablit sans bruit tous les religieux, les Jésuites exceptés; Venise ne fut obligée à
aucun acte d'humiliation, à aucune espèce de rétractation, à la seule condition d'user de tempéraments.
Le doge Léonard Donato annonçait à tous les ecclésiastiques que « avec la grâce de Dieu on a trouvé un
« moyen par lequel Sa Sainteté a pu s'assurer de la sin-

---

(1) *Mémoires de Sully*, tome III, page 27.

(2) « Tout Rome parlait de l'interdit et de la protestation des Vénitiens, auxquels on donnait tort... Le cardinal Valier en est mort, à ce
que l'on dit, de crève-cœur, en quelques heures. » *Espozisione di Roma*,
aux archives des *Frari*.

« cérité de notre âme, de la droiture de nos actions, et
« de la vénération que nous n'avons cessé de professer
« pour le Saint-Siège, en faisant disparaître la cause des
« désaccords présents : nous avons toujours désiré et
« tâché de procurer la bonne intelligence et l'union avec
« le Saint-Siège dont nous sommes les fils dévoués et très-
« soumis ; aussi sommes-nous heureux d'avoir vu se réa-
« liser cet équitable désir ». Il rétractait en conséquence
la protestation qu'il avait faite contre l'interdit. Les deux
prisonniers, Saraceno et l'abbé de Nervèse, furent remis à
l'ambassadeur de France, le cardinal de Joyeuse, qui
avait reçu la mission de s'interposer et qui assurait
qu'Henri IV lui avait toujours écrit de conseiller aux Vénitiens *de se tenir bien avec le pape* (H.).

Le pape à son tour reçut courtoisement l'ambassadeur
Contarino, lui disant « que de la bonne intelligence entre
« le Saint-Siège et la République dépend la conservation
« de la liberté en Italie ; qu'il ne voulait pas se souvenir
« du passé, mais *nova sint omnia et vetera recedant* » (I).

Il n'aurait pas été dans l'ordre naturel qu'à l'irritation
violente eût succédé tout à coup la cordialité. Venise,
quoiqu'on pût lui dire dans le sens contraire, savait
qu'elle était la vaincue ; le pape ne pouvait oublier la
manière dont on lui avait résisté : toutefois on fit abné-
gation des susceptibilités de l'amour-propre, ce qui
aplanit toutes les difficultés. Le roi théologastre, Jacques Ier d'Angleterre, venait de publier dans le sens hérétique l'*Apologia pro juramento fidelitatis,* qu'il adressa
à toutes les cours : celles d'Espagne et de Savoie refusèrent de la recevoir ; le duc de Toscane la fit brûler ; les
Vénitiens, eux, décidèrent qu'elle leur serait présentée
par l'ambassadeur en plein Sénat, et que le doge la re-

cevrait comme un témoignage de la bienveillance royale, puis qu'on la remettrait à l'archichancelier à l'effet de la faire enfermer sous clef. Le nonce apostolique Gessi présenta au Sénat la censure prononcée contre ce livre, et demanda qu'il fût prohibé ; le Sénat lui exposa ce qui avait été fait, et donna verbalement au chef de l'imprimerie l'ordre de ne pas le vendre. L'ambassadeur d'Angleterre en fut si fort choqué, qu'il fallut dépêcher tout exprès François Contarini en Angleterre, qui s'en expliqua de manière à obtenir pour la prudence des Vénitiens les éloges du monarque anglais [1].

Avec l'apaisement de cette querelle, les espérances d'apostasie s'évanouirent. Frà Paolo se modéra, tout en ne changeant pas de sentiments. Il continua à être l'ennemi à outrance des Jésuites : il n'est sorte de mal qu'il ne dise d'eux en toute occasion ; il ne négligea rien pour les faire exclure d'abord, et pour empêcher leur rentrée sur le territoire de la République ; il se procurait avec un soin jaloux tous les livres publiés contre eux. « Il n'est pas « d'entreprise plus importante (écrivait-il) que de ruiner « le crédit des Jésuites. Eux vaincus, Rome est prise ; sans « eux, la religion se réforme d'elle-même. » « Il est cer-

Caractère de frà Paolo son esprit anti-ecclésiastique.

(1) MOROSINI, *Histoire*, Liv. XVIII, page 699. En 1657 fut légalement reconnue une communauté évangélique de la confession d'Augsbourg, exempte de la juridiction du Saint-Office avec des droits qui durèrent autant que la République, et furent confirmés par les gouvernements successifs. Elle eut sa première chapelle dans le bazar des juifs : après 1812, elle exerça librement son culte dans le local qui avait été l'école de l'Ange Gardien aux Saints Apôtres. C'est là qu'est établi l'ordre presbytéral. Le prédicateur ou pasteur, qui relève du consistoire de Vienne, est élu à la majorité des voix ; on élit de la même manière les anciens qui président à l'administration de l'Église, du culte et des aumônes. Il est pourvu aux dépenses par un impôt sur les chefs de famille.

« tain (ajoute-t-il) qu'ils absoudraient le diable lui-
« même de tous ses méfaits, s'il voulait se mettre
« avec eux; ils se vantent de devenir bientôt aussi in-
« fluents à Constantinople qu'en Flandre [1]. » Il écrivait encore à M. de l'Isle : « J'ai toujours admiré la
« politique des Jésuites, surtout en ce qui concerne le
« secret. N'est-ce pas étonnant que, leurs institutions
« étant imprimées, on ne puisse pas en avoir un seul
« exemplaire? Je ne parle pas des règles imprimées à
« Lyon; ce sont des balivernes, mais de leurs lois de
« gouvernement, qu'ils tiennent si secrètes. On exclut, et
« il sort chaque jour de leur compagnie de nombreux
« mécontents, sans que par aucun on soit arrivé à décou-
« vrir leurs artifices. Il n'y a pas au monde une réunion
« de personnes qui tendent en si grand nombre vers un
« même but, qui soient conduites avec autant d'habileté
« et déploient à l'action autant de zèle, autant d'au-
« dace. »

Le bon sens, s'il n'avait été aveuglé par la passion, aurait
dû conclure que ces règles secrètes n'existaient pas; toutefois le vulgaire voulait qu'elles existassent. Mais, quoiqu'on
les ait fait imprimer sous le nom de *Monita secreta*, l'a-
charnement de la haine n'enlevait pas à Sarpi la lumière
de la raison jusqu'au point de lui faire méconnaître l'absurdité de ce libelle. « Je l'ai parcouru, et il m'a paru con-
« tenir des choses si exorbitantes, que j'en suis encore à
« douter de son authenticité; les hommes sont bien scélé-
« rats, certes, mais je ne puis admettre que tous ces cri-
« mes aient été tolérés dans le monde. A coup sûr, en
« Italie, nous n'avons pas idée de ces choses; peut-être

___

(1) Lettre **LXV**, 5 juillet 1611, et **LV**, XI et XII à **M.** de l'Isle.

« ailleurs est-on plus méchant ; mais ce serait à la honte
« de la nation italienne, qui ne le cède à aucune autre. »
Il fallait toute la dégradation de la raison humaine pour
que ce pamphlet fût accepté par nos contemporains,
réimprimé par eux, et servi en pâture à l'Italie qui a
perdu l'habitude de penser [1].

Ceux donc pour qui l'Église et les Jésuites sont tout un
ne peuvent voir dans frà Paolo qu'un tison d'enfer ; mais
on peut encore voir en lui le patriote exalté, ennemi de
l'Espagne et par conséquent des Jésuites, qu'il croyait
incarnés à cette puissance, tandis qu'il avait bonne opinion des Protestants, parce que dans les guerres d'alors
ils contre-balançaient la maison d'Autriche. A l'égard de
la Cour de Rome, qu'en toute occasion il faut bien distinguer de l'Église, frà Paolo professait une hostilité en-
venimée par l'amour-propre. Toujours d'une extrême
violence à l'endroit de ses prétentions (J), il applaudissait
aux libertés gallicanes, « et si nous avons, ou si nous reven-
« diquons en Italie un brin de liberté, toute la gloire

---

(1) On suppose que les *Monita secreta* ont été écrits par Scioppius ;
mais il est plus probable qu'ils sont de Jérôme Zaorowski, Polonais,
expulsé de la Société en 1611 ; ils sont certainement antérieurs à
l'année 1613, époque à laquelle le père Jacques Gretzer en publia une
réfutation. Le satirique Scotti, dans la *Monarchia Solipsorum,* qui est
le libelle le plus outrageant écrit contre les Jésuites, ne mentionne pas
les *Monita secreta :* et pourtant, au chapitre X, il traite des *Leges Solipsorum,* et il dit que ces lois *in quinquagena volumina ingentia excrevere,
abitura in infinita, nisi moderatio interest. Continent autem varia de-
creta, tum ad universam monarchiam spectantia, tum monarcharum*
(c'est-à-dire les prévôts généraux) *singularia rescripta, admiran-
darum plena industriarum et præceptionum circa singula genera rerum,
numerum personarum, et quæ sub generibus sunt singularum.* Les points
fondamentaux sont ceux-ci : 1° il faut vénérer le prévôt général plus
que toute autre personne ; 2° il faut s'efforcer de lui soumettre l'univers entier.

« en est à la France : c'est vous, Français, qui nous avez ap-
« pris à résister à une puissance sans frein..., à conquérir
« ce grand point que le pouvoir souverain d'établir la disci-
« pline ecclésiastique réside dans le prince... et à fixer à
« l'Église des règles pour le bon usage de son autorité[1]. »
Cela le menait droit à l'absolutisme ; il avance en effet que
« si le prince se laisse enlever quelque chose, il faut à l'ins-
« tant même le dépouiller de son autorité. » Il combat Bellarmin et Baronius, plaisante sur les miracles, tandis qu'il
applaudit les Huguenots. L'existence de Rome lui paraît
« tenir à un fil très-mince, c'est-à-dire à la paix de l'I-
« talie... Croyez moi, une fois la guerre en Italie, que le
« pape vainque ou qu'il soit vaincu, peu importe, la
« chose est jugée (K). »

Mais de là à l'apostasie, il y a encore une grande distance. La réforme qu'il désirait consistait dans la discipline
plus que dans les dogmes, car est-il probable qu'il ait jamais osé espérer de provoquer pour les dogmes l'aversion
d'un gouvernement si positif et si ennemi des changements? Juriste dans le sens antique du mot, point para-
doxal comme Calvin, point subtil comme Socin, il ne pou-
vait devenir hérésiarque ; car il considérait la religion
comme inviolable dans son essence, pourvu qu'elle n'ait aucune part au gouvernement de l'État. Ses détracteurs (L)
et ses panégyristes (M) se trompent donc également, et les
uns et les autres sont nombreux. Au lieu de voir en lui un
luthérien ou un calviniste, nous pourrions le qualifier de
rationaliste, car c'est sa propre raison plus que toute autorité qu'il adore, sa raison lancée à la poursuite de la

_____

(1) Voir la Lettre LXIX de l'édition Lemonnier ; mais elle ne nous
paraît pas authentique.

vérité, mais obstinée à ne pas la voir là où elle se trouve. On ne peut rien enlever de leur valeur aux fragments de correspondance que nous avons cités, à moins qu'on ne veuille les expliquer par les circonstances politiques, par sa faiblesse qui lui faisait caresser les opinions de ses adulateurs, comme lorsqu'il appelait l'Église *meretrix, bestia babylonica*, et lui appliquait d'autres épithètes de ce genre.

Il faut avouer toutefois qu'il lui porta de terribles coups, des coups homicides, avec son *Histoire du Concile de Trente*. Dès son enfance, il dut entendre parler, par ceux qui y avaient pris part, de ce fait capital dans l'Église. A Mantoue, il vécut dans l'intimité de Camille Olivo, secrétaire du cardinal Gonzague, un des présidents du synode ; à Venise, il fut le familier des ambassadeurs des princes. Or, comme il lui parut que les histoires déjà imprimées, jusqu'à celle de Jean Sleidan, par lui préférée à toutes, ne faisaient pas suffisamment connaître l'*Iliade de notre siècle*, il se propose de raconter « les causes et « les intrigues d'une réunion ecclésiastique qui, pendant « vingt-deux ans, pour divers motifs et par divers « moyens, désirée et avancée par les uns, empêchée et « différée par les autres, dans l'espace de dix-huit ans, « tantôt réunie et tantôt dissoute, a toujours été célébrée « pour des fins différentes, s'est achevée sous une forme « et avec des résultats tout contraires à la fois aux des- « seins de ceux qui l'avaient convoquée, et aux craintes « de ceux qui avaient tout fait pour la troubler; exemple « qui, ramenant nos pensées vers Dieu, doit nous mettre en « défiance contre la prudence humaine. En effet, désiré et « assemblé par des hommes pieux pour réunir l'Église qui « commençait à se diviser, ce Concile a si bien affermi

Son
Histoire
du *Concile*
de *Trente*.

« le schisme et si fort aigri les partis, que ceux-ci sont
« désormais irréconciliables. Instrument de réforme
« pour la discipline ecclésiastique entre les mains des
« princes, il a causé les plus grands désordres qui se
« soient vus depuis qu'existe le nom chrétien; objet
« d'espoir pour les évêques, qui pensaient reconquérir
« ainsi l'autorité épiscopale passée en grande partie dans
« les mains du pontife romain, il leur a fait perdre le peu
« qui leur en restait, et les a réduits à une plus dure
« servitude. Au contraire, craint et redouté par la Cour de
« Rome qui croyait y voir un moyen efficace de mettre
« un frein à sa puissance exorbitante, parvenue peu à
« peu, d'humble qu'elle était en principe, à un excès
« illimité, il l'a tellement raffermie sur la partie du
« monde qui lui est restée soumise, que jamais elle n'a
« été aussi profondément enracinée. »

Sarpi travailla à son ouvrage avec une patiente application. Comme cela se pratiquait alors, il maraudait à son
aise chez les historiens qui l'avaient précédé, Paul Jove, Guichardin, De Thou, Adriani : souvent aussi il ne fait que traduire Sleidan, très-hostile à Rome; cependant il les com-
pléta par quelques documents et à l'aide des relations des
légats vénitiens; il releva les faits par des observations personnelles; mais, ne voyant que le côté extérieur des choses,
il parodie l'histoire de la plus auguste assemblée qu'on ait
jamais vue. Il veut réduire aux proportions d'une intrigue la décision de choses supérieures, et la faire dépendre d'une manœuvre, d'un rhume, d'un bon mot,
d'un discours éloquent, d'une fournée de cardinaux, de
la prononciation étrange de certains prélats, de l'habileté
des présidents à étouffer les questions ou à les renvoyer,
tout comme cela arriverait dans un parlement moderne,

au lieu de faire remonter cette décision au Saint-Esprit,
qui, suivant une de ses expressions sacriléges, « voyageait
en valise de Rome à Trente. »

Il n'adopta pas plus un symbole protestant dans son
ouvrage que dans sa vie : cependant il s'éloigne du
dogme catholique, en voulant l'interprétation personnelle
des saintes Écritures, en rejetant les livres deutérocano-
niques, en dépréciant la Vulgate, en séparant l'exégèse de
la doctrine patristique. Relativement au péché originel, à
la grâce, à la justification et autres dogmes, il copie à la
lettre le protestant Martin Chemnitz, un des théologiens
les plus acharnés contre le Concile.

Non-seulement les polémistes, mais encore les anno-
tateurs les plus bienveillants appartenant à son école,
l'ont convaincu d'erreurs grossières, sans parler de cette
fiction systématique de longs discours qui n'ont jamais
été prononcés, ou l'ont été par des personnes toutes
différentes de celles dans la bouche desquelles il les
place. Ce procédé de rhétoricien, déplacé dans les histoires profanes, est quelque chose d'inqualifiable dans
une discussion sur des points de foi. Or, un des nombreux artifices de frà Paolo, c'est précisément de ne rien
prendre sur lui, mais de faire dire par d'autres ce qui
serait une hérésie manifeste, ou de l'exposer comme
une doctrine qui n'est ni approuvée ni condamnée, ou
bien encore de la réfuter par des raisonnements qui ne
font que l'établir davantage.

Parmi tant de diatribes violentes, il conservait un
calme apparent, comme s'il n'eût fait que rapporter des
faits, citer des documents : avec ses airs d'impartialité,
il captivait les simples, masquait son ignorance et ses
contradictions, pendant qu'il disposait tout, non pas pour

éclaircir la vérité, mais pour produire de l'effet, allant jusqu'à altérer les documents pour les faire servir à son
opposition systématique et aux intérêts politiques de son
pays.

A combien de subtilités n'a-t-il pas recours pour
interpréter les intentions, et c'est toujours d'une manière
défavorable, toutes les fois qu'il s'agit des Catholiques !
Brûle-t-on en France les Protestants? « Il prend en pitié
« ces infortunés qui n'étaient 'coupables d'aucun autre
« crime que de celui du zèle de la gloire de Dieu et du salut
« de leur âme. » (liv. V.) Vient-il à parler de l'Index?
Il conclut par ces mots : « On n'a jamais trouvé de plus
« beau secret pour faire servir la religion à rendre les
« hommes fous » (liv. VI), et pour agrandir l'autorité
de la cour romaine en les privant de l'instruction, avec laquelle ils se défendraient contre les usurpations. Il ra-
mène toujours le dogme et la discipline à l'Église primitive, dans laquelle seule il veut reconnaître le vrai
christianisme, condamnant comme des intrusions humaines toutes les institutions dont la vitalité est la source
perpétuelle. Il veut donc, comme aux premiers siècles,
que l'Église soit soumise à la direction territoriale, quoiqu'à cette époque les rapports de l'Église avec l'État, soit
juif, soit païen, différassent absolument de ce qu'ils
sont devenus par suite de son complet développement.
Aussi ne considère-t-il ni en historien ni en ecclésiastique la hiérarchie, la juridiction spirituelle, la primauté
du pape, la scolastique, le monachisme, etc., etc. La
hiérarchie n'a été consolidée que par l'ambition des
Papes, par l'ignorance et la faiblesse des Princes :
encore n'a-t-elle valu aux peuples qu'oppression et
tyrannie; au lieu de favoriser, pendant le Moyen-

Age, la science, l'art et l'humanité, le clergé ne se servait que pour son avantage des colléges et des écoles. En combattant avec opiniâtreté les prétentions de la Cour de Rome, il ne s'aperçut pas que leur renouvellement était l'expression de la restauration religieuse commencée.

Marc-Antoine de Dominis, qu'à cause de sa naissance en Dalmatie alors possesssion de Venise nous comptons parmi les Italiens au même titre que Vergerio, étudia à Lorette au collége des Illyriens, puis à Padoue. A vingt ans il entra chez les Jésuites de Vérone, professa la rhétorique et la philosophie à Brescia, les mathématiques à Padoue; mais, repris plusieurs fois pour son insubordination et son orgueil, il quitta la Compagnie. Sur la proposition de Rodolphe II, Clément VIII le nomma évêque de Segna en Dalmatie (1596); Paul V, en le transférant à l'archevêché de Spalatro, fit de lui le primat de la Dalmatie et de la Croatie. Soit qu'il ne se crût pas suffisamment vénéré de ses suffragants, soit qu'il fût querelleur par nature, il vivait mécontent, et prétendait ramener le clergé à la simplicité des apôtres. Il écrivit contre Paul V pour la défense des Vénitiens : ayant exprimé dans cet écrit des opinions hétérodoxes, il renonça à l'épiscopat, passa en Vénétie, de là chez les Grisons, puis à Heidelberg, et enfin à Londres, où Jacques 1er lui conféra de riches bénéfices et le créa doyen de Windsor. Il affichait la prétention de travailler à concilier entre elles les diverses sectes chrétiennes; mais, en réalité, il cherchait la liberté des études et des croyances. C'est en Angleterre qu'il compila ses deux volumes *de Republica Christiana*. La République ecclésiastique comprend la monarchie du Pontife, l'aristocratie des évêques, la démocratie de tous les fidèles, dont chacun, s'il le mérite,

De Dominis : son livre *de Republica Christiana*.

peut devenir évêque [1]. Les hétérodoxes ont altéré cette
doctrine, et un des plus audacieux a été De Dominis, qui
dans l'Église romaine admet une primauté d'honneur et
non de juridiction. D'après lui, tous les évêques ont une
égale plénitude d'autorité et de juridiction ; mais ni le
pape ni les évêques n'ont le pouvoir explicite sans l'universalité des fidèles : démocratie tellement exagérée, que,
pour constituer un concile, il faudrait la présence de tous
les croyants.

Selon lui, les apôtres furent égaux : Pierre n'était pas
leur prince ; il ne leur a été conféré que le premier
ministère de la foi chrétienne pour propager l'Évangile comme ministres et non comme puissance ; pendant la vie du Christ, l'Église n'exista pas, et il n'en
a jamais eu l'administration, parce qu'il n'était que le
chef de l'Église invisible : les apôtres n'ont eu aucun pouvoir, ils n'ont exercé qu'un ministère ; Pierre a reçu les clés,
non pas proprement et formellement, mais en parabole,
ce qui fait qu'il est la figure de l'Église ; les apôtres seuls
sont les pasteurs du Christ, et non des agneaux ; Pierre seul
s'est chargé de paître les brebis israélites ; quiconque avait été fait évêque par les apôtres acquérait aussitôt
la même puissance apostolique universelle dans l'Église ;
les métropolitains, les primats, les patriarches ne sont
pas de droit divin, et la suprématie des Églises d'Alexandrie, d'Antioche, de Rome, vient uniquement de l'importance de ces villes.

L'Église romaine n'est la tête que d'un petit nombre
d'églises, et les autres ne doivent pas en appeler à elle ;

---

(1) C'est la définition de Bellarmin *de Romano Pontifice*, 1, 3. Voir
T. II, note 1, Disc. XIII, p. 628.

les cardinaux n'ont aucune espèce de prérogative sur personne; le Pape n'est pas le successeur de Pierre. Il y a une différence essentielle entre les évêques et les prêtres : tout évêque est « monarque dans son diocèse », et sa puissance, de la même nature que celle des apôtres, ne dépend pas du Pape, mais est égale à la sienne; ils peuvent aller d'une église à l'autre, et ne sont, de droit divin, attachés à aucune; ni le Pape ni les évêques n'ont l'esprit, c'est-à-dire le pouvoir explicite, sans l'universalité des fidèles [1]. Les peuples ont un droit intrinsèque dans l'élection des évêques, et ceux-ci ont le droit d'élire leurs successeurs. Dieu n'a voulu engager son concours direct pour aucun sacrement; l'Ordre n'est pas un véritable sacrement et l'Église ne peut y attacher le vœu de continence. L'institution des moines ne répond à aucun besoin public, et leur état n'est pas distinct de celui des laïques.

De nombreux écrivains réfutèrent De Dominis, entre autres Dominique Gravina, Dominicain; Philippe Fabro, Mineur; Zacharie Boverio, Capucin; Dominique Veneto, évêque de Verceil [2]. La Sorbonne d'abord, et l'Inquisition romaine ensuite, condamnèrent ses écrits.

Soit repentir, soit inconstance naturelle, De Dominis monte un jour en chaire et rétracte; puis il fit imprimer sa rétractation, avouant qu'il avait été poussé par des colères et des rivalités; il en perdit entièrement son crédit. Il adressa aux évêques catholiques sa défense et une

---

(1) *De Republica Ecclesiastica*, L. I, c. VIII, n. 13, et c. XII, p. 42; lib. II, c. 1ᵉʳ, n° 9.

(2) Nous mentionnerons pour la bizarrerie du titre DANIEL LOHEIUS, *Sorex primus, oras chartarum primi libri de Republica Ecclesiastica archiepiscopi Spalatensis corrodens, Leonardus Marius Coloniensis, in muscipula captus.*

déclaration [1] dans laquelle il reconnaît n'avoir vu
parmi les Protestants au lieu de réforme que des abominations ; les remords et l'horreur du crime, dit-il, sont rares
là où a été abolie la confession ; les Catholiques sont peu
pacifiques et pécheurs, mais ils conservent au moins le
fondement unique que les Protestants ont perdu, c'est-à-
dire, Jésus-Christ et l'Église une. Il écrivit à Grégoire XV,
qui avait été son élève : « J'ai erré comme une brebis
« égarée; très-saint père, cherchez-moi, puisque je n'ai pas
« oublié les commandements de Dieu et de l'Église. » Il
rentra en Italie, et abjura devant le consistoire des cardinaux pour recouvrer son évêché. Mais le nouveau Pape
Urbain VIII, ayant acquis la certitude qu'il entretenait des
correspondances avec des personnes suspectes, et que son
repentir n'était pas sincère, le fit enfermer comme in-
constant et relaps au Château Saint-Ange, où il mourut le
8 octobre 1625, à l'âge de 77 ans. Comme son procès n'é-
tait pas terminé, ses dépouilles furent déposées en terre
sainte; mais sa correspondance ayant parfaitement prouvé
qu'il avait des intelligences avec les hérétiques anglais
et allemands, et qu'il soutenait une hérésie d'origine très-
ancienne et très-tenace, à savoir que l'on peut se sauver
dans toutes les sectes chrétiennes, son cadavre fut brûlé avec son livre *de Republica Christiana* (N).

Il édite
en Angle-
terre
l'œuvre
de frà Paolo.

Pendant son séjour en Angleterre, De Dominis fit imprimer l'œuvre de frà Paolo Sarpi, sous le titre de : *Histoire du Concile de Trente, de Pierre Soave Polano, dans la-*

---

(1) M. A. *De Dominis archiepis. Spalatensis, sui reditus ex Anglia consilium exponit.* Cet écrit a été publié plus tard par le père Zaccaria
dans le recueil des rétractations sous le titre de THEOTIMI EUPISTINI,
*De doctis catholicis viris qui cl. Justino Febronio in scriptis suis retrac-
tandis ab anno 1580 laudabili exemplo præiverunt.* Rome, 1791.

quelle on découvre les artifices de la Cour de Rome pour em-
pêcher que la vérité des dogmes fût établie et la réforme de
la papauté et de l'Église mise en question. « Il l'avait dédiée
« à Jacques Iᵉʳ, roi de la Grande-Bretagne, en lui disant que,
« lorsqu'il avait quitté l'Italie pour se réfugier sous l'au-
« guste manteau de sa clémence, » il avait recueilli diverses compositions des esprits les plus élevés de ce noble
pays, et qui pourraient lui être agréables en sa qualité de
défenseur de la véritable foi catholique. « Il ne manque
« pas en Italie (ajoute-t-il) d'esprits vifs, libres en Dieu, et
« ayant secoué avec courage le joug de leur misérable ser-
« vitude ; leur regard net et limpide aperçoit parfaitement
« les obstacles par lesquels on embarrasse les choses saintes
« de la religion ; ils n'aperçoivent que trop les fraudes et les
« ruses par lesquelles, pour maintenir sa grandeur tem-
« porelle, la Cour de Rome opprime la vraie doctrine
« chrétienne, donne comme articles de foi des faussetés
« et des mensonges, et se sert pour opprimer l'Église,
« pour la fouler aux pieds comme une esclave, des armes
« qui n'ont été données à cette même Église que pour
« servir à sa défense et combattre les hérésies et les abus. »
Il continue en exprimant son étonnement qu'une pareille
histoire du Concile « soit sortie des mains d'une personne
« née et élevée dans l'obéissance du pontife romain ». Il
loue de son érudition, de son jugement, de la rectitude
de ses intentions, l'auteur qui, « tout en s'indignant
« des insultes et des avanies infligées à l'Église ro-
« maine, détestait ceux qui défendaient ses abus comme
« de saintes institutions. » Il compare ce livre à un Moïse
sauvé des eaux, auxquelles l'auteur le vouait par égard pour
la papauté ; ce Moïse aiderait les peuples à se délivrer de
Pharaon qui « avec les chaînes forgées par le Concile déréglé

« et trompeur, les tient dans une cruelle servitude. » Puis,
mentant effrontément, il raconte les mesures qu'auraient
prises les papes pour détruire ou dissimuler tous les documents relatifs au Concile.

Soit sincérité, soit plutôt fourberie pour se garer
d'une mauvaise affaire, frà Paolo Sarpi se montre affligé
de cette publication, et frà Fulgenzio s'en plaignait en ces
termes à De Dominis (de Venise, 11 novembre 1619) :

« Très-révérend seigneur. Je donne ce titre à votre
« révérendissime seigneurie, parce que, tout en vous
« rangeant au nombre des Protestants, votre âme a con-
« servé le caractère sacerdotal et |épiscopal, dont vous
« ne pourrez jamais vous dépouiller. Mon père Paul se
« plaint beaucoup de la liberté que vous avez prise
« de tirer une copie de son manuscrit de l'Histoire du Con-
« cile de Trente, qu'il gardait avec tant de jalousie et
« qu'il vous avait prêtée seulement pour lire. Vous avez
« abusé de son obligeance, non-seulement en la fai-
« sant imprimer sans sa permission, mais en lui don-
« nant ce titre très-impropre, et en la faisant précéder
« de cette dédicace terrible et scandaleuse, et cela dans un
« motif d'intérêt, et non point pour la gloire de son modeste
« auteur. Ce n'est pas là le moyen de se rendre recomman-
« dable ; et certes, ni mon père Paul, ni moi, nous ne l'au-
« rions cru ; pas même, lorsque nous avons appris votre
« désertion de l'Église de Spalatro, pas même lorsque
« nous avons lu cette apologie scandaleuse que vous avez
« fait répandre dans toute l'Europe, de votre conduite et
« de vos erreurs. Priant le Seigneur de vous éclairer, je
« me déclare, etc. »

Nous laissons le lecteur juge du ton de cette lettre :
ce qu'il y a de certain, c'est que l'autographe de cette his-

toire, que nous avons examiné à la bibliothèque Marciana, ne s'écarte pas d'un iota de l'imprimé. Lorsque
le protestant Le Courayer la traduisit en français [1], le
cardinal de Tencin lança une lettre pastorale très-énergi-
que contre cet ouvrage, sorti, à son avis, de la plume d'un
véritable protestant.

Pie IV avait défendu à toute personne, sous peine d'excommunication et d'interdit, de publier des commentaires, des gloses, et toute espèce d'interprétations du Concile de Trente, fût-ce même pour en prendre la défense.
Ceux qui désiraient éclaircir les difficultés qu'il soulevait
devaient recourir au saint-siège, qui se réservait de décider les controverses, de résoudre les doutes [2]; il avait
institué à cette fin la Congrégation du Concile pour interpréter les points de discipline et de réforme, réservant
au pape ceux qui concernent la foi.

Frà Paolo serait donc déjà coupable de désobéissance, *Hostilité de Sarpi contre Rome*
quand même il ne se serait pas toujours montré très-hos-
tile au saint-siège. Nous n'avons donc pas à nous demander s'il déplaisait à Rome. Déjà, en 1602, on lui
avait refusé l'évêché de Nona, tout recommandé qu'il
était par la République. Dans les instructions données en
France à l'époque de l'absolution, il est dit : « Je crois
« devoir vous rappeler qu'il convient de procéder avec
« douceur, et que ce grand corps veut être guéri par
« une main paternelle.... J'ai parlé de vive voix à votre
« seigneurie de frà Paolo , de Jean Marsilio et autres sé-

---

(1) Dans la préface, il est dit: « Toute la solidité de la foi chrétienne repose sur les Jésuites, et, pour l'ébranler, rien n'est plus efficace que d'é-
branler leur crédit. En le ruinant, on ruine Rome ; et Rome perdue, la
religion se réformera d'elle-même , c'est-à-dire deviendra protestante. »
Amsterdam, 1751.

(2) Bulle, *Benedictus Deus*, 7 kal. febr. 1563.

« ducteurs s'affublant du nom de théologiens ; vous ne
« devrez pas éprouver de difficulté pour obtenir qu'ils
« soient remis au Saint-Office, abandonnés par la Répu-
« blique, et privés des revenus qu'on leur a constitués au
« grand scandale du monde entier. »

L'année qui suivit la publication de l'*Histoire du Concile
de Trente*, on envoyait à Venise réconciliée 'un nonce
apostolique, dans les instructions duquel nous lisons (1er
janvier 1621) : « Il sera possible, paraît-il, de soumettre à
« la Sainte-Inquisition la personne du Servite frà Paolo que
« Votre Seigneurie connaît parfaitement. Je ne vous par-
« lerai pas de tout le mal qu'il fait, ni des doctrines per-
« verses qu'il répand, ni des conseils pernicieux qu'il
« donne, conseils d'autant plus coupables et méchants, qu'il
« les couvre du manteau de son hypocrisie et des fausses
« apparences de sa bonté mal jugée ; mais vous savez à
« quoi vous en tenir. Cependant je vous dirai brièvement
« que notre saint-père n'a pas négligé d'en dire ce qu'il
« fallait aux ambassadeurs, qui, sur ce sujet comme
« sur celui du Saint-Office, ont détourné la question, et
« rendu vaines les exhortations paternelles de Sa Sainteté
« (O), non pas en résistant, mais en niant le mal. Quant à
« frà Paolo, ils ont néanmoins répondu qu'il n'avait pas
« leur estime, qu'il ne jouissait d'aucune espèce de crédit
« auprès de la République, mais qu'il vivait à Venise dans
« la retraite, et ne donnait aucune prise au soupçon et à
« la jalousie ; or on sait publiquement tout le contraire.
« Votre Seigneurie pourra toutefois observer de près ses
« démarches, et m'en faire la relation la plus vraie qu'il
« sera possible ; Sa Sainteté verra alors à continuer ses
« instances ou à recourir à tout autre remède. Votre Sei-
« gneurie pourra nous faire plus tard les propositions qui

« offrent le plus de chances de succès, au moins pour
« arriver à lui faire quitter Venise, et à le faire retirer dans
« un endroit où il vivrait sans bruit, après s'être ré-
« concilié avec l'Église. Somme toute, il n'y a pas
« grand'chose à espérer de lui, et c'est de Dieu qu'il faut
« attendre le remède ; il est d'ailleurs si avancé en âge,
« qu'il ne peut être loin de sa fin : tout ce qu'il y a à craim-
« dre, c'est qu'il ne laisse derrière lui des disciples et des
« écrits, et que, mort, il ne continue à être un danger
« pour la République. »

A une 'époque où l'assassinat politique était univer- Son
assassinat.
sellement pratiqué et loué, à une époque où frà. Paolo
lui-même écrit : « Telles sont les mœurs de notre pays, que
« ceux qui se trouvent au degré où je suis ne peuvent
« perdre la grâce des gouvernants sans perdre la vie[1], »
est-il étonnant qu'il se soit trouvé quelqu'un pour attenter
à sa vie ? La tentative, fut, dit-on, cinq fois renouvelée ;
il obtint, pour cela, de se faire accompagner dans la ville
par un frère, le fusil au bras ; autre détail qui caractérise
l'époque. Mais, une fois, il fut frappé par des assassins. Le
principal était un certain Poma, négociant failli, qui
croyait tous les moyens bons pour sauver la religion et
qui écrivait à un ami : « Il n'est pas au monde d'homme
« chrétien qui n'aurait fait comme moi, et, avec le temps,
« Dieu le prouvera ; » il voulait faire imprimer « qu'il
« n'avait agi sur le conseil de personne, mais pour le ser-
« vice de Dieu. » Après le coup, frà Fulgenzio raconte
que les meurtriers se réfugièrent dans la maison du nonce,
et l'on veut qu'après avoir reçu la blessure, frà Paolo se soit
écrié : « Je connais le *style* de la cour de Rome. » Le jeu

(1) Lettre CIC de l'édition de Florence.

de mots fit fortune, et Rome est restée sous le poids de cette
tentative d'assassinat, probablement de la même manière
qu'aujourd'hui, dans les assassinats fréquents des champions du catholicisme, nous voulons voir la main des Protestants. Le fait de s'être réfugié chez le nonce a pu
n'être inspiré que par l'idée de profiter de l'immunité
dont jouissait la maison des ambassadeurs ; et pourtant
il résulte des dépositions des gondoliers que cela est faux.
Les assassins se vantaient d'avoir de l'argent à discrétion :
mais ils se trouvèrent bientôt après dans la misère, puis
ils furent arrêtés, et où ? sur les terres du pape. Poma,
Parrasio, le prêtre Michel Vida, moururent dans les prisons
pontificales de Civita Vecchia ; un autre fut décapité à Pérouse, ville des États du pape. Comment expliquer cette
conduite contradictoire ? C'est ce que peuvent se demander ceux qui présupposent le délit, et s'obstinent dans
ces conjectures quelque absurdes qu'elles soient. Le pape
déplore-t-il hautement cet événement ? On en rejette la
faute sur le cardinal Borghèse, ou, à défaut de tout autre,
sur les Jésuites, ces éternels boucs émissaires [1].

Pallavicino Sforza.

Rome pensait à repousser d'une manière bien différente
les attaques de frà Paolo : elle confia au jésuite romain
Pallavicino Sforza (1607-1667) la mission d'écrire une
autre histoire du Concile de Trente. Un grand nombre d'é-
crivains avaient déjà réfuté frà Paolo : parmi eux distin-
guons Bernardin Florio, archevêque de Zara. A l'aide de
ses huit volumes, constamment appuyés sur les documents,

---

[1] D'après les documents exhumés naguère par Rawdon Brown
dans le *Venitian Calendar*, sir Henri Wolf, ambassadeur d'Angleterre,
racontait au doge Donato que le meurtrier de frà Paolo était un Écos-
sais qui fréquentait l'ambassade anglaise, et se faisait appeler Giovanni
Fiorentino, fils de Paul.

il convainquait Sarpi d'infidélité dans la manière de s'en servir et d'exposer les questions et les décisions ; mais son travail était à peine fini, que ce prélat mourut ; il est resté inédit à la bibliothèque de Trente. Quant à Pallavicini, on lui ouvrit les archives les plus riches du monde, celles de Rome ; et, à la différence de frà Paolo, il ne manque jamais d'indiquer la nature des documents et les titres : il catalogue 361 *erreurs de fait* commises par Sarpi, outre un grand nombre d'autres réfutées, dit-il, chemin faisant.

L'ouvrage de frà Paolo est la première histoire qui se soit appliquée systématiquement à dénigrer tous les faits, en les amoncelant sans les peser. Il distingue toujours la vérité de la probité, d'où il suit que, suivant lui, tout n'est que bassesses, hypocrisies, intrigues et finesses. Pallavicini, au contraire, trace des portraits pleins de noblesse, cite des résistances généreuses, des convictions entraînantes, et de fermes opinions : il élève ainsi les âmes et éclaire les intelligences. Mais Sarpi a les mouvements vifs et légers de celui qui attaque et qui frappe ; l'autre, réduit à parer continuellement les coups, ennuie par la réfutation répétée des opinions de l'ennemi.

Sarpi déploie bien peu d'art dans sa composition : ayant adopté l'ordre chronologique, il s'interrompt souvent, et coupera une discussion par le milieu pour dire l'entrée de tel ambassadeur et l'accueil qui lui a été fait, pour raconter qu'on a célébré telle fête, qu'on a expédié tel courrier ; mille circonstances, la mort de Guise, celle du cardinal Seriprando ou bien encore de frà Pierre Soto lui fournissent l'occasion de digressions qu'il jette sans apprêt au milieu du récit. Il avait conscience que son livre serait ennuyeux, et que bientôt il serait oublié comme les autres ouvrages de ce genre, tant à cause du défaut de forme que

par là nature du sujet (livre III); mais, ne songeant ni à la
perpétuité, ni même à la durée, il lui suffisait que son
écrit profitât à quelques-uns. Toutefois, avec ce style à bâtons rompus, quoique sa grammaire soit très-incorrecte,
avec cette pointe d'esprit qui anime la matière morte, avec
cette méchanceté mordante qu'éveillent les mauvais ins-
tincts, avec tout cela, il fait sourire et captive le lecteur qui
ne peut s'empêcher de continuer une fois qu'il a commencé. Pallavicini appartient à l'école qu'on a dite école
des Jésuites : sa phrase est alambiquée, sa parole préten-
tieuse : il travaille sa diction comme un homme qui espère vivre par le style : il déclara d'ailleurs qu'être membre
de l'académie de la Crusca le flatterait autant que de devenir cardinal. Dès lors, l'art se fait perpétuellement sentir; il enveloppe sa pensée dans la phrase, et sa recherche
de l'harmonie le fait parfois tomber dans l'obscurité, souvent dans l'indéterminé : sa manière de faire prouve une
fois de plus combien l'élégance est au-dessous du naturel.

Ni l'un ni l'autre n'ont d'ailleurs l'impartialité de l'historien; il est pénible pour ceux qui cherchent la vérité de
se trouver obligés de recourir à deux sources suspectes,
péchant chacune par un excès contraire. Les papes prohi-
bèrent l'histoire de Sarpi; les Vénitiens, celle de Pallavicini. Ce dernier, toutefois, ne dissimule pas les actions
blâmables de la Cour pontificale, et il répondit à quelqu'un
qui lui en faisait un reproche : « L'historien n'est pas un
« panégyriste; et, lorsqu'il est ménager de louanges,
« il fait plus que n'importe quel panégyriste [1]. »

---

(1) Lettre du 2 mars 1658 à Jean-Luc Durazzo. « Quiconque lira
l'histoire très-exacte de Pallavicini, étonné de la liberté des Pères du
Concile, sera tenté de l'appeler de la licence; mais telle est la solidité
de sa force organique, que l'Église ne craint pas les remontrances. »

L'historien le plus vanté de la moderne Allemagne, le protestant Ranke, a confronté les assertions de Pallavicini avec les documents qu'il invoque, et toujours il l'a trouvé d'une exactitude scrupuleuse, bien qu'il ait commis quelques méprises, et que, comme il arriva dans toute polémique, il ait dépassé les bornes pour tout excuser, par la raison que frà Paolo accusait tout : lorsqu'il ne peut nier, il affaiblit ; il passe sous silence par-ci par-là quelques objections, quelques documents. Ranke conclut que les princes doivent de souveraines actions de grâces à Sarpi, qui a fortifié leur absolutisme, comme il a mis aux mains des ennemis du catholicisme des armes d'autant plus meurtrières, qu'elles ont été affilées par un catholique, par un moine.

L'exemple de frà Paolo nous montre combien le dogme et ses applications dans le monde sont intimement liés ; combien s'illusionnent ceux qui combattent aveuglément l'Église en protestant de leur respect pour elle. Frà Paolo est resté le coryphée du parti anti-ecclésiastique, non point tant à cause de son acharnement, qu'à cause de l'art avec lequel il l'a dissimulé, et a fait servir son habit de moine et son titre de théologien à aiguiser les armes les plus dangereuses contre l'Église catholique ; si même, comme l'assure Pallavicini, ses enseignements n'ont pas été une semence d'athéisme et n'ont pas ébranlé la certitude de toute religion[1].

Monseigneur Fontanini le donne comme le type de l'hypocrite, attendu que le caractère sacerdotal et l'apparence régulière de sa conduite « ne lui servirent qu'à

TAPPARELLI, *Essai théorique de Droit naturel*, D. CXXVII (en italien). De Maistre disait qu'on ne doit aux papes que la vérité.

(1) Vie d'Alexandre VII.

« gagner dans l'opinion le titre d'homme de bien, avec
« le dessein occulte de pouvoir semer sûrement ses doc-
« trines, sans faire soupçonner qu'elles s'éloignaient de la
« vraie croyance ». Mais si Fontanini, animé du zèle de
la religion, peut paraître trop hostile à frà Paolo, quelqu'un, que sa haine du catholicisme pousse à l'admirer,
disait dernièrement que le moine de Venise était resté
dans l'Église comme un croyant, uniquement pour l'es-
pionner, pour surprendre ses actes et les dénoncer au
monde [1].

Mission déplorable, il faut l'avouer !

(1) Quinet, *les Révolutions d'Italie*.

NOTES ET ÉCLAIRCISSEMENTS

(A) « Et si lesdits doge et sénat, trois jours après l'expiration des 24 jours, supportent avec une âme endurcie, ce qu'à Dieu ne plaise, le poids de ladite excommunication, aggravant la sentence, dès maintenant, comme nous le ferons alors, nous soumettons à l'interdit ecclésiastique la ville de Venise et les autres villes, les jugeant et les déclarant toutes mises en interdit ; pendant sa durée, dans ladite ville de Venise et dans toutes les autres cités, terres, châteaux et lieux quelconques de l'État, dans les églises, lieux et oratoires religieux, même privés, et dans les chapelles domestiques, on ne pourra célébrer des messes solennelles et non solennelles et autres offices divins, excepté dans les cas permis par les lois canoniques, et alors seulement dans l'église et non ailleurs, ou en tenant toutefois les portes closes, sans sonner les cloches et en excluant absolument les excommuniés et les interdits; et ne pourront en aucune manière quelconque servir les indults ou privilèges apostoliques, accordés ou à accorder dans l'avenir, en particulier ou en général, à toutes églises tant régulières que séculières, alors même qu'elles seraient exemptes et relèveraient immédiatement du saint-siège, quand bien même elles seraient *de jure patronato*, par fondation, dotation ou par privilège apostolique des même doge et sénat....

« En outre de cela, nous privons et déclarons privés les susdits doge, et sénat de tous les fiefs et biens ecclésiastiques, si quelqu'un d'eux en possède, à un titre quelconque, de l'Église romaine, de nos églises ou autres; de plus, nous les dépouillons de tous les privilèges et indults tant généraux que particuliers dont ils ont pu être gratifiés en quelque manière que ce soit par les souverains pontifes nos prédécesseurs, tels que de procéder en certains cas et pour certains délits contre les clercs, et de connaître de leurs causes dans certaines formes. Néanmoins, si les-

dits doge et sénat persistent plus longuement avec opiniâtreté
dans leur désobéissance, nous nous réservons, à nous etaux pontifes romains nos successeurs, nommément et spécialement, la
faculté d'aggraver plusieurs fois les censures ˆet les peines ecclésiastiques contre eux et leurs adhérents, et contre ceux qui dans
les choses susdites les aideront ou les favoriseront de quelque
manière que ce soit, de leurs conseils ou de leur appui, de déclarer d'autres peines contre lesdits doge et sénat, de procéder
suivant les dispositions des saints canons, et d'appliquer tous
autres remèdes opportuns ; et cela nonobstant les constitutions
et ordonnances apostoliques, les priviléges, indults et lettres apostoliques adressées auxdits doge et sénat, à qui que ce soit d'entre
eux, soit en général, soit en particulier, spécialement ceux de
ces priviléges et indults qui disposeraient qu'ils ne peuvent être
interdits, suspendus ou excommuniés en vertu de lettres apostoliques dans lesquelles ne serait pas cité mot à mot cet indult, et
autrement, sousˆquelque teneur et forme, avec quelque clause
que ce soit dérogeant aux dérogatoires eux-mêmes et autres
plus efficaces et insolites, et tous autresˆdécrets quelconques et
surtout la faculté d'absoudre dans les cas réservés à nous et au
saint-siége, faculté que de quelque manière que ce soit l'un
quelconque de ˆnos prédécesseurs, ou même nous, ou le saint-
siége aurait concédée, confirmée ou approuvée, en opposition
avec les choses susdites. »

(B) Nous tirons tous ces détails des mémoires cités. Voir encore *Blicke in die Zustände Venedigs zu Anfang des XVII Jahrhunderts,* dans les *Historische politische Bältter für das katolische
Deutschland,* Munich, 1843 ; et *les Mémoires historiques et littéraires
de la Société allemande de Konigsberg,* G. Mohnicke, *Versuche zu
Anfang des XVII Jahrhunderts, etc.,* c'est-à-dire, *Tentatives faites
au commencement du dix-septième siècle pour introduire la Réforme
à Venise, avec deux lettres encore inédites de Jean Diodati pour
éclairer l'histoire et le caractère de frà Paolo.* Ces lettres, qui parlent d'un séjour de Diodati à Venise en septembre 1608, ont été
publiées par un de ses descendants, professeur à Genève.

En 1863, M. Eugène de Buddé a publié, dans la *Semaine religieuse* de Genève', une *Bréve Relation de mon voyage à Venise en
septembre* 1608, de Jean Diodati. Il avait été engagé à faire le
voyage par ses amis de ce pays-là, par l'ambassadeur d'Angleterre en particulier, et par un certain Biondi qui lui écrivait le
11 avril 1608 : « Si Votre Seigneurie est disposée à venir à Venise,
je vous en prie et je vous y exhorte. Cette résolution sera une

consolation pour vous, un puissant encouragement pour votre âme, et produira des fruits pour quelques-uns et pour la gloire de Dieu... Attendez-vous à quelque danger. Dites que vous allez toute autre part qu'à Venise. Si Rome le savait, il pourrait en résulter de l'embarras et du bruit : car je puis vous dire que le Pape reçoit de partout ses informations. Pénétrez-vous du désir d'accomplir une œuvre aussi sublime. Si vous le faites, j'espère que les semences jetées par vous produiront un arbre si grand que tous pourront se reposer à son ombre. »

Diodati s'y rendit en grand secret, aussitôt après avoir terminé la traduction de la Bible et en avoir envoyé quelques exemplaires. Un Français, nommé Papillon, qui fréquentait beaucoup les maisons patriciennes, avait eu de grandes espérances d'établir une assemblée dans quelqu'une d'elles, sans qu'on lui en eût fait cependant ni confidence ni promesse. Frà Paolo était « la première roue instrumentale de cette sainte affaire », mais il ne voulait pas se déclarer, pas plus que les nombreux gentilshommes qui dépendaient tout à fait de lui, « se contentant de jeter dans leurs âmes quelques semences de vérité par des avis familiers et par les sermons de son disciple Fulgenzio, et de saper secrètement la doctrine et l'autorité du pape, ce en quoi il a été entièrement utile ». Les autres, qui avaient le désir d'établir une Église, perdaient confiance en voyant frà Paolo si bien dissimuler. Diodati loue l'immense savoir de frà Paolo : « Mais ce grand et incomparable savoir est détrempé en une si scrupuleuse prudence et si peu échauffé et aiguisé de ferveur d'esprit, quoique accompagné d'une vie très-intègre et tout exemplaire, que je ne le juge pas capable de donner le coup de pétard et de faire l'ouverture. » Frà Fulgenzio a plus de zèle, moins de crainte et moins de scrupules politiques ; plus de force de corps, plus de faconde et plus de jeunesse, une grande réputation comme prédicateur, mais il est refroidi par la tiédeur de frà Paolo. Il fait néanmoins beaucoup par ses discours, par ses avis, par ses impatiences.

Frà Paolo lui avoua plusieurs fois qu'il se faisait illusion à lui-même, mais la nécessité le forçait ; autrement il lui faudrait s'expatrier, et ainsi seraient détruites toutes les espérances, ainsi serait relevé le courage des nobles, ennemis du bien. Il donnait trois raisons de son inactivité : 1° Dieu ne lui avait pas donné une nature suffisamment ardente pour une telle entreprise ; 2° les Italiens n'ont pas d'inclination pour ces choses célestes, et l'on n'y peut arriver que lentement ; 3° la République lui ayant confié ses affaires les plus scabreuses il avait en main le moyen de saper l'autorité du pape, de préparer les cœurs, et de rendre favorables au bon parti les délibérations du conseil.

Cependant Diodati ne désespérait pas, d'abord parce qu'il vit un certain nombre de personnes éclairées sur beaucoup de points et dégoûtées de la papauté, à telles enseignes que le dernier jubilé avait été célébré par le dixième de la noblesse seulement; ensuite, à cause de la grande liberté qui existe de parler et de lire de bons livres, partant à justifier et à louer le parti : les bibles, on se les arrache des mains, l'Inquisition est enchaînée. Le roi de France s'étant plaint à l'ambassadeur de Venise à Paris, que l'on laissât circuler plus de 2,000 Nouveaux-Testaments de fabrication huguenote, celui-ci répondit qu'il n'en savait rien, mais qu'en tout cas Venise est une ville libre, où toute espèce de livres est vendue indistinctement. En troisième lieu, l'ambition de Rome voudrait recouvrer en-deçà des monts ce qu'elle a perdu au delà; maintenant, au lieu de recevoir de partout des trésors qui enrichissaient l'Italie, la papauté doit épuiser celle-ci par des exactions. Venise cherche à l'empêcher, et au besoin elle pressure les ecclésiastiques qui ont sucé le sang; de là de perpétuels mécontentements et des froissements avec le pape.

Pour réussir, il faut composer des livres appropriés, et principalement des opuscules. A cette fin, lui, Diodati, s'est mis à traduire en vers des satires italiennes. Il faut en outre envoyer dans de bonnes maisons des marchands flamands qui là apprendront la langue et pourront devenir bons religionnaires. Troisièmement, trouver des personnes savantes, prudentes et mûres, et leur donner des honoraires pour qu'elles guettent les circonstances favorables. En quatrième lieu, il faut arriver à ce que les États de Flandre demandent à avoir un Bazar comme les Allemands, et à y exercer leur culte en langue française. Il est aussi nécessaire que quelque prince allemand entretienne des agents à Venise, et que chacun de ceux-ci ait à sa disposition quelque docte personnage à consulter et qui pourrait donner aux Vénitiens eux-mêmes des conseils dans leurs querelles avec le pape.

Tout cela est exposé dans une lettre du 4 avril 1608 à Du Plessis, où il lui recommande expressément le secret. Il avait été, à ce qu'il ajoute, engagé à cela par l'ambassadeur anglais qui, avec frà Paolo et frà Fulgenzio, avait formé le projet d'ériger une église secrète, d'y employer le missel corrigé, et en attendant de répandre la vérité dans les esprits : on rencontre fréquemment à Venise le désir de connaître la raison de ce que l'on croit et la liberté d'en suivre les moyens particuliers, c'est-à-dire le vouloir et le pou-

voir. « Frà Paolo prêche publiquement les fondements principaux et généraux de la vérité : ce carême-ci il a ébranlé beaucoup d'âmes; il est en grande faveur, mais il agit avec prudence
pour n'être pas découvert, et ainsi il prépare les esprits par ses
maximes irréfragables.   .

« Un gentilhomme vénitien, qui a connu la vérité en France,
m'a écrit que le désir d'instruction se trouve chez beaucoup, et
chez tous l'animosité contre la tyrannie de Rome sur les personnes. »

Un Monsieur Danquoy de Couvrelles écrivait en 1609 d'autres
particularités sur Venise.

« Je voudrais que vous entendissiez le franc parler de frà
Paolo et de frà Fulgenzio, qui ne désirent rien tant que de voir
achever par d'autres l'œuvre qu'ils ont ébauchée. »

Nous avons parlé de la Bible de Diodati à la note I du Discours VI, t. III, p. 342.

Si les académiciens actuels de la Crusca l'ont rangée au nombre
des classiques italiens, ce fut pour condescendre aux idées courantes. Ayant vécu à Genève, n'ayant que peu voyagé en Italie, habitué à parler et à écrire la langue française dans laquelle il traduisit l'histoire de frà Paolo, il ne pouvait employer que la langue
littéraire, avec des affectations et des archaïsmes; au contraire
Martini, archevêque de Florence, employa la langue vivante et populaire. Dans les notes, Diodati offre des interprétations de calvinistes ou de docteurs protestants, tandis que monseigneur Martini
cite les interprétations des Saints Pères, ne faisant presque autre
chose que les traduire en les expliquant.

(C) Les lettres de Sarpi ont été publiées à Genève avec la
date de Vérone, 1673, et à la fin de la *Storia arcana di frà
Paolo.* Elles sont adressées à Jérôme Groslot, seigneur de l'Isle et
ami de Casaubon; au médecin Pierre Asselineau; à François
Castrino, huguenot ; à Jacques Gillot, chapelain et conseiller au
parlement de Paris. Gregorio Leti, dans la vie de Cromwell, s'en
attribue la publication. Certains critiques en ont contesté l'authenticité ; d'autres les ont supposées interpolées. Cette dernière
assertion ne pourrait se prouver qu'avec des détails plus précis; examen fait des raisons contraires, je les crois authentiques; et j'incline fortement vers ce dernier parti à cause du
passage de la lettre du fameux Bayle à Sondré, 21 septembre
1671 : « Frà Paolo a été un des plus grands hommes de son
« temps. On a imprimé ici ses lettres ; mais on croit qu'on en ar-
« rêtera l'impression, à cause que messieurs de Rome y ver-

« roient qu'il entretenoit commerce avec ceux de notre reli-
« gion.... et qu'ainsi ils récuseroient son témoignage touchant
« l'histoire du Concile que nous leur opposons. Ce fut une des
« raisons qui obligèrent M. Dallez à s'opposer à l'impression de
« ces mêmes lettres; quoiqu'au reste il eût beaucoup de passion
« pour la gloire de frà Paul, qu'il avait autrefois connu très-
« particulièrement à Venise, lorsqu'il y conduisit les petits-ne-
« veux de monsieur Duplessis-Mornay. »

Je ne] crois pas authentiques les *Lettere scelte inedite* imprimées à Capolago en 1847, attendu que le style abonde en tropes,
et a une tout autre allure que celui de frà Paolo; ou plutôt elles
sont de plusieurs mains. Une autre édition des *Lettere di frà
Paolo Sarpi* a été faite en 1863, à Florence, 2 vol. in-16, par F.
L. Polidori, sans distinction entre les lettres authentiques et les
autres, avec préface de Philippe Perfetti qui se plaint que « les
ennemis de la liberté religieuse accusent frà Paolo d'avoir enseigné à dépouiller l'Église de sa liberté, en donnant à l'Etat une
autorité illégitime et arbitraire sur elle ». Il est assez difficile de
concilier les deux membres de cette proposition. Il fait volontiers
l'éloge de son style ironique et dit : « Il ne ressemble pas à Luther; ce n'est pas un homme de mysticisme et de sentiment;
en lui la raison est ferme et tétragone; il ne ressemble pas davantage à Calvin; il lui manque l'audace du paradoxe et la fureur de la nouveauté; enfin son esprit ne s'arrêtait pas à cette
critique minutieuse qui a donné naissance au Socinianisme. En
somme, il n'avait pas l'étoffe pour faire un hérésiarque; il n'aurait pas été capable d'entraîner les foules; mais, dans les conseils des sages, il était inappréciable... Il était aussi difficile à
Sarpi d'être un autre Luther, qu'à Luther d'aspirer à la pourpre
cardinalice. »

(D.) Le fait de cette dénonciation est vivement contesté par Voltaire et par Daru, comme une bassesse indigne de Henri IV; cependant les mémoires de Mornay ne laissent pas de doute à cet
égard. — En outre, dans le procès d'Antoine Foscarini, soupçonné, lui aussi, d'opinions hérétiques, figure une lettre de Pierre
Contarini, ambassadeur de Venise en France (1615) : il y écrit
qu'il a entendu dire au nonce du pape, que, « de son vivant, le
feu roi avait des relations continuelles avec Genève; qu'il avait
été avisé par ce moyen de l'apparition de quelques lettres (il ne
me dit pas si elles venaient de Venise ou de Foscarini) écrites
pour y faire venir (à Venise) un ministre huguenot : de quoi
le roi avisa immédiatement la République par l'ambassadeur

M. de Champigny, à cause du préjudice qui pouvait être causé à la religion catholique dans cette ville par ces menées; le sieur Foscarini, ayant appris cela, en a été grandement troublé. » Voir *Relazioni degli stati Europei lette al senato di Francia*, page 405.

Foscarini, condamné à mort par suite d'une erreur judiciaire, laissait par testament « deux cents ducats au père maître Paul (Sarpi), servite, pour qu'il prie le Seigneur Dieu ». Sarpi, en ayant été informé, écrivit aux Dix que, « se sachant être dans l'obligation, par conscience et par fidélité, à ne pas avoir affaire à une personne qui s'est rendue indigne de la grâce du prince pendant sa vie et après sa mort, il a cru devoir refuser le legs absolument. » Refuser un legs qui demande des prières, et laissé par quelqu'un qui peu de temps après allait être déclaré innocent!!!

(E.) Lettre du 6 mars 1611. *Memorie*, X, 169. Voici ce que nous trouvons dans les *Lettres diplomatiques* de Bentivoglio, à la date du 27 février 1619 : « J'ai su dernièrement, par un ex-ministre huguenot qui s'est converti à la religion, qu'à l'époque où Venise était en interdit, quelques ministres hérétiques de Genève, de Berne et d'autres contrées voisines pensèrent profiter de cette occasion pour répandre à Venise le poison de l'hérésie. Il fut secrètement résolu entre eux qu'on y enverrait, sous prétexte d'affaires commerciales, un certain Diodati, Italien de Lucques, qui est ministre à Genève. Il s'y rendit donc en compagnie d'autres marchands hérétiques qui, informés du dessein, étaient chargés de l'aider. Arrivé à Venise, Diodati se mit secrètement en relation avec diverses personnes, et nommément avec frà Paolo, chez qui il découvrit une grande haine pour Rome et des sentiments entièrement opposés à l'autorité du saint-siége ; du reste, il ne pouvait comprendre qu'il n'eût aucune inclination à vouloir absolument embrasser l'hérésie. Outre les discours qu'il tint, Diodati, aidé du concours de ces marchands, répandit avec le plus grand secret un bon nombre de livres hérétiques, particulièrement de Bibles traduites en langue italienne. Après cela, il s'en retourna à Genève, emportant l'espérance que le poison qu'il avait semé ferait de rapides progrès. Lorsque je l'eus appris, craignant qu'il ne restât des semences de cette corruption, je jugeai à propos d'en parler, comme je l'ai fait, à M. le cardinal de Retz et à M. de Pisins : je trouvai qu'ils avaient eu les mêmes informations que moi, et Pisins me dit qu'on avait précisément, il y a quelques jours, reçu des lettres de l'ambassadeur de Sa Majesté à Venise, qui faisait savoir que les choses y marchaient vers une liberté dangereuse en matière de reli-

gion, à cause de la licence que se permettaient ces étrangers aux
gages de la République, et en particulier leur chef. Le même Pisins m'a dit plus tard que, par d'autres lettres plus récentes du
même, on avait appris que le désordre n'était point aussi menaçant qu'on l'avait craint. »

(F.) A Scaliger, ép. 480, 11 mars 1607. — *Magna Dei gratia,
quod mediis Venetiis virum magnanimum, magnum illum Paulum
excitavit, qui teterrimas sophistarum fraudes et paralogismos, quibus
orbi christiano illuditur, palam faceret. Puto vidisse te opuscula hujus Pauli, meo judicio præstantissima, et dignissima quæ legantur
a te. Lætaberis, scio, et magno heroi votis favebis tuis.* Ép. 474 du
7 novembre 1606. A Scaliger, ép. 480, le 11 mars 1607. *Vidistine
quæ Venetiis prodiere scripta a paucis mensibus? Ego cum illa
lego, spe nescio qua ducor futurum fortasse illic aliquando et lit-
teris sacris et meliori literaturæ locum. Mirum dictu quam multi
tam brevi tempore animum ad scribendum applicuerint. Atqui nemo
erat qui existimaret ex ea urbe unum aut alterum posse reperiri
earum rerum intelligentem, quæ a doctrina lojolitica abhorrent tan-
topere. Exitum ejus controversiæ cum hæc scribebam, omnes* μɛ-
τέωροι *in hac urbe exspectabant. Deus ad gratum sibi finem omnia
perducat.* Dans la lettre 484 du 18 mars à Scipion Gentile : *O
viros! O exactam earum rerum cognitionem; quas in illis oris ne-
mini putabant plerique esse notas! multa legi... omnia probavi et
laudavi, sed inter omnes mirum dictu quantum judicio Paulus ex-
cellat, quem scimus virum esse doctissimum, vitæ innocentissimæ,
judicii tenacissimi. Hujus si scripta legisti, et quid de vestra Italia
sperare incipis?* Scaliger lui ayant répondu qu'il avait tout lu, il
ajoute : *In illis auctoribus tres palmam obtinent : Paulus servita,
Marsilius Neapoletanus, Antonius Querinus Patricius. Certe quo-
modocumque in amicitiam coeant illæ duæ partes, nunquam coire
poterunt in cicatricem illa vulnera, nunquam stigmata deleri, quæ
pontifex accepit.* Ep. 131 du 22 mars 1607.

(G.) Romanin, dans la *Storia documentata di Venezia*, tome VII,
p. 44, cite un passage tiré des mélanges de la bibliothèque d'Emmanuel Cicogna, où il est dit que le cardinal Baronius pensait
« qu'il était aussi bien du ministère de saint Pierre de tuer les
brebis et de les manger que de les faire paître; que les tuer n'est
pas de la cruauté, mais un acte de miséricorde, car, en perdant le
corps, on sauve l'âme ».

Il est étrange que Baronius professât de tels sentiments, lui dont
la mansuétude a été généralement louée, lui qui conclut par ces
paroles sa *Parænesis ad R. P. Monetam* : « L'Eglise ne hait per-

sonne ; elle nous ordonne par ses commandements, elle nous conseille par ses paroles d'aimer nos ennemis ; elle ne persécute, elle ne déteste que le péché. Saint Augustin donne le titre de bienaimé à Maximin, donatiste et hérésiarque... Je vous aime tous dans les entrailles de J.-C., et je prie pour vous que l'avertissement que je vous donne vous serve de correction, si vous l'accueillez ; qu'il serve de protestation, si vous le repoussez. »

Il n'y aurait donc qu'à se dire une fois de plus qu'il faut toujours se tenir bien en garde contre les assertions des contemporains, qui peuvent être aveuglés par les passions de leur époques jusqu'au point de répudier tout bon sens, comme nous le voyons de nos jours. Mais il y a pis que cela dans le cas dont nous nous occupons. La note d'où sont extraites ces paroles consiste en quelques pages de mélanges, dans lesquelles un individu, chargé d'informer la République des opinions émises dans le consistoire, déclare n'avoir pas pu noter toutes les paroles prononcées ; et, qu'au bout de quelques jours, elles étaient effacées de sa mémoire, si bien qu'il ne se les rappelait qu'avec beaucoup de peine. Or voici quelles sont les paroles de Baronius d'après la citation : *Quod occisio non debet esse nisi ex summa charitate : quod occidit præcipit manducare ; nempe per christianam charitatem in sua viscera recondere, in se ipsum unire, ut sint simul unum et idem in Christo.*

C'est de cette mort et de cette manducation symboliques par la charité chrétienne, qu'on a pu déduire une aussi étrange assertion.

(H.) Nicolas Contarini, qui fut plus tard doge et grand ami de frà Paolo, nommé historiographe public, conduisit l'histoire de Venise de 1397 à 1603 ; mais, après sa mort, le Conseil des Dix retira le manuscrit qu'il ne laissa pas publier, parce qu'il lui paru trop vif contre Rome.

Une bonne *Histoire de l'Excommunication*, mais histoire restée inédite, a été faite par le sénateur Antoine Querini, qui la termine par douze maximes. En voici quelques-unes :

II. La guerre suscitée par une question de religion, pour quelque motif que ce soit, fondé ou apparent, est toujours très-dangereuse, parce qu'elle pousse des racines dans les parties les plus vitales de l'État.

III. Dans toutes ses querelles si exorbitantes qu'elles soient, le pape a un très-grand avantage, car il a toujours de son côté un grand nombre de princes temporels qui le favoriseront, soit pour s'en faire un mérite à ses yeux, soit pour abaisser les Etats ennemis, en ayant l'air de faire du zèle religieux.

IV. Rien ne peut mettre en plus grand danger la liberté publique que de ne pas être en bonne intelligence avec le pape.

VI. L'issue de cette affaire ne doit servir ni de règle, ni d'exemple pour diriger à l'avenir notre conduite dans un malheur pareil; car, outre le proverbe qu'il n'y a pas de délibération plus dangereuse que celle qui se règle d'après l'exemple, parce qu'il suffit de la plus petite circonstance pour avoir une solution toute différente, on n'aura pas toujours un pape aussi insconstant et aussi timoré, ni un roi d'Espagne qui est dans ses États plutôt gouverné que gouvernant, etc.

VIII. Si la République n'a rien perdu de sa gloire dans ces controverses, parce qu'elle n'a ni suspendu ni aboli les lois contentieuses, elle s'est cependant dessaisie des deux prisonniers; et les deux plus grands rois du monde ont répondu pour elle au pape qu'elle n'appliquerait jamais ces lois.

(I.) Bossuet, si toutefois Bossuet est l'auteur de la *Défense de la déclaration du clergé de France,* prétend, pour soutenir l'indépendance des princes contre l'Eglise, que Paul V n'a pas déposé le doge et le gouvernement de Venise, de la même manière que Grégoire VII avait déposé Henri IV; que le doge et le sénat protestèrent en déclarant que la puissance des princes ne relève que de Dieu; que tous les Vénitiens obéirent au doge et ne s'inquiétèrent pas des décrets de Rome; qu'il ne fut rien changé aux édits et aux lois du sénat, bien que ces lois concernassent des biens et des personnes ecclésiastiques; que l'excommunication prononcée pour cause d'immunité ecclésiastique était nulle, et que le sénat continua à être considéré comme bon catholique, quoiqu'il n'eût ni demandé pardon, ni reçu l'absolution; que l'accord se rétablit par la médiation de la France et de l'Espagne, et que personne n'entreprit ni de défendre l'acte de Paul V, ni d'attaquer l'édit du sénat; d'où il suit que contre les Papes violents et exagérés on peut défendre les prérogatives royales sans blesser la religion.

On répond : 1° que le cas d'Henri IV était bien différent de celui-ci, où il n'y avait ni délit qui emportât la déposition, ni désobéissance menaçante, ni hérésie professée. Le sénat ne niait pas l'autorité indirecte du pape sur le temporel, il contestait le fait et le sujet sur lesquels s'exerçait cette autorité; il discutait sur la justice ou l'injustice des lois pour lesquelles Paul V mettait Venise en interdit; tous points à propos desquels il n'était intervenu aucune définition canonique. C'est ce qui a fait déclarer par le doge Donato le bref de Paul V injuste, illégitime, *nulloque juris ordine servato,* et partant nul; mais il ne prétendit jamais que le pape n'avait pas le droit de le lancer.

Si, comme le jugeait le sénat, ses lois étaient justes et compétentes, le pape aurait exercé un pouvoir direct sur un État indépendant, ce qui dépassait ses attributions, attendu que le pouvoir spirituel du pape ne s'exerce dans les choses temporelles qu'en raison du péché. Voilà pourquoi le sénat s'y oppose; aussi Paul V ne voulut-il pas l'obliger à les retirer.

Que les Vénitiens aient tous obéi au Sénat, c'est ce qu'il faudrait prouver : les ordres religieux, par exemple, aimèrent mieux l'exil. Quant aux autres, la crainte et le respect put les engager, comme nous voyons aujourd'hui nos contemporains', à se soumettre aux lois évidemment irréligieuses de l'État. Enfin la conviction des gouvernants que ces lois n'étaient pas contraires à l'Église dut entrer dans l'esprit du plus grand nombre.

Puis, dans la réconciliation, on procéda, comme nous l'avons dit, de manière à dissimuler d'un côté toute obstination pointilleuse, et de l'autre toute insubordination. En outre, si la France et l'Espagne avaient vu dans le sénat vénitien une révolte contre le pape, un acte schismatique, se seraient-elles interposées pour rétablir l'accord? Or il fallut pour cela faire acte de piété.

(J.) Ses lettres sont l'écho perpétuel des innombrables conflits de juridiction entre Rome et les diverses puissances. On lit, par exemple, dans la LXVᵉ : « Il est arrivé en Sicile que le vice-roi voulant punir un prêtre pour je ne sais quel délit, celui-ci se sauva dans l'église, et l'archevêque le défendait et parce qu'il était prêtre et parce qu'il était dans l'église. Malgré cela, le roi le fit arracher de l'église et pendre sur-le-champ. L'archevêque excommunia le vice-roi, qui fit à son tour planter une potence devant la porte de l'évêché avec un écriteau déclarant passibles de la peine de la strangulation tous ceux du dehors qui voudraient entrer et ceux du dedans qui voudraient sortir. Un courrier extraordinaire fut à ce sujet dépêché à Rome, où l'on n'aime pas entendre parler des scènes de ce genre ; attendu, paraît-il, que toutes ces causes de juridiction ecclésiastique soulèvent partout des désordres, et que Rome a toujours le dessous. »

Dans la LXXIVᵉ : « Il est question que les Espagnols vont fortifier Cisterna, qui est une place frontière entre le Piémont et le duché de Milan, et, chose digne de remarque, c'est que Cisterna est un fief de l'évêché de Pavie; la chose déplaira donc et au duc et au pape. Celui-ci la supportera, celui-là ne peut se défendre. »

Dans la LXXVᵉ : « Le duc de Savoie s'est abouché à Suse avec monseigneur Lesdiguières, et le prince traite continuellement avec les capitaines de guerre. On n'a pas encore pu savoir ici quels sont ses desseins ; moi, je ne puis rien penser autre chose, sinon qu'il veut donner quelque jalousie à l'Espagne. On a fait. courir le bruit que son fils aîné veut revêtir l'habit des capucins. Mais ce que je sais très-bien, c'est que S. A. a ordonné à ces reli- gieux de n'avoir dans les couvents établis sur son territoire que des, religieux qui soient en même temps ses sujets naturels. Le duc a encore fait raser un château sur la terre de Vezza, qui est un fief de l'Eglise d'Asti ; et ne croyez pas que le pape fasse tout le bruit qu'on aurait pu attendre de lui. Les Espagnols ont adressé quatre réclamations au pape : la première, qu'on ne prélève pas sur les Espagnols des pensions en faveur des Italiens ; la seconde, que les causes soient jugées, même en seconde instance, en Espagne ; la troisième, que le roi ait la nomination de tous les évêchés dans ses Etats d'Italie ; la quatrième, qu'au lieu des quêtes d'Es- pagne, on établisse un impôt ordinaire annuel, et qu'on ne fasse plus de quêtes. Il paraît qu'on n'a rien dit à propos des trois pre- mières ; on est cependant revenu à les discuter, et on attend d'Espagne un chargé d'affaires spécial qui vient pour solliciter l'expédition. De Rome, on a envoyé en Espagne le père Alagona, jésuite, pour démontrer que ces réclamations sont contraires à la conscience.

« L'autre jour, le Saint-Office a fait incarcérer par ordre de la reine un certain abbé Du Bois, Français, de l'ordre des Célestins, sous prétexte que c'était un homme séditieux, et qu'après la mort du roi il avait prêché publiquement au détriment de la reli- gion : or, ce qui lui a valu cette poursuite, c'est d'avoir parlé libre- ment des Jésuites et d'en avoir dit publiquement tout le mal possible. Le roi et la reine voulant le faire emprisonner, il fut ré- solu qu'on n'en viendrait pas à cette détermination, dans la crainte de quelque soulèvement, car il a de nombreux partisans ; mais on s'est arrêté au parti de l'envoyer conduire une négocia- tion pour le service de la reine à Florence : arrivé là, il s'est trouvé comme pris au piége, si bien que les choses tourneront mal pour lui, car il est sans appui et très-mal vu de l'ambassa- deur de France. Les Jésuites feront tout ce qu'ils pourront pour le mettre dans l'impossibilité de mal parler d'eux : car, entre au- tres choses, il fait tous ses efforts pour donner à entendre aux Français à Paris que les Jésuites avaient causé la mort du roi : le jour où il aurait été persuadé du fait, le peuple aurait pu leur en témoigner son ressentiment d'une manière cruelle. Je prévois que ce pauvre homme aura le même sort que frà Fulgenzio, le cordelier. Je prie Dieu qu'il lui fasse miséricorde. »

Lettre LXXVI : « J'ai déjà rendu compte à votre seigneurie de l'arrestation de l'abbé Du Bois, qui a eu lieu à Rome. Je dois vous dire en outre une chose que vous ne saviez pas, c'est que le pauvre homme, pressentant peut-être ce qui lui est arrivé, ne voulut pas quitter Sienne sans un sauf-conduit du pape; il partit muni de ce document et se crut en sûreté; mais il n'est pas le premier et ne sera pas le dernier à se fier en des hommes qui professent qu'on n'est pas obligé de tenir la parole donnée. On excuse l'arrestation, à la cour pontificale, en disant que le sauf-conduit du pape n'exclut pas l'intervention de l'Inquisition. Il a été pris le 10 et pendu publiquement le 24 sur le *Campo di fiore*; mais le matin on détacha immédiatement son corps de la potence et on le porta en terre : il est impossible de démêler ce que signifie ce mélange de châtiment public et de mystère. Ce qu'il y a de certain, c'est que l'ambassadeur du roi n'est pas étranger à cette mort.

« Rien de nouveau en Italie, sinon que le Piémont est plein de soldats : il n'en reste pas moins incontestable que l'Italie est inabordable aux nouveautés, et que ce pays se ruine. Il y a eu à Turin un accident considérable. L'évêché d'Asti possède quelques terres, au sujet desquelles il y a eu plusieurs contestations entre le duc et les ecclésiastiques, ceux-ci prétendant que la suzeraineté en appartient au pape, et le duc, à titre de comte, prétendant qu'elles relèvent de la sienne. Enfin, à la suite de travaux de fortifications et de réparations exécutés en ces derniers temps, le nonce du pape a fulminé une excommunication contre le président Galleani; néanmoins, il s'est contenté de la publier par écrit. Ce que voyant, les ministres du duc ont fait une déclaration aux termes de laquelle ils tenaient pour nul et injuste le décret du nonce, et ont ordonné que sans autre réponse on levât l'impôt : ils sont allés plus loin, et ont dit que non-seulement la tentative du nonce sera sans nul effet, mais qu'il en serait de même, si elle avait le pape pour auteur. Nous attendrons pour voir quelle suite aura cette doctrine si notable, qui sera un jour appliquée par la république à Ceneda (ville qui, aujourd'hui, a pris le nom de Vittorio), surtout à cause de tant de controverses qui surgissent à propos des frontières. »

(K.) Lettre CXXVIII de l'édition Lemonnier.

L'édition la plus complète que je connaisse est cet celle intitulée « Œuvres de frà Paolo Sarpi, Servite théologien et consulteur de la sérénissime république de Venise; Helmstadt, par Jacques Mulleri, 1765, en italien. » Elle a 6 volumes in-4° auxquels s'en ajoutent deux de supplément sous la date vraie de Vérone, imprimerie Moroni, avec permission des supérieurs et privilége, 1768.

Le tome VI comprend une vie très-détaillée de frà Paolo, et à la suite ses lettres latines et italiennes.

Dans les lettres à Gillot, il le loue démesurément de ses études sur le Concile de Trente. Il raconte les peines qu'il a prises lui-même pour réunir des documents relatifs à cette assemblée, ajoutant que les Jésuites, toujours en éveil, s'emparent des documents qui s'y rapportent, les arrachent des mains de ceux qui les possèdent, et emploient pour cela jusqu'à la menace de l'enfer. Il l'applaudit de défendre les libertés gallicanes, conduite qui lui a valu la désapprobation des Jésuites, dont les accusations s'attachent à tout homme de bien qui aime la justice; il déclare avoir plus d'horreur pour la superstition que pour l'impiété; sa tête de Turc est constamment la puissance excessive des ecclésiastiques et du pape qui, à l'entendre, n'a pas seulement le *primato,* mais le *tuttato,* c'est-à-dire non pas seulement la primauté, mais l'absorption; si en Italie on possède ou l'on conquiert quelques libertés, c'est grâce à la France qui a enseigné à résister; mais les écrivains italiens ne sont que des compilateurs (*consarcinatores*) qui jugent les opinions par le nombre et non par le poids. Il loue aussi outre mesure Barclay, mais il s'écarte de lui en ce qu'il croit que l'Eglise et l'État sont deux choses distinctes qui doivent s'entr'aider et se défendre chacun par leurs moyens propres. « *Arbitror ego Regnum et Ecclesiam duas Respublicas esse, constantes tamen ex iisdem hominibus; alteram prorsus cœlestem, alteram terrenam omnino; easque subesse propriis majestatibus, defendi armis et munitionibus propriis, nihil habere commune, neque unam alteri bellum ullo modo inferre posse. Cur enim arietari possent, in eodem loco ambulantes?... Ambiguitas subest huic vocabulo Ecclesiastica potestas, si enim ea intelligatur qua regnum Christi, regnum cœlorum administratur, ea nulli potestati subest, nulli imperat, ad aliam non potest arietari, præterquam ad satanicum, cum quo assidue illi bellum. Si vero qua disciplina clericorum regitur, ea non est potestas regni cœlorum; ea pars est Reipublicæ.* » (Page 9.)

Dans une lettre latine du 12 mai 1609 adressée par frà Paolo à Leschassier, on lit :

«Fulvius Sarcinari de Rieti a tué un de ses concitoyens, son ennemi. Les enfants de la victime obtinrent de Clément VIII un bref dans lequel il déclare qu'à eux et à quiconque il est permis en bonne conscience, en tout lieu et par toute voie, soit judiciaire

soit autre, de procurer la mort de l'assassin. Ce bref a été di-
vulgué au grand scandale de beaucoup de personnes, et, comme
c'est l'habitude, à tout cela il s'ajoute que les meurtriers auront
l'indulgence plénière; dans le bref, au contraire, il n'est rien
dit autre chose, sinon que cela peut se faire en bonne conscience
et sans crainte d'irrégularité. Je puis avoir une copie du bref; il
est notoirement authentique; mais, comme il n'est pas de la teneur de l'original, je surseois : si vous voulez, je vous l'en-
verrai. Je n'admets pas que le pape puisse, dans la juridiction d'un
autre prince, permettre de tuer en bonne conscience; car le
prince ne pourrait punir le meurtrier, ce qui revient à faire du
pape le prince maître souverain et seigneur. »

(L.) Trajan Boccalini écrivait de Rome à frà Paolo qu'on le
regardait comme un autre Luther ou un autre Calvin; que ses
ouvrages étaient recherchés par les zélés pour les livrer aux flammes, tandis que d'autres les cherchaient avec la lanterne de Dio-
gène. (GREGORIO LETI, *Bilancia politica*, Lettre XVII.)

*Cum ille frater Paulus Calvinianæ hæresi, quam cucullatus fave-
bat, per eorum dissidiorum occasionem aditum aliquem quærens,
nullum invenerit, aut senatus inducere ausus sit, insidiosissimus
licet, ad infringendam sedis apostolicæ majestatem.* BOSSUET, *Defensio declar. Cleri 'gallicani*, t. I, page 2, liv. VIII, chap. XII; et
dans l'*Histoire des variations* : « Sous un froc il cachait un cœur
calviniste, et il travaillait sourdement à décréditer la messe qu'i
disait tous les jours. »

Le Courayer dit que, comme Érasme, il était *catholique en gros
et protestant en détail*.

Nous connaissons une *Vita del P. Paolo dell' Ordine dei Servi
e teologo della Serenissima Repubblica Veneta, stampata in Venezia,*
1568 : sans nom d'auteur ni d'imprimeur, toute pleine d'éloges
pour frà Paolo et de détails très-particuliers, qui montrent que
cette *Vie* doit être l'ouvrage d'un de ses confrères. L'auteur repousse vigoureusement tant pour frà Paolo que pour la *Signoria*
l'accusation de penchant au protestantisme, que lui imputaient
les écrivains *papistes* Bellarmin, Baronius et Colonna en défendant contre lui la cour de Rome. Les écrivains protestants n'ont
pas manqué d'invoquer Sarpi comme un de leurs fauteurs. Le
biographe oppose aux uns et aux autres les doctrines constantes
de frà Paolo et les pratiques religieuses qu'il n'a jamais inter-
rompues. Il insiste sur ses derniers moments; il dit qu'il célébra
la messe tant qu'il le put, et que, même étant malade, il ne voulait pas de bouillon les jours maigres : il était assisté par frà Ful-

genzio et par le médecin Asselineau; il reçut avec une grande dévotion le viatique, et il répétait : « Allons où Dieu - nous appelle, » en fixant ses regards sur son crucifix et sur une tête de mort. Il ajoute enfin que de toutes ces particularités il a été dressé un acte public avec affirmation de témoins et souscrit par tous les Servites.

On annonce une nouvelle vie de Sarpi, écrite par un Anglais qui a dépouillé les archives de Venise.

On dit que l'Ordre des Servites, auquel appartenait frà Paolo, a fait une protestation contre ses opinions : il est certain qu'un grand nombre d'entre eux ont pris à tâche de le réfuter. Le principal de ces réfutateurs fut Lelio Baglioni, dans son ouvrage *De potestate atque immunitate ecclesiastica*. Cet écrit lui valut l'honneur d'être chargé par Paul V de la mission de réfuter De Dominis; mais la mort l'en empêcha. Ce Baglioni fit tout au monde pour ramener frà Paolo à la vérité : à la fin, il le cita à Rome, en sa qualité de général; mais ce fut sans résultat. Il faut aussi noter la *Défense des censures publiées par ordre de notre saint-père Paul V dans la cause des Signori de Venise, composée par quelques théologiens Servites, en réponse aux considératious de frà Paolo et au traité de l'Interdit* (Pérouse, 1707).

Sarpi avait pris une grande part à la compilation des constitutions des Servites; le chapitre *de Judiciis*, entre autres, est de lui. La rigueur dont nous l'avons accusé était peut-être rendue nécessaire par le désordre dans lequel était tombé cet Ordre, avant que la main vigoureuse du général Jacques Tavanti vînt le réformer.

L'un des plus ardents défenseurs contemporains de l'autorité temporelle du pape, ce fut l'abbé Gioberti. Tout au commencement de son *Primato*, il établit que la faiblesse des caractères en Italie provient de ce que l'on a séparé la nationalité du principe religieux : erreur qui s'est manifestée dès le moyen âge, qui a été appliquée davantage à la renaissance, ainsi que dans les *tentatives imprudentes et souvent coupables* de Crescenzio, d'Arnauld de Brescia, de Rienzi, de Porcari, de Baroncelli, comme dans le *songe héroïque de Dante* et dans la *foule des écrivains qui ont tant nui à l'esprit patriotique, parmi lesquels Machiavel et Sarpi sont les principaux*. Ces derniers, ajouta-t-il, tous deux officiers civils d'une république, sont d'accord en ce point qu'ils considèrent le pape comme un hors-d'œuvre de la civilisation italienne, pour ne pas dire un obstacle et un fléau; mais ils se divisent en ceci, que l'un aspire à recomposer une Italie unie, forte et nationale, mais animée de l'es-

prit païen et fondée principalement sur le sabre comme aux temps
de Camille et de Scipion : le second (autant que l'on peut deviner sa
pensée) parait vouloir une Italie chrétienne, mais protestante, par-
tagée et au plus confédérée, comme la Suisse et la Hollande, non
basée sur un principe de centralisation, dominant les ambitions par-
tielles. Le premier admire un modèle antique et grand, mais païen ;
le second aspire après un modèle contemporain, mais non catholique, et étranger (page 30). La providence a suscité contre les Gibelins la secte des Guelfes (page 34). L'idée Guelfe est en elle-même
juste et sainte, et je la regarde comme la seule solution raisonnable
du difficile problème tant de fois agité de l'existence nationale des
Italiens. Elle est ..... pratiquement parlant, la seule qui puisse
se réaliser sans crime et sans délire (page 35). Le livre du *Primato*
est à lire tout entier, et, pourvu qu'on en élague la rhétorique, il
serait bon de le répandre davantage.

(M.) On a *Fra Paolo Sarpi justifié, dissertations épistolaires* de
JUSTE NAVE ; Cologne, 1752, ouvrage attribué à Joseph Bergantini,
et imprimé à Lucques ; et encore : *Justification de frà Paolo Sarpi,
ou lettres d'un prêtre italien à un magistrat français*, etc., Paris,
1811, qui sont du Génevois Eustache Degola, et écrites dans le sens
janséniste.

*Du génie de frà Paolo Sarpi dans toutes les facultés scientifiques et
dans les doctrines orthodoxes tendant à la défense du droit originaire
des souverains dans leurs États respectifs, afin qu'avec les lois de
l'ordre y refleurisse la prospérité publique* ; Venise, 1785, deux volumes en italien, sans nom d'auteur, mais ouvrage de François
Grisellini et que s'est approprié Bianchi Giovini. Il disait que
Bouschet avait recueilli toutes les œuvres de frà Paolo à Lausanne, et ensuite à Venise, dont trois traductions françaises, à
Amsterdam, Londres et Ulm, et une traduction allemande par Le-
bretin. C'est un charlatan : il prétend qu'un incendie lui a détruit beaucoup de papiers : en fait, il adulait les papophobes du
siècle dernier ; il fut récompensé par un emploi à Milan. Agato-
pisto Cromaziano l'a réfuté dans le travail intitulé *della Malignità
istorica.*

On a depuis publié à Lugano une Vie de Sarpi : ce fut un des
premiers essais tentés par un homme qui devait prendre rang
parmi les pires publicistes de notre temps et de notre pays, Bianchi Giovini, qui a pillé en vrai maraudeur l'ouvrage de Grisellini.
Je crois de la même main la Vie, placée en tête des *Lettres choisies
inédites* de Sarpi (Capolago, 1847) : cette vie est une insulte au bon
sens et à la foi, un ramassis d'injures de taverne contre Rome et

les prêtres en général. Quatre pages (de la 108ᵉ à la 112ᵉ) de ces *Lettere inedite* contiennent contre les Jésuites plus d'infamies et de stupidités que Gioberti n'a su en délayer dans cinq gros volumes. En effet, comme s'il parlait à la nation la plus ignorante de l'univers, ce brutal éditeur assure « que c'est une doctrine enseignée unanimement par les Jésuites, et approuvée par leurs théologiens et leurs généraux, qu'il est permis d'assassiner l'accusateur et le juge; que le vol, le faux serment, la simonie sont licites; que l'onanisme, l'avortement procuré, le blasphème, la rébellion contre le prince, la contrebande, l'homicide, le suicide, le parricide, le régicide, et mille autres abominations sont ou justifiées ou déclarées permises, et même dans certains cas obligatoires; que les préceptes de Dieu et de l'Église n'obligent personne; qu'il est permis de croire ou de ne pas croire à la révélation, aux prophètes, aux évangiles : bien plus, que ce sont des choses croyables à la rigueur, mais évidemment fausses.... » Au milieu de tout cela, il laisse échapper l'aveu qu'il ne convenait pas d'abattre la domination de l'Église : « Il est vrai que la politique romaine se montrait oscillante et peu ferme; elle était pourtant nécessaire au contre-poids politique de la péninsule, et contribuait à conserver l'indépendance agonisante des gouvernements nationaux d'Italie. L'État pontifical était un gouvernement national, si mauvais qu'il fût ; et, pour l'époque, il était plutôt bon que mauvais; sous lui, les peuples étaient moins malheureux qu'ailleurs, surtout que sous la domination des étrangers : enfin on n'eût pu l'abattre sans amener de graves désordres. »

(N.) Cette erreur est encore développée dans le *Papatus Romanus, liber de origine, progressu atque exstinctione ipsius.*

Le procès de De Dominis est rapporté par Limbroch dans l'*Histoire de l'Inquisition.*

De Dominis avait eu pour compagnon de sa fuite en Angleterre un Bénédictin qui s'y fit protestant. Il en revint avec lui, se refit catholique, et lui servit de majordome. S'étant épris d'une voisine, il tua son mari et fit épouser son amante par un des serviteurs de De Dominis. Mais, lorsque l'argent commença à manquer, il se mit à assassiner et à voler. Il y avait alors à Rome le père Bzovio, dominicain polonais, qui écrivait la continuation de Baronius ; l'ex-bénédictin força la porte du père, et vola chez lui tout ce qu'il put. Il finit par être découvert, et on le pendit. (Nicius Erythræus, *Pinacoth.*, I, p. 200.)

La correspondance de 1617 entre le cardinal Guido Bentivoglio et le cardinal Scipion Borghèse s'occupe fréquemment de De Dominis, et insiste principalement sur ce qu'il est mal pourvu en Angleterre, et par conséquent mécontent. La lettre de Bentivoglio, Paris, 11 avril 1617, dit : « L'archevêque de Spalatro demeure toujours chez l'archevêque de Cantorbéry, où l'on pourvoit à tous ses besoins ; mais, en fait d'argent, il n'est pas question jusqu'ici qu'il ait plus de 900 écus. Il sollicite l'impression de son ouvrage. Toutefois son sentiment en matière de religion ne plaît pas du tout, parce qu'il n'est point en tout conforme au sentiment anglican. » *La nonciature de France du cardinal Guido Bentivoglio,* etc.; Florence, 1863 (en italien).

Le 25 avril : « Le bruit court en Angleterre que l'archevêque est un homme très-charnel, et qu'il a eu à faire à sa propre nièce ; d'après ce que m'a dit le comte Scarnafigi, la reine lui en aurait parlé à lui-même. »

Le 9 mai : « L'archevêque de Spalatro est en train de faire imprimer son ouvrage ; le premier livre est déjà terminé. Le roi a désigné un de leurs savants les plus éminents pour revoir au fur et à mesure tout ce que l'on imprime. Il vit toujours chez l'archevêque de Cantorbéry, et est gardé pour ne pas être massacré, comme il a l'air de le craindre. Le roi lui a conféré dernièrement le décanat de Windsor, qui vaut 3,000 écus. »

Le 27 mai, Borghèse écrivait de Rome : « On apprend d'Angleterre que ce De Dominis fait imprimer son ouvrage impie et qu'il aura trois livres. L'empereur a déjà donné ordre de ne pas les laisser circuler en Allemagne et de les défendre ; on espère que S. M. très-chrétienne en fera autant. »

Le 27 septembre : « En Angleterre, on s'attache à lui faire rédiger son ouvrage de manière qu'il soit plutôt schismatique qu'hérétique, dans l'espérance de terminer le schisme entre catholiques, ici et ailleurs, plus facilement qu'une hérésie déclarée. »

Le 27 octobre 1617, il raconte les démarches par lui faites, d'accord avec le chancelier et le garde des sceaux, pour que les livres *de Republica Ecclesiastica* ne fussent pas mis en vente. Le garde des sceaux proposa d'obtenir de la Sorbonne une censure de l'ouvrage, laquelle serait un acheminement à une défense ex- « presse, quoique ici la liberté soit si grande, et si grande l'audace des Huguenots, que l'on ne peut espérer tout le fruit qu'on serait en droit d'attendre de tant de diligences. »

Le 22 novembre le cardinal Borghèse lui mande que « ...bien que le livre soit mauvais et tout plein d'hérésies très-graves, de haine et de venin contre le saint-siége, à cause néanmoins de la gravité et de l'importance de l'affaire que le roi d'Angleterre et ses ministres ne manqueront pas d'exploiter, Sa Sainteté lui recommande d'être très-vigilant et de tâcher de découvrir tout ce qui se fera à ce sujet. »

Le 5 décembre, Bentivoglio annonçait que la Sorbonne avait résolu de censurer sévèrement ce livre.

Le 8 décembre, le cardinal Borghèse fait savoir de Rome la prohibition portée contre « l'ouvrage *de Republica Ecclesiastica,* que l'ex-évêque de Spalatro avait promis de publier dans une brochure écrite à l'occasion de son départ pour l'Angleterre; on avait vu facilement par le contenu de cette brochure que l'ouvrage serait tout plein d'hérésies, de haine et de venin contre le saint-siége. Or, maintenant que les quatre premiers livres ont paru, on a trouvé qu'ils sont très-mauvais, et ordre a été donné de renouveler la prohibition. »

Le 27 janvier 1618, Bentivoglio annonce de Paris que la Faculté de théologie de cette ville a porté sa censure; que cette Faculté a été critiquée pour n'avoir censuré que quelques propositions, et gardé le silence sur bien d'autres plus condamnables, mais que la Sorbonne n'avait pas voulu toucher aux points concernant le pouvoir temporel, pour éviter tout différend avec le Parlement. — Le 31, il envoie une prédication italienne *faite* par De Dominis, *dans la chapelle des merciers à Londres,* in-16, devenu une rareté bibliographique, attestant combien peu valait cet apostat, et qu'il y avait à Londres une église italienne non catholique. — Le 20 juin, il annonçait un nouvel ouvrage italien de lui qui doit être intitulé *les Écueils du naufrage chrétien* (en italien).

Le 18 juillet, il mande que M. de l'Aubépine, évêque d'Orléans, entreprend de réfuter De Dominis, et que, « malgré le peu d'habitude qu'on ait ici d'écrire en latin, il pourra facilement être aidé. » Je ne sais si M. de l'Aubépine a fait cette réfutation-là; mais il a laissé des ouvrages d'une grande valeur, nommément sur l'antique discipline de l'Église.

(O.) Monseigneur Jacques Altoviti, patriarche d'Antioche, nonce apostolique à Venise pendant plus de sept ans, a laissé plusieurs relations manuscrites sur ce pays, où il dit entre autres choses à propos du Saint-Office : « On ne s'explique pas l'ombrage qu'en prend cette République, et il est impossible de redire toutes les craintes qu'il fait naître chez tout le monde, comme si à Rome nous voulions, par le moyen du Saint-Office, nous immiscer dans leur gouvernement... Que ceux qui tiennent à avoir une réputation de bons républicains lisent, pour s'instruire, le capitulaire de

Frà Paolo Sarpi (page 275). » Il ajoute que le sénat respectait la manière de procéder des tribunaux du Saint-Office, lorsqu'il avait été informé par l'ambassadeur de Rome que, par des assurances directes du pape, les causes traitées appartenaient réellement à la discipline religieuse (page 276). — Les missionnaires élevés au collége de la Propagande avaient coutume de passer par Venise, d'où ils s'embarquaient pour leurs missions. « J'ai, dit-il, suggéré à la Sacrée Congrégation de faire dans le palais de la Nonciature, et on me l'a promis, quatre logements, afin qu'en séjournant à Venise, ces missionnaires ne perdent pas dans les hôtelleries publiques les fruits de la bonne éducation qu'ils avaient reçue au collége de Propaganda fide, ce qui arrivait la plupart du temps; ils se livraient en effet à des divertissements tels, qu'ils oubliaient le chemin de leurs missions (page 281). »

DISCOURS IV.

Les Grisons. — La Valteline. — Le Saint-Massacre.

Dans la partie orientale de la Suisse, les Grisons habitent le versant septentrional des Alpes Lépontiennes et Rhétiques, pays qui s'étend depuis les sources de l'Hinterrhein jusqu'à l'Ortlerspitz, sommet qui sépare l'Italie du Tyrol. On croit qu'ils descendent des Étrusques, qui, devant l'invasion des Gaulois, se réfugièrent dans ces romantiques vallées six cents ans avant Jésus-Christ, sous la conduite de Rhétus, d'où le nom de Rhétie donné à cette contrée. Avec eux se mêlèrent des Romains, établis là en colonies militaires pour garder les passages des Alpes du côté de l'Allemagne, ou qui s'étaient réfugiés dans ces montagnes lors du démembrement de l'Empire; ils y avaient introduits des dialectes latins, tels que l'idiome romance et l'idiome ladin; curiosités philologiques, qui ont les racines et les formes grammaticales identiques avec l'idiome italique, mêlé toutefois d'allemand, ou peut-être de celtique et de l'osque des Rasènes, comme le croit de préférence Conradi.

Qu'on veuille donner aux Grisons une origine étrusque ou romaine, ils ont une proche parenté avec les Italiens, bien qu'ils aient passé par des vicissitudes fort différentes depuis la chute de l'empire romain.

Comme les autres pays helvétiques, les Grisons sont

redevables de la civilisation aux moines, qui, venus dans
ces solitudes pour y chercher la paix, y bâtirent des er-
mitages et des monastères ; ceux-ci devinrent plus tard des
centres de ralliement pour des marchés, des villages et
même des villes. Parmi elles, celle de Coire, dont le nom
(Curia) indique qu'elle tirait son origine d'un tribunal que
les Romains y avaient institué, conserva toujours la prééminence. Le premier évêque de cette ville fut institué
par saint Ambroise; aussi est-il le plus ancien de la Suisse,
comme il fut jadis un des plus riches.

Les Grisons.   Lorsque saint Colomban, arrivé d'Irlande, fonda à Bobbio au milieu des Apennins un monastère, devenu plus tard
si célèbre et qui tout d'abord résista si efficacement à l'hérésie arienne, au relâchement des moines italiens et aux derniers efforts de l'idolâtrie, Sigebert, son compagnon, franchit le mont, qui fut dans la suite nommé le Saint-Gothard.
Parvenu aux sources du Rhin, il construit une grande ba-
raque chez ces montagnards encore idolâtres; en faisant
le signe de la croix, il arrête la hache qu'un des leurs
dirigeait sur sa tête; il convertit Placide, seigneur de
Truns, qui, s'étant fait moine, dote avec ses biens le monastère de Dissentis, placé sur le versant septentrional du
val Calanca, et protégé par de vastes forêts vierges. Là, les
Bénédictins prospérèrent; ils étendirent leurs domaines,
au nombre desquels on compte même la vallée d'Orsera,
et leur abbé fut prince du saint empire romain et chef de
la Ligue Grise. Ils cultivèrent aussi les belles-lettres et firent
des collections de livres et de manuscrits, qui furent dis-
persées lorsque les Français incendièrent l'abbaye en 1799.

Les habitants de ce pays, que la civilisation n'avait
point énervés et que leur pauvreté avait défendus contre
la convoitise, vivaient dans des cabanes aux flancs nus

des rochers : ils se délivrèrent peu à peu des vexations
que leur faisaient subir de petits tyrans, qui avaient couronné les cimes de châteaux forts, d'où, pareils à l'aigle,
ils fondaient sur leur proie. Soutenus par le clergé, ils se
constituèrent en gouvernement libre, dans lequel chaque
commune restait maîtresse absolue d'elle-même, mais
qui toutes ensemble étaient réunies en trois Ligues, savoir :
la Cadée (*Ca-de-Dio*)[1], la Ligue Grise, les Dix Juridictions
ou Droitures : elles se confédérèrent ensuite pour la défense commune en 1471, sous le nom de *Grisons*.

L'égalité règne entre les Ligues : chacune n'a qu'un vote,
bien que l'une d'elles soit beaucoup plus étendue de territoire, et compte un plus grand nombre de communes.
La Diète annuelle se tient alternativement à Coire, à Ilanz
et à Davos. Dans les affaires d'État et dans les périls de
la république, les communes déploient leurs étendards,
et établissent quelque part le *Straffgericht*, tribunal extraordinaire, qui juge avec une procédure exceptionnelle
et expéditive, de celles qu'a coutume d'imposer la terreur
populaire.

Fait partie de la Ligue Cadée l'Engadine[2] dans la vallée
de l'Inn, une des plus charmantes de la Suisse, longue de
dix-neuf heures de marche, ayant neuf mille habitants,
répartis en petits villages, qui voient à de rudes et longs
hivers succéder de délicieux étés. Elle est parallèle à la
Valteline, vers laquelle elle ouvre différents passages dif-
ficiles, et principalement celui du val de Poschiavo qui
aboutit à Tirano, et celui du val Pregalia qui débouche à
Chiavenna.

Les Grisons, peuple laborieux, et citoyens d'un pays

(1) Abréviation de Casa de Dio (Maison de Dieu).
(2) *En-co-de-Inn*, à la source de l'Inn.

pauvre, émigraient par essaims pour offrir leurs services dans les villes d'Italie et d'Allemagne, ou leurs bras
comme soldats : au seizième siècle, ils pouvaient armer
près de cinquante mille hommes, dont dix mille se mettaient à la solde de la France, cinq mille à celle de Venise, gagnant tous de beaux deniers, et purgeant (ainsi
parle Lavizzari) la république d'un excès de séve bouil-
lante qui eût pu la troubler. Coire était le point de réunion de ceux qui, même des autres parties de la Suisse
et de l'Allemagne, descendaient en Italie pour y prendre
du service militaire. Aussi la Réforme s'y répandit-elle
facilement, suivant l'inspiration soit luthérienne soit zwin-
glienne, sans qu'on puisse dire à laquelle des deux elle
doit davantage. Jean Comander, archiprêtre de cette cathédrale, Henri Spreiter, Jean Blasius, André Fabritz,
Philippe Gallizio, dit Salutz [1], furent les premiers apôtres
du protestantisme, et le propagèrent dans les Dix Droitures; quant à la Ligue Grise, il y fit peu de progrès; mais
il en fit dans la Ligue Cadée, aux environs de Coire, puis
dans l'Engadine, grâce surtout à la propagande de certains Italiens.

Les Réformés utilisèrent pour faire du prosélytisme la
langue romance, qui à cette époque devint une langue vivante et même florissante. Travers mit dans cette langue
le catéchisme de Comander, qui fut le premier livre romance
imprimé à Poschiavo en 1552; Gallizio traduisit dans le
dialecte de la Basse-Engadine le *Pater*, le *Credo* et le *Dé-
calogue*; Benvenuto Campell, du texte hébraïque, plusieurs
chapitres de la Genèse, le symbole de saint Athanase,
des psaumes et des hymnes d'église ainsi qu'un caté-

(1) Il n'était pas, comme semble l'indiquer son surnom, de Saluces,
mais il naquit en 1504 à Puntvilla au val de Münsterthal.

chisme spécial; en 1560, Biveron traduisit le Nouveau-Testament.

Aux Réformés se mêlèrent des Antitrinitaires. Thomas Münzer, qui, en 1522, avait prêché à Zurich la nécessité d'un nouveau baptême, y lança les doctrines anabaptistes; mais, celles-ci ayant soulevé en Allemagne la guerre des paysans contre les propriétaires, à Zurich leurs apôtres furent poursuivis par un tribunal extraordinaire. Plus tard, en 1526, à la Diète d'Ilanz, on décréta la liberté de professer soit la religion catholique, soit la religion évangélique; on prescrivit aux ministres de n'enseigner que ce qui était contenu dans la Bible; on accorda à chaque paroisse le droit de choisir son propre pasteur; on défendit de recevoir dans les monastères de nouveaux religieux, et d'envoyer de l'argent à Rome à titre d'annates, ou pour droits de dispenses, ou à quelque titre que ce fût. Ces prescriptions figurèrent toujours dans la constitution religieuse des Grisons. Les Réformés n'eurent point d'évêques, mais seulement des consistoires, relevant du synode national qui se rassemblait périodiquement au mois de juin.

L'évêque de Coire, qui était comme le prince du pays, resta catholique dans une ville où dominait la religion réformée; si bien que dans son château, c'est-à-dire dans la partie élevée de la ville, là où il exerçait sa juridiction, il n'y avait pas un catholique en dehors de son clergé. Aussi perdit-il successivement les riches biens composant sa mense, à ce point qu'Henri II, roi de France, lui concéda, pour pourvoir à son entretien, une abbaye en Picardie. De lui dépendait tout le clergé catholique, divisé en quatre chapitres.

L'évêque Paul Ziégler, plein d'indignation pour une

constitution qui le privait de tout pouvoir extérieur, se retire à Firstenburg, et négocie sa renonciation en faveur du cardinal de Medici, qui devint plus tard le pape Pie IV. Il avait pris pour médiateur l'abbé de San-Lucio, Théodore Schlegel, son vicaire, chaud défenseur des Catholiques à la diète d'Ilanz ; mais, l'intrigue ayant été découverte, Ziégler fut livré au supplice en 1529.

Ces persécutions avaient leur source dans des passions basses, plutôt que dans la ferveur religieuse, et nous avons une lettre du 15 mars 1530, dans laquelle Valentin Tschudi écrit à Zwingle : « Je vois peu à peu s'in« filtrer dans les âmes l'oubli de Dieu, le mépris des « magistrats, la violation de la justice et la licence des « mœurs ; une fois les esprits exaspérés par les rancunes, « l'équité disparaît, la charité s'éteint; chacun cherche à « satisfaire sa propre volonté, pourvu que l'objet de ses « désirs triomphe, et peu lui importent les dommages « qui en peuvent résulter. Un peuple aussi acharné dans « ses divisions doit-il attendre autre chose que la déso« lation ? »

De son côté, Jacques Bedroto écrit à Jean Gast : « Le « monde est plein de paradoxes, d'assertions, d'accusa« tions, de récriminations, d'apologies et de répliques ; « on prétend chercher et affirmer la vérité, et rien au « monde ne sombre plus qu'elle [1] ».

La Valteline, refuge des protestants.

Parallèlement à l'Engadine s'étend, nous venons de le dire, la Valteline, vallée italienne que sillonne le fleuve Adda. Ce fleuve, de sa source au mont Braulio qui s'élève du côté du Tyrol, court pendant quatre-vingts milles

(1) Voir la XIV et la LIIIᵉ des *Epistolæ ab ecclesiæ helveticæ reformatoribus vel ad eos scriptæ; Centuria I ex autographis recensuit ac edidit* JOHANNES CONRADUS FRESLINUS, Zurich, 1742.

du levant au couchant jusqu'au lac de Côme entre deux montagnes qui' la séparent de l'État vénitien au midi, et au nord des Grisons. Sondrio en est la ville principale ; viennent ensuite Morbegno et Tirano ; ce sont les chefs-lieux des trois territoires ou *Tiers*. A l'extrémité nord-est, le pays de Bormio formait un comté, et près du lac de Côme se détachait un autre comté, celui de Chiavenna, qui, de temps immémorial, était la route du commerce de l'Italie avec l'Allemagne. Les convois venant du val de Liro ou San-Giacomo franchissaient le Splugen, et ceux venant du val de la Maira franchissaient la Malogia ou le Septimer pour rejoindre le pays des Grisons.

La commodité et l'utilité de ces passages faisaient convoiter la Valteline par les Grisons; ils en tentèrent plus d'une fois la conquête, et finalement, comme tous les prétextes sont bons quand ils sont appuyés par les armes, ils l'occupèrent en 1521, après l'avoir enlevée au duché de Milan. Déjà, à la paix de Jante, ils l'avaient reçue comme alliée, mais ils n'avaient pas tardé à la réduire en un véritable servage, en lui refusant toute 'participation à la souveraineté. Les Ligues y envoyaient des magistrats qui achetaient des assemblées, aux enchères, les postes de gouverneur de la vallée ou de podestats des territoires et des comtés, et qui ensuite revendaient leur office à quelque indigène, ou bien s'ingéniaient à en tirer profit, en vendant la justice dans le pays qu'ils ne connaissaient point et qu'ils n'aimaient guère.

A peine les nouvelles opinions se répandirent-elles en Italie, que la Valteline et les pays qui touchent à la Rhétie parurent un asile commode à tous ceux qui étaient persécutés pour elles. Déjà, le 12 avril 1529, Comander écrit à Vadiano qu'un exilé d'Italie s'était réfugié en Val-

telline, et, ne s'y croyant pas en sûreté, était passé dans
le val Pregalia, puis dans une commune de l'Engadine,
où jusqu'alors l'Évangile n'avait pas été propagé. On ne
cite point son nom, mais nous supposons que ce pouvait être Barthélemy Maturo de Crémone, qui, suivant
d'autres auteurs, fut le premier à évangéliser l'Engadine.
Dégoûté surtout de voir les moines attribuer des miracles à je ne sais quelle madone, Maturo s'enfuit, et, s'é-
tant arrêté à Vicosoprano dans l'Engadine, il y changea
le culte et y demeura jusqu'en 1547. Partisan de la liberté
religieuse, il préférait aux symboles nouveaux les opinions personnelles ; d'une instruction très-incomplète, il
parut s'assimiler les doctrines de Camille Renée, qui exerçait les fonctions de maître d'école privé en Valteline,
et penchait vers la doctrine des Antitrinitaires. A la suite
de Maturo [1] vinrent Augustin Mainardi, Ochin, Pierre
Martyr, François Calabrais, Jérôme de Milan, plus tard
Curione et Stancario. Bevers reçut la croyance réformée
de Pierre Parisotto.

La Réforme
dans la
Valteline
et le
val Pregalia. Jules de Milan, échappé des prisons de Venise, fut prié
de venir s'établir à Poschiavo, d'où il allait évangéliser
non-seulement les pays voisins de l'Engadine, mais encore
ceux de la Valteline, principalement Tirano et Teglio (A) :
il s'y maintint pendant trente ans, jusqu'en 1571, époque
à laquelle il mourut dans un âge fort avancé, et à sa
mort les habitants de Brusio se choisirent pour eux un

---

(1) A Viscoprano, après Maturo, nous trouvons sur les registres
inscrits comme curés, Jules de Milan, l'ex-dominicain Aurelius Sittarca, Jean-Baptiste de Teglio, le Génois Thomas Casella, le Dalmate
Laurent Martinengo, François Trana, Martin Poncera et Albert Martinengo vers l'an 1600. Il est notoire que les historiens de la Valteline n'ont fait qu'effleurer ces origines du protestantisme dans leur
pays; il me semble que Lavizzari ne nomme pas même Vergerio.

pasteur spécial : les réformés de Tirano en firent autant. A Poschiavo, il eut pour successeur César Gaffori
de Plaisance, qui avait été gardien des Franciscains.

Dans le val Pregalia, la Réforme avait eu l'appui de la
famille Prevosti : elle y avait été prêchée par Vergerio,
évêque apostat [1], auteur d'une quantité d'opuscules écrits
à la légère, où il ne s'élève jamais aux idées qui partageaient alors le monde des intelligences, mais où il se
contente de décharger ses rancunes avec la violence cyni-
que d'un langage trivial (B). A son instigation, au mois
d'avril 1551, toutes les images et statues furent abattues
à San Gaudenzio de Casaccia, et les ossements du saint
patron furent dispersés. Après lui, le val Pregalia eut successivement pour pasteurs, Léonard, ermite de Saint-Augustin, Guido Tognetta, Barthélemy Silvio, Dominique de
Gênes, Jean-Baptiste de Vicence, Thomas Casella, Jean
Planta de Samaden, Jean de Lonigo, Simon de Valle,
Lucius Planta de Samaden, le Carme Nicolas, et Nicolas,
ermite de Saint-Augustin. En 1598, cette vallée fut évan-
gélisée par Jean-Antoine Cortese de Brescia, qui, avec son
frère Jean-François, avait converti au protestantisme
Soho.

A Solio, il y avait encore de puissants catholiques, et
pourtant en 1553 les images et les statues de saints furent
renversées ; le ministère pastoral y fut exercé par Lactance
de Bergame, puis par messire Antoine Florio, puis par Jean
Marzio de Sienne. Castasegna eut successivement pour
ministres Jérôme Ferlito, Sicilien, Augustin de Venise,
Jean-Baptiste de Vicence, qui y mourut, Antoine de Mace-
rata, Jean La Marra et Jean Planta de Samaden. Bondio

(1) Nous avons consacré à ce personnage tout le Discours X du
tome II, p. 377.

eut Jérôme Torriano de Crémone, Antoine Bottofago, Jean Beccaria de Locarno, Armenio de Naples, Natale de Vicence qui y mourut, Jean La Marra, et le Carme Jean-Baptiste.

Ces noms, dont nous avons déjà rencontré plusieurs dans les Discours précédents, suffisent à éclaircir ce fait, que c'est surtout à des Italiens qu'on doit d'avoir jeté la mauvaise semence dans l'Engadine et dans le val Pregalia : leurs efforts furent plus grands en Valteline, mais ils obtinrent de moindres résultats. Effrayé des dangers que courait ce pays, déjà l'évê qu de Côme y avait envoyé comme inquisiteur un certain Scrofeo; mais, impliqué dans les intrigues politiques du pays, il s'inquiéta plus de servir les intérêts de la France que de sauver les croyances. A Chiavenna surtout, les troupes Grisonnes, qui y avaient pris leurs quartiers durant la guerre soulevée par J.-J. Medeghino, châtelain de Musso, propageaient leurs erreurs ou tout au moins le mépris des choses saintes : ils trouvaient un auxiliaire dans Hercule Salis, colonel suisse, et dans Paul Pestalozza, son parent. Le nombre de ceux qu'avaient séduits les doctrines nouvelles était considérable, et parmi eux on distinguait Paul Masseranzi, le capitaine Malacrida et un Alfiere. Ceux-ci eurent pour contradicteurs le clergé catholique, et surtout César de Berli, curé de Samòlaco, qui pour les combattre mit à profit la nouvelle qui s'était répandue d'une apparition de la Madone à une jeune fille, à qui elle avait prédit des désastres pour Chiavenna, si on n'en extirpait pas l'ivraie luthérienne. Il y eut alors une explosion contre les hérétiques : on ordonna des jeûnes et des processions; on se prit d'émulation à faire des vœux, précisément parce qu'ils les condamnaient; mais bientôt on découvrit que l'apparition de la Madone n'était qu'une imposture de la part d'un individu, qui pour ce fait fut décapité et brûlé en 1531.

Si nous nous en rapportions aux mémoires des hétérodoxes, il y aurait même eu des prêtres et des religieux condamnés pour des fautes très-sales; de même qu'à leur tour on accusait les hétérodoxes d'avoir mis le feu aux églises et commis d'autres crimes. N'est-ce point ainsi qu'ont agi tous les partis, et dans tous les temps?

Chiavenna et toute la Valteline offraient un refuge très-commode à ceux qui fuyaient d'Italie, tant par suite de la proximité, que parce qu'ils continuaient à jouir des avantages du climat et à parler leur langue, et jouissaient en même temps de la liberté du culte. Camille Renato, Sicilien, écrivait de Tirano au mois de novembre 1542 à Bullinger pour le remercier des soins empressés qu'il prodiguait à ceux qui émigraient d'Italie; et il l'engageait à persévérer dans sa conduite, afin que tous ceux qui quittaient leur pays pour l'amour de l'Évangile pussent trouver un port sûr entre les Suisses et les Allemands; il fait appel aux bons offices de Celio Curione, pour recevoir de ses lettres.

En 1546, on avait déjà établi une église réformée à Caspano, village de la basse Valteline qu'on regardait comme le berceau de la noblesse de ce pays; elle était protégée par Barthélemy Parravicini et son frère Raphaël, homme docte et pieux, et par leur nombreuse famille. Mais un beau matin on trouva un crucifix brisé en morceaux; aussitôt les catholiques d'exciter un tumulte contre une religion qui n'épargnait pas même le Christ. Ils déclarèrent que dorénavant ils ne souffriraient plus que les hérétiques accomplissent leurs cérémonies dans l'église com-

mune : le juge dut faire arrêter le ministre, qui, ayant été
mis à la torture, s'avoua complice et instigateur du fait,
après quoi il fut condamné à une amende et fut banni à
perpétuité du territoire des trois Ligues. Parvenu cependant à Chiavenna, il protesta contre la violence dont il
avait été victime, affirma son innocence, et cita à Coire le
juge, mais nous ignorons ce qui en advint. Le bruit courut plus tard qu'on ne devait attribuer le fait qu'à une es-
pièglerie d'un fils de Rodolphe Parravicini, à peine âgé de
treize ans, qui s'en reconnut coupable. Beaux subterfuges,
que nous avons revus de notre temps !

De Porta publia un long mémoire, rédigé par les ministres évangéliques assemblés au concile d'Ilanz, sur les
expédients qu'il conviendrait d'adopter pour contraindre
à l'obéissance religieuse les habitants de la Valteline, de
Chiavenna et de Bormio, et pour extirper de chez eux les
nombreuses «superstitions et les erreurs impies »: ils décidèrent de leur envoyer des prédicants, d'expulser de
chez eux les moines et surtout les Capucins, et les confréries de pénitents, d'empêcher toute immixtion de l'é-
vêque de Côme, et de placer dans chaque territoire un
maître d'école apartenant à la religion réformée.

L'hérésie obtient la tolérance. En 1544, à la diète de Davos, Hercule Salis avait fait
décréter que tout habitant de Chiavenna, de la Valteline
et des environs, qui serait arrivé à la connaissance de l'É-
vangile, aurait le droit de se livrer à un enseignement
public et privé ; que quiconque abandonnerait la patrie
pour cause de religion trouverait à la fois un sûr asile et
la liberté pleine et entière du culte dans n'importe quel
village des Ligues.

La protection que les Salis accordaient aux novateurs
avait son contre-poids dans l'opposition que les Planta, leurs

rivaux politiques, faisaient aux apôtres des doctrines nouvelles; aussi, suivant que l'influence de l'une ou de l'autre
famille prédominait, les mesures adoptées par les autorités
changeaient. C'est ainsi qu'en 1551 Antoine Planta, gouverneur de la Valteline, exclut du pays les prédicants; en sorte
qu'Ulysse Martinengo écrivait à Bullinger le 31 d'août de
la même année : « Ici on se dispute, et parce que la loi
« exclut du territoire les proscrits pour délits ou les
« coupables d'homicide, on veut aussi nous chasser comme
« des bandits; peut-être ne pourrais-je rester dans les
« Trois Ligues, tant le diable s'acharne contre moi. »

Mais, le 18 avril 1557, Bullinger écrit de Samaden à Frédéric Salis : « Dans la Valteline, dans les comtés de Chia-
« venna et de Bormio, nous avons eu bien des épreuves à
« endurer; pourtant la vérité l'a emporté, après qu'on a
« eu expulsé les moines étrangers, et assigné aux Évan-
« géliques des temples, où ils pussent prêcher l'Évangile
« avec le décorum nécessaire. Dans quelques endroits,
« comme à Sondrio, sur la montagne de Rogoledo, on
« prescrivit que là où il y aurait de nombreux adhérents
« à l'Évangile, on bâtirait un temple, s'il n'y avait déjà
« un édifice convenable pour les assemblées des fidèles.
« On a découvert que certains individus, avec l'argent des
« étrangers ou avec leur appui, s'efforçaient d'entraver
« les progrès de l'Évangile : après les avoir condamnés
« à une amende, nous leur avons enlevé toute envie
« de nous nuire. En résumé, mes collègues et moi, nous
« faisons tous nos efforts pour aplanir le chemin à l'É-
« vangile. »

C'est à ce but que consacraient toute leur ingénieuse Mainardi.
habileté Vergerio par ses sermons, ses lettres et ses opuscules, et avec lui Augustin Mainardi, Piémontais. Celui-ci

est l'auteur d'un *Traité de l'unique et parfaite satisfaction du Christ, dans lequel on expose et prouve d'une manière évidente par le moyen de la parole de Dieu, que le Christ seul a satisfait pour les péchés du monde, et que, par rapport à Dieu, il n'y a pas d'autre satisfaction que la sienne, soit pour les péchés, soit pour la peine* (en italien, brochure de 18 pages in-8° (1551). Mainardi s'y plaint de ce que « au- « jourd'hui certaines personnes qui font profession de prê- « cher le Christ, sous prétexte de se réclamer d'un tel nom, « se laissent aller à proférer d'horribles blasphèmes, prê- « chant en public et sans ambages, du haut de la chaire, « en présence des populations, comme on a coutume « de le dire, à plein gosier, et, pour mieux être comprises, « répétant souvent les mêmes paroles, disant que la satis- « faction que le Christ a offerte pour nous ne suffit pas « pour opérer notre salut, mais qu'une autre satisfaction « que celle du Christ est nécessaire pour effacer nos pê- « chés. »

Il passait pour le coryphée de cette doctrine, et Ochin, ayant été accusé d'en soutenir une toute contraire, et de l'avoir propagée en Valteline, s'empressait d'adresser sa profession de foi à Mainardi [1]. On croit aussi Mainardi l'auteur de l'opuscule de l'*Anatomia della Messa*, qui parut d'abord en italien sous le nom d'Antoine Adamo, et qui, à l'instigation du marquis de Vico, fut traduite en français et à lui dédiée; plus tard, en 1541, on en fit une traduction en latin, remplie de tant d'erreurs typographiques, que l'éditeur s'en prend à Sa-

---

(1) Ochin l'atteste dans une lettre datée de Zurich, 4 juin 1558, adressée par lui à Frédéric Salis, où il se plaint de ce que les frères de Lélius Socin l'avaient fait parler différemment. (Voir DE PORTA, part. II, pag. 392.)

tan de ce qu'elle renferme plus du centuple de celles
qui se commettent d'ordinaire (BAYLE).

Les réfugiés d'Italie recherchaient, ainsi que nous
n'avons cessé de le répéter, bien plutôt la liberté de leurs
croyances personnelles que le droit d'en professer de nouvelles; moines et prêtres apostats pour la plupart, mus
par un sentiment de haine contre Rome et contre leurs
supérieurs, et désireux de secouer tout frein, ils devenaient
souvent d'une humeur turbulente et querelleuse, en sorte
qu'on voyait se multiplier les discussions religieuses, et
se former un mélange confus des éléments bibliques d'Allemagne et des éléments rationalistes d'Italie. Les premiers apôtres des doctrines ariennes. et antitrinitaires
furent frère François de Calabre, curé de Vettis, et frère
Jérôme de Milan, curé de Livigno. Ils disaient que le dogme
de la trinité, tel qu'on l'enseigne, implique une contradiction et une absurdité : quant à l'immortalité de l'âme,
ils émettaient des doutes sur elle; selon eux, l'âme ne
devait pas conserver d'activité après la mort, ou bien elle
restait comme assoupie jusqu'au jour du jugement;
alors seraient damnés par Dieu ceux qui par leur
négligence et par leur désobéissance auraient mérité ce
châtiment. Sur la question de la rédemption, ils prétendaient que nous en sommes redevables non pas tant à la
mort du Christ qu'à la grâce du Père; la justice du
Christ ne peut être imputée à personne, mais chacun sera
jugé au tribunal divin d'après ses propres œuvres;
personne n'est assez corrompu par le péché, pour ne pas
avoir conservé en lui le libre arbitre pour le vrai bien;
la concupiscence ne doit pas être rangée au nombre des
péchés; les sacrements ne sont que de pures manifestations extérieures de la profession de foi chrétienne et

des signes commémoratifs de la mort du Christ; le baptême ne doit pas être conféré avant que les enfants
soient parvenus à l'âge de discernement. Il serait cependant difficile de formuler le symbole de ces sectaires,
parce que tantôt les uns, tantôt les autres, apportaient
quelque innovation dans leurs croyances : ceux-ci voulaient conserver l'*Ave Maria*, ceux-là qu'on prononçât
les paroles sacramentelles *Hoc est corpus meum*, ou qu'on
se servît du pain azyme; d'autres défendaient de choisir
des catholiques pour parrains au baptême, ainsi qu'il
arrivait souvent; ils avaient toujours à la bouche la
qualification d'ignorant et de superstitieux pour quiconque les contredisait.

Une dispute théologique ayant été organisée à Süs dans
l'Engadine en 1444, tous les prédicants y assistèrent;
André Schmid, Conrad Jeklin, Altieri, et à leur tête Pierre
Bardo Pretonio, curé de Tusis, et Salutz. Au bout de deux
jours de débats, le moine calabrais fut chassé de la
Rhétie et du Tyrol, et on avisa aux moyens de déraciner
les erreurs qu'il y avait semées.

Tiziano, qui propageait à Coire des doctrines du même
goût, fut incarcéré, et le peuple réclamait avec fureur sa
mort. Salutz s'entremit d'une part pour fléchir la rigueur de
ses juges, et tâcha de l'autre de le convertir; mais Tiziano,
lorsqu'on l'interrogeait, répondait par des circonlocu-
tions, évitant de préciser ses croyances. A la fin, il se rétracta, et fut condamné à être conduit à travers la
ville pendant qu'on le flagellait, puis banni du territoire
helvétique (1554). Voilà le premier exemple d'un châtiment corporel infligé pour cause d'hérésie parmi les
Réformés de la Suisse.

Camille
Renato.   Pour corriger Camille Renato, qui répandait parmi les

habitants de Chiavenna des doctrines semblables , Mainardi, en 1547, rédigea une confession de foi particulière, la première qu'on ait publiée dans les Grisons. Nous ne la possédons pas, mais on peut en recueillir la substance dans un livre italien imprimé à Milan en 1561 par Pierre Leoni, disciple de Camille , livre où il développe les motifs pour lesquels il n'avait pas voulu la souscrire. Dans cette profession , Mainardi condamnait les erreurs"des Anabaptistes, comme aussi ceux qui font mourir l'âme en même temps que le corps et qui la font ressusciter avec lui au terrible jour du jugement dernier. Il anathématisait pareillement ceux qui nient qu'il reste à l'homme assez de lumière naturelle pour connaître ce qu'il doit faire ou éviter; que le Christ ait reçu une chair de péché ou la concupiscence; que la foi justifiante ait besoin de confirmation; 'que le Christ ait fait quelque promesse en instituant la Cène; que le baptême et la Cène soient de simples signes du chrétien et des expressions du passé, et non de l'avenir; que le baptême ait succédé à la circoncision, et qu'il ait aucune ressemblance avec celle-ci.

Il n'apparaît donc pas que Camille Renato ait eu pour maîtres les Socins; au contraire, Lélius Socin a pu avoir été son disciple, tandis qu'il demeurait à Chiavenna. Assurément Camille cachait adroitement ses opinions; quand il ne pouvait faire autrement, il disait qu'il les avait soutenues uniquement à titre d'exercice de logique. Il écrivit sous ce titre : *Contro il battesimo che ricevemmo sotto il segno del papa e dell' anticristo,* un pamphlet dans lequel il prétend qu'on ne devait le conférer qu'à ceux qui connaissaient l'Évangile. Quant à l'eucharistie, il avait sur elle des opinions encore plus étranges.

Il avait pour soutiens François Negro et François Stan-
cari, qui enseignaient d'autres dogmes encore qu'ils
parvinrent à faire approuver par Comander, en les rédui-
sant à de courtes formules où la question litigieuse
était dissimulée. Une semblable méthode fut suivie par
Aurèle Sittarca, qui avait succédé à Vergerio dans la cure
de Vicosoprano, par Jérôme Torriano à Piuro, par Michel-
Ange Florio à Soglio, par Pierre Leone à Chiavenna. Negri,
ayant eu un fils, le présenta à Mainardi pour qu'il le bap-
tisât suivant les rites de sa foi. Celui-ci lui répondit qu'il
le baptiserait au nom du Père, du Fils et du Saint-Esprit
dans la foi de l'Église du Christ. C'était oui ou non. De là
naquit un débat que Vergerio prétendit concilier, en disant, à défaut d'autre raison, qu'en résumé c'étaient là
des questions oiseuses, et qu'au lieu d'ergoter ainsi, il
valait mieux travailler à la réforme de la vie. Bullinger,
Blasius et d'autres s'efforcèrent de couper court à un
schisme aussi pernicieux ; enfin le synode imposa silence
à Camille Renato. Il n'en continua pas moins à prêcher
ses doctrines ; aussi Mainardi dut-il se rendre en 1558 à Zurich pour faire approuver sa confession de foi. Plus tard,
ennuyé de tout ceci, il voulait s'en aller en Angleterre,
où il était invité à venir par Ochin.

Parmi les différentes lettres de Mainardi, conservées au
musée helvétique, nous choisissons la suivante, adressée à
Bullinger le 15 mai 1549 :

« J'ai reçu ta lettre avec deux décades de sermons, présent
« plus précieux pour moi que de l'or et des pierreries. Mes
« occupations ne m'ont pas permis encore de les lire,
« mais je le ferai, et je les déclamerai en chaire, car tout
« ce qui vient de toi ne peut qu'être excellent. Je suis si
« petit en comparaison de toi, que je n'ai rien à te mander,

« sinon des faits qui t'affligeraient. J'ai été enchanté de
« tout ce que tu m'écris de la Saxe, de la Poméranie, etc.
« J'avais bien eu vent de quelque chose, mais j'avais
« peine à y croire ; on en débite tant de nos jours ! J'ai
« surtout été ravi d'apprendre qu'en Angleterre votre
« opinion et la nôtre touchant la Cène avait prévalu, c'est
« pourquoi espérons qu'il en sera aussi de même ailleurs.
« De notre Église, je ne puis te rien dire qui te fasse
« plaisir : le porteur de la présente te donnera là-dessus
« des informations. Les auteurs du schisme sont des ana-
« baptistes. Un de ces sectaires qui adhérait aux opi-
« nions de Camille, se trouvant un jour à la table d'un
« noble en même temps que Pierre-Paul Vergerio, con-
« fessa ouvertement et en présence d'un grand nombre
« de personnes qu'il venait de recevoir le nouveau bap-
« tême, qu'ainsi il était devenu un autre homme, c'est-
« à-dire un homme régénéré et rempli de l'esprit de
« Dieu ; que, dans le nouveau baptême, il avait renoncé
« au pape et à tout ce qu'il avait trouvé dans la papauté,
« parce que le premier baptême n'était pas du Christ,
« mais de l'antechrist et du diable [1] ; et il déclara que
« j'étais un loup et un séducteur. Camille, leur coryphée
« et leur pilote, n'est pas aussi fougueux pour faire sa
« confession au grand jour ; il y met plus de prudence,
« non pas qu'il vaille mieux, mais parce qu'il craint de se
« dévoiler ; du reste, il faut bien qu'ils soient impliqués
« dans la même erreur, ceux qui sont si bons amis.
« Je ne sais ce que je ferai : on m'appelle en Angleterre ;
« ici, je n'ai aucun aide, et je suis seul à manœuvrer le pres-
« soir. Pardonne-moi, Seigneur, car cette expression ne

---

(1) Dans une autre lettre il explique que celui-ci était Pierre de Ca-
salmaggiore. *Mus. Helv.*, part. XIX, pag. 489.

« peut convenir qu'au Christ seul, et ne peut s'employer
« qu'en parlant de Lui. Que le Seigneur dirige mes
« pas, je ne sais vraiment ce que je dois faire. J'apprends
« que Camille t'écrit; réponds-lui avec ta prudence ordi-
« naire : c'est la peste de l'Église et un grand hérétique.
« On dit qu'il se dispose à quitter Chiavenna : puisse-t-il
« devenir meilleur dans d'autres contrées! Dieu veuille
« qu'il emporte avec lui sa peste! mais je crains qu'il
« ne nous en laisse quelques germes.

« Cette lettre te sera remise par Balthazar Altieri,
« homme distingué et d'un rare talent : accueille ses ou-
« vertures, car je ne puis te donner tous les détails dans
« une lettre écrite à la hâte. Il te découvrira ses plans.
« Toi, homme de tant de prudence, si tu vois que ses
« projets soient capables de procurer la gloire du
« Christ, prête-lui le secours de tes conseils et de ton
« crédit. Pour moi, quant à ce que j'ai pu comprendre
« avec ma faible intelligence, j'estime que la réalisation
« de ces vœux contribuerait puissamment à étendre le
« règne de l'Évangile du Christ. Mais les chefs ne se prê-
« teront pas facilement à ses désirs. Porte-toi bien dans
« le Christ Jésus, Notre-Seigneur, et prie pour moi. »

Confession
Rhétique.

On prit le parti de rassembler un nouveau synode :
quatre pasteurs, élus par le consistoire, vinrent au mois
de décembre 1549 à Chiavenna, où ils reçurent l'hospitalité de François Pestalozza, et, après de longues disputes,
ils finirent par interdire à Camille l'enseignement et la
prédication, soit en particulier, soit en public; ils rédigè-
rent vingt et une conclusions, en conséquence desquelles
Camille fut excommunié le 6 juillet 1550. Camille rédigea
une profession de foi, adressée à Frédéric Salis, qui au
fond est une pure paraphrase en vers hexamètres de

chacun des articles du *credo*, et où il dissimule les points
sur lesquels il errait (C.). Camille écrivit aussi un livre intitulé *Errori, inezie, scandali di Agostino Mainardi dal* 1535
e dopo (à partir de 1535 et des années suivantes), où il l'accusait de cent vingt-cinq erreurs. Dans d'autres écrits, il
réfute les croyances luthériennes.

A cette occasion, les prédicants proposèrent d'en venir
à une discussion publique, même avec le chapitre catholique de Chiavenna qui ne crut pas devoir accepter le
défi. Les dissidents pensèrent faire disparaître ces discordes
dans le synode de 1533 avec la coopération de Travers, de
Bullinger et d'autres, en préparant une Confession Rhétique,
comme on l'avait décidé dans l'assemblée de Chiavenna,
pour mettre ainsi un frein aux Italiens libres-penseurs.
Cette Confession débute par les trois symboles œcuméniques, puis elle passe aux mérites du Christ et à l'unique
pouvoir de la sanctification par la foi ; elle rejette l'opinion
qui voit en Dieu la cause du mal ; d'après elle, la chair du
Christ est au ciel, cependant il reste présent dans l'Église :
le baptême a été substitué à la circoncision, et dans tous
les cas il faut fuir le nouveau baptême. Chaque année se
tiendront deux synodes, où l'assemblée commencera par
faire une prière à genoux : le ministre ou le plus ancien
lira le psaume 119 en latin et en allemand ; ensuite vin-
dra la profession de foi ; puis, après avoir procédé à l'è-
lection du président, de deux assesseurs et du chancelier, on commencera à traiter les affaires. Sont jours
fériés, les dimanches, Noël, Pâques, la Pentecôte ; dans
chacun de ces jours, on récitera le *pater*, le symbole et les
dix commandements. Le baptême se confère dans l'Église,
en excluant le sel, le chrême, la salive, et cela en
suivant les liturgies usitées à Zurich ou à Coire ; il n'est

pas nécessaire que les parrains soient connus pour fidèles, pourvu qu'ils soient choisis parmi les membres de la communion; nul curé ne pourra baptiser un enfant à l'insu du père et sans le consentement du magistrat. Pour la communion, on peut employer le pain sans levain; interdiction de la faire dans la maison. Les mariages se célèbrent en public; le divorce est défendu. Nul ne peut abandonner sa communauté. L'excommunication exclut pour toujours de la Cène celui qui en est frappé, à moins que des signes certains d'amendement ne l'y fassent réadmettre.

Telle fut la Confession observée par l'Église Rhétique, et les pasteurs la souscrivaient; néanmoins, lorsqu'en 1559 la Confession Helvétique fut publiée, elle fut adoptée par les Grisons. Mais les réfugiés italiens ne voulurent pas s'y conformer; Vergerio, la trouvant en beaucoup de points en désaccord avec ses croyances, refusa de la souscrire, et, se rappelant qu'il était évêque, il demanda d'être nommé visiteur de la Rhétie et de la Valteline, se promettant bien de réconcilier les dissidents. Salutz se moquait de lui à ce propos, comme s'il se fût donné trop d'importance : « Le ciel ne tomberait pas, lors même que Vergerio ne « le soutiendrait plus sur ses épaules. Au lieu de propager « l'Évangile, il devient un obstacle à sa diffusion, puisque « les prédicants se chamaillent entre eux, au lieu de « s'unir tous ensemble contre les Capucins. »

De fait, les Capucins en Valteline combattaient les hérétiques, comme les Dominicains fixés à Morbegno, d'où ils se répandaient partout pour prêcher. Parmi eux, on doit citer surtout frère Ange de Crémone, qui, prêchant à Teglio, excita le peuple jusqu'à lui faire jeter des pierres à Paul Gaddi et à d'autres venus de Poschiavo; il en résulta une bagarre dans laquelle furent blessés plusieurs bourgeois qui étaient du parti de Gaddi.

Les Grisons avaient grand intérêt à assurer le sort des Évangéliques dans la Valteline, surtout depuis que Fabricius avait succédé à Comander comme chef de l'Église Rhétique à Coire. Les prédicants y étaient toujours considérés comme des personnes privées, comme des maîtres enseignant dans les maisons particulières : Mainardi lui-même à Chiavenna n'était soutenu que par Hercule Salis et quelques autres, et il faisait ses prêches dans une petite salle de sa maison : on devait observer toutes les anciennes fêtes, surtout quand le commissaire du pays se trouvait être un catholique. Mais alors on publia un décret, aux termes duquel les Évangéliques ne seraient plus forcés à chômer d'autres fêtes que celles prescrites par le synode ; on leur attribua le tiers des revenus appartenant à l'Église Saint-Laurent de Chiavenna : on défendit de faire des novices dans les cloîtres; on assigna à chaque prédicant un traitement annuel de quarante couronnes, qui seraient prélevées sur les revenus des biens sis en Valteline et dépendant de la mense épiscopale de Coire et de l'abbaye de Saint-Abbondio de Côme; dans les endroits qui avaient plusieurs églises, on devait en céder une aux Évangéliques.

Chargé de faire exécuter ce décret, Frédéric Salis fut fêté par les Évangéliques : nommé commissaire à Chiavenna, il s'adonna de tout son pouvoir à propager leurs croyances. Alors Jean Schenardo, jurisconsulte de Morbegno, présenta une supplique au grand conseil rhétique contre ces prédicants, qui, ayant déserté saint Augustin et saint Benoît, réclament pour leur propre avantage, et non pour celui du Christ. Le véritable évangélique, disait-il, s'en tient à saint Paul, qui défend de rien faire par esprit

de litige et de revendiquer même son bien propre ; qui veut
qu'on supporte les supercheries, les injures : l'apôtre
se glorifiait de n'être à charge à personne ; ces hommes, au
contraire, les voyez-vous avec de grasses rétributions ? Que
s'ils ne veulent imiter Paul, qui lui-même imitait le Christ,
au moins qu'ils aillent demander leur salaire à ceux pour
qui ils combattent, et non à ceux qui sont leurs adversaires.
Mais ces déserteurs sont les esclaves de leur ventre, et non
du Christ : ils ambitionnent une tout autre existence
que celle des apôtres, qui, eux, la passèrent au milieu des
sueurs, des travaux, des veilles, avec la faim, le froid, la
nudité. Oh ! comment osent-ils se dire Évangéliques, s'ils
abhorrent une vie que tant de Pères du désert ónt menée
dans les veilles, dans les jeûnes et avec le cilice ! Eh quoi !
Évangéliques ceux qui jettent le froc aux orties, tandis que
le Christ a proclamé bienheureux ceux qui se mutilent
pour le royaume des cieux, et que Paul a préféré le célibat
au mariage ? Le Christ et les apôtres ont opéré des miracles qui ont fait croire à leur doctrine ; les saints, les
pontifes se sont signalés soit par des miracles, soit par la
patience au milieu des souffrances ; quant à ces parvenus,
ils n'opèrent point de miracles, ils bannissent l'austérité de
leur vie ; donc ils ne méritent pas qu'on ajoute foi à leur doctrine. En outre, il est injuste et illégal de rapporter à une
religion ce qui était destiné à une religion toute contraire ;
on doit respecter les suffrages des défunts à l'égal des lois
et des testaments : ravir ce que d'autres possèdent en
vertu d'un juste titre ou par usurpation est une iniquité.
Enfin Schenardo concluait à l'abrogation de ces lois, ou
tout au moins à ce qu'on les soumît à la sanction du suffrage universel des habitants de la Valteline.

On accueillit sa proposition comme on accueille d'ordinaire celles des outrecuidants ; aussi le décret, malgré la vive opposition qu'il rencontra à Morbegno, fut-il exécuté, et on entreprit l'inventaire des biens ecclésiastiques, dans la Valteline.

Le chevalier Quadrio, médecin de l'empereur Ferdinand, légua sa maison de Ponte pour y établir une école tenue par les Jésuites : l'empereur prit cette affaire tellement à cœur qu'à la diète de Ratisbonne de 1558, il en parla amicalement avec le bourgmestre de Coire, et Canisius, provincial des Jésuites, envoya l'Espagnol Bohadilla avec douze compagnons pour y ouvrir le collège. Les Réformés en furent épouvantés ; Fabricius s'y opposa de toutes ses forces, et obtint en 1561 une décision de la diète contre cette école.

Augustin Mainardi mourut le 31 juillet 1563, et Ulysse Martinengo écrivit à Fabricius : « Le matin de sa mort, Mort de Mainardi.
« après avoir convoqué les frères, il prononça un discours
« excellent, dont la substance fut que nous devions per-
« sister dans la doctrine que pendant vingt années de suite
« il avait prêchée ; doctrine la plus certaine et la plus sa-
« lutaire pour les âmes, parce qu'elle s'appuyait sur la
« pure parole de Dieu. Le lendemain, les anciens de l'É-
« glise le portèrent sur leurs épaules avec les marques de
« la plus profonde tristesse ; car il avait si bien mérité les
« sympathies de tous, que ses adversaires eux-mêmes ne
« trouvaient pas un reproche à lui adresser. »

Pour le remplacer, on appela le Bergamasque Zanchi, Zanchi.
bel esprit qui accepta volontiers, pour se soustraire aux tracasseries que les Luthériens lui faisaient à Strasbourg. Mais, dans ce nouveau poste, il ne sut pas trouver la paix, parce qu'il manquait d'une force de caractère suffisante pour tenir en respect les émigrés. Simon Fiorillo de Naples,

qui dans l'intervalle avait suppléé Mainardi, prétendait
maintenant à un droit de préséance sur Zanchi, et reprenait
les idées de Camille Renato. En 1564, pour comble de malheur, éclata la peste qui, en peu de semaines, fit périr
cent huit personnes, en sorte que le prêche dut se faire
en plein air, et chacun apporta avec soi une fiole de
vin pour boire à la sainte Cène, afin d'éviter la contagion.
Les prêtres catholiques firent preuve comme d'ordinaire
de leur héroïsme en assistant les malades, et les ministres évangéliques n'abandonnèrent pas non plus leur
poste, à l'exception de Torriano de Piuro.

Lorsque plus tard survinrent Biandrata et Alciat, qui
répandirent de nouvelles erreurs sur la Trinité, Zanchi les
laissa faire : mais au bout de quatre années il s'en alla. Il
s'arrêta d'abord à Piuro, où il épousa une nommée Lu-
maga, puis il s'enfuit à Heidelberg, où il succéda à Zac-
charie Orsino.

Chiavenna eut pour pasteur Scipion Lentulo, jadis bar-
bet des Vaudois dans le val d'Angrogna, puis ministre à
Montagna au-dessus de Sondrio. C'est de là qu'il écrivait
le 19 octobre 1566 au professeur Wolf à Zurich : « J'ai
« presque tous les jours à combattre avec des Italiens,
« et, quoique Italien moi aussi, je ne craindrai pas de dire
« qu'aucune religion ne leur plaît, depuis qu'ils ont com-
« mencé à prendre en dégoût la *papistique*. » Il informait
Bullinger qu'il étudiait ses écrits théologiques et ceux de
Calvin, qu'il avait entendu prêcher à Genève : pendant son
séjour dans le val d'Angrogna, il était tellement surchargé
d'affaires, qu'il avait à peine le temps de lire la Bible.
Comme il devait prêcher cinq jours par semaine à Chiavenna, il ne lui restait pas de temps pour lire des œuvres
étendues comme celles de Luther (3 juin 1575).

Lentulo.

Tobie Eglino de Zurich, un des rares disciples de notre
Giordano Bruno, maître de qui il parle avec respect dans
une dédicace à Jean Salis, était parvenu à être nommé
pasteur de Saint-Martin de Coire et administrateur du
consistoire rhétique. Lentulo, en lui décrivant l'état où se
trouvait l'église de Chiavenna, fait mention d'un nommé
Salomon de Piuro, ouvrier forgeron, excommunié depuis
dix ans comme arien, qui ne perdait aucune occasion
de déclarer qu'il ne croyait pas que le Christ fût Dieu, bien
que conçu par le Saint-Esprit. Il mentionne également un
Bolonais du nom de Ludovic Fiero, excommunié pour la
même cause, qui, revenu récemment de la Moravie,
affiche bien davantage ses folles idées; un forgeron, nommé
Henri, qu'on n'a pas encore chassé, bien qu'il ait été dénoncé
au préteur comme un des plus scélérats parmi les anabaptistes; un nommé Alexis de Trente, infâme anabaptiste;
un Vénitien nommé Jacob, ex-prêtre, qui n'assiste jamais
au prêche ni à la cène, et qui ne se plaît qu'à converser
avec des hérétiques : il cite enfin un des neveux de ce dernier ou plutôt son fils, que notre Église a déclaré être un
impie et un scélérat, et qui se moque de l'Église. « Il y a
« trois ans (poursuit-il), émigra ici un nommé Pierre, qui
« se dit Romain, bien qu'à son langage on devine qu'il
« est Espagnol; il a tout d'abord fait une confession sincère,
« plus tard il s'est fait connaître comme anabaptiste, et il
« répand aux alentours et donne à lire comme des oracles
« les livres de Georges Siculo. On range dans cette caté-
« gorie François de Bagnacavallo, qui, d'abord bon chré-
« tien, retourna, après un certain temps d'absence, pour
« déclarer que Christ n'est pas Dieu par nature, mais par
« grâce. Ajoutons à cette liste, Jean de Modène, vilain
« homme, qui ne cesse de corner aux oreilles de tous que

« les régénérés ne peuvent pécher. Que dirai-je de ceux
« qui ne veulent pas soutenir la Confession Rhétique, ni
« être interrogés par les ministres sur leur foi? Ne vont-ils
« pas jusqu'à blâmer tout le gouvernement ecclésiastique
« et la discipline? Ils leur ressemblent de bien près, ceux
« qui favorisent ces imposteurs, et ceux qui les soutiennent
« comme des frères bien-aimés. Faites donc en sorte, ô
« mes frères, que les illustrissimes seigneurs donnent l'or-
« dre à notre préteur de chasser tous ces personnages du
« territoire de Chiavenna. » (7 novembre 1569.) Lentulo
renouvelait ses instances au mois de mai suivant, à l'approche de la réunion du synode.

Déjà Zanchi avait prié Bullinger de n'admettre aucun
réfugié, à moins qu'il n'eût préalablement fait sa profession de foi sur la nature de Dieu, sur le péché originel,
sur les mérites satisfactoires du Christ, et sur la condition
future des âmes : autrement, disait-il, si l'Espagne a engendré la poule, l'Italie fera éclore les œufs, car déjà on
entend les poussins piauler. Eglino en effet exposa les périls qui résultaient pour les églises de Coire et de Chiavenna
de la présence des Anabaptistes; aussi on rendit un décret
qui ordonnait à toute personne de se déclarer ou catholique, ou adhérant à la Confession Rhétique, sous peine d'être
expulsée (27 juin 1570), et de se munir pour prêcher d'une
licence, soit auprès de l'évêque de Côme, soit près du Consistoire rhétique.

Querelles entre les hérésiarques. Les dissidents firent grand tapage à propos de ce décret,
principalement Torriano, ministre à Piuro, et quelques
autres de la Pregalia et de la Valteline; ils le comparèrent
aux décrets de l'Inquisition romaine. Barthélemy Silvio,
ministre à Traona, et le médecin Marcel Squarcialupo, écrivirent contre ce décret. Lentulo leur répliqua par une *Res-*

*ponsio orthodoxa pro edicto ill. **D. D.** trium fœderum Rhæ-*
tiæ adversus hæreticos et alios ecclesiarum rhæticarum per-
turbatores promulgata, in qua de magistratus aucthoritate et
*officio in coercendis hæreticis ex verbo **Dei** disputatur.*
Alexandre Citolino, réfugié d'Italie chez les Grisons, puis
en Angleterre, avait placé, au-dessous de l'étendard rhétique qui était peint sur le mur selon l'usage du pays, les
vers suivants :

> *Fortia signa simul connectunt armipotentes*
> *Tergeminos populos sociali fœdere junctos*
> *Solamen profugis. Felices vivite semper.*

Squarcialupo les effaça, et les remplaça par ceux-ci :

> *Est liber Christus et Rhætia, liber et hospes :*
> *Este procul vulpes : dura catena vale.*

Eglino lui répliqua :

> *Est liber Christus et Rhætia, liber et hospes,*
> *Sed'grave servitium prodit ab hœreticis.*
> *Calcatur Christus, non hospes ab hospite tutus :*
> *Rhæte, volens liber vivere, pelle lupos.*

Allusion au nom ce docteur. Torriano, Camille et Silvio
souscrivirent ¡ la formule, disposés qu'ils étaient à la
violer, et sûrs d'avance d'acheter l'impunité à deniers
comptants; mais le décret fut appliqué à un nommé Christophe, maître d'école à Sondrio. Les martyrologes des
Anabaptistes contiennent une longue liste des victimes de
ces persécutions.

La question du droit de punir les hérétiques fut discutée
avec acrimonie au synode de Coire, en'juin 1571. Tobie

Eglino soutenait l'affirmative; Jean Gantner, anabaptiste, tenait pour la négative. Les Italiens s'y présentèrent. Citons parmi eux, Torriano, qui à Piuro recevait à la communion ceux que Lentulus excommuniait à Chiavenna; Nicolas Camulio, un négociant des plus riches qui leur donnait l'hospitalité à Piuro même; Lélius Socin, un Sadolet, *omnes perversi homines* (dit le procès-verbal), entourés d'une quantité d'amis, et patronnés par le médecin Bellino qui garantissait leur sécurité. Le père Jules de Milan, curé de l'église de Poschiavo, apporta des lettres de Camulio à Torriano, interceptées par les Italiens, lettres où il qualifiait les ministres évangéliques de vieux et nouveaux renards, de nouveaux Pharisiens, d'hommes de sang, de papes de l'antechrist, de bourreaux : il y déplorait l'exil d'Ochin et son expulsion de Zurich, il proposait le moyen de le mettre en sûreté à Piuro; il qualifiait Camille Socin d'homme honnête et pieux, qui savait résister aux nouveaux Pharisiens; il témoignait sa sympathie pour les hérétiques Betti et Dario; il louait la longue familiarité avec l'école de Sienne, et déplorait la mort de Castalion, qu'il appelait un éminent chrétien [1]. Camulio s'excusa comme étant peu habitué aux subtilités de la théologie; il avoua qu'il s'était montré trop large envers les réfugiés, mais par pure compassion; d'un autre côté, il soutenait que personne ne consentirait à souffrir des actes de violence contre sa conscience, et que dès lors ceux qui partageaient son opinion ne pouvaient violenter la conscience d'autrui; on ajoutait que, d'ailleurs, on ne

---

[1] L'œuvre principale du Savoyard Castalion est la traduction latine et française de la sainte Écriture. Calvin l'eut en amitié, puis il lui prodigua des injures à raison de ses idées sur la prédestination, et parce qu'il avait blâmé la punition des hérétiques.

discutait pas sur des matières essentielles au salut, mais
pour décider si le magistrat a le pouvoir de punir les hérétiques. On lui fit tant de menaces qu'il perdit courage :
tous ces Italiens furent frappés de censure; néanmoins ils
prirent tant de ménagement qu'ils obtinrent de rester dans
le pays, et même de conserver leurs traitements.

Mino Celsi de Sienne écrivait en 1572 : « M'étant arra- Persécutions.
« ché il y a trois ans des mains de l'antechrist, et fatigué
« du long voyage et des dangers que j'avais courus, avant
« d'aborder comme à un port aux Alpes Rhétiques, je
« croyais (comme on le croit entre nous autres frères d'I-
« talie) que les églises, qu'à bon droit on nomme réfor-
« mées, étaient liées entre elles par un accord indisso-
« luble et par l'unité de doctrines. Tout au contraire, mon
« esprit a été vivement affecté, lorsque je découvris que,
« malgré l'assentiment unanime avec lequel elles consi-
« dèrent le pape comme le vrai antechrist, et la messe
« comme une idolâtrie pire que toutes celles de l'antiquité;
« malgré qu'elles soient toutes unanimes pour reconnaître
« que les hommes sont justifiés non par leurs propres
« œuvres, mais par la foi en Christ; que le purgatoire est
« la boutique du pape; qu'il y a deux sacrements et non
« pas sept, et autres articles pieux et saints, elles sont
« en désaccord sur beaucoup d'autres points. Et, comme
« chacun tient sa foi pour vraie et orthodoxe, si l'on ad-
« met la persécution des hérétiques, il s'ensuit nécessai-
« rement que chacun a le droit de persécuter son frère
« dissident, et qu'il peut avoir recours soit au fer, soit au
« feu, soit à l'eau pour s'en débarrasser, et alors on ne
« voit plus de limites dans les supplices. »

Plus tard, la controverse sur la prédestination s'enve-
nima bien davantage. C'est ainsi qu'Alciat et Biandrata,

qui revenaient en Valteline pour confirmer leurs coreligionnaires dans la foi, en furent bannis; Fabricius Pestalozza, qui professait les mêmes opinions ariennes, fut
obligé de les rétracter en 1595; quant aux autres partisans de l'Arianisme, ou ils se convertirent, ou ils gar-
dèrent le silence.

Après la crédulité, un autre mal qui torture les révolutionnaires, c'est la peur. En conséqnence, ils demandent des persécutions et des procès, et, si par ces moyens
ils ne réussissent pas légalement à trouver des accusés et
à les punir, ils taxent les magistrats de connivence. On
publiait à son de trompe que les Dominicains de Morbegno espionnaient tout, pour ensuite tout dénoncer au
Saint-Office : partout on opérait des arrestations aux frontières, et on répétait que dans les capuchons des moines
on avait trouvé des papiers compromettants, quoiqu'on
ne pût les exhiber au cours de la procédure. Augustin
Mainardi, dont on vantait la modération, mandait au
célèbre Fabricius : « Il est de mon devoir de vous
« écrire, bien qu'à contre-cœur : aussi je vous prie
« de vous souvenir autant que possible de ce que j'écris,
« mais ne montrez la lettre à personne, parce que
« le sujet traité est odieux. Avant-hier, le commissaire
« arrête Vincent Stampa de Chiavenna, ennemi juré des
« Évangéliques, et intime ami de ce ribaud de Dominicain
« qui fut absous et renvoyé par le podestat de Tirano
« sans encourir la moindre punition. Vincent connaissait
« tous ses secrets, et une fois il lui échappa de dire que
« ce podestat brûlait du désir de se laver les mains dans
« le sang des Luthériens. On croit généralement ici qu'il
« envoie un espion à l'Inquisition pour la mettre au
« courant de tout ce qui se fait. Je veux que vous en

« soyez averti , afin que, de concert avec les Seigneurs,
« vous preniez vos mesures pour qu'il n'échappe pas.
« J'écrirai aussi au commissaire pour qu'il le *force* à con-
« fesser la vérité, à manifester les machinations ourdies
« contre les fidèles du Christ, les conseils des prophètes
« de Baal (j'entends parler des Dominicains), et des
« autres qui sont les ennemis non-seulement de l'Évan-
« gile, mais aussi ceux de nos Seigneurs. Le podestat
« est l'unique coryphée par qui on poura tout savoir,
« bien mieux que par tout autre, quel qu'il soit; qu'on le
« tienne en prison, et qu'on ne le laisse pas échapper. Je
« crois que, si on en vient à le *forcer* de dire la vérité
« contre les Dominicains, il en dira tant et tant qu'ils
« seront chassés, et à bon droit, par les Seigneurs..... Ce
« que j'écris, je le répète encore, c'est bien malgré
« moi, car je ne voudrais nuire à personne[1] ».

Peu de temps après, il se plaignait de ce que le préteur ne voulait rendre de sentences qu'après avoir ouï le
conseil des Seigneurs des Grisons.

Et Tobie Eglino écrit à Bullinger : « Il est bien certain
« que beaucoup de moines, émissaires payés avec l'or
« du pontife, rôdent à Chiavenna, à Piuro, et dans les
« environs, pour être à l'affût des résolutions prises
« par les Grisons, et, qu'assaillant un à un nos coreli-
« gionnaires, ils cherchent à les arracher à la vraie re-
« ligion soit par force, soit par crainte, soit par des ré-
« compenses. Si jamais l'Inquisition espagnole a sévi
« dans toute sa fureur, c'est bien maintenant. Il n'est pres-
« que pas de marchands qui soient en sûreté à Milan,
« où les suspects sont massacrés avec une atroce cruauté,

(1) De Porta cite cette lettre comme toute à la louange de Mainardi,
veridiculum et liberalem.

« ou envoyés aux galères, ou retenus prisonniers dans
« leurs propres maisons, s'ils sont nobles. Dernièrement,
« un Vénitien nommé Jacques Serravallense, qui avait
« professé l'Évangile à Chiavenna, et qui se rendait pour
« affaires en Italie, fut arrêté à Crema, et, avec beaucoup
« de mauvais traitements, les mains liées derrière le dos
« comme un grand criminel, conduit à Venise, et là con-
« damné aux galères, ou, *comme d'autres l'ont dit*, préci-
« pité dans la mer. Bologne nous offre le spectacle d'une
« pareille boucherie, et pis encore; on y donne la mort,
« on charge de chaînes, on y torture grands et petits.
« A Piuro, est arrivé un moine, qui, plein de confiance
« dans la bienveillance des habitants papistes et dans la
« libéralité du pontife, écrivit des lettres perfides aux
« termes desquelles, d'accord avec les gens les plus ver-
« tueux de l'endroit, il aurait soi-disant reçu le pouvoir
« de sévir contre les prédicants et contre les Évangéli-
« ques. Il voulut les porter à Rome, afin que le pape vît les
« pouvoirs à lui accordés, et lui prodiguât de l'argent
« pour corrompre d'autres chrétiens. Mais, les consuls de
« l'endroit n'ayant pas voulu apposer leur signature à
« cette prière, l'affaire vint aux oreilles du pasteur du pays ;
« le moine fut jeté en prison, et on lui infligea une
« amende de deux cents coronats. » (29 décembre 1567.)

Et on ajoutait foi à de pareilles dénonciations! Mais
l'accusation était lancée : si les deux espions avaient
pris la fuite, la faute en était au préteur qui avait été
acheté : on accumulait ainsi sur eux toutes les infamies
possibles ; à force de les répéter, elles devenaient incontes-
tables, et on expédiait au sénat de Milan un envoyé
chargé de porter plainte et de réclamer une satisfaction.
Mais celui-ci, ainsi que le gouverneur, demandait des preu-

ves; on assurait que l'affaire regardait uniquement l'Inquisition; on présentait alors les plaintes à la diète, et celle-ci se laissait acheter avec l'or de Rome, avec les balivernes des moines, avec des décorations de chevalier. Ne sont-ce pas là des arguments qui se reproduisent tous les jours?

Nous ne voulons pas dire pourtant que les Catholiques aient épargné leurs efforts pour sauver la Valteline de l'hérésie; or, comme selon le droit commun du temps l'hérétique était un ennemi public, on recourait à tous les expédients admis par le droit de la guerre, et on allait jusqu'à arrêter les marchandises d'hérétiques qui arrivaient en Lombardie, à s'emparer de leur personne chaque fois que cela était possible, et à interdire sous les peines les plus sévères de les héberger[1]. On surveillait davantage les prêtres et les moines apostats, on faisait en sorte de les arrêter et de les consigner au Saint-Office. Parmi eux était François Cellario della Chiarella, fils de Galéas, jadis Mineur observantin. Poursuivi par le Saint-Office à Pavie, il avait été renvoyé le 1er mai 1557, et on s'était contenté de lui imposer quelques pénitences. Mais il ne tarda pas à être ·dénoncé

Réaction des Catholiques.

---

(1) Nous possédons ce curieux décret : ·

« Par ordre du révérendissime Frédéric Corner, évêque de Bergame, et du révérend Aurèle Odasio des Frères Prêcheurs, inquisiteur de la ville et du district de Bergame, on intime aux magnifiques chevaliers Jérôme et M. Antoine, frères de N. S. Antoine de Crumello, et à la M. Signora Medea, leur mère, d'avoir, dans les trois jours qui suivront cette intimation à eux faite, et sous la peine de l'excommunication et d'une amende de cinq cents sequins à percevoir aux dépens des contrevenants, ladite amende applicable à la fabrique du Saint-Office, d'avoir à renvoyer de leurs maisons le sieur Hercule Salis, qui demeure chez eux depuis quelques jours, et ce, pour des raisons urgentes, etc. Bergame, du palais épiscopal, le 18 avril 1572. »

comme ayant chez lui et propageant des livres entachés
d'hérésie, comme imbu de fausses opinions et ardent à les
prêcher. Par suite, on le mit en prison, et il confessa
qu'il avait loué publiquement Bucer, Calvin, Ochin et
autres hérétiques de même trempe. Étant parvenu à s'é-
chapper, il se réfugia chez les Grisons, et se maria. Il enseignait qu'il n'y a point de purgatoire, que le mariage
n'est point un sacrement et qu'il n'est point interdit aux
prêtres; que le corps du Christ ne réside dans l'eucharistie que d'une manière idéale; qu'à Dieu seul on doit
faire la confession de ses péchés; qu'on ne doit pas vénérer les images des saints; que Pierre n'a pas été supérieur aux autres apôtres, et que le pape ne l'est pas davantage aux autres évêques. Non content de prêcher à
Morbegno, Cellario parfois poussait en cachette jusqu'à
Mantoue, en sorte qu'on tendit des embûches pour le
prendre. Il était allé en 1558 au synode de Zutz dans la
haute Engadine : le passage de la Bernina se trouvant
intercepté par les neiges, il s'en retournait par Chiavenna,
en traversant cette langue de territoire, dite Plaine de
Colico, qui touche au Milanais. Là, on avait aposté des
gens chargés de le capturer : il fut arrêté au passage de
l'Adda, et envoyé à Plaisance, d'où le duc Octave Farnèse
tint à honneur de le faire transférer à Rome, où, après
un procès en règle, il fut consigné le 20 mai 1569 au
bras séculier, en la double qualité d'apostat et de relaps.
Les Grisons, sous prétexte d'une violation du droit public,
firent grand bruit, et envoyèrent notes sur notes à Albuquerque à Milan, et aux autres chefs des gouvernements
d'Italie; mais, pour toute réponse, on leur dit que le pape
avait le droit de faire arrêter les hérétiques. Les Séigneurs
Grisons publièrent un ban contre l'inquisiteur frère

Pierre-Ange de Crémone, aux termes duquel on promettait une récompense à celui qui se saisirait de lui ou d'un de ses compagnons, et le livrerait aux magistrats.

Plus tard Laurent Soncini, qui prêchait à Chiavenna, fut pris de la même manière, et envoyé à l'Inquisition. Les évêques de Coire, eux aussi, veillaient à la conservation du catholicisme. Thomas Planta ayant été préféré pour ce siège à André Salis, les haines entre les deux familles rivales s'envenimèrent; on reprocha à Planta de manger gras même les jours de jeûne, de ne pas dire la messe, et de boiter dans la foi, comme il boitait sur ses jambes. Les accusations furent portées devant l'Inquisition, et frère Michel Ghislieri procéda contre lui. [Planta se justifia : à dater de ce moment, il redoubla de zèle, et partant s'attira la haine 'des Évangéliques, avec qui il ne cessa plus d'être en lutte.

On était à l'époque où le Concile de Trente poussait ses travaux avec beaucoup plus de vigueur : aussi avait-on, en 1561, envoyé dans les Grisons Bernardin Bianchi, prévôt de Sainte-Marie della Scala de Milan avec le noble Milanais Jean-Ange Rizzi, secrétaire royal, qui tous deux à la diète de Coire eurent maille à partir avec les commissaires de cette diète, parce qu'en Valteline et à Chiavenna on donnait asile aux émigrés, sans examiner préalablement ni leurs mœurs ni leur conduite, et uniquement parce qu'ils se montraient les ennemis de la foi catholique. Les deux envoyés exposèrent à la diète bien d'autres griefs : ils se plaignaient, par exemple, qu'on obligeât les fidèles à partager les bénéfices avec les ministres hérétiques, ce qui les aidait à propager des interprétations de l'Évangile contraires à celles des Pères et des Conciles œcuméniques, et que d'autre part on contraignît les pré-

Réclamations de S. Charles.

dicateurs catholiques à donner caution pour leurs faits
et gestes; qu'on eût interdit l'érection d'églises et de couvents, et qu'on eût blâmé Quadrio d'avoir fondé le collège
des Jésuites à Ponte. Ils déploraient en outre qu'à Poschiavo on tolérât l'imprimerie Landolfi, dont les ouvrages étaient très-hostiles au siège romain [1]; qu'on
entravât l'évêque de Côme dans l'exercice de sa juridiction et qu'on exigeât même de lui l'abandon de ses
droits de cens et de ses canons; qu'on eût ordonné à
toutes les paroisses de choisir leur curé d'après leur
bon plaisir, sans demander la bulle ou l'approbation à
Rome; et qu'enfin, lorsqu'un bref était venu de Rome,
on ne le publiât pas sans le consentement des trois
Ligues.

On souleva l'indignation populaire contre ces envoyés,
sous prétexte qu'ils attentaient à la liberté du pays, et
Pierre-Paul Vergerio vint exprès du Wurtemberg pour
leur faire de l'opposition. La diète s'assembla, et on y
donna des réponses évasives, comme celles-ci : on ne
laisserait sortir de l'imprimerie de Poschiavo ni livre
hostile au saint-siège, ni pamphlets contre le pape; on
ne disputerait à l'évêque de Côme aucun point de sa juridiction; on n'avait commis aucune injustice dans les
dispositions prises relativement au couvent de Morbegno
et au collège de Ponte : quant aux instances faites par
Bianchi pour l'envoi de légats au Concile de Trente, on
y répondit par une fin de non-recevoir catégorique, ce
qui fut un grand triomphe pour Vergerio. Il arriva même
qu'en 1583, dans l'assemblée de Chiavenna, les chefs

(1) Entre autres, il était sorti de cette imprimerie le livre de Mes-
trezat, *Sur la communion de Jesus-Christ dans la Sainte-Cène*, traduit
par Vincent Parravicini de Côme.

de la République sanctionnèrent un décret, aux termes duquel, lorsqu'il y aurait dans un village trois familles appartenant au culte réformé, on y entretiendrait à frais communs un ministre, qui aurait le droit d'user des églises « construites par les ancêtres pour l'usage de leurs descendants ».

Nous avons déjà signalé combien saint Charles avait fait d'efforts pour défendre la cause catholique chez les Grisons et en Valteline : il y expédiait des catéchismes ; il avait cherché à en faire éloigner les apostats, à faire ouvrir des écoles catholiques, mais il obtint peu de résultats ; on avait même renouvelé l'ordre qui interdisait de prêcher à quiconque ne s'était pas muni de l'approbation du synode[1]. Volpi, évêque de Côme, qui avait été envoyé à la diète de Baden pour prendre la défense des intérêts catholiques près des seigneurs Suisses, invita le cardinal Borromée à visiter la Valteline. En effet, l'archevêque de Milan, se trouvant dans le Valcamonica, passa les Zapelli d'Aprica, et vint en pèlerinage au célèbre sanctuaire de la Madone de Tirano « pour enflam-
« mer (écrit-il), autant qu'il dépendra de lui, les ortho-
« doxes de cette vallée ; car ils sont pour ainsi dire
« étouffés sous le joug intolérable des hérétiques, et les
« rapports quotidiens qu'ils ont avec les ennemis de notre

---

[1] Il existe aux archives de l'archevêché de Milan une lettre du curé de Morbegno, Pierre Carati, en date du 3 octobre 1571, adressée au cardinal Borromée, où il lui dit que, « tandis qu'il y a un prédicateur luthérien pour les étrangers réfugiés, qui pourtant sont peu nombreux, » il y a douze ans que lui est curé de Morbegno, et qu'il s'y est toujours maintenu ; mais que maintenant il craint de ne pouvoir plus y rester, attendu la grande disette par suite de laquelle il n'a plus assez pour vivre et secourir les pauvres nombreux qui viennent frapper à sa porte. Aussi supplie-t-il le cardinal de lui obtenir de l'État quelques charges de froment avec exemption des droits. »

« foi leur font courir le péril de la contagion. J'y ai
« prêché pour donner quelques consolations à ce peuple,
« qui souhaitait ardemment entendre ma voix, et je l'ai
« fait bien volontiers, avec la permission de l'évêque de
« Côme ».

Le même saint appuya vigoureusement Pusterla, archiprêtre de Sondrio, dans l'opposition qu'il fit à l'établissement dans ce pays d'un collège sous la direction de
Raphaël, fils de Tobie Eglino. Il en résulta une véritable
émeute, et beaucoup d'habitants furent poursuivis et
bannis, parmi lesquels Pusterla lui-même, mais pourtant
le collège ne put être ouvert. Saint Charles obtint des
Cantons catholiques de la Suisse l'envoi de députés à
la diète des Grisons pour sauvegarder les intérêts des
habitants othodoxes de la Valteline. Après le voyage
dans la Mesolcina, que nous avons décrit (tom. III, pag. 618),
saint Charles eût désiré avec ardeur de pouvoir descendre
dans la Valteline, mais la permission lui en fut re-
fusée [1].

Nous avons dit ci-dessus que, lorsque la constitution
est en péril, les Grisons établissent un tribunal spécial
(*Straffgericht*), composé de juges choisis par les communes,
revêtus d'un pouvoir dictatorial. Ils l'érigèrent alors pour

---

(1) En 1584, Grégoire XIII recommandait chaudement aux Cantons
catholiques les affaires de la Valteline. *Accepimus conari catholicæ
ecclesiæ hostes Sondrii hæreticorum scholas et collegia constituere,
jamque hac de causa legatos misisse. Obsistite, rogamus, tanto studio
quantum virtus pollicetur, qaantumque Christi causa exposcit : nihil au-
debunt, vobis invictis, moliri ; vos vero ad eam laudem, quam in valle
Mesolcina retulistis, hanc quoque maximam adjicietis. Tota denique valle
Tellina, Clavenna, cæterisque locis quibus potestis, catholicæ religionis
catholicorumque* hominum causam suscipite,* etc., 28 avril ; et ce pape
leur fit une nouvelle exhortation à la date du 29 novembre suivant.
(Voir THEINER.)

découvrir et châtier ceux qui avaient favorisé la venue de
Borromée, à qui ils attribuaient de secrètes menées politiques, et cela d'autant plus qu'il était neveu de Jean-
Jacques Medeghino, qui avait fait une guerre si implacable
aux Grisons, et tenté de leur enlever la Valteline. Un habitant de la Mesolcina, Jérôme Burgo, confessa au tribunal,
au plus fort de la torture, qu'il avait reçu de Borromée
de l'argent et du blé à distribuer aux meneurs, nomma
les complices, et fit tous les aveux qu'on réclama de lui.

Il est certain que sur ces entrefaites les habitants de la
Valteline faisaient parvenir au cardinal Borromée des
plaintes et des réclamations contre les abus de leurs maîtres, et ils préparèrent un soulèvement avec l'aide des
gouverneurs de Milan, qui ne purent jamais se résigner
à la perte de cette importante vallée. Le gouverneur Don
Ferrante Gonzague avait déjà intrigué à cette fin même
avec l'évêque Vergerio, mais en vain[1]. Une lettre de Borromée, écrite en 1584, nous fait voir clairement que l'affaire
fut encore discutée plus tard, et que l'archevêque de Milan se laissait influencer par son désir de servir les intérêts
de la religion; il négociait en ce sens avec l'ambassadeur
de France, et se tenait près des frontières de la Valteline
pour accourir au premier mouvement; cependant il protestait toujours « qu'il ne voulait pas, pour venir au
secours de ces populations, avoir recours à d'autres
moyens qu'aux moyens spirituels (D) ».

Vers la même époque, un certain Renaud Tettone, riche
négociant milanais, avait mal conduit ses affaires, et,
comme un homme qui n'avait plus rien à perdre, s'était
mis à la tête d'une bande de bravaches, métier qui ne

___

[1] Voir la lettre de Vergerio, du 21 avril 1550, et GOSSELINO, Vita del
Gonzaga, f. 92.

déshonorait alors que ceux qui ne réussissaient pas: Il
s'anima au cours de l'entreprise : il médita donc d'envahir
la Valteline et de la mettre à sac ; et, pour couvrir d'un
prétexte honnête sa scélératesse, comme il arrive souvent,
il fit courir le bruit qu'il y allait pour rehausser le
prestige de la sainte religion catholique et qu'il opérait
d'accord avec le gouverneur Terranova, avec le cardinal
Borromée, avec le pape Grégoire. Il se mit effectivement
en route; mais Parravicino, gouverneur de Côme, ne
permit pas à cette canaille d'entrer en ville, et la repoussa
par la force avec l'aide des milices bourgeoises, envoyant
au supplice tous ceux des gens de Tettone qu'il put saisir.

L'entreprise à vau-l'eau, le gouverneur de Milan changea
d'attitude, et Tettone fut envoyé aux galères (E). Les
Grisons en firent un grand grief, et poursuivirent beaucoup de personnes, sans vérifier les faits de chacun ; mais,
à dater de ce moment, ils traitèrent le cardinal de fac-
tieux et de brigand.

Luttes
des
Catholiques
et des
Réformés.

Celui-ci était mort, l'année auparavant, au moment
même, dit Calandrino, où il se préparait à mettre au jour
son criminel dessein [1] ; or la lettre citée le montre innocent
de tous ces manèges, mais nous fait voir qu'il ne les
ignorait pas : en outre Ripamonti et Ballarino [2] attestent
qu'il était d'accord avec l'Espagne pour seconder la conspiration : aussi son nom resta-t-il comme un épouvantail

(1) *Disp. Tiran.*, pag. 75.
(2) Ripamonti, *Hist. Mediol.*; Ballarino, *Felici successi de' Cattolici in Valtellina.*

« Le pape Grégoire, mû par son zèle et pris de compassion, per-
suada, par l'entremise du cardinal saint Charles, en 1584, à Charles de
Terranova de surprendre la Valteline, et certainement ce projet aurait
reçu son exécution, si dans l'intervalle le susdit cardinal n'était venu
à mourir. » (Manuscrit existant aux archives de l'évêché de Côme.)

aux yeux des hétérodoxes, et, à dater de ce moment, quiconque essayait de leur résister appartenait, comme ils disaient, à la ligue Borromée; de nos jours, on dirait à la Congrégation, à la compagnie des Jésuites, à la société de Saint-Vincent de Paul. Les chefs étaient Jean Odescalchi, évêque d'Alexandrie, et Jean-Pierre Negri, dominicain.

Les dissidents ne cessaient point d'appuyer leurs coreligionnaires et de desservir les Catholiques. Dans les statuts de la Valteline, imprimés en 1549, on en avait, paraît-il, glissé quelques-uns en faveur des premiers; on mit toute espèce d'obstacles au jubilé de 1575; et, en 1585, toutes les bannières des Grisons, se trouvant réunies à Chiavenna, sanctionnèrent de nouveau la liberté entière de religion, ce qui alors, comme en bien d'autres occasions, signifia persécution de la religion catholique. Ils ne voulaient point admettre sur leur territoire de moines étrangers, pas même pour la prédication du carême; et par-dessus tout ils ne pouvaient souffrir qu'on priât pour l'extirpation des hérésies, si on ne déclarait pas exclue de cette dénomination la religion professée par les Seigneurs de la Rhétie; ils ne pouvaient tolérer, disaient-ils, qu'on fît des prières contre leurs propres maîtres. On assignait un traitement aux prédicants réformés (F); les revenus de la cure de Sainte-Ursule de Teglio étaient déjà, depuis plusieurs années, appliqués à maintenir le prédicant de l'endroit, qui était soutenu par la famille Guicciardi. Cette situation ayant fait naître une opposition à laquelle les partis se mêlèrent, on prétendit que l'honorable citoyen Thomas Planta avait été gagné par l'or de l'Espagne : on lui fit son procès, et il fut condamné à mort.

Broccardo Borrone de Busseto, Parmésan, en faisant ses études à Padoue, connut les écrits de Calvin, et leur

Broccardo
Borrone.

lecture le pervertit. Il vint en 1592 en Valteline ; et, grâce
à la recommandation d'André Ruinelli, médecin et professeur dans le pays des Grisons, on le nomma prédicant
et maître d'école à Traona, d'où, en 1596, il fut transféré à
Chiavenna en qualité de chancelier de Jean Planta. Accusé
de s'être enfui d'Italie, non pour cause de religion, mais
comme coupable de turpitudes, et pour avoir plusieurs
fois manifesté le désir de rentrer dans le sein de l'Église
catholique, si le pape lui pardonnait, auquel cas il cher-
cherait à faire tomber aux mains de l'Inquisition quelques
prédicants, il fut soumis à la torture la plus rigoureuse :
il ne fit aucun aveu, et on le renvoya en lui faisant
payer la somme de cent cinquante coronats pour les
frais du procès ; en outre, la diète le bannit de tout
le pays, dans la crainte qu'il ne méditât de se venger.
Pendant son court séjour en Rhétic, Borrone avait profité
de sa position pour recueillir de curieuses notices : en
effet, en 1601, un nommé Georges Pini de Traona écrivit
de Rome que Borrone s'y trouvait alors, et qu'il avait fait
un livre où il décrivait le pays et ses habitants : tout aussitôt on chercha à se procurer ce livre, puis on mit sa tête
à prix, mais on ne trouva personne qui voulût gagner
la récompense promise. En réalité, c'était pour faire de
l'argent que Borrone avait écrit ce petit livre, dont nous
extrayons seulement quelques passages concernant les
pays italiens, à propos desquels il s'exprime ainsi : « Autour
« du lac de Côme sont les paroisses catholiques de No-
« vato, Campo, Samolaco, Gardona, qui n'ont pas d'hé-
« rétiques, tant a prévalu l'exemple des voisins. Tout le
« val San-Giacomo, qu'on traverse pour aller à Coire, est
« entièrement catholique. Le comté de Chiavenna ren-
« ferme quinze paroisses, toutes munies de prêtres ca-

« tholiques : il y a des ministres hérétiques à Chiavenna,
« à Piuro, à Pontilio, à Mese; ce sont tous apostats venus
« d'Italie. Sur cinq mille habitants, il y en a huit cents
« d'hérétiques; mille sont en état de porter les armes,
« et sur ce nombre il y a au plus cent hérétiques. Il
« ne serait pas difficile de purger le pays de l'hérésie,
« car il n'y manque point de gens de cœur, qui n'atten-
« dent que l'occasion.

« A la sortie de l'Adda, on aperçoit les restes d'une
« tour, où Jean-Jacques Medeghino avait établi un camp
« pour empêcher les Grisons d'entrer : il conviendrait de
« la rétablir.

« Il y a en Valteline soixante-cinq paroisses, dont cha-
« cune a son curé; mais il faudrait qu'elles fussent visitées,
« car elles renferment un grand nombre de contumaces
« et de réfugiés italiens non munis de leur dimissoire. Il
« n'est pas d'endroit qui soit tout entier à l'hérésie; au
« contraire, il en est qui n'ont pas même un hérétique;
« les ministres sont à peine au nombre de douze, tous
« apostats italiens, et, si on savait s'y prendre, on pour-
« rait, je crois, en peu de temps purger du calvinisme la
« vallée. Sur vingt-cinq mille habitants, à peine un
« dixième a embrassé la Réforme : quatre mille sont
« inscrits à la milice, et sur ce nombre il y a huit cents
« hérétiques. Mais il faut avouer que parmi ceux de ce
« parti sont les principaux et les plus riches habitants,
« non-seulement de la Valteline, mais de tous les Grisons.
« Les natifs abhorrent leurs maîtres, et à l'occasion ils
« s'en débarrasseraient volontiers. Il ne serait pas difficile
« de les acheter, d'autant plus qu'en Rhétie aucun se-
« cours des confédérés ne pourrait entrer sans pénétrer à
« travers des défilés fort étroits qui sont en possession des

« Catholiques, tandis que les passages sont ouverts aux
« Catholiques italiens et allemands. »

Ici l'auteur décrit la politique et la misère des Grisons,
puis il donne des renseignements sur les pasteurs évangéliques de la Valteline.

« Nicolas de Milan, ex-Franciscain, est venu, il y a trois
« ans, à Chiavenna, où il enseigne le catéchisme héré-
« tique; il y a épousé une pauvre femme, dont les mœurs
« l'ont dégoûté, et il en a eu des enfants qu'il a peine à
« élever. Il ne se loue pas de son église, parce qu'elle lui
« a préféré Octave Mei de Lucques. Mécontent comme il
« est, il me semble qu'on pourrait facilement le gagner
« par des promesses.

« Ce Mei, bien que né et élevé dans l'hérésie, est jeune,
« célibataire, de bonne famille; il possède le latin, le grec,
« l'hébreu, une teinture des beaux-arts, et a de la faconde.
« En lui faisant de belles promesses, on pourrait l'amener
« à notre Église, ou bien s'emparer de sa personne, là,
« près du lac, où il aime à pêcher.

« Michel Acrutiense, jadis doyen dans la Rhétie, puis
« apostat, est ministre à Piuro : il est âgé de soixante ans,
« suffisamment instruit, mais pauvre, à la tête d'une petite
« église jouissant de maigres revenus; bafoué, parce qu'il
« a épousé une jeune femme.

« Thomas Capella de Gênes, jadis carme, est maintenant
« ministre à Poncila; il a bien près de quarante-cinq ans,
« et est marié à une femme stérile et laide : quant à lui, il
« a de la science, de l'audace, de l'ambition; il est plein
« de lui-même et riche. Je ne crois pas qu'il ait perdu
« l'amour pour l'Italie sa patrie, mais jamais il ne
« consentirait à rentrer dans un couvent.

« Jean Marzio de Sienne, qui a apostasié depuis au

« moins trente ans, prêche actuellement à Solio dans le
« Val Bregaglia; il a épousé une Vénitienne défroquée,
« dont il a eu deux jolies filles, maintenant bonnes à
« marier. Il a fait imprimer quelques pamphlets contre
« l'Église, et a été l'orateur des hérétiques au colloque
« de Piuro. Je croirais inutile toute tentative près de lui.

« Il y a un an, est venu du duché de Spolète Ferdinand
« d'Ombrie; il s'est tout à coup marié à une jeune fille,
« avec laquelle il vit en mésintelligence; je ne doute pas
« qu'il ne cédât à des leurres.

« Marcien Ponchiera, ex-prêtre, maintenant prédicant
« à Vicosoprano, grand parleur, grand buveur, a épousé
« à l'âge de soixante ans une jeune fille, pour laquelle il
« meurt de jalousie. Une fois il voulut retourner dans sa
« patrie, et poussa même jusqu'à Milan, puis il rétrograda.
« Il est pauvre comme un gueux, car il mange le revenu
« d'une année en un mois. »

Après avoir parlé de Raphaël Eglino et de Gabriel Ger-
ber, Borrone continue sa revue par Jean Luca, Calabrais ;
jadis mineur conventuel, maintenant ministre; à Dubino, âgé de vingt-trois ans, et d'un grand savoir, il
a épousé une pauvrette, ce dont il se repentira bientôt. Si
on ne peut le prendre par la douceur, on pourrait le faire
enlever par un couple d'hommes armés, son église étant
très-voisine du lac.

Il n'y a pas d'autre parti à proposer qu'un enlèvement
pour Luc Donat Poliziano, jadis Franciscain, maintenant
à Traona, âgé de trente-cinq ans et ayant trois enfants.

« Hercule Poggio de Bologne, prédicant à Morbegno,
« esprit ambitieux et à moitié fou, a pour femme une
« autre Xanthippe, avec laquelle il s'en donne, bien que
« sexagénaire, et il ne saurait s'en séparer.

« Depuis un an s'est fixé à Caspano un moine qu'on dit
« originaire de Plaisance et docteur en théologie; il a
« épousé une femme de Chiavenna, et je ne sais rien
« autre de lui.

« Scipion Calandrino de Lucques, ministre à Sondrio,
« est l'homme le plus dangereux; il fait passer et propage
« en Italie une quantité de livres traduits du grec et du
« latin; il a cinquante ans, une femme noble, et se vante
« lui aussi d'être noble; pas d'enfants, et jouissant d'un
« grand crédit près des hérétiques.   .

« César Gaffori de Plaisance, jadis capucin, maintenant
« ministre à Poschiavo, est âgé de quarante-cinq ans; il a
« femme et trois enfants; beau parleur, très-versé dans
« l'Écriture sainte, il s'est servi de la presse contre Bel-
« larmin.   .

« Marc-Eugène Bonacino, Milanais, et Alphonse Monte-
« dolio, de Plaisance, cédant à mes conseils, sont allés
« en Tyrol, en attendant le sauf-conduit pour retourner en
« Italie.

« Il en est d'autres qu'on pourrait faire rentrer dans le
« giron de l'Église romaine par des promesses et des rai-
« sonnements. Chaque année, les ministres se réunissent
« en synode, et pour s'y rendre il leur faut traverser un
« étroit passage, voisin du lac de Côme, qui fait partie de
« la juridiction de Milan. On pourrait facilement les saisir
« au passage. » (G.)

Jusqu'ici Borrone n'est qu'un vil espion; mais il ne
manque pas d'une certaine finesse, lorsqu'il critique les
vices des Grisons, ce sur quoi du reste il tombe d'accord
avec les historiens, même nationaux. La religion les séparait aussi bien que la politique : ils ne s'inquiétaient pas
de la patrie, mais des largesses, des pensions, des colliers,

des décorations, et favorisaient les uns telle puissance, les autres telle autre. Divisés en deux factions, l'une dévouée à l'Espagne et aux Catholiques, l'autre à la France et aux Calvinistes; la première avait pour chef Rodolphe Planta, la seconde Hercule Salis, tous deux appartenant aux premières familles des Ligues. La majeure partie des Grisons, s'étant soustraite au catholicisme, abhorrait l'Autriche et l'Espagne, et considérait l'amitié des Français comme le fondement de leur liberté : c'est ainsi que l'emportèrent les Salis, et que fut renouvelée avec Henri IV une ligue offensive et défensive dans laquelle on ne faisait aucune exception en faveur du Milanais.

En 1603, les Grisons avaient signé avec ce duché une convention de bon voisinage, aux termes de laquelle le commerce devait être libre de toute entrave; les Grisons s'y étaient engagés à refuser le passage à toute armée marchant sur le Milanais; le duché, en retour, devait diriger le transit des marchandises à travers le pays des Ligues. La nouvelle de la convention conclue avec les Français donna donc lieu à de vives plaintes de la part du comte de Fuentès, le plus célèbre parmi les gouverneurs espagnols de Milan, homme d'une humeur guerrière, qui, au cœur de la paix, entretenait une armée considérable, et agissait avec l'arrogance du gouvernement militaire. Il envoya aux Grisons un ultimatum; menaçant de les traiter en ennemi, et n'ayant d'avance aucune confiance dans la réponse, il se mit à faire bâtir un fort, qui conserve son nom, et qui est situé précisément à l'endroit où la Valteline et le comté de Chiavenna se réunissent au lac de Côme. En dominant ces passages, il pouvait intercepter à la Rhétie l'entrée des vivres et le commerce, comme aussi interdire l'accès à toute armée venant de cette con-

Les Grisons et le Milanais.

trée. Cette bande de territoire appartenait de fait au Milanais, mais le duc François II Sforza avait stipulé avec les
Grisons qu'on n'établirait dans ce district aucune fortifica-
tion. Les Grisons élevèrent donc leurs réclamations, mais
Fuentès, loin de les écouter, termina la construction du
fort et le mit en état de défense; ayant rassemblé des
hommes et des barques à l'extrémité du lac de Côme, il
donna prise au bruit public qui lui attribuait l'intention
de recouvrer la Valteline pour le duché de Milan [1].

Persécution
des
Catholiques
en Valteline.

Ces menées donnèrent le coup de grâce à la Valteline : les Ligues y renforcèrent partout les garnisons;
toute ombre prenait corps dans ce malheureux pays.
Les Ligues, subornées et soutenues par les novateurs,
joyeux de voir augmenter l'autorité de leur coreligionnaires, disposaient de tout comme seigneurs et maîtres,
et, s'étant arrogé la nomination des officiers, elles envoyaient des magistrats d'une condition plus que basse ,
qui commettaient des excès de pouvoir, sans s'inquiéter de
se faire aimer, pourvu'qu'ils se fissent craindre. De nouveaux édits prohibaient les indulgences et les jubilés,
taxaient de superstition le culte du pays, cassaient les
dispenses venues de la cour de Rome, se moquaient des
droits du pape. On chassa les Jésuites, en déclarant nulles

(1) Lorsque Fuentès menaçait la frontiére des Grisons en 1606, Hercule Salis, ambassadeur près la *Signoria* de Venise, excitait vivement
celle-ci à soutenir les Grisons pour empêcher cette dangereuse réunion
d'États. Le doge répondit qu'il regrettait de ne pas se rendre à cette
invitation, et qu'il déplorait les molestations de tout genre causées par
Fuentès, mais que le Sénat s'en remettait à la prudence des habitants
de la Valteline, « persuadé que dans un pays où on laisse chacun
libre de vivre selon la vocation que Dieu lui inspire, les prétextes de
religion ne doivent point amener les résultats que Fuentès en attend ».
Le Sénat, alors, exaspéré par l'interdit, vota en faveur des Grisons un
subside en argent de trois mille ducats par mois.

les donations qui leur avaient été faites ; on contesta judi-
ciairement les miracles de saint Louis ; on jeta la confusion dans la juridiction en forçant les curés à célébrer
des mariages aux degrés prohibés ; on chassa les prêtres
vertueux venus du dehors, et on obligea tout le monde
à assister aux prêches des hérétiques. On alla d'abord entendre par plaisanterie, puis par curiosité, puis parfois
aussi sérieusement ces prêches dont l'ornement le plus ha-
bituel était de violentes sorties contre le culte des ancêtres, contre le purgatoire et l'abstinence des viandes :
à la suite de pareils sermons, la populace ne man-
qualt pas de voler les ostensoires et de jeter au vent les
saintes particules, de profaner les tabernacles, d'injurier
les prêtres pendant les processions du saint-sacrement,
et dans ces pieuses cérémonies de la semaine sainte qui
remuent jusqu'au fond de l'âme et inspirent une tou-
chante dévotion. Sous la protection des seigneurs, qui
disaient : « Crois ce qu'il te plaît, mais fais ce que je
« te commande », à chaque moment on voyait déserter
un catholique, et même des prêtres et des curés. Comme
on avait statué que partout où il y aurait plus de trois
familles adonnées à la religion réformée il faudrait les
pourvoir d'un ministre et d'une église aux frais communs,
les Catholiques se voyaient forcés de maintenir les prédicants sur les revenus des biens ecclésiastiques; et comme
leur religion ne souffrait pas que les prêtres évangélisas-
sent les fidèles du haut de la chaire d'où était descendu
peu auparavant le ministre calviniste, il fallut se pourvoir de nouvelles églises. Chaque parti se croyant en
possession de la vérité, et regardant les adversaires
comme étant dans l'hérésie, le zèle religieux envenimait
les haines de frère à frère, et les poussait aux pires excès.

Le comte Scipion Gambara, de Brescia, pour avoir tué
un de ces cousins, s'était enfui à Tirano, et là se maintenait
entouré d'une troupe de bravi. Les Grisons commencèrent à
le soupçonner de vouloir prêter la main à l'établissement
de l'Inquisition, et de viser à l'expulsion de tous les Protestants de la vallée : en conséquence il fut arrêté, et,
suivant la procédure alors usitée, convaincu d'avoir
ourdi une trame de concert avec le cardinal Sfondrato
et avec l'inquisiteur Montesanto, il fut décapité à Teglio[1];
son complice, Lazzaroni de Tiràno, fut écartelé tout vif, et
les frais du procès furent mis à la charge des habitants
de la vallée.

Il arriva pis encore lorsqu'Ulysse, de la famille des Parravicini Capello de Traona, qui, s'étant rendu coupable
de beaucoup de meurtres, s'était sauvé sur le territoire
bergamasque, osa une nuit reparaître dans sa patrie, accompagné de vingt sicaires, et égorger les magistrats.
Cet atroce forfait parut un acte de rébellion aux Grisons,
qui en prirent prétexte pour faire périr d'autres catho
liques.

La certitude qu'on avait de s'attirer la haine du public
faisait prendre les dispositions qui le rendaient implacable. Quelque bon règlement était parfois promulgué [1],
mais il tombait bientôt en désuétude, et il ne restait que
la persécution, impolitique non moins qu'impie, et une
opposition qui n'était pas toujours généreuse. Le curé
du Val Malenco étant mort, et l'église paroissiale de

---

(1) Voir le pacte stipulé en 1587, renouvelé en 1604, entre les Cantons
suisses et Philippe II pour assurer l'exercice du culte catholique dans
les pays jadis dépendant de Côme. Ap. Lunig, *Cod. dipl. ital.*, I, *p.* 1,
sect. 2.

ce village ayant été ensevelie sous un éboulement, un paysan nommé Thomas fit tous ses efforts pour amener ces montagnards à se servir du ministre évangélique, en leur débitant à tout propos que la parole du Christ prêchée par celui-ci vaudrait beaucoup mieux que la messe des papistes, que des prières faites dans une langue qu'ils ne comprenaient pas, que des prêtres dont les sermons regorgent de balivernes et le culte d'idolâtrie. Mais le berger Thomas Sassi détourna ses compatriotes de l'idée de changer de religion. A Caspogio, village de la même vallée, tandis que les maris passaient l'été dans les montagnes à faire paître leurs troupeaux, les femmes apprirent que les Réformés prétendaient inhumer à Saint-Roch un de leurs enfants décédé, et par cet acte acquérir la possession de cette église. S'étant armées de pierres, elles attendent le convoi funèbre, et à son approche elles se mettent à caqueter et à l'assaillir d'une grêle de pierres.

A Sondrio, le gouverneur se disposait à pénétrer de vive force dans l'église catholique et à l'accommoder au nouveau rite; mais un nommé Bertolino, homme taillé à l'antique, ordonna à son fils Jean-Jacques, jeune homme plein de cœur, d'empêcher, la dague à la main, le gouverneur d'accomplir son dessein. Celui-ci lui cherchant querelle, Bertolino l'emmena chez lui, et lui improvisa un joyeux goûter, au milieu duquel Jean-Jacques reparaît, toujours ceint de sa dague, et portant une bouteille du meilleur vin qu'il se mit à verser en cercle à l'assemblée. Alors Bertolino fait avancer quinze jeunes gens tous armés jusqu'aux dents : « Nous voici, dit-il, ces jeu- « nes gens et moi, tout prêts à verser jusqu'à la dernière « goutte de notre sang pour la défense du gouverneur

« et de la république, pourvu qu'on ne touche point à
« notre religion. »

Chaque jour on voyait se renouveler d'autres épisodes
de ce genre, qui ne se terminaient pas toujours par des ri-
res, alors que les rancunes réciproques rendaient les ac-
teurs prompts à faire éclater leurs ressentiments.

Les
archiprêtres
Salis
et Rusca.

A Sondrio, un tiers des habitants s'était éloigné du
bercail de l'Église romaine ; il en avait été de même de
beaucoup de contrées voisines ; les pays mixtes avaient
ordinairement deux prêtres [1]. De l'an 1520 à l'an 1563, Sondrio avait eu, comme archiprêtre intrus, Barthélemy Salis,
qui en même temps était archiprêtre de Berbenno et de
Tresivio et curé de Montagna ; aussi n'avait-il de résidence nulle part, et laissait-il le troupeau se repaître de
pâturages infectés. Quant aux bénéfices dont il était titu-
laire, il s'en servait pour doter des neveux ; il porta
même les armes, circonstances qui toutes ensemble fa-
vorisèrent la diffusion de l'hérésie. A cette époque il y
vint pour prêcher un moine en apparence plein de
science et de piété, et le peuple, qui depuis bien longtemps n'entendait plus de sermons, accourut aux siens ;
mais on ne tarda pas à découvrir qu'il était hérétique.
Il en résulta du tumulte, et le moine se réfugia aux Mossini dans la demeure des Mignardini, d'où il continuait à
prêcher les nouveaux convertis. L'archiprêtre Salis, qui

---

(1) L'archiprêtre Rusca laissa par écrit ce qui suit : « Les principaux
de la commune de Sondrio étaient pour la plupart hérétiques. Les pays de
Triasso, Ponchiera, Piazza, Colda, Cagnoletti, Arquino, Riatti, Marzi,
Gualzi, Colombera, Sandrini, Pradella, Triangia, Ligari, Majoni étaient
tous catholiques. Ceux de Sondrio, Ronchi, Aschieri, Prati, Mossini et
Moroni sont mixtes, et emploient deux ministres, qui résident à Sondrio
et dans la rue des Mossini. » Les Marlianici étaient les principaux calvinistes.

était tout occupé à flatter les Seigneurs des Grisons, dans l'espérance d'être élevé à l'évêché de Coire, ne s'en inquiétait nullement. Il fut en effet promu à cette charge, et par suite il dut renoncer aux nombreux bénéfices qu'il possédait en Valteline; mais son élection n'ayant point été confirmée, il se trouva pris au dépourvu, et mourut misérable, à Albosaggia.

Nicolas Pusterla se conduisit bien autrement : jeté en prison avec six catholiques zélés, les gens du pays prétendirent qu'il avait été empoisonné par le gouverneur.

Il eut pour successeur Nicolas Rusca, né à Bedano, village du territoire de Lugano, de Jean-Antoine Rusca et de Daria Quadrio. Il avait étudié à Pavie, puis au collège helvétique de Milan, où saint Charles fut si content de lui, que, lui ayant mis un jour la main sur la tète, « Mon « fils (lui dit-il), combats le bon˙ combat, accomplis ta « destinée; une couronne de justice que te décernera « au dernier jour le juste juge t'est déjà préparée. » Nommé archiprêtre de Sondrio, il déploya le zèle du bon pasteur qui offre sa vie en sacrifice pour ses brebis. Savant en grec et en hébreu non moins qu'en latin, versé dans l'histoire ecclésiastique et dans la théologie, il prenait fréquemment part aux controverses courantes, soit en discutant avec les dissidents, soit en prêchant luimême des sermons où, faisant jaillir à chaque instant la lumière de la vérité suprême, il commençait par réfuter l'erreur; puis il établissait la vraie doctrine, mais jamais il n'avait recours aux invectives et aux injures, pas plus qu'il ne les eût tolérées de la part des autres. Ayant trouvé son église dépourvue d'ornements, déshéritée des cérémonies du culte, et privée des chants sacrés, il renouvelle tout, introduit des prières et des

processions, la fait rentrer en possession des biens dont
on l'avait spolié, réintègre les religieuses dans leur ancienne discipline, et obtient pour les Capucins la permission de confesser. Il s'oppose aux prétentions des novateurs, qui, non contents d'exiger du chapitre la provision
de trente sequins pour 'le ministre évangélique, voulaient
en outre qu'il cédât une portion de son jardin pour en
faire leur cimetière : ils interdisaient les processions du
Corpus Domini (Fête Dieu) et celles du vendredi saint,
ainsi que le son des cloches, comme s'il constituait une
insulte publique pour les magistrats dissidents.

Simon Cabasso, curé de Tirano, prêchait sans cesse
contre Calvin; aussi on lui intenta une accusation, et il
fut condamné. Il appela de la sentence, et le juge invita
Antoine Andreossi, ministre de Tirano, César Gaffori de
Poschiavo, Antoine Mejo de Teglio, Scipion Calandrino
de Sondrio, et Nicolas Cheseglio de Montagna à tenir un
colloque sur la foi, et principalement sur les doctrines
de Calvin. Ces personnages prétendirent repousser pour
ce dernier et pour eux l'accusation d'hérésie, montrant
(et surtout Calandrino) que ce docteur ne s'était jamais
écarté de la doctrine de l'Église en ce qui touche la divinité du Christ et sa qualité de médiateur par excellence;
que, bien au contraire, il avait persécuté les Unitaires et
qu'il avait écrit contre Valentin Gentile. Le premier colloque n'ayant pas suffi, on en fit un second le 1ᵉʳ mars
1596; puis un troisième le 7 août, à la suite duquel les
orateurs grisons rendirent une sentence qui condamnait
Cabasso comme calomniateur, et lui infligeait le payement
d'une amende de cent trente-deux coronats.

Au nombre des Catholiques on distinguait entre tous,
outre le curé de Tirano, celui de Mazzo, et Nicolas

Rusca, qui laissa une relation imprimée du colloque
(Côme, 1598, imprimée par Frova). Celle-ci, paraissant
s'écarter de la vérité, et calomnieuse relativement aux
persécutions que les ecclésiastiques enduraient en Valteline, les Seigneurs Grisons permirent aux ministres
d'y répondre, ce qu'ils firent dans un écrit en latin,
sous ce titre : « De la dispute de Tirano entre les pa-
« pistes et les ministres de la parole de Dieu dans la
« Rhétie, tenue les années 1595 et 1596, ouvrage divisé
« en quatre parties, où l'on traite, avec le plus grand
« soin et avec solidité, de la personne et du rôle de
« Jésus-Christ médiateur selon les deux natures; où l'on
« venge les paroles de Calvin sur la nature divine du
« Christ des calomnies vomies par les papistes de la
« Valteline; où l'on réfute les sophismes de Bellarmin,
« et où l'on met au grand jour les erreurs des Monothé-
« lites, des Nestoriens, des Ariens et autres; contenant
« en outre l'histoire très-exacte de cette controverse, la
« liste des calomnies débitées par les curés de la Valte-
« line, ainsi que la réponse à leurs sophismes sans cesse
« répétés. Auteurs, César Gaffori, Octavien Mej, et les
« autres ministres de la parole de Dieu en Rhétie. Ou-
« vrage imprimé pour la première fois, et non-seule-
« ment digne d'être lu, mais encore profitable à qui-
« conque aime la vérité » (Basilea, par Walkirch, 1602,
in-4°).

En 1596, Jean Marzio de Sienne, pasteur à Soglio,
avait imprimé un livre en italien *De la Messe*, lequel se
répandit beaucoup. L'*Apologia della Messa,* que frère
Jean Paul Nazari, dominicain de Crémone, composa en
réponse, fut jugée par les Catholiques comme une réfutation victorieuse, et par les autres comme une œuvre

ridicule. On organisa une dispute théologique à Piuro,
qui eut lieu aux mois de janvier et de mai 1597, en présence des archiprêtres de Chiavenna et de Sondrio, de
Calandrino, de Marzio, et de Mej : ce dernier fut alors
transféré de l'église de Teglio à celle de Chiavenna, en
remplacement de Lentulo.

Rusca se montra singulièrement digne d'être surnommé *le Marteau des hérétiques*, à l'époque où les Réformés obtinrent la permission de fonder à Sondrio un
collége, dont le recteur et trois professeurs étaient calvinistes. Le projet de fondation de cet établissement re-
montait à l'année 1563; on l'ouvrit seulement en 1584,
et on. devait y admettre les hétérodoxes comme les Catholiques; mais aucun Catholique ne s'étant présenté, il
tomba. Lorsqu'on voulut le relever, Rusca, sans affronter
ni les Salis, qui l'avaient proposé, ni le roi d'Angleterre,
qui, disait-on, était le bailleur de fonds (H), contrecarra
si bien l'entreprise qu'il réussit non-seulement à la faire
avorter, mais encore à réunir une académie pour propager les doctrines catholiques.

En 1614, Archinti, évêque de Côme, achetait moyennant
six cents florins la permission de visiter la Valteline, ce
qu'on n'avait pu faire depuis vingt-cinq ans, et il envoya
un rapport sur cette visite à Paul V. Après avoir pro-
digué l'éloge au pays, il se console à l'idée qu'au milieu de cette exécrable liberté de vie et de langage qui
permet à chacun de dire tout ce que bon lui semble, il
ait trouvé à peine trois mille personnes ayant embrassé
la Réforme, et que les populations accourent au-devant de
lui pour lui faire cortège avec des visages rayonnants
de joie et des yeux remplis de larmes. A Tirano il
trouve environ cent cinquante hérétiques, *vile plèbe*, dit-

il. Les Catholiques de Poschiavo et de Brusio se conservent purs et sans tache, bien que mêlés aux Calvinistes. A Sondrio, ceux-ci étaient puissants par le nombre et par les richesses, en sorte que l'évêque de Côme obtint difficilement d'y pénétrer. Un tiers des habitants de Chiavenna avait embrassé l'erreur, et parmi eux les plus aisés, et de la Bregalia les Réformés menaçaient de fondre sur lui en armes. Enfin, lorsqu'en 1618, Archinti tint en personne un synode, le podestat de Traona rendit un édit portant de terribles peines contre tout ecclésiastique qui expédierait des lettres ou sortirait de la vallée ; il y avait cent écus d'amende ou trois tours d'estrapade pour quiconque connaissant le contrevenant ne l'aurait pas dénoncé.

Les hétérodoxes, trouvant dans Rusca un contradicteur ardent et tenace de leurs desseins, ne cherchaient qu'à se débarrasser de sa personne. D'abord Jean Corno de Castromuro, capitaine de la vallée, le condamna à une forte amende pour avoir fait des reproches à un jeune homme de sa paroisse, qui avait assisté à un sermon des Calvinistes. Les habitants de Sondrio prirent les armes, et il s'en fallut de l'épaisseur d'un cheveu qu'il n'y eût du sang de répandu ; aussi le capitaine dénonça l'affaire à Coire, mais là Rusca fut absous et le capitaine admonesté.

Un des adversaires les plus ardents de Rusca était Ca-landrino, que nous avons déjà plusieurs fois nommé et dont on conserve un autographe aux archives de Zurich ; il raconte « la longue et implacable persécution » des habitants de la Valteline contre les Évangéliques, surtout contre leurs ministres, et les tentatives d'assassinats, spécialement sur sa personne, dont il accuse clairement Rusca, bien qu'il ne le nomme pas. En effet on reprocha à

Calandrino.

celui-ci d'avoir tramé un complot avec un nommé Ciapino de Ponte pour assassiner Calandrino ou le traduire devant l'Inquisition. Ciapino fut mis à mort après d'horribles tortures, au milieu desquelles il révéla qu'il avait eu pour instigateur Rusca, qu'on poursuivit en justice de ce chef. Rusca se réfugia à Côme, puis s'étant justifié, il revint plus glorieux, ajoutant à la vertu le lustre de la persécution. Aussi ses ennemis souhaitaient-ils plus vivement que jamais pouvoir lui faire passer un mauvais quart d'heure ; la fortune leur envoya bientôt une occasion propice.

Au milieu des brigues que les puissances étrangères entretenaient dans le pays, les prédicants avaient pris le dessus chez les Grisons, et, de concert avec Zurich, Berne et Genève, ne cessaient de crier bien haut qu'il ne fallait plus qu'une seule religion dans l'État ; que la constitution était violée par les menées étrangères ; qu'il fallait prendre quelque mesure efficace pour ramener la liberté à son ancienne splendeur, pour réformer le gouvernement, et autres phrases semblables, qui chatouillent toujours les oreilles de la plèbe. Les dissidents, confiants dans la faveur populaire, et sous la direction de Gaspard Alexis de Gamogasc, venu de Genève comme prédicant à Sondrio, et désigné comme recteur du séminaire protestant, tinrent une de leurs assemblées, d'abord à Chiavenna, sous la protection d'Hercule Salis, homme que ses services et son talent avaient mis en grande réputation ; puis à Berguns, pays de langue romance, situé sur les pentes pittoresques de l'Albula. C'est dans cette assemblée qu'ils proclamèrent la faction espagnole funeste à la Rhétie et à la religion, l'alliance de la France désastreuse, celle de Venise seule salutaire.

Enfin ils dénoncèrent à l'animadversion générale les Autrichiens, assurant qu'il existait des menées en leur faveur, et que le gouverneur de Milan prodiguait les dis-
tributions d'argent dans la Valteline ; que pour mettre
un frein à tant d'audace on devait établir un tribunal
spécial, et le charger de corriger la constitution, arrivée désormais à une phase critique. Le peuple accueille
leur proposition : Hercule Salis est pris pour chef : l'Engadine et la Bregalia se lèvent en armes : les châteaux
des Planta, partisans des Espagnols, sont démolis :
des bandes pénètrent de vive force à Coire, et, après
avoir chassé ou incarcéré comme rebelles les prêtres et
les personnes d'un mérite reconnu, elles se rendent à
Thusis, pays romance situé au pied du fertile Hein-
zenberg, entre le Rhin supérieur et la formidable Nolla :
arrivés là, elles déploient les vingt-cinq bannières de la
république, et forment un camp d'un millier et demi de
soldats ; elles proclament les treize chapitres pour conserver la liberté, et établissent le *Straffgericht*, auquel
elles adjoignent un conseil de prédicants (1618).

Le tribunal se mit à l'œuvre ; pour rétablir la liberté
politique, suivant la méthode ordinaire, on supprima
toute liberté légale, et une tourbe d'accusateurs s'abattit
sur tous ceux qui étaient suspects. Les sept premières
sentences furent publiées par les juges eux-mêmes avec
préface apologétique : traduites aussitôt en italien, en
français, et en hollandais, elles excitèrent partout l'exé-
cration par leur atrocité. Jean-Baptiste Prevosti, dit Zambra, âgé de soixante-quatorze ans et goutteux, soupçonné
d'avoir favorisé l'érection du fort de Fuentès, fut décapité : on promit une récompense à qui s'emparerait de
Rodolphe et de Pompée Planta, de Lucius da Monte, de

Le tribunal
de Thusis.

Jean Antoine Gioverio, de Castelberg, abbé de Dissentis, et au cas où ils seraient pris on devait les écarteler. Daniel Planta, neveu des susnommés, Antoine Ruinello, Pierre Léon de Cernetz, Théodose Prevosti de la Bregaglia, Joseph Stampa et son fils Antoine, Augustin Traversi et le père Félix de Bivio, furent condamnés à l'exil pour la vie ; furent bannis pour quatre ans André Jennio, consul de Coire, Antoine Molina, et Jean Paul Molina, interprète du roi de France, ainsi qu'André Stoppani, prêtre d'Ardetz ; on dépouilla de ses biens et de sa dignité Jean Flug, évêque de Coire, en déclarant qu'il serait mis à mort si on parvenait à le saisir. La ville de Coire, en qualité de ville attachée au parti espagnol, était frappée d'une amende de vingt-cinq mille florins ; son pasteur, Georges Salutz, exclu du synode, et, pour taire les noms de diverses personnes frappées d'amende, nous citerons comme ayant été condamné à mort par contumace le capitaine Jean De'Giorgi ; parmi les habitants de la Valteline condamnés à la même peine, Antoine-Marie et Jean-Marie Parravicini, et Jean-François Schenardi ; à quatre ans d'exil, Nicolas Merlo de Sondrio et Jean Cilichino, curé de Lanzada, pour avoir sonné le tocsin lors de l'arrestation de Rusca.

Le chevalier Jacques Robustello et Antoine Besta furent bannis pour un an et condamnés à payer mille sequins ; François Venosta eut deux ans d'exil et une amende de six mille sequins ; la peine fut moindre pour Jean-Baptiste Schenardi et François Parravicino d'Ardenno, qui, à raison de ses soixante-dix ans et de son état maladif, n'ayant pu être soumis à la corde, eut les pouces serrés sous une petite presse, mais néanmoins persista fermement à nier. Le docteur Antoine Federici

de Valcamonica, étant venu pour ses opinions religieuses
demeurer en Valteline, se maria à Teglio et se fit protestant; il répandit le bruit que Blaise Piatti, un des catholiques les plus ardents de ce pays, avait suborné un
de ses frères et d'autres personnes de la Valcamonica,
afin de tuer les Protestants de Boalzo pendant qu'ils assistaient au prêche. Piatti fut arrêté avec ceux qu'on
soupçonna d'être ses complices; soumis à la torture il fit
tous les aveux qu'on voulut, et fut décapité : en même
temps un de ses frères assassinait Paul Besta, qui avait
apporté l'ordre d'arrestation. Pour chasser de la Valteline les prédicateurs du carême, on envoya des officiers à qui l'on confia en outre la mission d'assister les
prêteurs dans l'application des édits émanés des Seigneurs,
et d'intenter des procès de lèse-majesté.

Marc-Antoine Alba de Casal Montferrat, prédicant de
Malenco, à la tête de quarante satellites, avait arrêté
Rusca dans sa demeure d'archiprêtre la nuit du 22 juin,
et l'avait traîné par la route alpestre de Malenco et d'Engadine jusqu'à Thusis. Dans le premier accès de fureur, les habitants de Sondrio, pour user de représailles,
se retournèrent contre le prédicant Gaspard Alexis, mais
celui-ci s'était déjà mis en sûreté; ils envoyèrent une dé-
putation chargée d'implorer la grâce de l'archiprêtre,
mais elle ne fut pas reçue : les Cantons catholiques et
Lugano, sa patrie, envoyèrent de leur côté Jean-Pierre
Morosini pour plaider sa cause; mais le tribunal fit revivre contre lui l'accusation d'attentat à la vie de Calandrino; puis il l'accusa d'avoir poussé le peuple à la désobéissance envers les Trois Ligues; de s'être efforcé de
ramener au catholicisme les Réformés, d'avoir entretenu une correspondance avec l'évêque et avec d'autres

Mort
de Rusca.

personnes; d'avoir exhorté en confession ses pénitents
à ne pas prendre du service contre le roi catholique ;
d'avoir institué la confrérie du Saint-Sacrement, dont
les membres portaient sous leur uniforme religieux des
armes meurtrières.

En vain les avocats de Rusca cherchaient-ils à le disculper ;
d'après eux, si leur client avait tâché d'adoucir les décrets
préjudiciables à la religion catholique, il n'avait cependant
jamais conspiré contre le gouvernement ; dans ses rapports avec Calandrino, il n'y avait jamais eu d'aigreur,
parfois même il lui avait fait des visites de politesse et
prêté des livres. A quoi bon se défendre, quand déjà la
condamnation est signée d'avance ? Le saint vieillard, qui
avait bien vécu, dont les forces et la santé étaient ruinées,
fut soumis par deux fois à la torture et avec tant de barbarie, qu'il expira en sortant des mains du bourreau.
Les forcenés, à la grande joie de la plèbe, firent traîner
à la queue d'un cheval le cadavre de ce citoyen respec-
table, et l'ensevelirent ensuite sous les fourches patibu-
laires, pendant que son âme, du haut du ciel, où les
bons et fidèles serviteurs reçoivent la récompense éternelle, implorait le pardon pour ses ennemis et pitié pour
les siens [1].

(1) Jean-Baptiste Bajacca écrivit la vie de Rusca. Frère Richard de
Busconera de Locarno fit imprimer en 1620 à Ingolstadt la relation de
son martyre. Ce livre a été qualifié d'infâme par De Porta, qui n'a pas
assez d'injures à déverser sur Rusca, et qui cite certains vers d'un habitant de Nuremberg, où il est déchiré à belles dents en compagnie de
Ravaillac, de Ridicovio, de Girard, de Clément, de Lopez et autres.

> Quos secta, propago
> Cocyti, cœlo perfricta fronte sacravit
> Martyres, heu regnum cultris qui viscera lœdunt, etc.

César Grassi de Côme fit un poëme sur ce sujet (*Il Parlamento* ,
Côme, Arcione, 1610), et dans un autre poème grossier (*Il popolo
pentito*, ibid., Frova, 1639), il décrit les misères de son temps.

Ceci se passait le 4 septembre 1618 : ce même jour fut Destruction
de Piuro. signalé par un désastre considérable, la destruction du beau et riche bourg de Piuro, enseveli sous un éboulement avec tous ses habitants. Jugez si on se fit faute d'y voir une punition immédiate du ciel. Peu de temps après, le tribunal de Coire cassa les actes de celui de Thusis, mais les morts ne reviennent pas.

Le peuple passa de la terreur à la pitié, puis à l'indignation; il y eut d'abord des chuchottements secrets, puis les plaintes éclatèrent au grand jour, on en vint à de gros mots pour le plus léger prétexte, et de là aux pierres et aux couteaux. Les Grisons ayant voulu établir une église évangélique à Boalzo et à Bianzone, les Catholiques s'y opposèrent par la force; et pour venger Blaise Piatti ils assommèrent un réformé de Tirano, et maltraitèrent le prédicant de Brusio, qu'on appela les *prémices des martyrs* [1]. Une bande de ces fanatiques se précipita même sur Calandrino, tandis qu'il prêchait à Mello, et le blessa grièvement [2]. Bien plus, les prédicants ayant tenu après Pâques leur assemblée ordinaire à Tirano, les habitans du pays s'étaient placés en embuscade tout armés près du pont de la Tresenda pour les massacrer, mais ceux-ci en furent avertis à temps, et purent échapper à ce guet-apens. Ainsi les seigneurs vivaient dans la crainte et dans l'épouvante; chez les sujets couvaient de fougueuses es-

---

(1) Il existe un livre en italien ayant pour titre : « Récit authen-
« tique du massacre fait par les papistes rebelles dans la plus,
« grande partie de la Valteline, édité pour servir de renseignement
« nécessaire et d'avertissement à tous les États libres, ainsi que
« d'exemple à tous les vrais chrétiens pour persévérer dans la pro-
« fession de la pure doctrine évangélique. Bienheureux ceux qui sont
« persécutés pour la justice, parce que le royaume des cieux est à eux. »

(2) De Porta II, 483.

pérances, et dans le silence de la peur on entendait le bruit sourd de la colère divine qui s'approche.

Ceux qu'avait frappés le tribunal de Thusis remplirent le monde de leurs lamentations, plus particulièrement la Suisse et la Lombardie; et, selon la coutume des réfugiés, ils manœuvraient pour introduire des armées étrangères non-seulement en Valteline, mais encore dans la Rhétie. Le duc de Feria, nouveau gouverneur du Milanais, et Gueffier, ambassadeur de France, leur faisaient de coupables provocations, tandis que de leur côté ils cherchaient à ébranler les cours d'Autriche et d'Espagne, pleines d'irrésolution. Les réfugiés envoyèrent à différentes reprises un ambassadeur au pape, qui les exhortait à prendre patience; mais cette conduite leur semblait désormais intolérable, car ils criaient bien haut que l'oppression de la patrie était arrivée à son dernier degré, et ils encourageaient les habitants de la Valteline à se lever une bonne fois pour la sainte cause.

Conjuration attribuée aux Catholiques. Que les Réformés eussent juré de massacrer les Catholiques, et de réduire la vallée à embrasser la nouvelle religion, le fait est affirmé par les écrivains catholiques; ils ont aussi prétendu que le gouverneur de Sondrio s'était laissé aller à dire que sous peu tous les habitants appartiendraient à la même foi. Dans les suppliques présentées pas le clergé et par le peuple de la Valteline au roi catholique et au roi très-chrétien, on affirme l'existence de cette conjuration; serait-il possible qu'on eût osé mentir aussi impudemment en face de ces monarques? Il semblerait même qu'on eût joint aux suppliques des preuves du complot [1]. Les suppliques ont été

(1) « Une conjuration a été tramée par les prédicants et les Grisons : je crois devoir en faire l'objet d'une communication spéciale à V. M.;

conservées ; comment se fait-il que le document à l'appui ait péri ? Comment expliquer qu'on ne l'ait pas retrouvé au milieu de tant de liasses de papiers que d'autres et moi avons laborieusement compulsés ? On parle bien d'une certaine lettre, mais vague, dont l'auteur est incertain, et découverte comme par miracle, lettre qui, au lieu de faire croire à la conjuration, ne montre qu'un expédient si ordinaire de nos jours ; il consiste à accuser la partie qui a succombé, en dissimulant l'atrocité commise sous le voile de la calomnie, et en affublant le forfait du manteau de la défense. On était dans un temps de révolutions, et si avec elles tous les moyens sont bons, c'était surtout dans un temps où la discorde religieuse avait habitué aux crimes. La France, après le massacre consommé dans la nuit de la Saint-Barthélemy, avait été troublée par des guerres terribles, qui commençaient à peine alors à lui laisser un peu de répit : la Hollande, dans une lutte sanglante entreprise au nom de la religion, secouait le joug de l'Espagne ; pour la même cause, la Bohême déclarait la guerre à l'empereur : l'Allemagne tout entière était bouleversée par cette affreuse mêlée qu'on a nommée depuis la guerre de Trente ans. Je n'ai pas besoin de dire jusqu'où l'exemple peut exciter la passion de la guerre, des massacres et de la rébellion, et quelle devait être son influence sur les habitans de la Valteline !

Jacques Robustelli, de Grossotto, parent des Planta persécutés, persécuté lui aussi, noble, d'une condition aisée, esprit hardi, doué de cette espèce d'ambition qui sait

Robustelli et le Saint-Massacre.

ou veut massacrer le clergé et les nobles de la vallée... déjà le jour et l'heure, l'exécution sont arrêtés. »

faire tourner les sacrifices du prochain à son propre
avantage, étant au service militaire avait été élevé par
Charles-Emmanuel de Savoie à la dignité de chevalier
des Saints-Maurice-et-Lazare. Son affabilité et sa généro-
sité, appréciées de tous, le firent choisir comme l'âme de
toutes les trames pour la délivrance de la patrie.

Rassemblés dans sa maison à Grossotto, quelques habitants de la Valteline, parmi les plus distingués et les plus
ardents, considérant comme une action louable d'affranchir
leur patrie, comme une ambition permise d'être à sa tête, et
comme une entreprise sainte de la purger de l'hérésie, s'é-
criaient tout haut qu'on avait assez souffert : Nos ancêtres,
disaient-ils, nous ont laissé une patrie à aimer, un patrimoine à défendre, des lois à conserver. Et la patrie, et les
biens, et les lois, et ce qui l'emporte sur tout le reste, la foi,
ces vils étrangers nous les ont on ravis ou souillés. Il est
louable de reposer ses espérances en Dieu lorsque c'est
pour aiguillonner les forces, mais non lorsque ce doit
être un prétexte pour ne pas agir. Cent mille catholiques, c'est-à-dire tout ce qui habite le pays compris
entre les sources du Liris et celles de l'Adda, ne forment
qu'un seul vœu ; deux cents millions de catholiques
répandus dans le monde entier attendent de nous un
exemple, et nous préparent des applaudissements et des
secours. Soyons donc unanimes dans notre résolution ;
armons-nous d'une généreuse colère, nourrissons de ma-
gnanimes espérances, revêtons-nous de nos armes, légitimes parce qu'elles sont nécessaires, formidables parce
qu'elles ont été prises pour la défense de la patrie et de
l'autel. Le pape nous bénit : l'Espagne nous prête son
appui : la discorde des Grisons nous favorise. Si nous
laissons échapper l'occasion, quand pourrons-nous la re-

trouver? Ne vaut-il pas mieux mourir une fois que de trembler toujours à la pensée de la mort? Si nous succombons les armes à la main, le monde nous pleurera, il nous admirera comme des martyrs, comme des héros ; si nous survivons à l'entreprise menée à bonne fin, combien il nous sera doux, dans les dernières années de notre vie, de dire à nos enfants : Nous avons combattu pour la patrie et pour la foi : si vous êtes libres, si vous êtes catholiques, c'est à nous que vous en êtes redevables.

Les conseils violents ayant donc prévalu, le parti catholique jura de confondre toutes les vengeances, en frappant un seul coup, et de mettre en pièces tout ce qu'il y avait d'hérétiques dans la vallée, tant indigènes qu'étrangers. Le capitaine Jean Guicciardi de Ponte, envoyé pour gagner les bonnes grâces du cardinal Frédéric Borromée, celles du duc de Feria (1) et des autres magistrats du gouvernement milanais, en obtint trois mille pistoles[1], au moyen desquelles il enrôla des exilés et des coureurs de grand chemin pour porter le premier coup. A travers les pénibles incertitudes qui séparent le moment d'une résolution sanguinaire de celui de son exécution, et au milieu des vicissitudes qui toujours y mettent obstacle, survint la terrible aurore du 19 juillet 1620, qui vit à Tirano commencer le massacre et la fusillade, où disparurent de ce monde de différentes manières au moins soixante personnes, dont trois femmes ; on pardonna aux autres femmes ainsi qu'aux enfants, à condition qu'ils embrasseraient la foi catholique. Robustelli, étant entré à Brusio dans le val de Poschiavo, fusilla trente réformés, puis mit le feu au pays ; feu de joie,

---

(1) DE BURGO, p. 9 : somme équivalente à 50,000 francs.

s'écriait-il, pour célébrer le rachat de la liberté religieuse[1].

Malheur quand une fois le peuple a goûté du sang ! Les Venosta, les Quadri, les Besta, les Torelli, les Parravicini égorgeaient dans les alentours de Teglio, de Ponte, dans le val Malenco, à Sondrio ; leur cruauté s'attaquait surtout aux prédicants et aux réfugiés. Barthole Marlianici, Jean-Baptiste Mallery d'Anvers, et Marc-Antoine Alba, prédicant à Malenco, perdirent la vie ; Alessio s'échappa avec Georges Jenatz, prédicant de Berbenno, et quelques autres. François Carlini, de Vicence, qui de moine s'était fait prédicant calviniste, fut envoyé à l'Inquisition, devant laquelle il abjura : Paule Beretta, femme octogénaire, jadis religieuse, envoyée elle aussi à ce tribunal, résista, et fut brûlée vive. Anne de Liba, de Schio dans le Vicentin, fut égorgée avec son enfant à la mamelle : d'autres femmes encore, aussi bien dans la fleur qu'au déclin de l'âge, furent passées au fil de l'épée. Jean Antoine Gallo de Gardone, armurier, se défendit pendant deux jours ; puis, arrêté en fuyant, il fut lié à un arbre et tué à coups de mousquet. André Parravicini, de Caspano, arrêté au bout de plusieurs jours, fut placé entre deux monceaux de bois, et on menaça d'y mettre le feu s'il n'abjurait pas ; sa constance ne s'étant pas démentie, il fut brûlé vif, et on aperçut (disent ses coreligionnaires) des esprits célestes voltiger autour de lui pour le soulager dans ses souffrances et recueillir son âme[2]. Ce ne fut pas là le seul prodige sur lequel les deux partis s'appuyèrent pour prétendre que le ciel les favorisait chacun par des signes évidents.

---

(1) LAVIZZARI, pag. 159.
(2) SPRECHER, *Hist. motuum*, etc.

D'ignobles passions prirent le voile de la religion : on vit des paysans et des domestiques se précipiter sur leurs maîtres, les débiteurs sur leurs créanciers, les amants sur les maris vigilants. Puis, pendant plusieurs jours, semblables à des limiers entrés dans la piste, les paysans s'en allaient à la recherche de victimes, tenant d'une main une fourche, une pique ou un mousquet, et de l'autre un crucifix. Ce n'était point la religion, mais bien cette fureur, compagne inséparable des factions, qui était leur aiguillon ; ils cédaient à d'injustes provocations de chefs fanatiques, qui invoquaient pour légitimer ces horreurs le nom du Dieu de la paix, le besoin de soutenir une religion qu'on ne doit propager que par des armes innocentes, par la sainteté des exemples, par l'efficacité de la parole et de la grâce, par le sacrifice de sa vie, et non par l'immolation de celle d'autrui. Des moines et des prêtres fanatiques, l'archiprêtre Parravicini de Sondrio, irritaient la multitude. A Villa, Baptiste Novaglia égorgea trois protestants de sa propre main : frère Ignace de Gandino vint exprès d'Edolo : Piatti, curé de Teglio, attaqua le docteur Federici de Valcamonica, *et après avoir fait le signe de la croix avec le crucifix qu'il tenait à la main gauche, tandis qu'il avait une épée dans la droite, il tua ce docteur calviniste avec d'autres de ses compagnons* [1]. Le dominicain Albert Pandolfi, de Soncino, curé des Fusine, avec une épée à deux mains conduisait sa bande pour égorger les frères de ce Christ qui avait dit : *Tu ne tueras point.*

Beaucoup se frayèrent un passage de vive force et s'enfuirent ; quelques-uns arrivèrent à Zurich, où ils ob-

[1] DE BURGO, 64.

tinrent une église pour eux ; on a encore la liste des personnes qui allèrent s'y mettre en sûreté ; il y en avait
une de Tirano, deux de Teglio, seize de Sondrio, parmi
lesquelles on comptait des Padouans et des Vicentins ; six
des montagnes voisines, et parmi elles Marthe la Vicen-
tine ; deux de Berbenno, quatre-vingt-treize de Caspano
et de Traona, parmi lesquelles était un nommé Sadolet ; une
femme de Mello, quatre de Dubino. Vincent fils de Barthélemy Parravicini de Caspano fut ministre de cette
église, à laquelle se réunirent les réfugiés du Münster-
Thal. Approuvée par le sénat de Zurich, elle obtint la
permission de se servir de la langue italienne, tant qu'il
plairait audit sénat ; il pouvait y avoir les dimanches seulement des prêches en italien, et à des heures différentes
de ceux faits en allemand ; quant à l'administration des
sacrements et à la bénédiction nuptiale, elles ne pouvaient avoir lieu que dans les assemblées ordinaires des
réformés allemands ; pour les prières, on devait s'en
tenir aux formules et au rit de l'Église de Zurich. Plus
tard, au mois de décembre 1621, les Italiens obtinrent
de recevoir la Cène des mains des ministres exilés de la
Valteline et de Chiavenna ; d'avoir deux prêches par semaine, mais on leur refusa, ainsi qu'ils le demandaient,
de choisir deux *Anciens* de la Valteline et deux autres de
Chiavenna pour assister les pauvres, comme aussi d'avoir
un gardien particulier pour leur église : on leur recommandait de s'habituer peu à peu à la langue allemande
pour l'adopter définitivement, conseil auquel, paraît-
il, ils ne tardèrent pas à céder, puisque trois ans après
il n'y avait plus à Zurich d'église évangélique italienne.

On ne peut préciser le nombre des victimes, car tel
historien le diminue, tel autre l'enfle au-delà du chiffre

de six cents : quelques dixaines seulement appartenaient
aux Grisons, les autres étaient ou des indigènes, ou des
réfugiés d'Italie, ce qui prouve combien peu ce massacre
était nécessaire. Mais de temps en temps semble s'abattre
sur les peuples une fureur semblable aux épidémies,
sous l'empire de laquelle les remparts de la raison s'a-
baissent, les conseils de la prudence deviennent inutiles ;
on dirait que par une fatalité inexorable le forfait doive
s'accomplir jusqu'au bout, que la mesure des iniquités
arrive à son comble, qu'on lui trouve d'abord des instiga-
teurs, puis des approbateurs, pour faire place ensuite au
repentir, alors que le crime et le délire ont enfanté pour
conséquences inévitables la misère, l'oppression, les
tristes déceptions et les tardifs remords de la conscience.

Mais au premier moment on n'eut que l'exaltation
du triomphe et les félicitations des peuples et des
princes, comme plus tard celle des historiens (J). Les
Valtelins, une fois les vestiges de la domination rhétique
effacées, se donnèrent un gouvernement provisoire, et
commencèrent à faire des décrets : ils prirent au fisc les
biens des Grisons, rendirent les exilés à leur patrie, les
propriétes aux églises, les couvents aux religieuses; ils
appelèrent l'évêque de Côme pour qu'il fît sa visite pastorale, et les moines pour prêcher et confesser. Ils adop-
tèrent le calendrier grégorien, admirent chez eux la
bulle *in Cœna Domini,* le Concile de Trente et l'Inquisition contre les hérétiques. Ils supprimèrent le séminaire
des dissidents, et enlevèrent des cimetières les ossements
des hérétiques; enfin, ils se promettaient de tout souffrir
plutôt que de retourner jamais sous la domination détruite. Le comté de Bormio avait été exempt du massacre : mais, comme *cette sainte résolution ait été mise sous*

*Allégresse
et éloges
provoquées
par le
Saint-Mas-
sacre.*

la sainte égide de Dieu [1], il en vint lui aussi, à ce qu'on appelait le *parti saint* le parti de Dieu.

Les habitans du comté de Poschiavo n'avaient point pris part à la sanglante exécution; mais plus tard, s'étant aperçus qu'ils ne pouvaient autrement se débarrasser des Protestants, ils méditèrent à leur tour de les égorger. Claude Dabene, valet de chambre de Robustelli, homme farouche dans son langage et dans ses actes, étant entré dans ce pays, y tua tous ceux qu'il put surprendre : cité devant les tribunaux pour répondre de sa conduite, il fut arrêté à Tirano, mais fut bientôt renvoyé. Je lis dans Sprecher et dans Quadrio que le curé avait été complice de l'assassinat; j'incline plus volontiers vers l'opinion du chroniqueur Merlo, qui raconte que ce curé, nommé Beccaria, avait ouvert le presbytère aux hérétiques menacés de mort.

Les Valtelins, dans une assemblée générale, élurent capitaine de la vallée et gouverneur Jacques Robustelli, et lui assignèrent un traitement de deux cents écus par mois « pour avoir commencé l'entreprise de notre affranchissement à grands frais pour sa bourse et à grands risques pour sa personne » : ils lui nommèrent pour lieutenant Guicciardi; et, comprenant l'imminence du danger, ils abattirent les ponts, fortifièrent les bourgs, barricadèrent les passages ouverts, enrôlèrent tous les hommes et réunirent des armes et de l'argent. En outre, ils envoyèrent des ambassadeurs aux Cantons suisses, au nonce apostolique à Lucerne, au pape, à l'archiduc Léopold d'Autriche, et des lettres à tous les peuples catholiques, bien moins pour se justifier que pour se vanter de cet acte. Ils insistèrent près du duc de Feria,

---

(1) Enquête des habitans de Bormio en 1636.

pour obtenir de lui.les secours qu'ils disaient leur avoir
été promis ; mais, tandis que les autres gouvernements
redoutaient que l'effusion de ce sang n'assurât la prépondérance de l'Espagne, le duc espagnol demeurait les
bras croisés, soit qu'il ne voulût pas ouvertement paraître
avoir des intelligences avec les Valtelins sur un fait que
la conscience dénonçait comme un grand crime, soit
qu'il préférât attendre, jusqu'à ce qu'ils eussent donné des
signes de valeur, des preuves de fermeté, des espérances
de succès, et fait voir clairement si le monde devait les
appeler des rebelles ou des héros.

Les Grisons, qui demeuraient en grand nombre à Chia- Guerre
et invasion
des Grisons.
venna, eurent le temps de se mettre sur la défensive et de
se faire jurer fidélité par les indigènes, ce qui valut à ce
comté l'avantage de rester pur de toute effusion de sang.
Le gouvernement des Grisons fit'en toute hâte ses prépara-
tifs de vengeance ; et, ayant requis l'aide des confédérés, il
expédia trois mille hommes par le Splugen à Chiavenna,
et de là en Valteline (K) ; ces forces, évitant ou renver-
sant les obstacles, fondirent en colonnes serrées et comme
un torrent impétueux sur Sondrio , où d'autres troupes
débouchaient du val Malenco. Les indigènes s'étant enfuis, les envahisseurs tuèrent deux malades qui s'y trouvaient, et reçurent les félicitations de quelques femmes,
qui s'étaient sauvées en se faisant passer pour catholiques,
et qui maintenant jetaient à leurs pieds les rosaires et les
scapulaires dont elles s'étaient fait un bouclier.

J'ai toujours pensé que le rôle le plus inutile d'un historien était celui de peindre en détail les péripéties de la
guerre : et cela d'autant plus qu'il n'y a qu'à changer les
noms, car cette science des fils de Caïn est toujours la
même : ce ne sont partout qu'invasions et fuites, incen-

dies de pays, rachats, victoires et défaites alternatives, rapines, viols, effusion de sang, larmes, terreur, désolations aussi bien dans le camp des vainqueurs que dans celui des vaincus : et l'humanité dans son aveugle folie d'applaudir au conquérant qui a versé le plus de sang ! Laissant donc au commun des historiens le soin de décrire les particularités de cette lutte fratricide, et nous en tenant aux faits principaux, nous dirons que le duc de Feria, voyant que les Grisons étaient secourus par les Cantons protestants et par la république de Venise, en sorte que la guerre menaçait d'envahir les frontières de la Lombardie, jeta bas le masque ; il imposa aux Milanais des contributions extraordinaires jusqu'à concurrence de neuf cent mille livres, obtint du gouvernement de Madrid un décret qui mettait la vallée sous la protection immédiate du roi, et déclarait la guerre aux Réformés. Le pape Paul, désireux de mettre un frein à l'hérésie, offrit quatre-vingt mille écus d'or ; enfin les prédicateurs à Milan exhortaient les fidèles à prendre part à l'entreprise, qu'ils qualifiaient de croisade, titre dont on a si souvent et si étrangement abusé.

Toute l'Europe se plongea dans les discussions politiques à propos de ce coin de terre de l'Italie, petit, il est vrai, mais qui par sa situation excitait les convoitises de trop de potentats ; car la Valteline, ainsi que nous l'avons dit, confine par son extrémité occidentale avec le Milanais, et par l'extrémité opposée avec le Tyrol ; des deux autres côtés, elle confine au midi avec la Vénétie, au nord avec les Grisons. On sait qu'à cette époque une branche de la famille autrichienne régnait en Allemagne, une autre en Espagne, sur le Nouveau-Monde, et jusque sur une partie notable de l'Asie, immenses possessions, au milieu desquelles se perdaient le Milanais et le pays de Naples. La Valteline tombait-elle au pouvoir de l'Espagne, c'était un passage commode ouvert à toute armée allant d'Allemagne en Italie, avec ou sans l'assentiment des Suisses et des Grisons. Supposez maintenant que les domaines de la maison d'Autriche se fussent reliés entre eux depuis la Rhétie jusqu'à la Dalmatie, ils auraient enclavé Venise et les autres États Italiens; ils auraient intercepté pour ceux-ci les secours venant de l'étranger, et se seraient rendus les arbitres de la péninsule. Le pape espérait acquérir quelque portion de territoire pour l'Église et pour ses neveux : la France, comme toujours, souhaitait de substituer sa puissance à celle de la maison d'Autriche. D'un autre côté, les Réformés de la Rhétie, de la Suisse, de l'Allemagne, de la Hollande, et même ceux d'Angleterre soutenaient le parti des anciens maîtres du pays, leurs coreligionnaires; les prédicants allaient racontant en tout pays, avec leur exagération ordinaire, les assassinats dont ils demandaient vengeance non-seulement au nom de la foi, mais encore au nom de l'humanité. Il ne faut donc pas s'étonner si pour la Valteline tant d'États ont mis en jeu toutes leurs forces matérielles et toute leur influence politique.

Les Grisons, d'abord repoussés, se portèrent plus nombreux et plus acharnés sur Bormio : alliant la cupidité et la cruauté au fanatisme religieux, ils se plaisaient à profaner tout ce que les Catholiques avaient en vénération. Dans leur marche, ils s'affublaient du pluvial, des soutanelles, des surplis; ils souillaient et perçaient de leurs flèches les images pieuses; ils polluaient les fonts baptismaux et les saintes espèces; ils graissaient leurs bottes avec le saint chrême; ils muti-

Bataille
de
Tirano.

laient les prêtres, ils faisaient jouer les orgues dans les églises pour accompagner leurs danses; ils se servaient à table des calices et des patènes. Le 11 septembre 1620, eut lieu à Tirano une bataille acharnée, qui dura huit heures consécutives, jusqu'à ce que les Valtelins eussent le dessus : plus de deux mille combattants, tant parmi les Grisons que chez leurs alliés, périrent, dit-on, soit par le fer, soit dans l'Adda, et parmi eux on compte le colonel Flore Sprecher, et Nicolas de Myler, chef des auxiliaires bernois, qui, au moment de partir pour cette guerre, en trinquant avec ses amis, avait juré qu'il rapporterait à la maison autant de tonsures de papistes qu'il y avait d'anneaux à son long collier d'or. Il fut tué, et ce même collier fut envoyé comme un trophée au gouverneur Feria.

Au lieu d'attribuer la victoire à la valeur qui combat pour la patrie et pour la religion, on voulut l'attribuer à un prodige : on assura que la statue de l'archange saint Michel placée au sommet de la girouette qui domine le sanctuaire de la Madone, bien que le vent soufflât du côté opposé, avait tourné le dos aux Grisons en brandissant son épée menaçante. Feria fit publier la relation de ce prodige, et l'envoya à Madrid avec une image représentant les saints Gervais et Protais, qui, placée à la façade de l'église de Bormio, et bien qu'elle eût servi de point de mire au tir de l'ennemi, était restée intacte.

L'hiver avec ses neiges et ses glaces ferma partout les passages; aussi, pendant cette suspension d'armes, on en vint à cette seconde période des insurrections, où les intrigants prennent la place des gens à convictions fortes. Les destinées de la vallée furent débattues par les politiques, par les jurisconsultes et les théologiens; et pendant que tant d'États mettaient leurs raisons en avant sur le sort de ce pays, la Valteline envoyait des députés au pape, aux rois et aux républiques, pour les supplier de lui conserver son indépendance. Elle avait bien moins à espérer des secours qu'on pouvait lui donner, et de la diplomatie, que des longues discussions civiles des Trois Ligues, où Catholiques et Réformés, les Salis et les Planta, luttaient avec acharnement les uns contre les autres, moins pour la foi et la patrie que pour servir les intrigues de l'Espagne et de la France. A la fin, les Catholiques eurent raison des menées politiques et de la force des armées : le duc Feria fit tourner ce soulèvement au profit de sa cour, laissant les malheureux en proie à tous les fléaux, et concluant à Milan une ligue perpétuelle (6 février 1621), à condition que la Valteline fît retour aux Grisons avec des stipulations avantageuses, et que les Grisons accordassent un libre passage aux troupes espagnoles.

Vénitiens et Français furent effrayés de ce nouvel accroissement de puissance de l'Espagne ; partant, ils s'apprêtèrent à relever l'influence des Grisons, et à faire rentrer la vallée sous leur pleine et entière autorité. Les potentats et le nouveau pape Grégoire XV, circonvenus par des personnes jalouses de la puissance de la maison d'Autriche, écrivirent au roi d'Espagne, comme à un perturbateur de la paix publique, pour le supplier de remettre les choses en Valteline sur un pied qui pût satisfaire tout le monde. Et le faible monarque, Philippe IV, pour ne point avoir l'air d'empiéter sur le bien d'autrui et d'attenter à la liberté italienne, décréta de Madrid que la vallée ferait retour aux Grisons dans l'antique état de choses, ordonna la démolition des forteresses, le retrait des garnisons, et pardonna aux rebelles : le roi de France, les Suisses et les Valaisans devaient se

porter caution pour les Grisons. Les insurgés frémirent
de rage en apprenant cette décision; ils crièrent bien
haut qu'ils avaient été trahis par les chefs du mouvement, et l'accord n'eut pas lieu, parce que les Suisses
refusèrent de se porter garants. On en vint donc de nouveau aux armes; douze mille Grisons envahirent le comté
de Bormio, saccageant tout sur leur passage, comme des
barbares et des fanatiques. Mais le gouverneur Feria s'était
mis d'accord avec l'archiduc Léopold : et tandis que ce dernier envahissait les frontières des Grisons il descendait, lui,
par la Valteline, où il fut accueilli bannières déployées, au
bruit des trompettes et des décharges d'artillerie, au son des
cloches, et acclamé comme un protecteur et un libérateur.

Devant ce double péril, les Grisons s'étaient réfugiés chez
eux, et les Espagnols, en les poursuivant, avaient mis le
feu à Bormio, où sur sept cents maisons il n'en resta
que treize intactes : amis et ennemis rivalisaient entre
eux pour faire le mal. Feria parvint même à les déloger
de Chiavenna, et les poursuivit à travers la vallée du
Rhin et par la Bregaglia. Le général Baldiron avec dix
mille Autrichiens occupa l'Engadine et même la ville
de Coire; les hérétiques sont chassés de tous côtés; on
a vengé les antiques griefs, les Salis sont repoussés;
et après les scènes atroces où les frères ont assassiné
leurs frères, les Droitures furent détachées de la Rhétie
et placées sous la domination autrichienne. Tel est le fruit
qu'ils recueillirent de leurs dissensions.

Les Grisons, obéissant au vainqueur, stipulèrent à
Milan une confédération perpétuelle avec l'Espagne, aux
troupes de laquelle ils devaient accorder libre passage;
quant à la Valteline, il était convenu qu'elle jouirait
d'une pleine et entière liberté politique et religieuse, sous

la condition de payer le tribut de vingt-cinq mille écus.
On interdisait aux Protestants de demeurer dans le pays,
et on leur imposait l'obligation de vendre dans le délai
de six ans tout ce qu'ils possédaient; de plus, l'archiduc
pourrait envoyer dans la vallée un commissaire spécial
pour rendre la justice. Chiavenna, évacué par les Espagnols, fut cédé aux Grisons; mais comme ceux-ci
n'envoyaient pas d'officiers pour administrer le comté, il
se pourvut d'un gouvernement particulier.

C'est ainsi que les choses semblaient remises en état; *Intervention européenne.*
mais les rivaux de l'Autriche, qui regardaient comme
une perte tout ce qu'elle gagnait, et ceux qui toujours
ont vu en elle la plus dangereuse ennemie de la liberté
italienne, ne pouvaient souffrir qu'elle eût acquis sans
bruit vers l'Italie un passage qu'elle ambitionnait tant, en
même temps que de la Rhétie, en passant par l'Alsace et le
Palatinat du Rhin, sa récente conquête, elle pouvait expédier toute espèce de troupes dans les Flandres, où la guerre
sévissait cruellement. Les princes italiens en tremblaient
pour leur propre indépendance. Le duc de Savoie regrettait qu'on ne fût plus obligé de recourir à lui pour obtenir un passage, qu'il savait se faire payer; les Vénitiens
regrettaient de se voir enlever le fruit d'une alliance
achetée au poids des sequins : tous maudissaient les Espagnols, qui, sous prétexte de religion, visaient sous main,
disaient-ils, à s'emparer des possessions d'autrui.

C'est une vieille habitude des Italiens de recourir à la
France dans leurs difficultés, et chez les Français de se
poser en protecteurs des libertés italiennes; ceux-ci,
de concert avec la Savoie et Venise, formèrent une ligue
contre la maison d'Autriche pour garantir l'exécution
du traité de Madrid, et remettre les Grisons en possession

de la Valteline. Le roi d'Espagne, pour éviter d'augmenter le nombre de ses ennemis, recourut à un expédient; il consigna les forteresses de la vallée au pape,
à condition qu'il les garderait avec ses troupes, mais aux
frais de l'Espagne, jusqu'à ce que les deux couronnes eussent pris à ce sujet un parti décisif. Horace Ludovisi, duc
de Fiano, neveu de Grégoire XV, occupa les forts avec
les Papalins, c'est-à-dire avec une troupe de bandits et
de ribauds, le 29 mai 1623.

Cette mesure déplut très-fort au *parti saint :* il croyait
voir que par là l'Espagne se préparait à restituer la Valteline, en sauvant son honneur; mais malheur à qui
n'a pour lui que le droit, et qui s'en est remis de ses destinées à la bonne foi d'un roi et aux manœuvres de la
diplomatie! La mesure déplut également aux Vénitiens, qui
voyaient grossir les rangs de l'armée du roi ou du pape,
au moment où ce dernier laissait deviner son ambition
de faire de la Valteline une principauté pour ses parents.
Mais sous Urbain VIII, son successeur, fort bien disposé
pour la France, une ligue se forma à Avignon entre cette
puissance, l'Angleterre, le Danemark, Venise, la Hollande, la Savoie et les princes d'Allemagne contre l'Espagne et l'empereur, pour les contraindre à restituer le
Palatinat du Rhin et la Valteline (L). Une consultation de
théologiens avait déclaré que le pape ne pouvait en conscience remettre les Catholiques sous la domination des
hérétiques, sans un péril imminent pour les âmes; mais
le roi très-chrétien lui intima ou de démolir les forteresses
de la vallée, ou de les restituer à l'Espagne, afin de pouvoir, sans blesser le respect dû aux clefs de saint Pierre,
entrer à main armée dans ce pays, pour rappeler les Grisons à la liberté et les soustraire au joug autrichien.

Les Grisons étaient à la dernière extrémité. Les Autrichiens avaient persécuté dans le pays les réformés, surtout les ministres, et désarmé la population. Ils avaient en outre envoyé des colonies de Capucins allemands dans le Pretigau, à Tavate, à Coire, de Capucins milanais dans la Pregalia, de Brescians dans le val Santa-Maria, en prêtant main forte à leur apostolat : il y eut parmi eux, comme parmi les Protestants, beaucoup de martyrs. Quand on voulut par force contraindre ceux de Pretigau à fréquenter les églises des Capucins, ils firent un vacarme affreux, et s'écrièrent : « C'en est trop : nous mourrons sans patrie, sans liberté, mais sauvons au moins nos âmes. » Ils s'enfuirent donc dans les forêts : et de là, armés de faulx, de couteaux, de pierres et de massues, ils se précipitèrent sur les Autrichiens le jour des Rameaux de l'an 1623, et on vit même les femmes prendre part à l'extermination des oppresseurs de leur patrie [1].

Les armées de Baldiron et de Feria rétablirent momentanément la tranquillité ; mais Feria était tombé en discrédit à la cour de Madrid comme étant le premier auteur de ce soulèvement de la Valteline, qui, en fin de compte, n'avait enfanté que des malheurs; le pape, qualifiant de subtiles inventions les craintes du gouvernement espagnol, ne voulut pas recevoir en Valteline de garnison autrichienne. Si telle était sa pensée, les faits la démentirent. Cœuvres, qui fut depuis le maréchal d'Es-

[1] Plus de cinq cents soldats de l'archiduc restèrent sur le terrain : avec eux succomba le bienheureux Fidèle de Sigmaringen, capucin que Lavizzari appelle *le préfet abhorré de ces missions,* et qui est le protomartyr de la congrégation de la Propagande. Voir *Istoria delle missioni de' frati minori Cappuccini della provincia di Brescia nella Rezia,* de 1621 à 1693, par P. F. CLEMENTE DA BRESCIA : Trente, Pavone, 1702.

trécs, le drapeau français déployé, fit son entrée à Coire, sur l'ordre de Richelieu, ministre de Louis XIII; il rendit aux Droitures leurs libertés, chassa l'évêque, remit les choses dans le premier état, et marcha tout droit sur la Valteline, d'où les Papalins se retirèrent. Arrivé là, il conclut un accord avec les députés de la vallée, promettant que les alliés la protégeraient, que les Grisons n'entreraient point dans les forts, et qu'il y resterait seulement jusqu'à ce qu'on eût établi un gouvernement régulier : en attendant, on solliciterait une solution définitive. Robustelli, après s'être consacré en vain à la défense de la patrie qu'il avait entraînée à une si triste lutte, se retira sur le territoire de Milan; la vallée tout entière fut occupée par les Français, aux grands applaudissements de ces gens qui appellent affranchissement le changement de maître.

Traité de Monçon.

Grande fut alors l'anxiété de Feria : les Français ne voudraient-ils point, pendant que le vent soufflait pour eux, tomber sur le Milanais, et, comme par représailles de ce que venaient de tenter les Espagnols, prendre une part de leurs possessions : en cònséquence, il mit les passages en état de défense. Plus tard, les négociations diplomatiques aboutirent à un accord conclu à Monçon, ville d'Aragon, le 6 mars 1626, où, en ce qui concerne la Valteline, on décida que la religion catholique serait conservée, et qu'on rétablirait les choses dans l'état où elles étaient en 1617. D'après le traité, les indigènes avaient le droit de nommer eux-mêmes leurs magistrats et leurs gouverneurs, sans dépendre des Grisons; ceux-ci devaient confirmer les élus dans la huitaine qui suivait l'élection, et recevoir une redevance annuelle de vingt-cinq mille écus d'or : on s'engageait à remettre les forteresses au pape pour les démolir; les Grisons ne pouvaient plus entrer en armes dans la vallée, et les Espagnols ne devaient entretenir à la frontière milanaise que le contingent ordinaire.

Ce traité sauvegardait la dignité de l'Espagne, qui paraissait avoir pourvu tout à la fois à la religion et à la liberté de ces populations. Mais il n'était pas temps encore. Les Grisons, en effet, sur les instigations des prédicants, de Venise et de la France, réclamaient l'exécution du traité de Madrid, tandis qu'en Valteline le parti ultra-catholique poussait à des mesures rigoureuses contre les hérétiques, et confisquait les biens des relaps : c'est ainsi que beaucoup de ceux qui avaient embrassé secrètement la Réforme périrent, ou par suite de sentences de l'Inquisition ou sous les coups de fanatiques. Du reste, il était dans la nature même des choses que les Catholiques, se sentant vigoureusement appuyés, se livrassent à des excès envers les dissidents, ne fût-ce qu'en paroles (M). Nous avons une lettre de frère Jean de Martinengo prédicateur à Ponte, écrite le 18 mars 1627 à Jean Bongetta et à Philippe-Baptiste dit Sfodego, ainsi qu'à d'autres habitants de Sondrio, où il leur annonçait ce qui suit : « J'ai appris « les horribles blasphèmes que vous et d'autres héréti-« ques, tant hommes que femmes, demeurant à Sondrio, « proférez contre notre sainte foi catholique. J'avais ré-« solu sans plus tarder de vous infliger le châtiment que « vous méritez, mais je veux user envers vous d'un excès « de miséricorde. C'est pourquoi la présente vous servira « à vous et à d'autres hérétiques de douce exhortation à « embrasser la foi catholique. Et si vous ne le voulez pas, « faites en sorte d'être tous dehors de la vallée et au-« delà des frontières; malheur à vous si vous m'at-« tendiez là; le châtiment le plus léger sera le feu et

« les flammes. Si vous me demandez au nom de quelle
« autorité je vous écris et je vous menace, vous verrez
« bien par les effets ce que je puis et veux faire pour
« purger entièrement la vallée d'une pareille peste... »

On établit aussi le Saint-Office, et au mois d'octobre
1628 on décréta que tous les hétérodoxes devraient, dans
l'espace de deux ans, vendre tous leurs biens immeubles
dans la Valteline, et la quitter sous peine de mort. L'é-
vêque Caraffino, étant venu en visite pastorale, enleva aux
Protestants les biens de sa mense épiscopale, qu'ils tenaient
à bail emphytéotique, quoiqu'ils en eussent payé la redevance.

Le ministre de Poschiavo étant mort de la peste en
1631, Caraffino écrivait aux seigneurs de l'endroit à la
date du 16 janvier : « Au milieu du progrès qu'a fait le
« mal contagieux dans ce pays et dans le reste de mon
« diocèse, j'apprends qu'il a plu à la majesté divine de
« retirer de ce monde le prédicant de Poschiavo : voilà
« une preuve évidente de sa miséricorde envers nous. Afin
« de répondre tous de notre côté à cette faveur, et de satis-
« faire à nos obligations, j'ai cru devoir écrire la présente
« à vos Seigneuries pour les avertir de ne plus permettre
« à l'avenir l'introduction d'une semblable peste dans le
« comté, et de vous y opposer virilement..., persuadés
« que vous devez être, qu'outre l'assistance que vous re-
« cevrez du Dieu saint, en ce qui me concerne, non-
« seulement je vous fournirai tous les secours imagina-
« bles, vous envoyant même des forces capables de
« s'opposer avec vous à la résolution de ces hérétiques,
« mais au besoin j'irai vous trouver en personne, et mon
« exemple sera promptement suivi par le révérend père
« inquisiteur, accompagné de tous ses familiers, pour

« s'emparer du ministre et de ses fauteurs, non moins que
« de tous ceux qui n'auraient pas pleinement satisfait
« à leur devoir en s'opposant à l'arrivée du prédicant. »

Sur ces entrefaites, la guerre venait d'éclater au sujet Arrivée des lanquenets.
de la possession du duché de Mantoue, que se disputaient
entre eux les ducs de Nevers, héritiers des Gonzagues,
soutenus par la France, les ducs de Savoie, l'esprit toujours tendu vers les agrandissements, et les Autrichiens,
toujours vigilants pour les arrêter. Le duc de Nevers,
profitant de la récente convention de la France avec les
Grisons, passa avec son armée par la Valteline sur le
territoire vénitien, et alla prendre possession du duché.
Pendant ce temps-là, des autres vallées alpestres débouchaient des soldats français, espagnols, savoyards pour
se disputer le triste honneur de dépouiller et d'avilir
cette pauvre Italie, toujours l'enjeu de la victoire. L'empereur Ferdinand, pour faire insulte à la France et pour
soutenir, lui Autrichien, les ambitions autrichiennes,
envoya trente-six mille fantassins et huit mille cavaliers,
sous la conduite de Rambaldo Collalto ; troupes toujours
formidables, mais qui l'étaient alors bien davantage par la
crainte de la peste. Le gros de cette armée était venu par
Lindau dans le pays de Chiavenna pour descendre de là
dans le Milanais : puis, se disséminant à travers la Valteline,
les soldats y avaient propagé outre le brigandage, la peste,
fléau aggravé par les longues souffrances de la guerre et
par la récente disette. Les livres de plusieurs auteurs et les
miens, devenus populaires, ont fait connaitre à fond ces
misères, au milieu desquelles, on a vu d'une part, croître
les legs pieux et les ex-voto, et d'autre part les hommes,
au lieu de se mieux conduire en face du châtiment divin,
insultant le Dieu qui les flagellait, s'enivrer de la vie qui

les fuyait, du désordre qui régnait, et de la fortune qui s'accumulait entre les mains des survivants.

Quant à nous, nous voudrions recommander aux grands sages de notre siècle de ne permettre jamais le retour de ces horribles fléaux naturels ! Ne vantent-ils pas l'omnipotence de l'homme capable de dompter la nature ? Ne lui promettent-ils pas un avenir de jouissances inépuisables, dès qu'il aura fait disparaître toutes les causes de destruction et enchaîné les éléments ? Mais voici tout à coup un torrent, un tremblement de terre, une maladie qui s'attaque à l'homme, à la vigne, aux pommes de terre, une saison défavorable, et les riantes prévisions s'en vont en fumée ; il leur faut alors reconnaître une main plus puissante, et combien est précaire la possession de l'homme sur cette croûte du globe terrestre qui couve un incendie.

Aussi les grandes calamités sont le jour du prêtre, du moine, et de la charité ! voilà les forces que les grands sages de notre époque s'ingénient à discréditer ; influences qu'ils voudraient bannir et qui redeviennent efficaces grâce aux bénédictions qu'elles s'attirent an milieu de ces malheurs.

La peste. Charité et superstitions, Sauver sa vie était une exception : on considérait comme un héros celui qui restait au poste à lui marqué par la Providence, et s'il y avait encore quelque remède au mal, c'était de la charité chrétienne qu'il venait. On avait accordé au clergé les plus amples pouvoirs ; combien ne vit-on pas de ses membres en assistant les malades, exposer par un sacrifice spontané leur vie mortelle pour acquérir la vie éternelle. Les Capucins se rendaient jour et nuit partout où le besoin se faisait sentir : ils apprêtaient eux-mêmes la nourriture et les médicaments, ils refaisaient le lit des malades, veillaient au-chevet des moribonds, les transpor-

taient, les appropriaient, et mettaient à profit ces terribles
moments où l'homme le plus dépravé sent revivre la conscience, pour le fortifier par la douce espérance du pardon.
A Tirano surtout la contagion fit de cruels ravages ; les
malades se faisaient placer dans une enceinte élevée autour
de l'église de la Madone miraculeuse, dans l'espoir d'obtenir d'elle un soulagement pour l'âme ou pour le corps,
et au moins d'avoir la consolation de mourir là où ils
désiraient. Les Capucins s'étaient établis à Tirano en 1624 ;
ils moururent jusqu'au dernier en soignant les pestiférés :
d'autres de leurs frères vinrent les remplacer, et succom-
bèrent à leur tour. Donner la vie pour faire le bien ! Je te
reconnais bien là à ces nobles actions, ô sainte religion,
toi qui seule es capable d'enfanter des martyrs de l'a-
mour !

Pour prévenir et pour guérir la maladie, on avait pris
des mesures de précaution, les unes sages, les autres superstitieuses, d'autres exécrables. Séquestrer les malades, prolonger les quarantaines, interdire les communications avec qui que ce soit, porter dans les mains
de la rue, de la menthe, du romarin, un flacon de vi-
naigre, une fiole remplie de mercure, qn'on regardait
comme ayant la propriété d'absorber les émanations con-
tagieuses. Et comme dans les grands fléaux, lorsqu'on
n'ose pas blasphémer la Providence, on sent le besoin de
décharger sur quelqu'un la colère au brutal instinct,
et d'exhaler contre lui les sentiments d'un orgueil humilié de son impuissance, l'opinion publique, ce monstre
terrible aux époques de perversité ou de défaillance,
affirmait que des malveillants propageaient la peste au
moyen de sortilèges et d'onctions : aussi vit-on dans
certains pays de prétendus empoisonneurs non pas seu-

lement massacrés par une populace en délire, mais encore poursuivis en règle, convaincus de ce crime, et livrés d'horribles supplices [1].

Bormio avait interdit à toute personne de passer dans l'Engadine, où la maladie sévissait. Un paysan, ayant dépassé le cordon sanitaire, tomba entre les mains des gardes : il avoua que, sa femme étant malade, et soupçonnant que la maladie pouvait être le résultat d'un sortilège, il s'était porté au delà du cordon sanitaire pour consulter l'astrologue de Camosasco, homme du commun, qui avait des intelligences avec le diable, et qui, disait le contrevenant, avait montré dans une fiole trois personnes qui avaient fait l'incantation sur sa femme [2]. Soit ignorance, soit malice, le paysan nomma une pauvre vieille, qui, ayant été arrêtée et soumise à la corde, s'accusa elle-même et dénonça plusieurs personnes. Le juge de Bormio instruisit le procès, et fit pour la sûreté de sa conscience intervenir l'archiprêtre Simon Murchio : puis, du consentement de l'évêque de Côme, trente-quatre personnes, tant hommes que femmes, furent décapitées, et leurs cadavres réduits en cendres [3]. C'est ainsi que des guerres insensées, des fléaux horribles et des préjugés concouraient à l'extermination de la pauvre humanité.

(1) On appelait *Untori* ceux qui au temps de la peste étaient regardés comme les auteurs et les propagateurs de ce fléau au moyen des onguents. (*Note des traducteurs.*)

(2) Cette femme, ensorcelée dans une pièce de drap rouge, resta deux mois confinée au lit sans manger ni boire rien autre que quelques gouttes d'eau qu'on lui ingurgitait à l'endroit d'une dent qu'elle avait perdue. Cependant on la voyait se mettre à la fenêtre ; mais, dès qu'elle s'apercevait qu'on la voyait, elle retournait au lit, où elle restait immobile. Elle guérit tardivement, *malgré les exorcismes en règle qui lui furent appliqués.*

(3) ALBERTI, *Antichità Bormiesi,* manuscrit.

. La peste cessa, mais non les malheurs de la Valteline; le pays était parcouru en tous sens par, des bandes de soldats qui allaient à l'épouvantable guerre de Trente ans. Cette facilité d'envoyer des troupes faisait davantage regretter à la France de voir le passage aux mains de sa rivale : aussi se leva-t-elle enfin, résolue d'affranchir l'I-.talie, vieux prétexte (disait Ripamonti) dont se servent les Français pour franchir les Alpes; les Français (ajoute-t-il), auxquels on ne devrait point se fier, car c'est une nation inquiète, et qui n'aspire qu'à inquiéter les autres [1].

Le duc Henri de Rohan, le gentilhomme le plus ac- Le duc de Rohan. compli de son siècle, en sa qualité de chef des réformés, avait soutenu avec vigueur et talent la lutte contre Richelieu, qui avait bien pu lui faire perdre la faveur de la Cour, mais non la réputation d'un excellent capitaine. ·Précédé de cette renommée, le duc, avec une armée de douze mille fantassins et de quinze cents cavaliers, passa par Bâle et Saint-Gall pour atteindre Coire, d'où, étant entré par Chiavenna dans la Valteline, il occupa sans difficulté tout le pays.

Bientôt arrivent des Allemands par Bormio, des Espagnols et des Milanais par le fort de Fuentès. Chassé par ces forces supérieures, Rohan est contraint de se retirer dans l'Engadine. Ayant recruté de nouvelles troupes, il repasse la frontière, livre de terribles combats, remporte la victoire, et pendant qu'il a la fortune en main se précipite sur le pays situé à l'extrémité septentrionale du lac de Côme. Il le livre au pillage et à l'incendie, puis continue à s'avancer; mais, ayant rencontré dans les forteresses

(1) *Gentis inquietæ, et volentis inquietare cæteros.* Historiarum Patriæ in continuationem Tristani Chalchi, 1641 et 1643, ou 1648, 3 vol. in-fol. p. 127.

de Musso et de Lecco une résistance opiniâtre, il est forcé de renoncer à son entreprise, devenue impossible.

La France, qui voulait à tout prix enlever à l'Autriche ce passage, sollicitait les Valtelins de seconder ses efforts, et leur promettait de les soustraire entièrement au joug des Grisons; elle leur offrait même de prendre à sa charge la redevance qu'ils payaient, et s'engageait à leur accorder une justice propre et le bienfait d'une religion unique. Ces propositions vinrent à la connaissance des Grisons, qui, indignés de ce que le roi de France ne les caressât que dans la mesure de l'aide qu'ils lui prêtaient contre les Autrichiens, abandonnèrent tout à coup l'alliance du monarque très-chrétien pour se tourner du côté de l'Espagne. Cette puissance, qui ne désirait rien tant que cela, n'eut aucun scrupule de conscience à accepter l'alliance des Protestants, et se trouva de nouveau avoir entre les mains le sort de la Valteline, qu'elle n'hésita pas un seul instant, selon les besoins de sa politique, à sacrifier pour sauvegarder l'alliance avec la Rhétie. Le marquis de Leganes, nouveau gouverneur du Milanais, prodiguait les avances aux ambassadeurs des Grisons, et en était chiche pour les Valtelins : il fit demander à l'évèque de Côme si la domination des Seigneurs Grisons était compatible avec la religion catholique. Celui-ci répondit affirmativement, et en cela il était d'accord avec la décision prise sur le même sujet par une assemblée de théologiens, réunie en Espagne.

Déjà, dans le château de Sondrio, on avait établi une garnison de troupes grisonnes. Les Valtelins furent effrayés de cette mesure; quelques-uns d'entre eux avaient proposé de courir encore aux armes, d'égorger le petit nombre d'ennemis qu'ils avaient dans le pays, et de s'aider eux-mêmes, sans compter désormais sur les secours de la France ou de l'Espagne. On donnait la préférence à un parti qu'il n'était plus temps de prendre. En effet, on n'avait plus ni vivres, ni argent, ni crédit : la peste de 1630, qui revint cinq ans après, avait décimé la population : partout régnait ce sentiment de lassitude qui d'ordinaire se montre à la suite de fortes commotions, de même qu'au délire de la colère succède le délire de la peur ; sentiment qui fait considérer comme le moindre malheur de courber la tête sous la tempête et de demander à Dieu sa miséricorde.

Le gouverneur Leganes avec le concours des envoyés de la Rhétie termina l'affaire à Milan, le 3 septembre 1639, en restituant aux Grisons la Valteline sous des clauses et conditions comprises en quarante articles, et dont voici les dispositions principales. Personne ne sera recherché pour des faits accomplis postérieurement à 1620 : les procédures de Thusis seront cassées; les finances, les douanes et les coutumes remises dans l'état où elles étaient avant l'insurrection; les officiers, à partir du vicaire de la vallée pour les relations extérieures, devront être élus par les Seigneurs Grisons, et la reddition de comptes être faite dans le pays. Quant aux statuts de 1549, on y dérogeait formellement pour les dispositions frauduleusement introduites au préjudice de la foi et des immunités ecclésiastiques; on ne devait admettre que la seule religion catholique, suivant en cette matière les règles de conduite adoptées par les Suisses dans les bailliages italiens. Plus d'Inquisition : l'évêque, les prêtres, les moines exercent en toute sécurité leur saint ministère ; aucun protestant n'aura le droit de se fixer dans le pays, à l'exception des magistrats. L'Espagne devait payer à chacune des Trois Ligues

La paix rétablie dans la Valteline.

une rente annuelle de quinze cents écus, et entretenir à ses frais six jeunes gens dans les universités de Milan et de Pavie; on devait accorder un libre passage aux soldats autrichiens à travers la vallée, et pas à d'autres.

Les stipulations une fois ratifiées, le gouverneur informa les Valtelins de l'accord. Il y eut une stupéfaction générale à cette nouvelle : tous se déchaînèrent contre l'évêqne Caraffino; on parodiait le nom de Leganes en *liga-nos;* on appelait de cette convention, on protestait contre elle : telle est la dernière ressource de ceux qui succombent. A ces plaintes, le grand chancelier donnait pour réponse qu'on n'avait pas pu obtenir de meilleures conditions; les étrangers donnaient raison aux Valtelins, mais ils n'allaient pas plus loin.

Cette capitulation forma la base du droit public de la Valteline vis-à-vis de ses maîtres, et servit de mesure aux droits et aux devoirs réciproques. Les Grisons furent réintégrés dans la pleine possession de ce pays, et, on peut le dire à leur louange, ils en usèrent avec modération. Le chevalier Robustelli, bien qu'on lui eût promis paix et sûreté, ne put se résigner d'obéir aux autres là où il avait commandé : il dit donc adieu à sa patrie, qu'il ne pouvait plus désormais servir, et il ne manqua pas de gens qui lui infligèrent le titre que les Italiens réservent à ceux qui ne réussissent pas, celui de traître.

Les choses ne pouvaient cependant pas se passer avec calme après tant de démonstrations de haine et tant de sang répandu : on n'en finirait jamais si l'on voulait redire les lamentations des Valtelins sur la violation des traités. Le nombre des réformés, bien que leur séjour fût interdit dans le pays, croissait chaque jour : le seul petit village de Mese, au bout de quinze ans, en comptait

cinquante : il y avait quatre familles protestantes à Tirano, trois à Teglio, autant à Cajolo, le double à Traona,
neuf à Sondrio, deux à Berbenno, douze à Chiavenna et
ailleurs, toutes bien apparentées, sans compter les artisans et les étrangers. Ces protestants vivaient en pleine
liberté ; ils se moquaient des dévots et des cérémonies du
culte; quant aux magistrats, ils ne respectaient point les
immunités du clergé, interdisaient de recourir à Rome, et
prétendaient qu'on violât pour eux le secret des confessions : ils tenaient même des conventicules de prédicants
dans le palais public de Sondrio, et inventaient mille
moyens pour les y introduire; on était même allé jusqu'à demander à la Diète des Grisons d'avoir dans le pays
trois temples. Cependant les riches étaient l'objet d'accusations incessantes qu'on leur intentait pour leur ex-
torquer de l'argent ; était absous celui qui payait. On
poursuivit deux notables de Sondrio pour s'être servis du
mot d'hérétique, et même l'archiprêtre pour avoir
réuni certains chefs afin d'aviser sur cette arrestation [1]. Les Réformés n'eurent plus cependant l'avantage du nombre dans le diocèse de Côme, et quant à
la liberté du culte, elle fut restreinte aux seuls districts de Poschiavo et de Brusio, pays qui aujourd'hui
encore appartiennent aux Ligues grisonnes, bien qu'on
y parle l'italien et qu'ils soient situés en deçà des Alpes [2].

(1) Il y avait en 1790 dix familles de Protestants à Tirano, deux à
Bianzone, deux à Teglio, une à Castione Inférieur, une à Cajolo, et
soixante-cinq dans le comté de Chiavenna. Jacques Picenino, ministre protestant à Coire, publia *l'Apologie de la Réforme*. En réponse à cet ouvrage, le père Gotti, professeur de théologie à Bologne,
écrivit *La Vera Chiesa di Cristo*, 3 vol. in-4°, livre qui lui valut la
pourpre.

(2) Ces districts appartinrent jusqu'à ces derniers temps au diocèse
de Côme, ainsi que la majeure partie du canton du Tessin. Aujourd'hui

Là les Réformés forment le tiers de la population, et c'est dans cette proportion qu'ils ont part aux emplois : pendant deux ans le podestat est un catholique, la troisième année, c'est un réformé, et il en est de même pour les autres charges et les institutions de bienfaisance. Ils vivent en bonne intelligence, et de part et d'autre on observe la tolérance : nous avons vu beaucoup d'Évangéliques assister aux cérémonies catholiques, et s'y comporter avec modestie. Les pasteurs des deux églises réformées sont envoyés par le chapitre de la haute Engadine. Dans le consistoire que tiennent chaque année les pasteurs de la Rhétie à tour de rôle, sous la surveillance du doyen, on approuve les ministres, et on se consulte sur le dogme et sur la morale. Les ministres suivent la Confession rhétique et la Confession helvétique, mais dans leurs catéchismes ils diffèrent profondément, même sur les points fondamentaux. Il s'y introduisit parfois certains ferments de luthéranisme ; on alla même jusqu'à conserver le saint sacrement et à le porter aux malades; on a proposé aussi d'admettre l'usage de la confession auriculaire, mais tout dépend des idées personnelles des ministres. Depuis quelques années, ceux-ci ont reçu pour instruction de ne jamais traiter les questions de dogme, et de s'en tenir uniquement aux vérités pratiques. Puissions-nous voir bientôt l'heure où les rameaux séparés du grand arbre reverdiront, et où le sang sacré de la rédemption réunira nos frères séparés dans un seul bercail et sous la houlette d'un seul pasteur !

ils sont ou vont en être séparés; on a confisqué les biens que l'évêque de Côme y possédait, et l'on voudrait incorporer les communes de Poschiavo et de Brusio au diocèse de Coire : le canton du Tessin aurait son évêque particulier.

NOTES ET ÉCLAIRCISSEMENTS

AU DISCOURS IV.

(A.) Sur Jules de Milan, voir Schœlhorn, *Ergötzlichkeiten*, Stück, 5.

L'argument traité dans ce chapitre a déjà été développé par nous dans la *Storia della diocesi di Como*, et dans l'opuscule intitulé, *Sacro macello di Valtellina*. Une œuvre capitale sur cette matière est la *Historia Reformationis ecclesiarum rhæticorum ex genuinis fontibus et adhuc maxima parte nunquam impressis', sine partium studio deducta...*; par Petro Dominico Rosio De Porta, t. II, Coira, 1771. On peut juger de l'impartialité de l'ouvrage par la dédicace suivante : *Almæ matri — ecclesiæ J.-C. — vocatis sanctis — venerandis ampliss. ac magnificis communitatibus — in exc. trium Rhæticæ fœderum rep. — religionem ad ss. evangelium reformatam — fidem semel sanctis traditam — corde tenentibus — ore profitentibus — opere defendentibus — Dominis suis clementissimis — beatæ reformationis — historiam — in devotæ mentis monumentum — dedicat*. Et dans la lettre suivante, toujours en latin, il dit : « S'il est un bienfait pour lequel nous et nos enfants devions être éternellement reconnaissants envers Dieu, certes c'est la Réforme... A elle nous sommes redevables d'avoir chassé l'ignorance crasse qui avait voilé notre ciel de ténèbres épaisses.» Et, venant à parler des difficultés de son œuvre, il se plaint que de son temps aussi les études fussent négligées. « Les prêtres catholiques, dit-il, ne s'entendaient qu'en messes et indulgences, c'est-à-dire à ce qui sert à la cuisine (*sic*) : quant aux Evangéliques (dit-il), ils croient avoir accompli tous leurs devoirs lorsque ils ont récité un sermon appris par cœur. »

De semblables préventions sont bien loin de l'impartialité promise, et qu'en fait on désire toujours. Cependant cet ouvrage peu connu est un des plus importants du siècle dernier ; l'auteur est bien loin du mépris qu'on avait alors pour l'histoire. Il cherche la vérité dans les archives et dans les correspondances privées, il examine à fond le caractère des personnages, il décrit les lieux, montrant toujours un amour vif pour la patrie, pour la religion, et pour son sujet.

Il se plaint encore du peu d'attention que lui prêtèrent ses compatriotes, et de ce qu'ils ne lui ont fourni aucune aide, pas même pour la transcription des documents; il déplore qu'on ne lui ait tenu aucun compte de son travail, — conduite trop ordinaire de nos jours, et surtout dans le pays où j'écris.

(B.) Nous avons parlé ailleurs longuement de Muzio. Il a écrit quelque part « qu'aucune loi émanée soit de la patrie, soit du prince, qu'aucun intérêt de fortune ou de la vie ne doivent le céder à l'honneur. » Réponse III.

Un des plus fidèles investigateurs des mémoires sur l'Istrie, Kandler, m'écrivait en 1861 qu'il avait fait beaucoup de recherches sur Vergerio, et qu'il avait fini par se persuader que c'était « un infortuné qui n'avait pas su se modérer au milieu des agitations soulevées par Muzio, son concitoyen et son camarade de jeunesse. Toute cette histoire m'a paru une guerre de Franciscains, dirigée contre l'évêque pour se venger sur lui de ce qu'il avait découvert et puni certaines irrégularités dans leurs couvents. Vergerio n'avait jamais eu la vocation ecclésiastique; depuis plus de dix ans qu'il était évêque, il n'avait pas même la tonsure : ce fut contre son gré qu'il se mit à la tête d'un diocèse, ou qu'il dut s'y mettre; je crois qu'il avait entendu parler davantage de la foi protestante que de la foi catholique, occupé comme il le fut dans les négociations de la diplomatie. Il ne fut pas meilleur protestant; sa foi était très-incertaine; il tenait uniquement à conserver la dignité épiscopale, dont il ne voulut jamais déposer le titre; il tenait, contre la cour de Rome, tantôt pour les Rhètes, tantôt pour les Polonais, tantôt pour les Allemands, mais pourtant sans jamais oublier les avantages que procure un bon bénéfice. Il serait même rentré dans le sein de l'Eglise s'il avait pu recouvrer l'épiscopat. Les persécutions qu'il eut à souffrir vinrent de ses compatriotes, de Grisoni par-dessus tous les autres, de Stella, de Muzio; l'Inquisition, qui était entre les mains des Franciscains, déploya contre lui tous les ressorts de son autorité : procès, incarcérations, abjurations, listes d'hérétiques, de personnes en train de le devenir, de suspects d'hérésie; on donna l'épithète d'infectés aux monastères, aux confréries, aux chapitres, aux lettrés; mais au fond de tant de confusion on finit par croire qu'il y avait là méchanceté et exagération, que les accusateurs étaient des exilés, ou des personnes poursuivies à tort, ou enfin des aventuriers qui cherchaient un prétexte pour faire fortune. »

« Tout ce tapage devait, dans l'esprit des novateurs, amener l'exaltation de la langue slave, et ils comptaient convertir les Slaves habitant entre le Frioul et Constantinople ; aussi publia-t-on un grand nombre d'ouvrages. Mais les Slaves ne savaient point lire, et ne le surent que tard ; les caractères, fondus aux frais des Protestants, passèrent par l'effet du hasard à Rome, où ils servirent à imprimer des missels et des bréviaires. »

Parmi les ouvrages anonymes ou pseudonymes de Vergerio est celui intitulé *Delle commissioni et facultà che papa Giulio III ha dato a monsignor Paulo Odescalco comasco, suo nuncio et inquisitore in tutto il pœse dei magnificii Grisoni*, 1553.

Il a publié aussi *Illustri atque optimœ spei puero D. Ebherardo, ill. principis Christophori, ducis Witembergensis, filio primogenito, minusculum*, 1554. Mais Celio Curione prétend que ce n'est qu'une traduction d'une œuvre de Jean Valdès.

(C) Donnons-en un échantillon :

> Remissionem peccatorum
> Credo etiam, certusque cano, intrepidusque repono
> Unius haud aliis quam Christi sanguine sacris
> Placatum semel, afflictis mortalibus ipsum
> Condonasse Deum peccatum quidquid ubique est,
> Christigenas ut nulla usquam fortuna moretur
> Durior, aut trepidas tortura piacula mentes
> Usque adeo adscribi magnum est in pignora summi
> Chara patris, Christi auspiciis, nil tale merentes
>   Carnis resurrectionem.
> Quin fateor ventura olim nova secula, quando
> His vetus indomitis ardescet in ignibus orbis
> Cunctorum in pœnas et tristia fata malorum.
> Tum vero sanctorum hominum clarissima moles
> Carnis in œthereum mutabitur altera sortem,
> Cognatœque illis terrenœ ab origine labes
> Seu functi repetant vitam, seu forte supersint,
> Cunctarum omnipotens rerum quid non queat auctor.

(D)   Milan, 24 mai 1584.

J'écris longuement à monseigneur le cardinal Savello au sujet des affaires des Grisons : la lettre vous sera, comme d'habitude, remise ouverte, pour que vous en preniez connaissance. Mais cette lettre ne 'dit pas tout. Il y a des détails relatifs à la même affaire que vous trouverez ici en postscriptum. Je vais vous en dire immédiatement un mot plus secret que tout le reste, dont le gouverneur m'a fait part en toute confidence. Je ne crois pas, de mon côté, pouvoir faire moins que de l'écrire à votre Seigneurie, afin qu'elle en réfère à notre Saint-Père, sous forme d'avis. Apprenez donc que les peuples catholiques de la Valteline, affligés et opprimés dans les choses de la religion par le gouvernement écrasant des Seigneurs Grisons, ont fait [appel, l'année dernière, aux ministres du roi à Milan pour les aider à mettre fin à tant de souffrances, en sorte que, débarrassés des entraves qui longtemps les ont privés de tous secours spirituels, ils pussent vivre à leur convenance en bons catholiques. — Dans ce but, ils ne demandaient l'appui que de 400 fantassins, pour peu de jours ; ce serait assez, disaient-ils, pour secouer le joug et fermer aux Grisons les passages des montagnes : dans la suite, les gens de la vallée suffiraient à maintenir leur indépendance. Les ministres écrivirent au roi, qui a répondu qu'on leur accordât le secours demandé et tout autre nécessaire pour les aider dans les choses de la religion catholique : en dehors de cet intérêt, on ne devait pas remuer. Depuis que la réponse du roi est arrivée les ministres ont sursis jusqu'à cette heure, afin de voir l'issue de l'affaire de la Ligue : maintenant qu'elle a avorté, je vois qu'on pense à l'autre projet, et si le succès couronnait l'entreprise, j'espère de la bonté de Dieu qu'en peu d'années il se produirait dans ces pays d'en deçà des monts tant d'heureux résultats, que le fléau de l'hérésie en disparaîtrait presque entièrement. Mais alors même qu'on ne réussirait pas, les Grisons verront par ce mouvement que de toute façon ces peuples ne pourront jamais supporter un tel état de choses; et le doute, la crainte continuelle de semblables alliances, les amèneront, pour n'y plus donner occasion, à leur accorder à la fin les libertés qu'ils réclament. Dans le cas où ces peuples n'obtiendraient pas, les armes à la main, la liberté pour laquelle ils s'agitent, dans le cas où il y aurait rumeur et révolte, j'informe votre Seigneurie que l'ambassadeur de France en Suisse a reçu la mission de surveiller les affaires de son roi dans les pays des Grisons, et j'ai moi-même été plusieurs fois en relations avec lui pour le bien spirituel de ces populations : il s'est toujours montré animé de la meilleure volonté, toutes les fois qu'il s'est agi de servir les intérêts catholiques et surtout de répondre à de légitimes désirs. Je crois même que si

l'ambassadeur de France intervenait comme médiateur entre les
maîtres et les sujets, que si l'on faisait valoir mes relations for-
cées avec les cantons catholiques suisses, pour tâcher de conquérir la liberté pour les Valtelins, de leur obtenir protection et
d'établir l'accord ; je crois, dis-je, qu'il en résulterait un très-
grand bien pour la cause catholique. Si au contraire la chose
réussit par les voies pacifiques, je m'enhardirai à obtenir du roi
qu'il se contente, en restituant ce pays aux Grisons, de poser les
conditions les plus avantageuses pour notre foi, puisque aussi
bien il a prescrit à ses ministres de ne se mêler de cette affaire
qu'autant qu'il y aura intérêt pour la religion catholique. Quant
à moi, je ne m'y embarrasse d'aucune façon, et je cherche d'autant moins une solution qu'on s'en occupe présentement : je ne
viendrai au secours de ces populations que par la voie spirituelle. Ici je fais faire des prières générales et particulières à
Dieu, afin que tout tourne à bien et à la gloire de son saint nom :
mais de cette manière on ne dévoile pas la nature de la négociation entamée ; je désire que votre Seigneùrie agisse de son côté,
recommande chaudement l'affaire aux religieux et à d'autres, et
la fasse même recommander par les prédicateurs, mais d'une manière couverte.

« Puis, j'ai quelque occasion de faire du bien dans les contrées
suisses, laquelle m'est fournie par ma visite à Locarno : du reste, ce
dernier pays en a besoin et s'en montre désireux. D'autres locа-
lités d'au delà des monts sont dans le même cas : c'est ainsi que
je vais être appelé à consacrer la nouvelle église des capucins du
colonel Lussi. Pour entretenir le bon désir de ces populations et
maintenir la bonne opinion qu'elles ont eue de moi jusqu'ici, il
est nécessaire que je les visite, mais que je ne les visite que dans
un but spirituel : cela me permettra, à cause du voisinage, d'être
informé des premiers bruits d'armes, s'il en survenait, et d'en entretenir immédiatement l'ambassadeur de France pour obtenir à
ces vallées l'exercice de la liberté catholique, soit par la voie
convenue avec lui, et pour l'emploi de laquelle on fera toute diligence, surtout que le nonce de notre saint-père en France me
fait savoir que le roi en donnerait l'ordre à son envoyé, sur la
demande instante qui lui en a été faite, par commission de Sa Sainteté, soit dans le cas où cette négociation n'aboutirait pas et où
les troubles auraient éclaté, qu'on y remédie par voie d'accord
ainsi que je l'ai déjà dit. »

(E) SPRECHER, *Pallas*, lib. VI, p. 177. BUCELLINI, *Rhœtia Christ.*
J'ai trouvé aux archives diplomatiques de Florence, *correspon-*

dance de Milan, une lettre du chevalier Modesti, qui écrivait, à la date du 9 juillet 1590, une dépêche chiffréc, dont voici un extrait :

« Ces paroles m'ont remis en mémoire un fait qui s'est passé il y a six ans, quand je vins ici. Un infortuné gentilhomme, négociant de Milan, ayant reçu secrètement l'ordre et les fonds (sans qu'il y eût trace d'écrit) pour envahir, avec des forces suffisantes et enrôlées par lui, la Valteline, et le traité n'ayant pu être mis à exécution, il arriva que les Grisons fondirent sur lui en l'accablant de récriminations, et ce pauvre homme, après avoir enduré une suite de mauvais traitements, fut envoyé aux galères. Je me rappelle avoir vu un matin sa femme accompagnée de quelques-uns de ses petits enfants se jeter aux pieds du duc de Terranova, gouverneur de Milan, et implorer pitié pour elle et pour les plus jeunes enfants ; S. E. la renvoya presque à coups de pied, et lui dit qu'en ne faisant pas mourir son mari, il lui avait déjà fait une belle faveur. Or il est plus clair que le jour que cet infortuné avait été choisi par le gouverneur pour cette entreprise, et qu'il avait reçu de l'argent par son ordre. »

Et le 27 mars 1591, le même Modesti recommande à la grande-duchesse « une toute petite fille de Renaud Tettone, banquier de Milan, qui, ses affaires ayant mal tourné, fut obligé de s'absenter, et laissa sa femme à Florence avec quelques petits enfants. Cette femme, à la fleur de l'âge, danse à tous les bals, touche convenablement du luth, et du clavecin avec un talent remarquable, chante la romance, aborde elle-même la composition du madrigal, et écrit passablement bien. »

(F) — Wir Gemeiner Dreyen, Pünden, etc.

« Nous, commissaires et consuls des trois éminentes Ligues, assemblés à Davos, d'ordre et commandement de nos seigneurs et supérieurs des communes, faisons savoir la comparution par devant notre conseil de nos chers confédérés les révérends seigneurs Georges Latzino, et celle de l'excellentissime seigneur don André Ruinelli, qui nous ont exposé comme quoi, depuis plusieurs années déjà, dans notre Église réformée nous avions fixé dans les diètes publiques un traitement de quarante écus à chacun des prédicants de notre domaine et juridiction de Valteline et comté de Chiavenna, duquel jusqu'à présent il leur avait bien fallu se contenter. Mais, vu la présente et continuelle disette, ils nous supplient, en considération de leurs fatigues et de leurs bons et fidèles services, d'augmenter leur salaire annuel, afin qu'ils puissent vivre plus largement.

« Ayant donc considéré et pesé les motifs de la cause, pour que le service ne soit pas entravé, et pour soulager d'autant les ministres dans les dépenses de la vie quotidienne,

« Ordonnons et commandons qu'à tous les prédicateurs de la Valteline et du comté de Chiavenna, présents et futurs (encore qu'il y en eût un ou plusieurs par commune) il soit payé sans autre condition et jusqu'à nouvel ordre supérieur une rétribution annuelle de cinquante écus, prise sur les biens appartetenant à l'Église ou aux communes, à la volonté ou au bon plaisir des supérieurs, sous peine de disgrâce par chaque contravention à un quelconque de nos ordres.

« En foi de quoi nous avons publié en plusieurs exemplaires et signé la loi présente avec le sceau des dix Droitures.

« Datum Davos, le 22 octobre 1588. »

PAUL BULL,

notaire à Davos.

(G) Voir DE PORTA, tom. II. L'archiprêtre Schenardi de Morbegno, lui aussi, dans un écrit en latin *sur la propagation de la foi catholique dans la Rhetie,* émettait l'avis que lorsque les ministres hérétiques, à chaque octave du *Corpus Domini* (Fête-Dieu), venaient pour célébrer leurs conciliabules, on les prit en embuscade, à leur retour, dans un lieu nommé *Bocca d'Adda,* et qu'on les envoyât à Rome.

Le 23 juin 1568, le ministre résidant du grand-duc de Toscane à Milan écrit à son souverain ce qui suit :

« Je dois faire savoir à V. E. qu'à Oltolina et dans d'autres villages des Grisons il y avait pour prédicant lutherien un homme infâme, jadis frère mendiant de l'ordre des Mineurs, qui, à raison de ses méfaits, avait été condamné au bûcher, lorsqu'il se retira pour aller prêcher chez les Luthériens. Sa Sainteté, ayant été informée que cet apostat venait incognito dans cet État et dans toute la Lombardie pour exercer certaines fonctions criminelles, a pris des mesures,' selon ce que j'apprends, pour qu'on fît toutes les diligences possibles, comme déjà l'inquisiteur l'a fait, afin de le mettre en prison ; mais, au dire des nôtres, il aurait été conduit aux frontières de cet Etat, à une distance de dix pas dans la juridiction de l'État, et là fait prisonnier. Ce qu'ayant appris les Grisons, qui prétendent que la capture s'est faite sur leur territoire, après avoir fait certaines démarches, dit-on, auprès de S. E. et de l'Inquisiteur, ne voyant pas qu'elles eussent abouti à la mise en liberté du dit moine, auraient fait savoir qu'ils ont emprisonné plusieurs moines qui se trouvent dans un monastère d'Oltolina, sous leur juridiction, et qu'ils leur feront subir le même châtiment qu'on pourrait infliger audit moine prédicateur. Loin de s'en tenir à ce fait, .ils auraient protesté par écrit à la frontière, de concert avec les. Suisses leurs confédérés, pour tous les dommages qui pourraient s'en suivre. »

J'ai recueilli ce document aux Archives diplomatiques de Florence, où j'ai aussi trouvé une anecdote concernant le célèbre sanctuaire d'Einsiedlen, appartenant à cette époque aux Grisons. Gédéon Strucker écrivait ainsi au grand-duc, le 27 septembre 1614 :

« Etant parti le 24 septembre de Sainte-Marie des Ermites .(*Einsiedlen*), deux jours après, un prédicateur prêchant selon la coutume, il y eut dans son auditoire un bourgeois de Zurich, qui pendant le sermon lui donna tout haut un démenti. Tout aussitôt la garde arrêta l'effronté, et le mit en prison. Le peuple croyait bien qu'on lui couperait la tête, ou tout au moins qu'on lui fendrait la langue ; mais la justice a été pleine de miséricorde, et les juges ont condamné le coupable à être amené, le dimanche suivant, 28 septembre, à l'heure du sermon dans la chaire, et là, à répéter le démenti qu'il avait donné, puis à déclarer qu'il avait altéré la vérité, comme un misérable menteur qu'il était, et à demander pardon au prédicateur, aux juges, ainsi qu'à tous les catholiques qui formaient l'auditoire le jour de son esclandre.

« Quand il fait beau temps, on prêche sur une belle prairie, devant une petite chapelle ; la garde fait le cercle autour des assistants, et le prédicateur est escorté par elle et reconduit aussi par elle avec des torches jusque dans le temple : l'endroit où l'on prêche est distant du temple d'environ une bonne tirade d'arquebuse. » (Sic.) *Arch. dip. di Firenze.*

(H) Mr C.-J. Kind (*Die Reformation in den Bisthümern Chur und Como*) m'accuse d'avoir dit, mais sans le prouver, que le roi d'Angleterre donnait de l'argent pour soutenir les hérétiques en Valteline. Laissant de côté la vraisemblance du fait, je lis dans une lettre adressée par Pierre Paul Vergerio, le 8 mars 1551, à Gualterio : « Dites à Bullinger que l'ambassadeur du sérénissime roi d'Angleterre, qui est à Augsbourg, m'a écrit qu'il savait que Sa Majesté veut m'allouer quelques fonds pour pouvoir continuer à faire la guerre au diable. »

Il est fréquemment question des affaires de la Valteline dans la correspondance échangée entre le cardinal Borghèse, ministre d'Etat à Rome, et Bentivoglio, nonce à Paris. Notamment, le 20 juillet 1618, Borghèse répétait qu'il fallait exhorter les Cantons catholiques et la France à prendre sous leur protection les évè-ques de Sion et de Coire, voisins de l'Italie, et en butte à beau-coup de vexations, et cela surtout depuis que les Grisons avaient établi un de leurs collèges à Sondrio, « établissement qui est une vraie peste non-seulement pour cette vallée, mais pour les autres du Bergamasque et du Brescian qui y confinent, et en conséquence pour l'Italie. »

(1) Que les exilés des Grisons aient eu des intelligences même avec le gouverneur de Milan, les correspondances des grands-ducs de Toscane ne laissent aucun doute à ce sujet : on y énu-mère toutes les manœuvres des Planta, de Zambra, de Christo-phe Carcano et du prévôt de la Scala, qui à Milan en était le centre et l'âme. Un certain Béroldinger, qui faisait en Suisse les affaires des grands-ducs, écrivait le 17 décembre 1619 :

« Dans les Grisons, l'état des choses est encore indécis ; cepen-dant il semble qu'il soit plus favorable aux Luthériens qu'aux Ca-tholiques. Quoi qu'il en soit, il est question d'un soulèvement dans l'intérêt des catholiques, et s'il pouvait se réaliser, ce serait un important secours prêté à notre foi. Mais les Vénitiens, de leur côté, manœuvrent avec tant d'activité, que nous sommes pri-vés de l'espoir de voir l'entreprise arriver à bonne fin. Néan-moins, il nous faut espérer que Dieu n'abandonnera pas les siens. »

Et dans la correspondance de Milan, qui a trait aux infor-mations reçues, on trouve, sous la date du 3 juin 1620, ce qui suit :

« On n'a pas cessé d'envoyer en Suisse des soldats par petits détachements ; il en est parti d'ici jusqu'à présent 900, et, bien que l'affaire ait été négociée avec le plus grand secret, on a dé-couvert néanmoins que tout se fait pour venir en aide à certains bannis des Grisons qui, résolus de retourner dans leur pays, font essai de tous moyens, pourvu qu'ils réussissent. Cela est si vrai, qu'en attendant ils ont pris la résolution d'entrer dans la haute Engadine et dans la vallée Tellina pour s'en emparer ; cette vallée, si leur entreprise réussit, sera d'un grand avantage aux Espagnols, parce que, sans qu'il y paraisse, ils obtiendront l'objet de leurs désirs, c'est-à-dire d'être les maitres de la Valteline, qui par sa position offrirait un transit fort commode à travers le Tyrol, et par suite dont la possession serait d'une grande importance pour eux. »

Le 24. « A tout moment on s'attend à apprendre ce qu'auront fait les bannis des Grisons dans leur pays, car on sait que le 25 ils devaient y entrer, et que tous les soldats d'ici à cet effet étaient prêts à se mettre en marche au premier signal du commandement... »

Le 30 juin, nous trouvons dans les avis venus de Suisse : « Il est passé dans ces derniers jours des charges d'argent, que de Milan on envoie en Allemagne, bien que les bannis aient annoncé publiquement qu'elles doivent servir contre les Grisons. »

Le 1er juillet. « Dans les Grisons, les tentatives de révolte de la part des bannis devaient avoir lieu le jour de la Saint-Jean ; mais comme les gens du sérénissime Léopold (l'archiduc?) ne purent être prêts pour cette époque, l'exécution en a été différée tout le mois de juin passé. Monseigneur le duc de Feria m'a dit que maintenant il attend d'un moment à l'autre avis de la mise à exécution, et il espère apprendre la nouvelle de quelque grand coup pour l'extirpation des hérétiques de ces contrées. Il m'a ajouté, qu'ayant fait des instances auprès du pape pour avoir un simple avis sur la marche qu'il y avait à suivre dans cette affaire, il n'avait jamais pu en obtenir de réponse, et il s'en plaignit fortement. »

Le 8 juillet. « Les manœuvres opérées par les bannis des Grisons pour entrer dans la basse Engadine ont échoué, par suite de ce qu'elles ont été découvertes, et que leurs ennemis ont été avertis. On ne cesse pourtant pas de faire tout ce qui est possible pour seconder ces dispositions. Hier soir, on a encaissé cent colis de poudre, des arquebuses et des mousquets, et tout cela, dit-on, pour envoyer dans ces pays. »

(J) « Que fut le 19 juillet 1620, sinon un jour vraiment fortuné, et qui par la somme de félicité qu'il nous a procurée, mérite d'être signalé entre les jours les plus célèbres de l'année par des processions solennelles ? » BALLARINI, *Felici Progressi*, etc., p. 10.

« Comme autant de Machabées, pleins de confiance dans la protection divine, ils ont attaqué les hérétiques.... Combien cette entreprise a été agréable à Dieu, c'est ce que divers miracles ont prouvé, etc »... *Relation manuscrite en italien.*

« Tout cela s'accomplit avec tant de facilité et de bonheur, qu'on vit bien l'assistance du bras de Dieu dans cette œuvre sainte ; l'entreprise était approuvée de tous, mais il n'y eut pas plus de cent personnes qui y prirent part, et pourtant elles mirent à mort un grand nombre d'hérétiques et d'officiers Grisons. » *Supplique au roi catholique* (en italien).

« Le fait glorieux de Teglio dissipe les obscurités de l'hérésie, embellit le christianisme, remplit de joie mon cœur ainsi que ceux d'autres fidèles : toutes les langues doivent se délier pour le célébrer comme une œuvre si sublime et si haute qu'elle est parfaitement en rapport avec la sublimité et la hauteur du lieu où elle s'est passée ». *Il Rusco, o descrizione del contado,* etc.

L'Alberti, dans ses *Antiquités de Bormio,* dit que « les gens sages applaudirent au soulèvement, mais non pas à la manière dont il s'accomplit. » Du reste les faits se passaient dans un pays d'un accès difficile, et les passions religieuses les défiguraient : leur véritable caractère ne put être reconnu que tard. C'est en ce sens que s'expliquent les paroles suivantes attribuées par l'Alberti au pape : *Fortissimum consilium, quod vos ad salutaria arma capienda compulit, et Grisonum hæreticorum jugum excutere suasit, faveat exercituum Deus pietati et fortitudini vestræ.* Grégoire XV, bref du 9 mars 1623. — Et Quadrio, *Della Rezia Cisalpina,* Diss. IV. « Il parut que le ciel lui-même voulut se montrer favorable à leur dessein, car, lorsqu'il était tombé toute la nuit une pluie abondante, à l'aube du lendemain, le ciel, débarrassé de toute espèce de nuage, fut d'une parfaite sérénité ». Le même Quadrio voudrait, contre toute vraisemblance, insinuer qu'on avait eu égard aux femmes, *comme à des êtres mobiles par leur nature;* il prétend que c'est par accident qu'à Teglio huit femmes et trois enfants auraient été sacrifiés, etc. : mais n'était-ce pas aussi bien un assassinat sur elles que sur les hommes? et qu'enfin « les personnes sages ont approuvé la révolte, mais non pas certes la manière dont elle se fit. »

A la fin du IIIe volume des *Atti e monumenti delle Chiesa Gallicana,* 1631, in-fol., est insérée une *Histoire des massacres de la Valteline,* par Abbot, archevêque de Cantorbéry ; mais ce n'est que la traduction de l'opuscule allemand de Gaspard Waser, illustre théologien de Zurich, reproduit dans la bibliothèque d'Hottinger, et traduit aussitôt en italien, en français et en anglais. Waser donne dans son récit tous les détails du massacre, et pour lui toutes les victimes sont des martyrs; il raconte leur courage, leur constance, leurs paroles édifiantes, comme on le fait dans un martyrologe. On a répondu à Waser avec une exagération passionnée dans un ouvrage allemand dont voici le titre : *Kelchkrieg, oder urzer und wahrhaftiger Bericht des Kelchkriegs so von den calvinischen Pundtneren, und Zwinglischen, Zürcheren und Berneren in Veltlin vollbracht worden,* 1620, Altorf : et la même année à Milan, en italien.

(La guerre du calice, ou récit exact et véridique de la guerre en Valteline chez les calvinistes de Schwitz, de Zurich et de Berne, 1620, Altorf.)

Une relation du temps, que j'ai trouvée aux Archives générales de Florence, dit, entre autres choses, ce qui suit : « Pendant qu'on s'est assuré des postes et des passages, les soldats du pays, et surtout les campagnards, sont allés à la chasse des hérétiques fuyards, et, les ayant trouvés pour la plupart, ils les ont tous massacrés, spécialement ceux d'un petit village nommé Mossini, situé au-dessus de Sondrio, et ils se sont lavé les mains dans leur sang. Ils ont pris beaucoup de prédicants; à quelques-uns d'entre-eux ils prolongèrent la vie pour leur arracher la vérité sur le complot qu'ils avaient formé d'égorger les catholiques, et de détruire entièrement la foi catholique, puis ils les traitèrent comme ils le méritaient.

« Le nombre des hérétiques mis à mort sera environ de cinq cents, mais on ne peut rien dire de précis, car chaque jour encore on massacre ceux qu'on a trouvés cachés dans des cavernes. D'autres se sont réfugiés au delà des monts, d'autres en Vénétie.

« On ne se lasse pas de répéter que parmi les morts de Tirano il y avait un Grison géant, qui gisait étendu par terre tout couvert de blessures, et comme, quatre heures et plus après qu'il avait été frappé, il remuait encore la tête, un petit enfant catholique, âgé de cinq ans, alla lui asséner un coup d'un petit maillet sur la tête, en lui disant : *Ce traître de Luthérien ne veut pas encore mourir.*

« Déjà on a accepté le calendrier grégorien et introduit les fêtes suivant le rit romain : pour mieux implanter la foi catholique, on demande des prédicateurs, surtout des Capucins, qu'on aime beaucoup, et pour qui on construira deux monastères au moins, lorsque la fureur de ces agitations sera éteinte : on espère dans la miséricorde divine pour arranger toutes choses en vue de la cause qui est la sienne, et dans la piété de Sa Majesté Catholique, qui voudra bien accepter le protectorat de ces populations à elle si dévouées, et qui sont, on peut le dire des citoyens de l'État de Milan comme étant des diocésains de Côme. »

Parmi les livres prohibés figurent le *Memoriale Alla Santità di nostro signore papa Gregorio XV, il clero e cattolici di Valtellina,* ainsi que la *Vera narratione del massacro degli Evangelici fatto dai Papisti ribelli nella maggior parte della Valtellina.*

(K) 4 août. « On apprend qu'une bande de Grisons hérétiques.

escortée de deux cents Hollandais, de ceux licenciés par la république de Venise, sont entrés en Valteline du côté de Chiavenna... En même temps on a reçu l'avis que les Grisons hérétiques avaient coulé bas deux barques remplies de soldats catholiques, et que pas un ne s'était sauvé. A l'arrivée de ces nouvelles, monseigneur le duc de Feria se troubla très-fort, voyant qu'on courait risque de perdre tous les avantages précédemment obtenus; et comme il s'était engagé à défendre la Valteline, il lui déplaisait d'avoir à en venir à une nouvelle mêlée. On dit qu'il se plaignit très-vivement à monseigneur le prévôt de la Scala, lui reprochant d'avoir représenté le succès comme très-facile à obtenir et comme chimérique le danger d'allumer l'incendie en Italie, tandis que maintenant c'était tout le contraire; on apprenait que toutes les populations des montagnes étaient en insurrection, et fermement décidées à recouvrer ce qu'elles avaient perdu.

« A peu de distance du fort de Fuentès, on fit prisonniers trois prédicants, qui furent conduits à Milan, et remis à la garde du Saint-Office. Parmi eux est une religieuse de Vicence, qui s'enfuit de cette ville il y a quinze ans. » (*Correspondance de Milan, à* l'*Archivio generale di Firenze.*)

(L) On publia alors une pasquinade dans le genre de celles qui ont été composées avec des textes de l'Ecriture.

Le roi de France.	*Ite, et reddite quæ sunt Cæsaris Cæsari*, etc.
Marquis de Cœvre.	*Bonum est nos hic esse, faciamus tria tabernacula.*
Venise.	*Attollite portas, principes, vestras, et elevamini portæ æternales.*
Les Valtelins.	*Circumdederunt nos dolores mortis.*
Les Grisons.	*Erit fletus magnus et stridor gentium.*
Marquis de Bagno.	*Et ego per aliam viam revertar in regionem meam.*
Le Pape.	*Ego dormio, sed cor meum vigilat.*
Le duc de Savoie.	*Qua hora non putatis veniam.*
La république de Gênes.	*Veni, et noli tardare.*
Le roi d'Espagne.	*Omnia quæcumque volui, feci.*
Les Seigneurs de la Valteline.	*Ecce relinquimus omnia, et secuti sumus te.*
Le duc de Feria.	*Adjuva me, Domine, ponam inimicos tuos scabellum pedum tuorum.*

L'Etat de Milan.	*Nos habemus regem nisi infantem.*
L'archiduc Léopold.	*Quæsivi, et non inveni.*
L'empereur.	*Os habent et non loquentur, ma-nus,* etc.
Le duc de Parme.	*Doce me facere voluntatem tuam.*
« de Modène.	*Quotidie vobiscum sum.*
« de Mantoue.	*In pace amaritudo mea amaris-sima.*
« de Lucques.	*Clausa est janua.*
« d'Urbin.	*Dereliquit me virtus mea et lumen oculorum meorum.*
Le grand-duc.	*Pulsate, et aperietur vobis.*

(M) Les griefs des dissidents sont exposés dans un livre intitulé :
« Recueil vrai et sincère de partie des méchancetez atroces et
« cruelles tirannies commises en la Valteline après le massacre,
« et demeurées impunies ; ensemble les transgressions des sta-
« tuts, loix criminelles et civiles, voir mesmes des ordonnances et
« constitutions faites à Tiran depuis le dit temps jusqu'à l'an
« 1626. » (Sic.)

Voir aussi la *Valteline, schediasma.* « Véritable et solide res-
« ponce aux calomnies et raisons desquelles les resbelles de
« la Valteline, vrais et naturels sujets des Grisons, pallient et
« desguisent leurs exécrables forfaits, voulans par une entreprise
« imprudente et abominable persuader aux rois et aux potentats
« de prendre les armes pour leur défence et protection. (Sic.) »
Nous avons dans le même sens : « *Antidoto contro le calunnie di
Cappuccini,* composé par les fidèles confesseurs de la vérité dans
les Ligues des Grisons. — Et *Informatione reale delle false appari-
zioni e miracoli della madonna di Tirano, di san Carlo Borromeo, e
del beato Alviggi.*

DISCOURS V.

Au moment d'en finir avec le siècle et les consé- Conditions politiques. quences immédiates de la Réforme, demandons-nous si l'Italie perdit pour ne l'avoir point embrassée, et si en cela elle s'est écartée du courant de la vraie civilisation. Doit-elle, au contraire, se réjouir avec saint Ambroise disant : *Non hic tibi infidelis aliqua regio... Italia, Italia, aliquando tentata, mutata nunquam* [1].

Les dissidents allèguent la décadence que subit à cette époque la patrie italienne.

Elle est venue après la Réforme, donc elle en est la conséquence, *post hac, ergo propter hoc*, ce raisonnement est devenu trivial. Mais la disparition des petites républiques, proie que se partagent de petits seigneurs; la division en partis que suscitent non plus l'amour de la patrie et de ses droits, mais la volonté, l'ambition et les prétentions des princes; un nouvel accès de la fièvre des conquêtes lointaines dans cette Europe à qui Rome avait donné le premier, fièvre dont la féodalité l'avait guérie au moyen âge : l'invasion étrangère qui s'en suivit et qui grandit, grâce à l'établissement des armées permanentes devenu général; la renaissance des lettres classiques, qui portait les esprits à vénérer la force, souveraine maîtresse.

(1) *De fide*, liv. 11, ch. 16.

dans l'état païen, tandis que la justice est celle de la société
chrétienne, telles furent les vraies causes qui poussèrent
l'Italie au déclin moral et politique, au moment où la découverte des deux mondes nouveaux, due à des Italiens,
détournait la richesse du chemin de ses marchés. La
guerre de Trente ans, allumée en Allemagne, fut l'époque la
plus désastreuse pour l'Europe, et les souffrances qu'eurent
à subir les États et les personnes dépassèrent encore celles
de l'invasion des Barbares ; elle finit au traité de Westphalie[1], dont la conséquence fut de faire déchoir l'Allemagne de cette suprématie qu'elle avait conservée pendant tout le moyen âge. Aussi les Allemands, voyant
d'un œil jaloux au-delà des Alpes un soleil plus brillant,
une langue plus harmonieuse, des mœurs plus polies, des
institutions plus libérales, une civilisation plus développée,
avaient été entraînés vers la *Réforme*, et avaient trouvé
leur propre ruine dans leur haine pour l'Italie. Ils crai-
gnaient la domination de la race latine ; on s'était levé
contre l'Espagne, et comme elle était catholique on faisait la guerre au catholicisme ; mais on n'avait réussi qu'à
consolider la maison d'Autriche, qui depuis lors posséda
toujours la couronne impériale en Allemagne et la souveraineté de l'Italie. Au lieu de détruire l'empire, on détruisit la papauté ; au lieu de conquérir les libertés politiques et municipales, on obtint de ne plus aller à la messe,
de ne plus se confesser et de chanter les psaumes en

---

(1) Par de très-bonnes raisons religieuses, politiques et humaines le
pontife repoussa la paix de Westphalie, suivant la démonstration du
docteur Döllinger *Kirche und Kirchen* (l'Église et les églises, chap. 2).
Mais il faut remarquer comme un fait général que la protestation dirigée contre cette paix ne put en empêcher l'effet et l'application immédiate.

langue allemande. Politiquement, l'unification devint impossible en Allemagne ; les meilleurs esprits se perdirent dans les disputes théologiques, et les classes privilégiées virent avec effroi les excès du droit d'examen.

Le dommage fut plus grand en Italie qu'ailleurs : elle cessa d'être la métropole du monde et de voir affluer vers elle des quatre points cardinaux la richesse avec la foule des pèlerins. On n'y voyait plus arriver ensemble tous les prélats du monde ou partir les siens pour toutes les contrées. Ainsi fut interrompu ce double courant, échange de richesses et de connaissances.

La division féconde en petits États disparut devant la domination austro-espagnole, qui, n'ayant plus désormais la France pour lui faire équilibre, n'était tenue en respect que par les républiques de Venise et de Gênes. Au nord-est, un prince transalpin gagnait peu à peu du terrain, et, guerroyant tantôt pour la France, tantôt pour l'Autriche, il croissait, s'avançait, espérant bien manger feuille à feuille comme un artichaut la haute Italie. Les papes, qui jusque-là avaient empêché l'Italie de tomber sous une domination unique, ne pouvaient faire autre chose que d'en caresser le maitre, et l'alliance du Saint-Siège avec l'Empire consolida la servitude de l'Italie.

L'Italie, outre les armées qui la ravageaient encore lorsque déjà elle avait cessé d'exister, semblable à un corps livide dépouillé et violé, fut épuisée par d'affreuses famines, par de terribles pestes en 1576 et 1630 ; elle fut pressurée par des gouvernements étrangers, dont l'unique ressource est toujours la fiscalité. La civilisation aurait pu paraître à jamais perdue aux yeux de tous autres que ceux qui ne croient pas fermement que la providence, par le chemin du mal, conduit l'humanité sur la

pente continue des idées plus vraies, des mœurs plus dou-
ces, des libertés mieux entendues.

Ajoutons que les Turcs étaient aux frontières. Les Italiens
avaient toujours veillé sur

> *La santa terra ove il supremo amore*
> *Lavò col proprio sangue il nostro errore .*

« sur la terre sainte ou le suprême amour a lavé dans son
sang notre premier péché » (A). Ils combattirent sans relâche
contre les Musulmans sous les étendards de Venise, de Gênes, de Pise, de Naples, surtout sous celui de Rome. Mais
quand une moitié de la chrétienté les eut abondonnés, ils virent l'ennemi s'établir jusqu'en face de leurs côtes. Il y a
ici une réflexion à faire. Tandis que le cimeterre détrui-
sait toute vie dans l'Orient livré au schisme, en Occident
au contraire, où au pouvoir impérial, qui s'écroulait,
avait succédé le pouvoir pontifical, on conserva les germes
d'une civilisation qui se développa d'abord en Italie et de
là s'étendit, non sans dommage pour elle, dans les autres
pays.

*Idées, arts
doctrines,
civilisation.* Le propre de toutes les révolutions est de saisir deux
ou trois bonnes idées, et de les répandre comme leurs, en
même temps qu'elles s'en font un moyen d'attaque par
l'insistance à en demander l'application à l'ordre existant,
où personne ne les repoussait, ni même peut-être ne les
enseignait, et cela parce que personne non plus ne les
mettait en doute. C'est ainsi que de nos jours elle proclame la nationalité italienne, qui était déjà si généralement acceptée qu'on ne songeait pas à en parler. La Réforme, parmi les larges vérités que l'Église embrasse, en
a saisi quelques-unes, dont elle s'attribue l'honneur. On
peut citer la critique historique, la tolérance civile, la

moralité de tous, et du clergé particulièrement, la gratuité
des sacrements, la condamnation des pratiques superstitieuses et des récits apocryphes, et d'autres points de
doctrine non-seulement acceptés par l'Église, mais ensei-
gnés et recommandés toutefois avec la prudence que
les révolutions seules peuvent oublier.

L'Église a toujours abrité sous ses ailes l'art, cette
manifestation de Dieu dans l'esprit humain, qui chez les
païens idéalisait la forme, et qui chez nous incarnait
l'idée. L'Église, avec la scolastique, avait exercé de la
pensée, jusqu'à la limite extrême, jusqu'au point où
l'audace de la raison devient la licence (B). La civilisation tendait à ce caractère d'universalité en vertu duquel
on ne peut connaître une affaire particulière d'un
royaume si on n'étend son regard à l'Europe entière, qui,
grâce à la facilité croissante des communications et à
l'imprimerie, semblait ne devoir bientôt former qu'une
seule nation. La Renaissance fut donc une création éminemment italienne; mais elle poussa de suite un cri
contre le passé. Semblable à un fils qui rougirait de son
père, elle acclama le paganisme, et prétendit que tout,
et la philosophie, et les gouvernements, et la civilisation
et la littérature devaient le prendre pour modèle. Il n'y
avait qu'un pas à faire pour arriver à la révolte contre
l'Église, et ce pas le moine de Wittemberg le fit, en se je-
tant dans le large courant de la renaissance.

Personne moins que nous n'a dissimulé les désordres
introduits dans la vie temporelle de l'Église, résolu que
nous sommes à ne cacher aucune tache, pour pouvoir ne
laisser dans l'ombre aucune gloire; nous professons avec
Grégoire le Grand qu'il vaut mieux scandaliser que
mentir; mais il faut distinguer les institutions des actes

imputables aux hommes qui sont chargés d'appliquer ces institutions. Elles doivent s'apprécier non par les abus, mais par les faits juridiques, qui sont pour l'Église les décrets, les lois et les conciles. Alors même que le grain est humide, il faut sauver la semence pour la moisson future; si donc on voit au milieu de ces égarements les doctrines suprêmes rester sans souillure, ces ecclésiastiques qu'on nous dépeint comme de grands pécheurs ne point altérer les dogmes, le symbole et la morale, ne devons-nous pas conclure à la divinité de l'œuvre, admettre que les mœurs sont distinctes des principes, et qu'on pourra travailler à corriger celles-là sans toucher à ceux-ci? Et cela d'autant mieux que dans la vie extérieure de l'Église tout est sujet au changement, tout a été modifié, excepté la discipline qui regarde l'administration des sacrements. Mais la Réforme a séparé des fidèles, jusque-là unis par le lien d'une même religion, en deux camps ennemis, où l'on a alterné les persécutions et les représailles. La division était religieuse, elle n'en devait être que plus profonde; partout se glissaient la défiance et le soupçon. Comme c'était une œuvre de colère, elle envahit, elle détruisit tout : la société religieuse, la société politique, la domestique, les affaires comme les consciences; elle remplit l'Europe de sang, et accumula les ruines, soumettant à des lois arbitraires les relations de l'homme avec Dieu, remplaçant le dogme par des opinions qui variaient dans chaque cerveau ; soulevant les droits dans l'esprit, les scrupules dans la conscience, et brisant partout l'équilibre entre le sentiment des droits et celui des devoirs.

Les héros de la vie austère devenaient un point de mire pour les bouffons : autrefois le délit était un péché ; le for

séculier était au service de l'Église pour punir le blasphème aussi bien que le vol : les dîmes lui étaient payées
plus fidèlement que les impôts aux princes. La richesse
de ses prélats paraissait plus facile à justifier que celle des
courtisans. Tout fut changé d'un trait.

La Réforme chercha encore à anéantir la distinction
des deux pouvoirs, introduite par le christianisme, et à
mettre l'âme sous le joug de l'État. C'est ainsi qu'on enlevait la liberté aux consciences, en décorant de ce beau
nom l'absence de conventions. Le droit canonique était
un grand progrès, si on le compare aux coutumes des
Barbares ; cependant il avait dû s'accommoder un peu à
leur caractère sauvage, et par suite il ne paraissait plus
en harmonie avec une époque de civilisation plus avancée : mais les papes eux-mêmes avaient approuvé les
statuts fondés sur le droit romain, en reconnaissant
qu'ils devaient être appliqués de préférence, et qu'il ne
fallait recourir au droit canon que pour les matières spéciales où le principe religieux corrige le droit pur. Nous
ne pouvons considérer comme un progrès la destruction
d'une autorité suprême en matière de foi, et le refus de
considérer désormais le pape comme un médiateur dans
les querelles. Le christianisme est une société répandue dans le monde entier : comment concevoir cette
société sans un chef, sans juges, sans consulteurs uni-
versels ? L'homme le plus simple dans sa foi veut voir
l'ordre dans ce qu'il croit et l'enchaînement des vérités,
et c'est moins les controverses auxquelles elles donnent
lieu que leur harmonie même qui entraîne aux pratiques
religieuses. Déjà saint Augustin disait : *Quæ est pejor mors*
animæ quam libertas erroris ?

Le clergé ne pouvait porter ombrage aux rois, dont

La
Réforme
source
de
divisions
et de
décadence.

il consacre l'autorité en principe; pas davantage à l'aristocratie, dont il respecte le patrimoine, et les tendances et les droits historiques; ni même au peuple, puisqu'il se recrute dans ses rangs, et a tout fait pour lui, et aussi longtemps que l'alliance entre eux a duré, le peuple n'a pas eu besoin de se livrer aux rois pour abattre les barons. Le pouvoir des princes n'est devenu excessif que le jour où ont cessé l'opposition et le contrôle du clergé. Quand on refusa aux papes le droit de dire : « l'Église, c'est moi, » alors les rois dirent » l'État c'est moi : « et la monarchie ne restreignit pas seulement les droits du pape, elle étrangla ceux du peuple. Les papes au moyen âge avaient seuls qualité pour se poser comme arbitres en Europe; ils étaient les chefs de la société conservatrice et propagatrice du vrai idéal, les chefs politiques des nations, non par la force des armées, mais par l'autorité de la parole. Lors même que leur pouvoir fut amoindri, ils ne restèrent pas seulement rois de Rome, ils étaient *catholiques,* c'est-à-dire placés au-dessus des partis et désireux de maintenir l'accord entre toutes les puissances chrétiennes. Cet accord eût pu seul épargner à l'Europe de nos jours la honte d'avoir parmi les États qui la composent un État où règnent la polygamie, les eunuques, le pouvoir absolu, la piraterie, et de souffrir que la relique la plus insigne du culte chrétien restât aux mains des Turcs.

Le siècle avait commencé de la façon la plus grandiose par la découverte d'un nouveau monde et par sa rapide conversion, par un admirable épanouissement des arts et des lettres; il se jeta dans le labyrinthe de la question religieuse, au milieu duquel on voit la confusion des esprits, l'anarchie dans les actions, la tyrannie s'établissant sous le prétexte qu'il faut y mettre ordre, enfin

le fanatisme persécuteur : c'est ainsi qu'au lieu de ci-
menter l'alliance de la liberté civile avec l'indépendance religieuse, il fallut combattre au dedans et au dehors la barbarie, qui paraissait renaître.

La Réforme donna-t-elle l'élan aux études et aux lettres ?
On le nie dans d'autres pays, bien qu'elle y coïncida même
avec ce qu'on appelle partout la renaissance. Mais l'Italie
était depuis longtemps à la tête du monde civilisé ; depuis
trois siècles, elle étudiait saint Thomas, depuis deux siècles elle lisait Dante et Pétrarque, génies sortis de son
sein ; elle avait produit Christophe Colomb et Cesalpino,
fait l'éducation de Copernic et de Vesale, elle était en
train d'élever la plus grande basilique du monde, et que
de merveilles on pouvait admirer près de celle-là : le
Moïse de Michel Ange, la chapelle Sixtine, les loges du
Vatican, ajoutez les œuvres glorieuses de Titien, de Cor-
rège, de l'Arioste et d'Annibal Caro. Ses universités
étaient fréquentées par des étudiants de tous les pays ;
Érasme s'étonnait d'y trouver à la fois des chaires de
grec[1], d'arabe, d'hébreu, et notre république littéraire
donnait droit de cité même à ces savants qui appartenaient aux nations que le patriotisme appelait barbares[2].

Quand les multitudes furent prises d'une ardeur fanatique
pour les disputes, qui jusque-là ne sortaient pas de l'en-

Décadence
des études.

---

[1] Lagomarsini, dans son commentaire sur les Lettres de Pogiano
(vol. IV, p. 335) dit : *Fuit illa hominum œtate cum multorum ingens
in Italia grœcarum litterarum studium, tum egregia in italis hominibus
grœca interpretandi facultas.*

[2] Qui quidem tali ingenio præditi, barbari certe non sunt. Non
enim quos a nobis montium excelsitas aut latitudo æquorum dis-
junxit, sed qua cum veræ religionis cultu non peragravit humanitas
et artium amor ingenuarum, ea certa et sola est barbaries. SADOLETI,
Phœdr., pag. 561.

ceinte des couvents et des presbytères, on se dégoûta des
belles-lettres. Parmi les écrivains de la Réforme, aucun Italien ne se fit remarquer ; de très-nobles esprits éparpillèrent
dans les controverses la force qu'ils auraient pu employer
à produire une œuvre ; ils ne laissèrent que des écrits
incomplets, comme le sont d'ordinaire les écrits polémi-
ques, dans lesquels les admirateurs eux-mêmes louent
plutôt ce qu'on a voulu que ce qu'on a fait. La philologie
acquit une nouvelle importance, dès que les langues
antiques devinrent nécessaires dans les recherches sur la
religion. Mais quant à la traduction de la Bible, qui dans
d'autres pays ouvre l'ère du langage moderne, elle ne
pouvait se produire avec ce caractère là où depuis cinq
cents ans on parlait, où depuis trois cents ans on écrivait
l'italien. Manuce, cet éditeur d'une admirable érudition, se
plaint que les écoles soient abandonnées et qu'on ne trouve
que la solitude à l'université de Rome, quand vient
l'heure de la leçon ; Jules Pogiani, excellent latiniste, dans
une lettre adressée à un écrivain non moins recommandable, Antoine Marie Graziano, à la date du 30 mai 1562
se plaignait que le beau style fût perdu : *Unum, aut ad*
summum alterum vel in maximis civitatibus reperias, qui
speciem aliquam præ se ferat romani sermonis : succum vero
et sanguinem incorruptum latinæ orationis qui habeat, fere
neminem. Nec injurie. Libri enim qui nobis præstantis il-
lius laudis et disciplinam præscribunt et exempla proponunt,
pene obsoleverunt. Nullus jam est in manibus Terentius,
nullus Cæsar : ipse latinæ eloquentiæ princeps legi desitus
est : tota denique jacet antiquitas, optima tum vivendi,
tum loquendi magistra. Ad quos igitur plerique se contu-
lerunt ? Pudet, nec omnino dicere licet. Sunt enim iidem
barbariæ et impietatis auctores, quorum in dispari scelere

par voluntas agnoscitur. At multis vocabulis auxerunt lin-
guam latinam. Utinam non tam portenta quam verba, ut
in religionem sic in sermonem induxissent! At incitarunt
loquendi et scribendi celeritatem : ut illorum studiosi, vel in
magnis rebus, subita in dictione et scriptione satisfaciant.

Les Jésuites cherchèrent à réveiller les esprits par des méthodes nouvelles et par des combinaisons ingénieuses ; ils voulaient donner de l'attrait à l'enseignement, comme on est bien obligé de le tenter quand les disciples n'ont plus de vocation; mais leur but était l'éducation plus encore que l'instruction; ils tendaient plutôt à plier la volonté qu'à affiner l'intelligence : aussi eurent-ils bientôt les défauts des écoles officielles; et si le mauvais goût n'y a pas été introduit par eux, on ne sut pas bien s'y défendre de l'apprêt dans le style, et dans la composition d'une certaine afféterie distincte de la véritable élégance, et de je ne sais quel fard substitué aux vives couleurs de la santé.

Après cela, on a peine à croire que dans notre siècle l'Institut de France ait couronné un mémoire où l'on a pu soutenir ou plutôt avancer gratuitement que l'Église s'est toujours montrée l'ennemie capitale des lumières; que « les nations avaient été maintenues soigneusement dans une ignorance propice à la superstition; que l'étude avait été rendue, autant que possible, inaccessible aux laïcs ; que celle des langues anciennes avait été considérée comme une monstruosité, comme une idolâtrie : que la lecture des saintes Écritures était rigoureusement défendue[1]. Que le vulgaire ait répété ces assertions, passe

_____

[1] Ch. Villers, *Essai sur l'esprit et l'influence de la Réforme*; Paris, 1806.

encore; mais on est stupéfait en·lisant dans un penseur
catholique, Gioberti, qu'il voyait dans Luther trois qualités ·

1° D'avoir voulu restituer à sa primitive grandeur l'i-
dée de Dieu et du Christ, amoindrie par la scolastique;
2° d'avoir non-seulement connu son siècle, mais marché
de pair avec lui, sans toutefois parvenir à le devancer
comme le devança Socin ; 3° dans l'évolution logique
de l'hérésie luthérienne, on voit la raison prédominer
sur les puissances inférieures; privilège de l'Italie, à laquelle revient en conséquence l'honneur du luthéranisme.

Affaiblisse-
ment
de la
liberté.
Si par là on entend le libre usage de la raison, les Italiens l'avaient déjà longtemps auparavant, et nous l'avons
démontré; mais il y a une trop grande différence entre
la recherche du vrai, le dédain, la satire et la négation
systématique et opiniâtre.

Luther, après avoir blasphémé contre la chaire pontificale, blasphéma contre le libre arbitre, blasphéma contre
la raison, qu'il appelait « la fiancée de Satan, une pros-
« tituée, un monstre abominable qu'il faut fouler aux
« pieds, étrangler; c'est la maudite de la révélation, et
« par conséquent il n'y a dans l'esprit humain 'que
« mensonges et ténèbres : les universités sont des inven-
« tions diaboliques, vomies pour dissoudre le christia-
« nisme. »

Au contraire Pallavicino, dans l'*Arte della perfezione
cristiana*, professait que, « en définitive, toutes les autres
puissances de l'homme s'inclinent devant l'intelligence :
l'intelligence juge toute chose, l'intelligence gouverne le
monde. »

Les hommes esclaves des préjugés diront que la restauration d'alors fut un retour vers le moyen âge (C).

Nous, disons que ce fut une halte dans ses vastes progrès. En la rendant suspecte, on arrêta cette civilisation qui avait pris tant d'accroissement, parce que le tort ordinaire des révolutions violentes est de dégoûter des vives allures, et de faire que la société recule devant les crises qui portent le caractère de l'impatience.

L'histoire à la main, nous pourrions soutenir que le catholicisme nous a donné toutes les libertés civiles : les formes parlementaires, qu'on considère aujourd'hui comme leur sauvegarde, dérivaient des habitudes de l'Église, et nous en avions la jouissance bien avant Luther : on possédait la liberté de la discussion et de la critique, qui depuis, par peur et réaction, a succombé sous les armes des princes et sous les coups de l'inquisition ecclésiastique, dont nous mesurons la puissance moins par le nombre des bûchers que par la disparition totale des publications qui avaient accompagné la Réforme.

La philosophie dut se modérer dans ses hardiesses : et cependant n'étaient-ils pas catholiques en France Descartes et Bossuet, en Italie Galilée, Campanella et frà Paolo ?

Les réformes prescrites par le Concile de Trente furent mises de côté; on ne reconcilia pas du tout l'Église et l'État, on n'assigna point de limites morales ou juridiques à la politique.

Quand on eut semé partout le protestantisme, les études ecclésiastiques languirent; et bien que nous repoussions la séparation proposée par Neander entre la foi, la religion et la théologie, il est certain que cette science, en se désarmant, s'abandonna à des querelles intestines d'un caractère mesquin, qui fournirent des armes terribles aux incrédules; et le clergé, sans vigueur pour la lutte,

impopulaire, divisé, avec des jansénistes ridicules, des
jésuites détestés, des abbés indifférents, avec un peuple
raisonneur, eut à soutenir les assauts des libres penseurs.

Cependant la morale fut améliorée, grâce aux efforts de
ceux qu'on décria sous le nom de *casuistes*, et qui furent
pour la pratique ce que les scolastiques avaient été pour
la théorie. Ils poussaient l'argumentation jusqu'à l'abus :
au lieu de tirer les règles de la morale de la seule loi du
Christ, ils allaient se perdre dans les rêves des philosophes païens ou dans les opinions de telle ou telle école.
Ils arrivèrent quelquefois à excuser le vice, à effacer le
délit, ce qui fit condamner par l'Église plusieurs de leurs
propositions; mais ceux qui les réfutaient n'avaient qu'à
puiser dans l'enseignement évangélique et dans la tradition (K). Au fond, dans ses disputes la morale fut éclaircie;
le vice ne cessa point d'exister, mais il fut appelé par
son nom : hors de l'Église, après d'infinies variations, on
arrivait à nier la vertu obligatoire et toute doctrine positive : on cherchait l'unité, mais on n'y pouvait parvenir,
et comme le christianisme repoussait l'accouplement de la
vérité avec l'erreur, on tendit à détruire le christianisme.

Consé-
quences
et
parallèle.

Le monde de la science se sépara du monde de la foi;
on dut concentrer l'effort plutôt sur la réfutation des opinions fausses que sur la diffusion des opinions vraies, et
cet état dut bientôt engendrer de violentes réactions.
Quand une société périt, il n'y a d'autre moyen de la restaurer que l'autorité. L'autorité est le fond du catholicisme; voilà pourquoi, la voyant attaquée de toutes parts, il
s'effraya, et après avoir protégé la liberté, la voyant re-
gimber jusqu'à le mettre lui-même en question, il s'allia
au pouvoir absolu pour s'en faire un appui, et cessa de voir
l'incompétence absolue de la force en matière de foi. Pour

obvier aux abus, il restreignit la primitive liberté de la parole écrite ; il redouta la pensée comme une force qui tantôt détruit, tantôt réprime ; il sentit le besoin de recourir à la puissance des princes, qui écrasait les hérésies, mais qui aussi étouffait l'Église dans ses embrassements.

Le clergé, voyant périr la liberté du moyen âge sous le joug des seigneurs, crut se sauver en s'associant à l'absolutisme des rois, qu'il fit ainsi triompher. Et aujourd'hui on voudrait l'associer à l'absolutisme démocratique, qui triompherait si le clergé cessait de lui résister.

L'Italien, qui s'attache aux faits, non aux déclamations ; qui, en dépit d'une opinion tyrannique, ose encore écouter la conscience et garder ses convictions, frissonne en voyant combien notre siècle ressemble à ce quinzième siècle que nous venons d'étudier, et quels terribles remèdes et quelles souffrances pendant deux siècles il fallut subir pour apaiser les troubles et rétablir cet ordre dont les peuples sentent le besoin plus encore que celui de la liberté.

Devrons-nous aujourd'hui repasser par là ? Après cette frénésie de liberté abstraite, qui sacrifie toutes les libertés individuelles aux opinions de la rue, à l'idolâtrie de l'État, aux apparences, verrons-nous après un délire violent le délire de l'effroi ? Si, comme le veut Fontenelle, l'homme n'arrive au vrai qu'après avoir parcouru le cercle de toutes les erreurs, il nous reste encore quelque chemin à faire, et si chaque génération doit produire sa moisson de désordres et d'infortunes, notre malheureuse génération pourra encore faire envie à celle de nos fils.

Mais à ceux qui aujourd'hui nous font le tableau de l'affaissement de la société, lorsque, sentant les fondements trembler sous nos pas, chacun cherche, au milieu des ténè-

bres de l'avenir, quelle crise sauvera une société corrompue, sceptique et déchirée par les partis, nous, nous offrons
le tableau de ce qu'elle était au temps de Luther. Qui n'eût
pas dit alors : « La barque de Pierre va périr. » Hommes
de peu de foi ! Et cependant le haut clergé était bien
corrompu à cette époque néfaste, tandis qu'aujourd'hui
il est unanime dans sa résistance au démon, qui répète :
« Si tu m'adores, tout ceci t'appartiendra. » Et ceux qui
s'égarent apparaissent à nos yeux comme de mauvaises
herbes que le pontife arrache de son jardin.

Courage donc ; Dieu fait souvent sortir le salut des hommes du fond même de leur perversité, et une voix sainte
nous dit : « En considération des justes, les jours de l'é-
preuve seront abrégés. »

NOTES ET ÉCLAIRCISSEMENTS

A) ARIOSTE. On sait que les citoyens d'Amalfi fondèrent le premier hôpital, et que l'origine des ordres religieux s'y rattache. Sophie, fille de Philippe Arcangeli, née à Florence, fonda l'hôpital du mont Sion, avec une église, une maison, des cloîtres. Alexandre III et Urbain III firent remettre sur l'autel du saint sépulcre l'inscription qui en avait été enlevée, *præpotens Genuensium præsidium.* Robert de Naples et Sanche dépensèrent des millions pour établir des moines près du saint sépulcre et près de la sainte crèche. La coupole du saint sépulcre fut bâtie, puis plusieurs fois restaurée par les soins des Italiens, et dernièrement, en 1720, grâce au zèle du père Antoine de Cusa, toscan, qui en obtint la permission du sultan, à la condition qu'il ferait rendre cent cinquante musulmans faits prisonniers par les puissances catholiques; condition qui fut par lui remplie. La reine Jeanne de Naples racheta le tombeau de la vierge Marie dans la vallée de Josaphat. L'autel de bronze qu'on admire comme un chef-d'œuvre d'art au-dessus du Calvaire a été donné par Ferdinand de Médicis, en 1588; c'est l'œuvre de frère Dominique Fortisiano, du couvent de Saint-Marc. Charles Guarmani, de Livourne, découvrit récemment Sainte-Marie-Latine, antique église des Amalfitains, ensevelie sous les ruines.

Leibnitz en 1673, pendant son séjour à Rome, écrivit un poëme dédié *ad Alexandrum VIII, ut christianos ad bellum sacrum hortetur,* dans lequel il proposait l'expédition d'Égypte, et c'est à ce poëme, dit-on, que Bonaparte aurait puisé l'idée de la sienne.

Comme nous avons dit plus d'une fois que Luther dissuadait les princes de la guerre contre les Musulmans, il est juste que nous notions en passant que Mélanchthon, au contraire, y poussait Charles Quint, et il ajoutait cette recommandation : « Pour commencer « la guerre turque, il faut que Votre Majesté passe en Egypte avec « une flotte bien équipée, pour forcer les armées turques à

« abandonner l'Europe. Il est réservé à notre siècle de voir s'ac-
« complir cette héroïque entreprise, qui, selon moi, est divine-
« ment préparée, et qui sera le signal de la décadence de l'em-
« pire turc. » *Corpus reformatorum*, édition de Bretschneider,
tom. VII, 683.

(B) Frédéric Morin, dans le *Dictionnaire de philosophie et de
théologie scolastique*, traité le plus vaste, le plus savant et tout à la
fois le plus fort de cette science, fait ressortir, exagère, si j'ose
le dire, les immenses mérites des philosophes du moyen âge, et
affirme que la Réforme, bien loin d'avoir été une réaction de la
liberté, condamnée par eux, contre l'autorité, à laquelle on aurait
donné trop de prépondérance sur les droits de la conscience, fut
au contraire le naufrage de la liberté rationnelle, qu'elle remplaça par le fatalisme rationnel. Ce qui le prouve, selon lui, c'est
que la Réforme reprochait aux scolastiques de soumettre la théologie à leur science, en d'autres termes, de suivre de préférence
les faibles lueurs de la raison au flambeau infaillible de la foi :
et il refusait à l'homme le libre arbitre, que la théologie au contraire défendait sans ambages.

(C) « Un principe plus large et plus absolu a été émis par Machiavel. L'historien florentin ne semble pas cependant en avoir
mesuré complétement la grandeur, l'universalité, l'efficacité, car
il en a fait un usage bien pauvre et bien restreint. La substance
de ce principe peut se résumer en ces termes : *Quand on veut
qu'une secte ou une république ait une longue durée, il est nécessaire
de la ramener souvent à son principe.* Ce qui revient à dire que le
*progrès idéal vers l'unité et la perfection finale est un pas fait en ar-
rière vers l'unité et la perfection primitives.* Telle est la formule
chrétienne, qui est la seule vraie. Nous devons pourtant remonter
jusqu'au moyen âge, pour ce qui touche à l'idéalisme, car le
moyen âge est idéaliste de son essence, il est le principe d'où est
sortie la civilisation moderne..... Le moyen âge a été tout à la fois
barbare et chrétien. La barbarie qui dérive de la prépondérance des
sens est par elle-même un élément négatif, et qui consiste dans le
défaut de culture civile. Parallèlement à ce défaut, aux maux, aux
ténèbres, aux calamités qui en découlaient, on voyait pulluler au
moyen âge les germes d'une civilisation merveilleuse, essentiellement chrétienne, et fortifiée par les salutaires épaves de l'humanité primitive et du paganisme qu'elle avait su recueillir et
conserver. Mais la plante était jeune, et ses fleurs étaient encore
fermées, ou commençaient à peine à s'entr'ouvrir : la saison était
pleine et riche d'espérances, propice à la culture ; elle était déjà

tière des tendres primeurs qui promettaient une maturité parfaite et une abondante récolte..... Le progrès moderne doit être le *développement de la civilisation potentielle, renfermée en germe dans les institutions du moyen âge*..... Il n'y a aucun risque, en laissant se développer les semences positives et chrétiennes des âges écoulés, de tomber dans la barbarie, parce qu'alors le monde n'était resté barbare que dans la mesure où les précieux germes ne s'étaient pas encore développés. La barbarie de cet âge était toute païenne; transmise aux peuples chrétiens, en partie par le polythéisme greco-latin, en partie et surtout par la superstition grossière des peuples du Nord..... Mais la société ecclésiastique, qui avec son admirable organisation et sa forte unité veillait au milieu des ruines, étouffa peu à peu la violence et l'anarchie féodale, en cultivant et en développant les premières notions politiques d'autorité dirigeante et de liberté nationale; notions qui, bien que réduites pour ainsi dire à néant, n'étaient cependant pas mortes et avaient survécu chez les souverains et dans les communes. Aujourd'hui, il n'est plus besoin de prouver que les papes et les évêques du moyen âge, c'est-à-dire la monarchie et l'aristocratie élective de l'Église, avaient enfanté les peuples et les rois, et avec eux les nations modernes, dont la vie et la prospérité dépendaient de la bonne harmonie existant entre le pouvoir et la liberté, entre les nations et les princes. »

GIOBERTI. *Introd. à l'étude de la philosophie.* Concilier ce passage avec celui que nous avons rapporté plus haut n'est pas une entreprise que nous voulions assumer.

(D) Sismondi, dans le fameux chapitre 127 de l'*Histoire des républiques italiennes,* avait dit que « l'Eglise substitua l'étude des casuistes à celui de la philosophie morale ». Manzoni lui répondait que les doctrines des casuistes ne peuvent être attribuées à l'Eglise, qui n'est pas responsable de l'opinion des particuliers, et elle ne prétend pas davantage pour aucun de ses enfants qu'il ne puisse errer : les casuistes s'appuient plutôt sur une autorité et des raisonnements humains que sur l'Ecriture ou sur la tradition : voilà précisément pourquoi ceux qui dans l'Eglise se sont élevés contre leurs assertions leur ont opposé l'Ecriture et la tradition.

Sismondi écrivait aussi au fameux prédicateur américain Channing ce qui suit : « Ceux qui croient que la moralité ne consiste « qu'en quelques préceptes vite épuisés me semblent des obser- « vateurs bien superficiels. Plus au contraire on l'étudie, plus on « voit le champ s'élargir. On peut s'en convaincre en lisant les

« milliers de livres écrits sur des cas de conscience dans l'Eglise
« catholique. Le secret du confessionnal, la nécessité d'accorder
« enfin l'absolution et de maintenir le pouvoir sacerdotal, ont
« certainement fait dévier les casuistes, et créé avec leur aide ce
« qu'on a appelé la morale jésuitique : toutefois de grands pro-
« grès ont été faits par eux dans cette noble science, et nous leur
« devons peut-être plus qu'à la Bible elle-même l'établissement
« du système de moralité chrétienne ».

DISCOURS VI.

**Paul V. — Urbain VIII. — Le Tasse. — Galilée. — Stenon. —
La Science et la Foi**

Nous associons ici deux noms qu'on ne sépare point dans
l'histoire littéraire; car celle-ci a tenu registre des critiques piquantes de Galilée contre Torquato Tasso. Ce tendre
poëte nous représente la réaction catholique dans la poésie :
pendant que ses prédécesseurs chantaient soit les prouesses
des paladins, soit l'amour et la magie, soit les dieux innombrables de la mythologie, il choisit, lui, comme sujet
de son poëme le moment le plus épique de l'histoire chrétienne, celui où l'Europe entière s'unit en armes contre *les
peuples coalisés de l'Asie et de l'Afrique* pour arrêter les progrès épouvantables de l'Islamisme. Il était d'autant plus opportun de célébrer cette *Conquête glorieuse* que les Turcs
menaçaient de nouveau l'Europe, et, déployant leurs bannières sous Vienne et en face de Civita Vecchia, mettaient en doute laquelle des deux l'emporterait de la servitude musulmane ou de la liberté chrétienne.

Torquato ne possédait pas un esprit assez puissant pour
s'élever jusqu'à l'inspiration catholique et en tirer toute
cette poésie dont il lui offrait une moisson si abondante la
terre où avaient retenti le chant les prophètes et les prédications des apôtres, où l'on retrouvait les traces des patriarches et de Jésus-Christ, cette terre qui fut le théâtre
des figures de l'Ancien-Testament et des miracles du Nou-

veau. N'ayant point approfondi l'histoire, doué de peu
d'imagination, il s'arrêta à la liturgie, poétisa les processions, la messe, les psaumes, invoquant dans ses gémis-
santes harmonies, non plus la muse des lauriers périssa-
bles, mais celle qui apparaît au milieu des anges, avec
une couronne d'étoiles immortelles.

Hallucina-
tions
du Tasse.
Sa dévotion.

Nous avons apprécié ailleurs les mérites et les défauts du
poëte ; ici remarquons seulement que le doute pénétra dans
cette âme qui, faible et affectueuse, eut toujours besoin de
protecteurs et de foi. Dans la maladie mentale qui troubla
quelque temps sa belle intelligence, il se figura que le
diable le tentait et lui jouait en personne des tours. Craignant de passer pour avoir mérité ces tourments, il se
fait un devoir de protester qu'il n'a été ni magicien ni
luthérien ; qu'il n'avait pas lu de livres hérétiques, d'ouvrages traitant de nécromancie ou d'autres arts défendus ;
qu'il n'avait point pris plaisir à converser avec les Huguenots ; qu'il n'avait point loué leurs doctrines ; qu'il n'a-
vait point eu d'opinions contraires à l'Église catholique.
Bien qu'il avoue avoir parfois donné trop de créance aux
sophismes des philosophes, il humilia toujours sa raison
devant la théologie, plus désireux d'apprendre que de contredire, même avant que le malheur ne l'eût affermi dans
la foi.

C'est ce qu'il écrivait à Maurice Cattaneo, en lui parlant
de l'esprit follet qui le persécutait : et quoiqu'il se for-
tifiât par l'idée que « l'image de la glorieuse Vierge Marie
« tenant son fils dans ses bras m'était apparue au mi-
« lieu d'un cercle de vapeurs aux mille couleurs, je ne
« dois pas désespérer de sa grâce », le doute d'être
tombé dans l'erreur le tourmentait cruellement. Il se
présenta à l'inquisiteur de Bologne, et s'accusa de doutes

relativement à l'incarnation. Après l'avoir écouté, celui-ci lui dit : « Va en paix, et ne pèche plus. » Mais ses frayeurs ayant augmenté avec la maladie, le duc de Ferrare lui conseilla de se présenter de nouveau au Saint-Office. On l'écouta, et on lui assura qu'il n'avait pas commis cette faute, ou qu'elle lui était remise. Cependant le Tasse continuait à croire, ou qu'on ne l'avait pas examiné avec assez de rigueur, ou qu'on ne lui avait pas donné des assurances assez formelles. Plus tard, prisonnier dans un hôpital, il se tournait vers Dieu, et lui demandait pardon, disant : « Seigneur, je ne m'excuse pas, je
« m'accuse d'être au dedans et au dehors souillé et infecté
« par les vices de la chair et par la poussière du monde.
« J'ai vécu n'ayant de toi d'autres pensées que celles
« qu'on a, quand on étudie les idées de Platon, les atômes
« de Démocrite... ou autres systèmes philosophiques,
« lesquels sont plus souvent une création de l'imagina-
« tion que l'œuvre de tes mains ou de la nature ta ser-
« vante. Il ne faut donc pas s'étonner que j'aie vu seule-
« ment un accident particulier de l'univers, qui,
« aimé et désiré, attire à lui toutes choses ; la cause
« éternelle, immobile de tous les mouvements, et le
« souverain Seigneur qui pourvoit généralement à la
« conservation du monde et de toutes les espèces qu'il
« renferme. Mais je doutais si tu avais créé le monde,
« ou s'il était sous ta dépendance *ab æterno* ; si tu avais
« doté l'homme d'une âme immortelle ; si tu t'étais
« abaissé à revêtir notre humanité... Comment pou-
« vais-je croire fermement aux sacrements ou à l'au-
« torité de ton pontife, du moment que je doutais de
« l'Incarnation de ton fils et de l'immortalité de l'âme?...
« Cependant j'avais du chagrin à me sentir dans le doute,

« et volontiers eussé-je tranquillisé mon intelligence en
« lui imposant de croire tout ce que croit et pratique la
« sainte Église. Mais je désirais cela, Seigneur, moins par
« l'amour que m'inspiraient tes infinies bontés que par une
« certaine crainte servile des peines de l'enfer : souvent
« mon imagination était horriblement troublée par le son
« des trompettes des anges qui retentira au grand jour des
« récompenses et des peines; il me semblait te voir, assis
« au-dessus des nues, et entendre de ta bouche ces pa-
« roles pleines d'épouvante : *Allez, maudits, au feu éternel.*

« Cette pensée était quelquefois si forte en moi, que
« j'étais forcé d'en faire part à quelque ami ou connais-
« sance... Vaincu par la crainte, je me confessais, je com-
« muniais dans les temps et de la manière que com-
« mande ta sainte Église Romaine ; et si parfois il me
« semblait avoir oublié quelque péché par négligence ou
« par honte, je répétais ma confession et souvent je la
« faisais générale. Néanmoins, en manifestant mes doutes
« au confesseur, je ne les manifestais pas dans mes pa-
« roles avec la même force qu'ils se faisaient sentir dans
« mon âme, car quelquefois j'étais sur le point de ne pas
« croire... Mais je me consolais en pensant que tu devais
« pardonner à ceux même qui n'auraient pas cru en
« toi, du moment que leur incrédulité n'aurait pas été
« entretenue par l'obstination ou la méchanceté; or ces
« sentiments défectueux, tu le sais, Seigneur, étaient et
« sont encore très-éloignés de moi : car, tu ne l'ignores
« pas, j'ai toujours désiré l'exaltation de la foi avec une
« ardeur incroyable; j'ai désiré avec une ferveur plutôt
« mondaine que spirituelle, mais cependant très-grande,
« que le siége de la foi et de la papauté se conservât à Rome
« jusqu'à la fin des siècles. Tu sais que le nom de lu-

« thérien et d'hérétique m'était odieux et abominable,
« bien que je n'aie pas laissé parfois d'avoir des conversa-
«'tions très-intimes avec ceux qui, sous prétexte de rai-
« son d'État, ainsi qu'ils le disaient eux-mêmes, vacillaient
« dans la foi et frisaient de très-près une complète incré-
« dulité. »

Cette dévotion hypocondriaque le domina le reste de sa
vie : et lorsque le pape l'invita à se rendre à Rome pour
recevoir au Capitole la couronne de poete, il ne voulut
pas loger ailleurs qu'au couvent de Sant' Onofrio, où il
mourut, avant le triomphe qu'il avait si ardemment désiré.

Alors seulement l'envie se tut, l'envie, dont les mor-
sures avaient donné au Tasse une telle défiance de lui-
même qu'il fit de son poëme *la Jérusalem délivrée* un
nouveau poëme intitulé : *Jérusalem conquise.* Entre autres nouveautés, il introduisit dans le dernier la prophétie des troubles religieux de France, et indiqua, comme
moyen d'y mettre fin, le droit, alors accepté, d'après lequel le pape était l'arbitre des couronnes :

Lui seul peut donner le roi au royaume et le royaume au roi,
dompter les tyrans et les monstres, apaiser du ciel le grave courroux[1].

Pour les Français, idolâtres de la monarchie alors
même qu'ils massacrent Henri III ou décapitent Louis XVI,
c'était là une hérésie. Aussi la *Jérusalem conquise* fut-elle
prohibée par le parlement de Paris « pour des idées contraires à l'autorité du roi, attentoires à l'honneur de
Henri III et de Henri IV ».

Cette prohibition n'était pas le fait du Saint-Office, qui, en

Galilée.
Ses talents.

_____

(1) *Jérusalem conquise,* XX, 77.

échange, causa des ennuis à un adversaire du Tasse, à Galilée.

« Galilée, astronome distingué, découvrit que la terre
« tourne autour du soleil. Cette doctrine était contraire à
« la croyance de l'Église ; c'est pourquoi l'Inquisition le
« prit, l'incarcera, le mit à la torture. Il n'échappa à des
« châtiments plus sévères, qu'en se rétractant, et en dé-
« clarant à genoux et en chemise, devant les inquisiteurs,
« que la terre est immobile ; mais en le disant, il ajouta, et
« cependant elle se meut (*eppur si muove*) [1]. »

Tel est le récit légendaire enseigné dans les écoles, déclamé par les romanciers et les parlementaires, reproduit par la peinture et la lithographie : on taxera d'homme
à préjugés et d'ignorant celui qui, après une étude sérieuse
des faits, affirmerait que la légende est très-éloignée de la
vérité.

Le mouvement réformateur des études expérimentales
était commencé : Aldrovandi, Cesalpino, Mattioli avaient
restauré l'histoire naturelle ; Aquapendente, la chi-
rurgie ; Van Helmont, la chimie ; Sarpi et Porta, l'op-
tique ; Eustache, Falloppe, Vesale, Fracastoro, l'anatomie ;
les membres de l'académie des *Lincei*, fondée à Rome en
1608 par Frédéric Cesi, exerçaient leur œil sur les secrets de la nature. A cette époque vivait Bacon, auquel le
titre de *Restaurateur de la science* appartient bien moins
qu'à Galilée ; car, quoique Galilée soit né trois ans après
Bacon et lui en ait survécu quinze, il fit ses découvertes

---

(1) « Faits qu'il suffit de rappeler pour se sentir frissonner d'horreur
(*sic*) et avoir l'âme transportée d'indignation. » Ainsi s'exprime Zobi,
pauvre écrivain, qui se lamente sur le sort de la Toscane, courbée sous
joug de fer des Médicis, oppresseurs de Florence pendant le cours de
deux cent cinq ans.

avant 1620, année où parut le *Novum Organum*. Mais tandis
que d'un côté Bacon, qui prétendait donner un *organe*,
une méthode pour faire des découvertes, n'inventa rien,
Galilée qui inventa tant, pensait que les découvertes
étaient dues à l'intuition, à l'inspiration. « Un matin,
pendant que j'étais à la messe, écrit-il au P. Fulgence
Micanzio, il me vint à l'esprit une pensée dans laquelle, à
la suite d'un plus profond recueillement, je n'ai pu que
me confirmer : il m'a paru toujours de plus en plus admirable que, grâce à une étonnante manière d'opérer de
la nature, on puisse étendre et dilater une substance immense, sans admettre en elle aucun espace vide. » Et à
Marc Welser : « Une vertu supérieure, pour écarter
toute ambiguïté, inspire à quelques esprits les méthodes
nécessaires pour parvenir à faire comprendre que la génération des comètes est dans la région céleste. » Dans
les Dialogues, parlant de la découverte de Gilbert sur les
aimants, il dit : « Je ne puis assez louer, envier et admirer les auteurs auxquels *est venue à l'esprit* une conception si étonnante sur une chose traitée par une infinité
de génies sublimes, et que personne n'a remarquée... S'appliquer aux grandes découvertes en n'ayant que de très-
petits points de départ ; juger que sous des dehors puérils
se cachent des merveilles, ce n'est pas là le fait des esprits vulgaires, mais d'esprits aux pensées et aux concep-
tions surhumaines. » Et il parle toujours de ses propres
découvertes comme de conjectures, d'hypothèses. Plût au
ciel qu'il eût conservé cette attitude devant le Saint-Office !

Restaurateur de la philosophie et de la science, qu'il
porta dans le champ de l'expérience prudente et non al-
térée par les préjugés, le plus grand mérite de Galilée n'est
pas celui d'astronome. Observer les satellites de Jupiter,

les taches du soleil, l'anneau de Saturne [1], les phases de
Vénus, l'homme le plus ordinaire, armé d'un bon télescope, pouvait le faire, et chaque jour les personnes les
plus novices en fait d'astronomie peuvent arriver à- de
semblables découvertes, avec l'aide d'instruments perfec-
tionnés. Ces trois découvertes astronomiques de Galilée
sont jugées par Delambre d'une bien petite importance à
côté des trois lois de Képler, dont on n'avait aucune idée,
qui même se heurtaient contre les idées reçues, et auxquelles il aboutit par vingt années d'études persévérantes;
ce furent elles qui conduisirent Newton à reconnaître la
loi de la gravitation universelle [2].

Mais Galilée par son génie seul, et par de grandes études, put déterminer les lois de la gravitation, calculer les
effets de la force, malgré le chassé-croisé des phénomènes
et l'embarras des préjugés, en un mot, il créa la dyna-
mique. Jusqu'à lui on n'avait considéré les forces que
comme des agents sur les corps en état d'équilibre : et
bien que l'accélération des graves en tombant et le mouvement curviligne des projectiles ne pussent être attribués
qu'à l'action constante de la gravité, personne avant Galilée
n'avait formulé le principe des vitesses virtuelles, fondement de la mécanique et de la science de l'équilibre. *Les
discours et démonstrations mathématiques sur deux nouvelles sciences,* imprimés à Leyde en 1638, furent alors
peu remarqués et peu estimés, tandis que Lagrange les
reconnaît pour être son titre de gloire le plus solide [3].

(1) Galilée voile sous l'anagramme suivant sa découverte de Saturne :
Altissimum planetam tergeminum observans.

(2) *Histoire de l'Astronomie moderne.*

(3) *Mécanique analytique,* p. 207. Dans la 1re partie de la *Statique,*
Lagrange révèle les mérites de Galilée comme mécanicien. Arago, lui
aussi, amoindrit le mérite des découvertes célestes de Galilée, et dit que

Cependant Galiléc fut admiré tout de suite comme astronome, et plus tard seulement comme mécanicien. Pour reconnaître le premier de ces mérites, l'œil suffisait; pour l'autre, il fallait le suivre dans des recherches ardues et élevées. Pour celui-là, l'enthousiasme populaire l'acclamait; pour celui-ci, il était contredit par les savants, méconnu, sifflé. Ses concitoyens, comme il arrive trop souvent, ne furent pas les seuls à se montrer injustes. Le grand Descartes, qui voyageait pour puiser la vérité dans la conversation des savants, vint à Florence au moment de la plus grande renommée de Galilée; il ne chercha pas même à le voir. Dans une lettre au père Mersenne, il dit qu'il connaît ses ouvrages, mais qu'il n'y a rien trouvé de digne d'examen.

Tant vaut le jugement des contemporains! Galiléc lui-même en serait une preuve : tout en disant que le système de Copernic remédie aux défauts de celui de Ptolémée, il n'indique pas que le vrai médecin était Kepler, qui bannit de la science toute cette nomenclature d'excentriques et d'épicycles; il ne le mentionne qu'une fois dans ses dialogues pour combattre comme absurde, inexacte et digne de figurer parmi les causes occultes, l'hypothèse qui attribue la marée à l'action combinée de la lune et du soleil, tandis que, lui Galilée, l'attribuait au double mouvement de la terre (A). Cette injustice n'excuse-t-elle pas en partie celles dont il a été l'objet de la part de ses compatriotes?

Si l'opinion commune admettait avec Ptolémée que la terre fût plane et immobile, et que les planètes tournassent

Sa découverte du mouvement de la terre.

quelques heures pouvaient suffire aux observations qu'il fit en 1610 et 1611.

autour d'elle, il n'avait jamais manqué de partisans au
système, déjà exposé par le vieux Pythagore, d'après lequel la terre est ronde et tourne autour du soleil, centre
immobile. Plus d'une fois il nous est arrivé de faire les
trouvailles scientifiques les plus inattendues dans des livres où l'on cherche toute autre chose. Sans parler de
Dante, qui admet les antipodes et l'attraction centrale, le
B. Jourdain de Rivalta, prédicateur du quatorzième siècle,
que nous avons déjà nommé, dit : « Celui qui serait sous
« la terre, à l'autre face du monde, dessous, aurait
« ses pieds contre nos pieds, et la plante de ses pieds
« s'appliquerait contre les nôtres. Vous me direz : *Or*
« *donc, comment peut-il se tenir debout ?* Je vous le dis :
« Celui qui est en bas, croirait être en haut et droit
« comme vous. Et s'il était levé en haut, c'est-à-dire à
« l'opposé, il retomberait vers la terre comme ici quel-
« qu'un qui tomberait d'une tour. Et cela parce que de
« toutes parts le ciel lui semblerait élevé au-dessus de
« sa tête ; et en vérité il en est ainsi, ni plus ni moins. »
Ainsi donc, dès le 13 décembre 1304 ce moine ignorant en savait autant que Newton sur les antipodes et sur
la force centripète.

Virgile, évêque de Salzbourg, avait enseigné la même
doctrine. C'est un odieux mensonge de dire que le pape Zacharie l'avait menacé d'excommunication s'il s'obstinait à
soutenir *quod alius mundus et alii homines sub terra sint* [1] :
le fait est que Grégoire IX le plaça parmi les saints.

Ses parti-
sans.

Le mouvement de la terre eut pour chaud partisan Nicolas de Cusa [2], qui cependant fut fait cardinal et enseveli

(1) *Annal. Bojorum Lipsia,* 1710, p. 262.
(2) Que ceux qui reprochent toujours leur luxe aux nonces apostoliques veuillent bien se rappeler Nicolas de Cusa, nonce de quatre

dans l'église de Saint-Pierre-ès-liens à Rome. Nicolas Copernic, Prussien, élève de l'université de Bologne et professeur à celle de Rome, s'appuyant sur l'argument métaphysique, que la nature emploie toujours les moyens les plus simples, et que la beauté et la simplicité apparaissent mieux dans le système de Pythagore, soutint que la terre tourne autour du soleil comme les autres planètes. Encouragé par des prélats illustres, il publia les *Révolutions des globes célestes*. Dans la dédicace à Paul III, il traite d'absurde l'immobilité de la terre « et « si jamais des bavards, ne connaissant rien en fait de « mathématiques, prétendaient condamner mon livre à « cause de quelques passages de l'Écriture interprétés « suivant leur sens, je démolirai leur échaffaudage... « Lactance a dit des folies sur la forme de la terre : et « sur des sujets mathématiques on écrit pour des ma- « thématiciens. » A qui donc Copernic demande-t-il protection contre les préjugés des savants et les calomnies des méchants? Au chef de l'Église! Ceux qui passent les intentions à l'alambic affirment que s'il ne fut pas persécuté il le dut uniquement à ce qu'il mourut lorsqu'à peine son ouvrage venait-il de paraître!!! Eh bien, la même année Celius Calcagnini avait professé en chaire que *Cœlum stet, terra autem moveatur*.

papes, créé cardinal par Nicolas V. Lorsqu'en 1451 il se rendait en Allemagne en qualité de nonce, il fut rencontré par des magnats en grand apparat, tandis que *ipse super mulum suum cum exiguo romano comitatu humiliter insidens, cruce argentea a Domino apostolico sibi data, cum suo stipite deargentato semper præcedente, ad ecclesiam processionaliter deductus*[1], *ibidem devote fuit susceptus... ab omni munere manus suas servavit : quod tamen terræ magnates et alii divites copiose offerebant, esculentis et poculentis, sine quibus vita præsens transigi non potest, tamen exceptis...* Voir CLEMENS, *Giordano Bruno et Nicolas de Cusa*, 1847.

Antérieurement à tous ceux-là, Jean Albert Widmanstadt, se trouvant à Rome en 1533, exposa le système de Pythagore en présence de Clément VII, de deux cardinaux et d'illustres personnages : il reçut en don du pape l'ouvrage grec d'Alexandre Aphrodisianus *Du sens et du sensible*, très-beau manuscrit maintenant conservé à Munich, sur lequel Widmanstadt a lui-même noté cet incident [1].

Le père carme Antoine Foscarini, quittant Naples pour aller prêcher à Rome, écrivait au général de son Ordre une longue lettre, qui ne manque pas d'élégance, dans laquelle il cherche à concilier la théorie des Pythagoriciens et celle de Copernic avec des passages de l'Écriture qui semblent la contredire [2], et que l'on ne doit pas, dit-il sagement, toujours prendre à la lettre. Outre les dires des

(1) Plusieurs Italiens ont prétendu a la priorité dans l'enseignement du système de Copernic. Thomas Cornelio, qui écrivait au dix-septième siècle *Problemata Physica*, dit que Jérôme Tagliavia, Calabrais, avait beaucoup pensé à ce système et écrit là-dessus quelque chose qui, après sa mort, tomba entre les mains de Copernic. Des titres plus valables pourraient être produits par Dominique Marie Novara, Ferrarais, mort en 1514 à Bologne, où étant professeur d'astronomie il eut Copernic pour élève et pour compagnon de ses observations. Ce fait est attesté par Georges Joachim Retico, compagnon et ami de Copernic, qui ajoute que celui-ci, jeune encore, expliqua l'astronomie à Rome et eut de nombreux auditeurs, même de fort illustres.

(2) Cette lettre a été réimprimée parmi les œuvres de Galilée à Florence, tome V, 1854. « Ces preuves et leur explication font voir que l'opinion des Pythagoriciens et de Copernic est peut-être plus probable que ne l'est celle généralement admise de Ptolémée : de cette hypothèse découle un système très-clair et une constitution merveilleuse du monde, beaucoup mieux fondée en raison et en expérience, et l'on voit clairement que l'on peut la soutenir : il ne convient donc plus de douter qu'elle répugne soit à l'autorité de la Sainte-Écriture, soit à la vérité des propositions théologiques : on explique aussi avec facilité non-seulement les phénomènes et les apparences de tous les corps, mais on découvre encore un grand nombre de raisons naturelles, que l'on pourrait difficilement arriver à comprendre par une autre voie. »

disciples de Pythagore, il met en ligne les opinions de
ceux qui placent le ciel en haut, la terre en bas, l'enfer
au milieu, ou qui croient qu'après le jugement dernier
le soleil demeurera fixe à l'orient, et la lune à l'occident.
Que ceux que de telles difficultés feront sourire s'imagi-
nent les réponses par lui sérieusement opposées ; et, malgré
Montucla, historien docte et impartial des mathématiques,
qui estime cette lettre une œuvre judicieuse, je crois qu'il
ne produit pas une seule raison concluante.Son cheval de
bataille est l'analogie entre le système planétaire et le
candélabre mosaïque à sept branches. Entre les planètes
est le fruit défendu du paradis terrestre, l'habit sacerdotal
d'Aaron, le figuier et le grenadier : à chaque symbole, à
chaque fruit opuntien il rapporte tous les passages de la
Bible où ils sont mentionnés et que l'on peut, bon gré
malgré, faire servir à étayer le système du monde.

Nous n'aurions ici qu'à le plaindre; mais, en suivant
toujours la même méthode, beaucoup réussissaient à
infirmer l'autorité de la Bible, et méritaient pour ce
motif la désapprobation de l'Église, non qu'elle professât
une inimitié systématique contre un doute qui au fond
ne l'atteignait pas. Qu'on dise plutôt que cette doctrine était combattue par le témoignage des sens dans le
vulgaire et plus encore par les préjugés des savants, pour
qui c'était un crève-cœur de désapprendre ce qu'ils
avaient appris, de renier leur foi en Ptolémée et en Aristote, de confesser les mérites d'un contemporain.

Pour comprendre la hauteur où s'est élevé Galilée, il
faut considérer combien ses contradicteurs étaient au-dessous de lui : la distance explique l'envie et la persécution.
Les Platoniciens croyaient le ciel gouverné par des forces
spéciales, qui n'avaient rien de commun avec la terre. Les

Ses
contradic-
teurs.

l'éripatéticiens s'étaient fabriqué une astronomie *a priori*, et asservissaient tout à l'argumentation. Chiarimonti, de Césène, syllogistiquait ainsi dans un ouvrage de 1632 : « Les animaux qui se meuvent ont des membres et « des flexions; la terre n'en a pas : donc elle ne se meut « pas... Les planètes, le soleil, les fixes sont tous de même « genre, le genre des *étoiles :* donc, ou tous se meuvent, ou « tous sont immobiles. C'est une grave inconvenance de « placer parmi les corps célestes, corps purs et di- « vins, la terre, qui est un cloaque des matières les plus « impures. »

D'autres philosophes *in libris*, comme Galilée les appelle, croyaient voir dans l'hypothèse du mouvement de la terre un manque de respect à la sagesse antique. Un bon croyant faisait ce raisonnement-ci : « Est-ce que dans le ciel em- « pyrée Dieu ne réside pas avec les âmes bienheureuses? « Si le ciel est semblable aux autres sphères, voilà cette « croyance détruite. » Lorsque Kepler, par des hypothèses hardies, et pourtant raisonnées et raisonnables, supposa qu'entre Mars et Jupiter existait une nouvelle planète, vérité qui n'a été prouvée que cent cinquante ans plus tard, Sizzi astronome de Florence, le réfutait en disant que, de même qu'il n'y a que sept ouvertures à la tète, sept métaux, sept jours dans la semaine, sept branches au chandelier de Moïse, qu'à sept mois le fœtus est parfait, de même il ne peut y avoir que sept planètes. Le jésuite Christophe Clavio, proclamé l'Euclide de son temps, et consulté par Galilée sur ses études de géométrie en 1588, dit en souriant, lorsqu'il apprit la découverte des satellites de Jupiter : « Oui! avant d'avoir un instrument pour les voir, il faudra avoir un instrument pour les fabriquer. » Un tireur d'horoscopes ajoutait : « Comment croire à tes planètes *Médicéennes* si tu n'en peux montrer l'influence? »

On faisait des mascarades pour ridiculiser les lunes de Jupiter. La cour de France offrait des présents considérables à Galilée s'il découvrait des astres qu'il appellerait *Bourbonniens,* comme il avait nommé *Médicéens* les premiers observés. Et lorsque Galilée, laissant tomber un grave du haut de la tour penchée de Pise, prouva la fausseté du théorème d'Aristote, qui proportionnait la célérité au poids, il excita un tel guêpier qu'il dut émigrer de cette université à celle de Padoue, dont le gouvernement accordait aux opinions philosophiques la tolérance qu'il refusait aux opinions politiques.

Des expériences! des expériences! s'écriaient d'autres : une pierre jetée d'en haut ne retomberait-elle pas à une distance d'autant de milles que la terre en a tourné pendant la durée de la chute? L'oiseau qui a quitté son nid saurait-il jamais le retrouver si la terre avait tourné au-dessous de lui? En outre, n'est-ce pas un fait acquis que la lune tourne autour de la terre ? Pourquoi aurait-elle seule cette propriété? Alexandre Tassoni, un penseur aussi sagace qu'indépendant, fit cette objection, qui, ridicule aujourd'hui, séduisit cependant alors un grand nombre d'esprits : « Tenez-vous, disait-il, debout au milieu d'une chambre, « et regardez le soleil d'une fenêtre donnant au midi : as- « surément si le soleil est fixe au centre, et si la terre tourne « avec tant de rapidité, en un instant le soleil aura disparu « aux yeux du spectateur. » — Vieta, qui a perfectionné l'algèbre, Vieta, un esprit éminemment philosophique, soutient dans l'*Harmonicum cœleste,* autographe de la bibliothèque Magliabechiana, que le système de Copernic découle d'une géométrie fausse. Montaigne disait : « On ne doit pas

« rechercher lequel des deux systèmes est le vrai; et qui
« sait si d'ici à mille ans une troisième opinion ne vien-
« dra pas renverser les deux précédentes? » Descartes l'a
nié quelque part. Gassendi n'osa pas le proclamer, le
voyant si unanimement contredit; Bacon s'en moqua
comme répugnant à la philosophie naturelle. Claude
Berigard, Français, professeur à Pise et à Padoue, auteur des *Circoli Pisani*, rangé parmi les penseurs les
plus fins de son siècle, le réfuta dans les *Doutes sur l'immobilité de la terre*. Pascal entre autres admirables *Pensées* a émis celle-ci : « Je trouve bon qu'on n'approfon-
« disse pas l'opinion de Copernic. »

Preuves
insuffisantes. Ce n'étaient donc pas les ignorants, ce n'étaient donc pas
les moines seuls qui attaquaient une vérité énoncée inexac-
tement, et qui n'était point accompagnée du cortège de
preuves dont elle est autorisée aujourd'hui[1]. Il est vrai que
la découverte des satellites de Jupiter et de Saturne, la rotation bien prouvée de Mars et de Jupiter, les phases de
Vénus et de Mercure autorisaient à conclure qu'il en devait
être de même de la terre, puisqu'un observateur placé dans
ces astres relèverait les mêmes phénomènes que nous :
mais il restait des doutes nombreux, parce qu'on avait mis

---

(1) L'illustre Cremonini lui-même était opposé à Galilée ; Daniel An-
tonini, Frioulan, dans une lettre qu'il adressait à ce dernier, lui disait :
« Est-il possible qu'il y ait au monde des hommes aussi niais, et, ce qui
est pire, qu'ils soient considérés comme les vrais savants ? Que faudrait-il
faire pour les forcer à confesser la vérité, s'il ne suffit pas de la leur
faire voir avec leurs propres yeux ? D'un côté j'en ris, mais d'un autre
côté je m'indigne, et je suis presque tenté de dire, comme ce bon religieux, si j'étais messire le Bon Dieu, je ne supporterais pas qu'une race
d'hommes aussi déraisonnables vécût.

« Mais je crois que le Seigneur Dieu les laisse vivre pour être les bouffons de la mère nature. »

Nous disons, nous, pour expier quelque velléité d'ambition.

en évidence l'aberration, la dépression de la terre aux pôles, du soulèvement des eaux sous l'équateur, la variation du pendule selon la latitude. Une autre grande difficulté, c'était la distance des étoiles fixes que l'on estimait incalculable, parce qu'on manquait de toute paralaxe annuelle. Copernic croyait *nécessairement circulaire* l'orbite des astres ; d'où il suit que, s'il expliquait l'alternative des saisons par le parrallélisme que l'axe de la terre conserve toute l'année, on était forcé d'attribuer cette continuité à un troisième mouvement.

De prime abord, Galilée lui-même crut avec le grand nombre que la terre était immobile. Même lorsqu'il fut convaincu de la vérité du système, il n'osa pas la professer ouvertement, par crainte des railleries, dont alors comme aujourd'hui, on poursuivait celui qui a raison trop vite. Ajoutons qu'il supposait que la terre tournait à travers « l'air, lequel paraît-il, n'est pas dans la nécessité d'obéir à son mouvement[1]. » Du reste pour qu'une vérité prenne rang d'une manière immuable dans la science, il ne suffit pas de la présenter comme une hypothèse, expliquant plus ou moins bien les faits, mais il faut l'étudier en elle-même, la discuter, en vérifier toutes les conséquences.

Nous reconnaissons aujourd'hui que nul ne surpassa Galilée dans le talent d'observation, dans la sagacité à pénétrer les secrets de la nature et à en découvrir les

---

(1) *Dialogues*, quatrième journée. Il substituait l'expérience à l'analyse elle-même, comme dans la recherche de la quadrature des cycloïdes. Il construisait des cycloïdes avec des feuilles qu'il pesait ensuite avec soin : il trouva de cette manière que l'aire de cette courbe est égale à trois fois l'aire du cercle décrivant. On sait combien ce problème a exercé la patience des chercheurs, à commencer par le cardinal de Cusa, jusqu'au moment où l'analyse infinitésimale vint le résoudre avec facilité.

lois pour arriver aux origines de l'Univers : nous le pro-
clamons le père de la philosophie naturelle. Mais, pour
faire triompher ces vérités sur les préjugés, il recourut souvent à la polémique, qui, on le sait, ne choisit pas toujours
les armes les plus courtoises ; il se servit plus d'une fois
de l'ironie et de la satire pour captiver l'opinion ; il sa-
crifia la prudence à l'esprit. Il s'était donc fait une foule
d'ennemis, partie à cause de la malveillance instinctive
du monde contre les talents supérieurs, partie pour avoir
flagellé inexorablement les Aristotéliens, et avoir repoussé
sans pitié les attaques par le sarcasme, lorsqu'on l'attaquait
lui-même sans égard pour son génie et ses malheurs. En
cela, il se montrait homme, et ceux qui osèrent chercher
dans sa vie les taches qu'il avait cherchées dans le soleil, le
trouvèrent plus fort sur la philosophie naturelle que sur
la philosophe morale et religieuse[1]. Au début, il donna
dans les rêveries de l'astrologie, et montra du dédain, même
du mépris pour toute découverte qui ne venait pas de lui :
faiblesse de caractère qui explique son attitude avant et
pendant le procès, son manque de prudence d'abord, de
fermeté ensuite.

Galilée
et le clergé.

Mais le clergé, quelle opinion eut-il de Galilée ? Un de
ces paradoxes qui chatouillent la curiosité irréfléchie de
notre siècle, que nous avons vu appliquer à Dante, à Michel Ange et à d'autres, a été appliqué à Galilée. On l'a fait
passer pour un libre penseur, qui aurait employé sa vie à
déchirer l'Église, tout en feignant de lui être dévoué,
« comme Simplicius toujours, avec une fine pointe d'i-
« ronie[2]. » Le grand homme aurait donc été un hypo-

---

(1) Voir spécialement *Philarète Chasles.*
(2) ARDUINI, *La Fille aînée de Galilée* (en italien), Florence, 1864.
Il ajoute que, porter aux nues le poème du Tasse, « est un préjugé de

crlte abject, et l'Inquisition mille fois trop indulgente. A l'appui de sa thèse, le sophiste rapporte que Galiléc fréquenta beaucoup frà Paolo Sarpi à Venise ; il cite ses paroles et ses écrits ; parmi ces derniers, un chapitre où il fait l'éloge de la nudité des peuples primitifs « qui ne portaient pas de caleçons, et chez lesquels ce qu'il y avait de beau et de bon en chacun était visible pour tout le monde. »

Galilée eut le malheur d'avoir une famille non légitime. Il plaça deux de ses filles naturelles dans un couvent de Florence, de la même manière que Dante avait placé les siennes à Ravenne et à Vérone ; et, comme elles ne remplissaient pas les conditions d'âge, il obtint à force d'instances la dispense de Rome. D'après l'auteur que nous réfutons, Galilée n'aurait eu d'autre but, en agissant ainsi, que de porter dans l'enceinte de cette maison l'apostolat anticatholique, ou d'y faire exercer l'espionnage.

Si l'on accepte ces faits, et si l'on exclut les interprétations qui seront démenties par toute notre exposition, on comprend que Galilée ne pouvait être en odeur de sainteté auprès du clergé : cependant, il est notoire que le père Castelli, Monsignor Ciampoli, le cardinal Conti et un grand nombre de jésuites honorèrent le savant, et glorifièrent ses découvertes. A Rome, il fut toujours accueilli avec bienveillance et honoré par les *Lincei*. Lorsqu'il inventa le télescope, les cardinaux, très-désireux de le voir, le prièrent de le leur apporter ; le pape, devant lequel il

l'école des Jésuites, qui jusqu'ici ont été, en Italie, les maîtres privilégiés et intéressés des belles-lettres » (page 233), et qui se sont servis du poëme des croisades pour affermir la doctrine catholique.

C'est une chose digne de remarque qu'avoir censuré le Tasse a été reproché comme une grande faute à nous Lombards, qui étions alors appelés *romantiques* et que plus tard on appela *cléricaux*.

s'agenouilla selon l'usage, le fit relever avant même qu'il
eût dit un seul mot, et le cardinal Del Monte écrivait au
grand-duc : « Pendant son séjour à Rome, Galilée a
« donné beaucoup de sujets de satisfaction, et je pense
« que lui-même en a reçu des marques, car il a eu occa-
« sion de montrer si bien ses inventions, qu'elles ont été
« regardées par tous les hommes de mérite et de savoir
« non-seulement comme très-vraies et très-réelles, mais
« encore comme très-merveilleuses. Si nous étions au
« temps de Rome antique, je crois qu'on lui aurait élevé
« au Capitole une statue pour honorer l'excellence de son
« mérite. »

En cette circonstance, Galilée connut à Rome saint Joseph de Calasanzio, qui disait que le monde deviendrait un
paradis, si tous apprenaient la lecture, l'écriture et le catéchisme. Mais cette tourbe, qui semble destinée par la
providence à faire expier le génie, commença à rendre suspect aux timorés le nouveau système : de sots prédicateurs
le taxèrent de curiosité irrespectueuse [1].

---

(1) *Viri Galilæi, quid statis aspicientes in cœlum ?* Tel fut le texte
choisi par un prédicateur à Florence Je trouve une autre application
heureuse de texte dans une lettre de Pignoria, du 26 septembre 1610 :
« Je vous donne la nouvelle qu'en Allemagne Képler a observé, de
« son côté, les quatre nouvelles planètes, et qu'en les voyant il s'écria,
« comme autrefois Julien l'apostat : *Galilee, vicisti.* »

Guillaume Libri, qui dénigre de toutes ses forces l'intervention de
l'Église dans cette affaire, ne cache pas que, lorsque le Dominicain Caccini déclama contre Galilée, Maruffi, général de l'Ordre, en écrivit des
excuses à Galilée, se plaignant d'être obligé d'endosser les sottises,
quelles qu'elles fussent, commises par 30 ou 40,000 moines. En Angleterre, la patrie des nobles penseurs, dans l'Angleterre non catholique,
et bien des années après, lorsque Newton professa la méthode du flux
et du reflux, il y eut des docteurs qui du haut de la chaire prévinrent le
public « contre les novateurs, gens perdus qui tombent dans la chi-
mère », et ils exhortaient à éviter leur commerce, « pernicieux pour l'es-

Rome, qui, aux époques d'innovations contentieuses, ne peut rester spectatrice indifférente, ni se dispenser de proclamer de quel côté est la vérité, devait se méfier d'un philosophe qui soumettait entièrement les opérations de l'intelligence aux lois naturelles, ce qui du même coup menaçait les vérités métaphysiques et morales. Proclamer qu'il faut s'en tenir uniquement à l'expérience, c'est-à-dire aux sens, c'était porter les esprits à douter du surnaturel, les autoriser à se demander comment jamais l'expérience pourra démontrer que la matière est éternelle, qu'elle engendre la pensée, que Dieu et l'âme n'existent pas. Tant que le mouvement de la terre resta à l'état d'hypothèse, on n'était pas forcé de le concilier avec les passages de l'Écriture ; il n'en devait pas être de même, lorsqu'on le donnerait pour un fait certain. En outre, dès que l'on commencerait à interpréter les textes en vue d'une solution déterminée, on se trouverait nécessairement conduit à modifier l'explication de l'Écriture, à mesure que se modifieraient les systèmes physiques ; on aurait donné, dans la même université, deux sens différents au même texte, puisqu'on y débattait les deux systèmes : l'inconvénient était d'autant plus sérieux que les preuves n'étaient pas péremptoires. Le cardinal Baronius disait sagement : « L'Écriture enseigne comment on monte au ciel, et non comment le ciel est fait ; » mais trop souvent les interprètes ont eu la manie de découvrir dans les Écritures plus qu'elles ne contiennent absolument, à la manière dont Macrobe, Servius, Gellius, Donat en usaient à l'égard des classiques ; et c'était la doctrine commune qu'on y trouvait un sens littéral, allégori-

Appréhensions de l'Église à propos du système de Galilée.

« prit et pour la foi. » SAVERIEN, *Dictionnaire des mathématiques*, tome I.

que, moral, anagogique. Les scolastiques en avaient usé et abusé pour leur téméraire curiosité, et voilà qu'on était menacé de voir se renouveler ces excès.

On était à une époque de transition entre les croyances du moyen âge et la science des temps modernes ; époque par là même d'incertitude et de lutte. Au moyen âge, que nous nous sommes efforcés de présenter sous un jour tout différent de celui sous lequel le dépeignent ses pédants détracteurs, qui nous font voir en lui un abîme immense entre les temps anciens et les temps modernes, jamais la science ne manqua d'adorateurs. Quelques-uns se contentaient de la science antique, traduisant, commentant, s'en tenant à l'*ipse dixit*. D'autres, tout en respectant les classiques, tendaient à l'indépendance et au progrès, et préparaient des matériaux pour un édifice qui, semblable aux cathédrales d'alors, devait s'achever seulement au cours des siècles. D'autres, reniant résolument les anciens, demandaient des nouveautés scientifiques et des arcanes naturels à des arts étranges, à l'inspiration, aux sciences occultes, créant des systèmes absurdes, des théories impossibles.

Aujourd'hui ces théories ne nous font plus peur, et nous nous contentons d'en rire ; mais alors cette audace devenait très-dangereuse, puisqu'en religion elle poussait à des hérésies absurdes, en morale à des pratiques déshonnêtes, à l'insociabilité, à la ruine ; partout, aux plus grandes témérités. L'Église, conservatrice éternelle de la vérité incorruptible, pouvait-elle ne pas les réprimer ? Alors que l'on mettait tout en doute et que l'on soulevait tant de difficultés sans les résoudre, l'autorité qui se considérait comme la gardienne et la source du bien social, non moins que du salut éternel, pouvait-elle rester indifférente ? En même temps donc qu'elle encourageait et proté-

geait les travaux des Universités et des moines, l'Église
condamnait des erreurs qui offensaient la société autant
que la foi, le bon sens autant que la religion : telles
étaient les observations astrologiques, les pratiques théur-
giques, les recherches alchimiques. Si ces chercheurs dé-
voyés se ravisaient, elle leur pardonnait : s'ils s'obsti-
naient à attaquer les fondements de la morale naturelle
et de la révélation, elle les punissait par les moyens que
lui fournissait la civilisation d'alors.

Faire des vérités divines l'objet des disputes des hom- L'Écriture
mes, confondre dans la même méthode la raison et la vérités natu-
foi, l'histoire montre à quelles conséquences ce système relles.
a mené, à quels désordres épouvantables, à quelles
persécutions, à quelles guerres. Le jansénisme précisément alors se montrait remuant : on pouvait donc craindre de voir reparaître la question sur le sens privé dans
l'interprétation de l'Écriture. C'est du sein du jansénisme
que Pascal faisait entendre ces paroles : « L'autorité a sa
« principale force dans la théologie, parce que celle-ci est
« inséparable de la vérité : pour donner la certitude à
« des matières non compréhensibles par la raison, il suffit
« de les voir dans les livres saints : pour montrer l'incer-
« titude des plus vraisemblables, il suffit de montrer
« qu'elles n'y sont pas. »

Aujourd'hui une vérité astronomique demeure isolée
dans son domaine propre : mais elle tenait à toute la doctrine, alors qu'on avait fait du ciel une espèce de médiateur entre l'absolu et le contingent, entre Dieu et le
monde. Dans le ciel, résidaient les facultés motrices de la
nature divine et les facultés actives de la nature terrestre.
Instrument du moteur immobile, moteur et mobile tout
à la fois, il tourne avec des milliers d'astres autour de la

terre fixe; d'où la métaphysique de l'astronomie. Agent
universel, il détermine chaque forme et la développe; d'où
la génération spontanée produite par la chaleur solaire.
Trésor de toutes les puissances mystérieuses, il les distribue
diversement entre les trois règnes de la nature et les trans-
forme; d'où la magie, les sciences occultes et l'alchimie.
Par ses influx il gouverne la matière, les esprits, les intelligences et les évènements; d'où l'astrologie. Comparer
une innovation philosophique à un crime contre la société,
n'était pas un abus, mais un pouvoir conféré par la loi
civile et canonique, reconnu et validé par la conscience
publique.

Le tort de Galilée fut précisément de vouloir, comme
il le fait très-ouvertement dans une lettre à la Grande-
Duchesse, mêler les vérités revélées aux découvertes physiques, les considérations théologiques aux discussions
scientifiques; enseigner dans quel sens on devait entendre les passages de l'Écriture, enfin appuyer sur ces
passages des théorèmes qui demandaient à être démon-
trés par le calcul et l'expérience. Que l'Écriture adopte les
formes et les croyances populaires pour se rendre intelligible, c'est ce que tout le monde reconnaît : déjà Dante
disait dans le quatrième chant du Paradis :

Per questo la Scrittura condescende
A nostra facoltate, e piedi e mano
A Dio attribuisce, ed altro intende.

« L'Écriture s'abaisse au niveau de nos facultés; elle attribue à Dieu, des pieds et des mains, et entend tout autre
chose. »

Mais Galilée disait qu'il « se trouvait dans l'Écriture
des propositions fausses quant au sens des mots; qu'elle

s'est exprimée d'une manière inexacte jusque dans les dogmes solennels, par égard pour l'ignorance du peuple ; que, dans les discussions scientifiques, elle devrait être rejetée sur le dernier plan, et que l'argument sacré devait céder le pas aux preuves philosophiques [1]. »

Dans la crainte que la science grandît uniquement pour faire la guerre à Dieu, les bons s'effrayaient de ses progrès jusqu'à les répudier : plus tard seulement les intelligences d'élite comprirent que la foi ne redoute aucune science ; que la critique historique peut se montrer indépendante et impartiale sans devenir irreligieuse. Aussi le bon sens a-t-il fait justice des vulgarités lancées contre l'Église à propos de Galilée : on a distingué les simples assertions des articles de foi ; les défenses positives et nécessaires des mesures de simple prudence et disciplinaires ; les oracles de l'Église des délibérations d'un tribunal particulier.

Devant ce tribunal Galilée fut accusé d'avoir affirmé, lui ou les siens, que Dieu est un accident, non une substance, non un être sensitif ; que les miracles ne sont pas littéralement des miracles, etc. A la suite de tout ce bruit, le pape s'écria : « Pour faire cesser tout scandale, que la « Congrégation cite Galilée devant elle, et lui donne un « avertissement. »

Galilée dénoncé à l'Inquisition.

---

(1) L'authenticité de la Bible et de chacune de ses parties est dogmatiquement établie par le Concile de Trente, qui frappe d'anathème quiconque n'accepte pas le texte sacré et ses parties, *prout in Ecclesia catholica legi consueverunt, et in veteri vulgata latina editione habentur.* Les plus sages interprètes tiennent néanmoins que l'on peut scientifiquement discuter sur certains versets et incises, et même les corriger ; c'est ce que l'on a fait, pour ne mentionner que cette correction, dans l'édition Clémentine. Voir une dissertation du père Vercelloni, *Sur l'authenticité de chacune des parties de la Vulgate* (en italien).

Les Inquisiteurs remettaient d'ordinaire l'examen du fait à des *qualificateurs*, espèce de jurés qui prononçaient sur les matières de leur compétence. La réponse que le fameux Clavio et trois autres jésuites remirent au cardinal Bellarmin prouve qu'ils ne repoussaient pas les observations de Galilée; ils trouvaient simplement arrogante sa prétention de les donner, non pas seulement pour une opinion hypothétique, mais pour une vérité absolue.

La confusion des raisonnements de la philosophie avec les intérêts de la théologie fit passer Descartes pour un ennemi de la messe, à cause de son ingénieuse distinction entre l'esprit et la matière; elle fit blâmer Leibniz pour ses monades et l'harmonie préétablie, Gassendi pour les atomes, Pascal pour le poids de l'air. Exactement à la même époque, les théologiens protestants de Tubingue anathématisèrent Képler, parce que la Bible enseigne que le soleil tourne autour de la terre. Effrayé, le grand homme voulait détruire son œuvre, quand un asile lui fut offert à Gratz, où les Jésuites le protégèrent même contre les accusations de sortilège portées contre lui par les siens [1]. En Angleterre, il en arriva autant à Sternkammer. L'académie de Séville ne blâma-t-elle pas Christophe Colomb qui supposait que la terre était peuplée en rond? L'académie de France n'a-t-elle pas rejeté de nos jours même, la proposition de la navigation à vapeur? Enfin, aujourd'hui, ne voyons-nous pas les journaux, cette inquisition mo-

---

(1) BREITSCHWERTH, *Vie et influence de Képler d'après de nouveaux documents originaux;* Stuttgard, 1851.

Le *Capitoul* de Toulouse ordonna, vers 1590, à Marguerite Melaure de se vêtir en homme, bien qu'elle assurât être hermaphrodite. Saviard reconnut que c'était une maladie : il la guérit; mais il fallut un décret du roi pour lui permettre de s'habiller en femme, car femme elle était tout de bon.

derne, inquiéter les gens pour des questions théologiques,
et faire pis encore ? C'est l'éternel et implacable entêtement
des faux savants.

Galilée écrivait de Rome, le 6 février 1616, à Curtius
Pichena, secrétaire du grand-duc, qu'il était bien content
d'y être allé, pour dissiper les trames ourdies contre lui,
et que déjà tous les doutes sur son compte étaient éva-
nouis. « Mais, pour qu'à ma cause on ajoute un chapitre
« qui intéresse non pas tant ma personne que la phalange
« de tous ceux qui, *depuis quatre-vingts ans*, soit par
« des ouvrages imprimés, soit par des écrits privés, soit
« par l'enseignement public et la prédication, soit par
« leurs discours particuliers, auraient adhéré, ou adhére-
« raient à une doctrine certaine, à une opinion à la-
« quelle Votre Seigneurie illustrissime n'est point étran-
« gère, et à propos de laquelle on est en train de délibérer
« pour savoir ce qu'elle renferme de bon et de juste,
« pouvant être d'aventure de quelque secours pour cette
« partie dépendant de la connaissance des vérités qui
« nous est fournie par les sciences que j'ai professées,
« je ne puis ni ne dois négliger d'offrir ce secours dont
« ma conscience de bon chrétien et de catholique zélé me
« fait un devoir. Cette affaire m'occupe beaucoup et non
« sans profit… Je suis allé trouver hier chez elle la même
« personne qui, du haut de la chaire de Florence d'abord,
« en d'autres lieux ensuite, avait parlé et travaillé contre
« moi d'une manière si acharnée. Elle est restée plus de
« quatre heures avec moi ; pendant la première demi-
« heure que nous fûmes ensemble, elle chercha en toute
« humilité à s'excuser de son action, s'offrant à me donner
« prompte satisfaction. Puis elle essaya de me faire
« croire qu'elle n'avait point excité la personne qui me

Examen de l'hypo- thèse.

« poursuit ici. Dans l'intervalle arrivèrent Monseigneur
« Bonsi, neveu du cardinal, le chanoine Venturi et trois
« autres : la conversation se porta immédiatement sur
« l'objet même de la controverse et sur les preuves dont
« on avait voulu se servir pour condamner une proposi-
« tion *admise par la sainte Église depuis si longtemps.* Il a
« été loin de se montrer à la hauteur des connaissances
« qu'exigent ces matières, et n'a guère satisfait ceux qui
« étaient présents, et qui nous quittèrent après une séance
« de trois heures. Resté seul avec lui, il revint à son
« premier raisonnement, et chercha à me dissuader de ce
« dont je suis bien certain. »

Et le 6 mars : « On va prendre une résolution sur le
« livre et sur les opinions de Copernic relativement au
« mouvement de la terre et à la stabilité du soleil, ques-
« tions qui ont soulevé des difficultés l'an dernier à Santa
« Maria-Novella, et ici (à Rome) de la part du même reli-
« gieux qui a qualifié cette doctrine de contraire à la foi
« et d'hérétique. Mais, comme le résultat l'a démontré, sa
« manière de voir n'a pas trouvé d'écho dans la sainte
« Église qui a admis seulement que cette opinion ne
« concorde pas avec les saintes Écritures : d'où il suit
« que sont et restent défendus les seuls livres qui ont
« voulu soutenir qu'elle n'est pas en désaccord avec l'É-
« criture, et encore ne trouve-t-on dans cette catégorie
« qu'une lettre d'un père Carme, imprimée l'année pas-
« sée, laquelle seule est condamnée. Didaco à Stunica,
« religieux Augustin, ayant écrit sur Job, il y a trois ans,
« et soutenu que cette opinion ne répugne pas aux Écri-
« tures, son livre reste censuré *donec corrigatur,* et la
« correction consiste à enlever une page de l'explication
« de ces paroles : *qui commovet terram de loco suo.* On

« retranchera également de l'ouvrage de Copernic dix
« vers de la dédicace à Paul III, dans lesquels il donne à
« entendre qu'il ne lui paraît pas que cette doctrine soit
« contraire à l'Écriture. Et pour ce que j'y vois, il fau-
« drait supprimer çà et là l'appellation d'astre, *sidus*,
« qu'il donne deux à trois fois à la terre... Je n'y ai rien à
« voir, et je ne m'en serais jamais occupé, si les miens ne
« m'y avaient mêlé. »

Le 12 mars : « Hier, j'allai baiser le pied de Sa Sain-
« teté. L'audience a été pleine de bienveillance ; nous
« avons causé en nous promenant, trois quarts d'heure
« durant... Je lui racontai la cause de mon voyage à
« Rome, lui disant qu'en prenant congé de leurs Al-
« tesses, j'avais renoncé à toute faveur dont elles pour-
« raient m'honorer, tant qu'il s'agirait de religion,
« d'intégrité de vie et de mœurs. Je fis constater à Sa
« Sainteté la méchanceté de mes persécuteurs et quel-
« ques-unes de leurs calomnies. Elle me consola en me
« disant de me tranquilliser, car je restais trop bien dans
« l'opinion de Sa Sainteté et de la Congrégation, pour que
« l'on prêtât légèrement l'oreille à la calomnie. »

Mais l'ambassadeur Pierre Guicciardini avait écrit le
4 mars au grand-duc :

Examen
de
l'opinion.

« Galilée a fait plus de cas de son opinion que de celle
« de ses amis. Le cardinal Del Monte, la plupart des cardi-
« naux du Saint-Office et moi, nous lui avions conseillé de se
« tenir tranquille, et de ne pas envenimer cette affaire ;
« que s'il voulait soutenir cette opinion, il le fît avec calme,
« sans faire tant d'efforts pour convaincre les autres, car on
« pouvait craindre qu'en agissant autrement, il ne s'attirât
« un nouvel affront, au lieu de se justifier et de triompher
« de ses rivaux. » ....Après avoir instruit de son affaire et

« fatigué un grand nombre de cardinaux, il s'est rejeté
« sur la faveur du cardinal Orsini qui, au consistoire,
« a parlé au pape pour lui recommander Galilée. Je ne
« sais pas jusqu'à quel point il a été en ceci réfléchi et
« prudent. Le pape lui a répondu qu'il ferait bien de
« le guérir de cette opinion. Orsini a répliqué quelque
« chose en poursuivant le pape, qui a coupé court à
« la conversation en lui disant qu'il remettrait l'affaire
« aux cardinaux du Saint-Office. Après le départ d'Orsini,
« le saint-père fit appeler Bellarmin et s'en entretint
« avec lui : ils tombèrent d'accord que cette opinion de
« Galilée était erronée et hérétique. J'apprends qu'avant-
« hier on a réuni la Congrégation pour la déclarer telle :
« Copernic et les autres auteurs seront corrigés, refondus
« ou défendus. Quant à la personne de Galilée, je pense
« qu'elle n'aura pas à souffrir, car il aura la prudence
« de vouloir et de penser ce que veut et ce que pense l'É-
« glise. Mais il prend feu pour ses opinions; il a une
« extrême passion, peu de courage et peu de prudence
« pour vaincre cette passion... Galilée a contre lui des
« moines et autres personnes qui lui veulent du mal et le
« persécutent; il est dans un état d'esprit qui n'est point
« précisément celui qu'il faut en ce pays-ci, et qui pour-
« rait le mettre en de graves embarras lui et d'autres.
« Enfin je ne vois pas à quel propos, ni pour quel motif il
« est venu, et ce qu'il peut gagner à rester ici. »

La Congrégation de l'Index n'infligea donc aucun châtiment, aucune pénitence à Galilée : on se contenta de lui
faire intimation de ne plus parler du système de Copernic, et Paul V lui donna l'assurance que, de son vivant,
il ne serait plus molesté. On ne proscrivit pas la doctrine,
mais on défendit de la soutenir publiquement comme étant

Premier
procès
de Galilée.

une interprétation personnelle de la Bible. Galilée reconnut lui-même la sagesse d'un décret qui opposait une barrière aux dangereux scandales dont le siècle était rempli : bien téméraires ceux qui blâmaient cet acte ; en Italie, et à Rome surtout, on savait mieux qu'outre-monts ce qu'il en était.

Le cardinal Del Monte adressait au Grand-Duc les informations suivantes : « Galilée part d'ici avec toute sa ré-
« putation et l'estime de tous ceux qui ont eu affaire à
« lui : on a touché du doigt combien il a été injuste-
« ment calomnié par ses ennemis, qui, comme il l'affirme
« lui-même, n'ont eu d'autre but que de lui nuire dans
« l'esprit de Votre Altesse sérénissime. Moi qui ai eu sou-
« vent l'occasion de l'entretenir, lui et d'autres qui sont
« parfaitement au courant de tout ce qui s'est passé, je
« puis assurer à Votre Altesse sérénissime qu'il n'y a rien
« dans toute sa personne qui mérite le moindre blâme :
« il est d'ailleurs à même de se justifier personnellement,
« et d'imposer silence aux calomnies de ses persécuteurs,
« car il a soin de tenir par écrit tout ce qu'il a cru bon
« de produire. » Le grand-duc Cosme voulut que Galilée voyageât en litière de cour, et qu'il fît son entrée dans Florence ayant pour cortège les gens de son palais : ce n'était pas mal pour un homme poursuivi en justice; et certes, de nos jours, nos ministres n'accordent ni de tels honneurs ni d'aussi éclatantes réparations.

Il demeure acquis que Galilée revendiquait la réputation de bon catholique. Il écrivait au bailli Cioli : « Nul ne peut
« révoquer en doute ma piété exemplaire et mon obéis-
« sance aveugle aux commandements de l'Église. » Lorsqu'il comparut devant le Saint-Office, il s'agenouilla devant les cardinaux, les suppliant de ne pas le déclarer hérétique,

ce qui l'affligerait au point de préférer la mort. Il demanda au cardinal Bellarmin l'attestation positive qu'il n'avait eu aucune abjuration à faire de ses doctrines et de ses opinions, et qu'il n'avait été soumis à aucune pénitence [1]. Ceux qui connaissent le cœur humain et l'amour propre des gens de lettres, diront probablement qu'il s'obstina à vouloir triompher de ses adversaires, précisément parce que sur ce terrain il se sentait moins sûr de lui-même que dans le domaine des mathématiques, ou peut-être encore parce que leur opposition empêchait le triomphe des vérités qu'il défendait.

Urbain VIII.   Sur ces entrefaites, Grégoire XV mourait : or, dans le conclave de 1623, l'Espagne ayant explicitement donné l'exclusion au cardinal Frédéric Borromée, archevêque de Milan, dont le zèle déployé pour la défense des prérogatives ecclésiastiques avait déplu à cette

---

(1) « Nous Robert, cardinal Bellarmin, nous étant assuré que le seigneur Galilée a été calomnié, qu'on lui a imputé d'avoir fait une abjuration entre nos mains, et d'avoir été condamné à une salutaire pénitence, après informations prises, affirmons, conformément à la vérité, que ledit seigneur Galilée n'a fait aucune espèce d'abjuration, ni entre nos mains, ni entre celles de qui que ce soit ; qu'il n'a été soumis à aucune pénitence salutaire, du moins à notre connaissance, ni à Rome, ni ailleurs, pour aucune de ses opinions ou doctrines ; qu'on lui a seulement fait part de la déclaration de notre Saint Père, publiée par la Congrégation de l'Index, aux termes de laquelle la doctrine attribuée à Copernic, — qui veut que la terre tourne autour du soleil et que le soleil occupe le centre du monde sans se mouvoir de l'orient à l'occident, — est contraire à la sainte Écriture et qu'en conséquence il n'est permis, ni de la défendre, ni de la soutenir. En foi de quoi nous avons écrit et signé la présente de notre propre main, ce 26 mai 1616. ROBERT, cardinal BELLARMIN. »

Il n'est pas inutile de rappeler que l'ouvrage de Bellarmin lui-même, *De Romano pontifice*, fut mis à l'Index, puis déclaré irréprochable. L'Église n'a jamais considéré comme infaillibles les décrets des Congrégations.

puissance, l'élu fut le Florentin Mathieu Barberini, qui
prit le nom d'Urbain VIII. Homme du monde, enrichi
dans le commerce, il avait acquis la pratique des choses
diplomatiques, grâce à ses dispositions naturelles, comme
aussi par l'étude du droit et par ses relations avec les ha-
biles d'ici-bas. Nonce en France, il avait achevé de s'iden-
tifier avec la science de la politique, car dès cette époque
toutes les affaires d'Europe se traitaient à Paris. Élevé au
pontificat dans toute la fraîcheur de l'âge, d'une taille d'a-
thlète, brun, d'un aspect imposant, élégant dans son vêtement, gracieux dans sa démarche, de manières aris-
tocratiques, il parlait bien, et pouvait parler sur tout;
fin à l'attaque, prompt à la riposte, il aimait l'esprit et
les bons mots plus que sa dignité ne le comportait, et
plus surtout qu'on n'aurait dû l'attendre de sa conduite,
absolument irréprochable : il poursuivait de ses amères
plaisanteries et même de sa colère quiconque le contredisait, mais sa mauvaise humeur était de peu de durée.
Poëte lui-même, il goûtait fort les poëtes modernes, sans
que ce passe-temps nuisît à des études plus sévères. Il fit
venir d'Allemagne à sa cour les savants Luc Holstenius et
Abraham Eikellens, d'Orient Léon Allacci, outre la fleur des
Italiens. Il interdit aux ecclésiastiques les trafics auxquels
peuvent se livrer les laïcs; il publia en l'améliorant le *Bré-*
viaire Romain, dont il corrigea lui-même les hymnes. Il
se défiait de son entourage, et avant tout des diplomates
et des cardinaux dévoués à tel ou tel prince : des paroles
ne lui suffisaient pas, il lui fallait des déclarations ex-
presses. Encore qu'il parlât avec un air de franchise qui
inspirait la confiance à ceux-là même qui croyaient à
peine possible la sincérité chez un prince, en réalité il
dissimulait ses propres pensées. Avec la haute opinion

qu'il avait de lui-même, il ne fallait lui parler ni de
consistoire ni de consulte; il voulait tout voir par
lui-même; il disait : « J'entends les affaires mieux que
tous les cardinaux. » Sans gêne pour désapprouver ses
prédécesseurs, lui faisait-on une objection tirée des
anciennes constitutions papales, il répondait : « La décision d'un pape vivant vaut mieux que celle de cent papes
morts. » Voulait-on lui faire adopter une idée, il fallait
lui en proposer une contraire. Il aima la paix, et pour
cause, il savait que le trésor était épuisé. Cependant il
fit plus que défendre ses États, il les rendit menaçants :
il leur annexa le duché d'Urbin; et si on lui montrait
les monuments de marbre de ses prédécesseurs, il disait :
« Moi, j'en érigerai de fer. » Il assit le fort Urbin aux
portes de Bologne, fortifia Rome, fonda des manufactures
d'armes à Tivoli, établit des arsenaux et une garnison à
Civita Vecchia, qu'il déclara port franc, en sorte que les
Barbaresques venaient y vendre le butin fait sur les chrétiens. Il chercha à contenir la maison d'Autriche et celle
de Savoie pour conserver à l'Italie sa liberté, qui dépendait alors de l'équilibre entre les grandes puissances. Il
offrit sa médiation à la France et à l'Espagne : toute l'Europe invoquait son arbitrage; mais, loin de se mettre glo-
rieusement à la hauteur d'un si beau rôle, il se perdait en
vains discours avec les ambassadeurs, dissertait au lieu de
conclure, et se déterminait pour le oui ou pour le non par
caprice, point par réflexion. Toutefois, s'il se montra faible
dans les affaires temporelles, il était inébranlable lorsqu'il
s'agissait d'affaires spirituelles. De Saint-Benoît de Poli-
rone, près de Mantoue, il fit transporter au Vatican
les restes de la comtesse Mathilde, qu'il plaça dans un
mausolée sur lequel figurait Henri V aux pieds de Gré-

Etant encore revêtu de la pourpre, il avait écrit à Galilée, le 15 juin 1612, qu'il lirait ses livres « pour me confirmer dans mon opinion, qui concorde avec la vôtre, et admirer avec tous le fruit de votre rare intelligence » ; il fit des vers à sa louange. Devenu pape, il le recommanda chaudement au Grand-Duc (C), et lui assigna une pension, à lui ainsi qu'à son fils Vincent. Il accepta la dédicace de son *Saggiatore*, imprimé par les *Lincei*, et l'engagea à venir le trouver, ce que Galilée fit au printemps de l'année 1624, époque à laquelle il s'entretint longuement avec le pontife de ses théories astronomiques. Dans l'intervalle, Galilée avait écrit sur les taches du soleil et sur le flux et le reflux. En adressant son travail au Grand-Duc, il lui rappelle la défense qui lui a été faite. Il ajoute que, malgré cette défense, il avait raisonné, dans son dernier ouvrage, d'après la thèse du mouvement de la terre; mais il prie de considérer cette hypothèse « comme une poésie ou comme un songe ; cependant, de même que les poëtes tiennent parfois à certaines de leurs créations, de même je fais quelque estime de mes innovations ».

En réalité il ne cessait de discuter, de tourner en ridicule ses contradicteurs, et de citer à tout bout de champ Job, Josué et les Saints Pères : ses disciples allaient encore plus loin que lui. Puis, en 1632, avec l'approbation du maître du sacré palais, approbation qu'il avait sinon surprise, du moins arrachée au moyen des artifices connus de ceux qui se disputent avec la censure, il publia le *Dialogue sur les deux principaux systèmes du monde, celui de Ptolémée et celui de Copernic*, critique victorieuse des anciens systèmes de philosophie naturelle. Cet ouvrage n'était pas terminé, que déjà il proposait une seconde

Galilée donne de nouveau prise aux accusations.

joute, « pour réfuter, par une méthode plus efficace que
« Dieu dans sa miséricorde m'inspirera, l'opinion fausse et
« condamnée. » Pendant que les savants dans son livre no-
taient des explications fausses ou tout au moins boiteuses,
les envieux murmuraient aux oreilles d'Urbain VIII que
Galilée, après avoir été traité avec tant d'humanité, avait
non-seulement manqué à sa promesse de ne plus s'occuper
de cette matière, mais encore qu'il l'avait dans ce *Dialogue*
représenté, lui pape, sous les traits du grotesque péripa-
téticien Simplicius, et mis en scène précisément les entretiens qu'il avait eus lui-même à ce sujet avec le pontife.
Urbain, qui avait les passions de l'homme et du lettré, fut
piqué de ce trait, vrai ou supposé : il renvoya le livre à l'examen d'une commission de cardinaux, et ceux-ci le remirent à l'Inquisition, pour qu'elle décidât dans quel sens
Galilée continuait à soutenir ces opinions. Il fut alors cité
à Rome. L'accusé aurait pu passer soit à Venise, soit en
Hollande, où il aurait été accueilli à bras ouverts ; mais il
préféra se rendre à l'assignation.

Le procès de Galilée fut publié par le cardinal Marini :
un extrait en a été donné par Alberi dans le tome IX
des œuvres de Galilée. Quoi qu'il en soit, Biot a débarrassé
l'histoire d'un mensonge et d'une absurdité relative
aux sévices dont le grand homme aurait été l'objet ; Perchappe, Bertrand, Ernest Renan [1] (pour ne pas parler

---

* (1) *Galilée*, par le Dr PERCHAPPE, 1865.
Les fondateurs de l'astronomie, par Joseph BERTRAND.
La lettre de Galilée au père Ranieri, où l'astronome raconte son
procès tout au long, et qui a été donnée comme authentique par Tiraboschi, fut inventée par le duc Gaétan pour se moquer de lui, Tiraboschi. Lorsque Rome fut envahi par les Français en 1809, les spolia-
teurs n'eurent rien de plus pressé que de mettre la main sur le procès
de Galilée. Il fut porté à Paris, et lorsqu'en 1814 Pie VII recouvra les

de Libri), se sont évertués à relever cette accusation, en disant que le dossier s'étant trouvé entre les mains d'ecclésiastiques, ceux-ci avaient pu faire disparaître toute trace de torture. C'est là un sot argument vis-à-vis de personnes qui ne se faisaient aucun scrupule de la torture; c'est de plus un argument étrange, au moyen duquel on pourrait infirmer l'authenticité de tous actes et de toutes accusations quelconques. Toutefois, nous voulons laisser de côté le procès et citer les lettres et les informations que le ministre du Grand-Duc à Rome adressait à ses princes, chauds partisans de Galilée. Les voici :

1632, 24 *août*. J'apprends d'un ami qu'on a la pensée non de défendre le livre, mais de faire adoucir quelques expressions.

5 *septembre*. Sa Sainteté est entrée dans une grande colère, et s'est écriée que Galilée lui-même avait eu l'audace de pénétrer là où il ne devait pas mettre les pieds, d'aborder les questions les plus graves et les plus dangereuses que l'on puisse soulever en ces temps-ci...; qu'Elle avait nommé une congrégation composée de théologiens et autres personnes versées dans différentes sciences, tous d'une situation considérable et d'un caractère vertueux, qui pèseraient scrupuleusement chacune des paroles de l'auteur, car il s'agissait de l'affaire la plus criminelle que l'on eût jamais eu à traiter. Elle se plaignit de nouveau d'avoir été jouée par Galilée et par Ciampoli..., ajoutant qu'elle avait usé de toute espèce de ménagements, parce qu'elle devait à ce maître tout ce qu'elle savait. Elle n'avait pas remis sa cause à la congrégation de l'Inquisition, comme elle le devait, mais qu'elle l'avait confiée à une congrégation particulière, tout nouvellement créée...

archives de la sacrée Congrégation, on ne le rendit pas, sous prétexte qu'il était brûlé ou qu'il était perdu dans cet océan de papiers. Ce ne fut que Grégoire XVI qui pût le ravoir; Pie IX le confia à monseigneur Marini, qui avait pris tant de peine pour le recouvrer. A son retour de Gaëte, en 1850, le pape en fit don aux archives du Vatican; monseigneur Marini l'a publié sous le titre de *Galilée et l'Inquisition* (Rome, 1850). Il y a compris le procès de 1615.

11 *septembre*. Le pape tient la main à cette affaire, car il estime
que la foi court de grands dangers : ce n'est plus de mathématiques qu'il s'agit ici, mais de l'Ecriture sainte, de la religion et
de la foi, attendu qu'on n'a pas observé pour l'impression de l'ouvrage l'ordre et le mode prescrits...

26 *décembre*. Galilée sera certainement renfermé dans un appartement, et mis en demeure ou de se dédire, ou d'écrire le contraire de ce qu'il a publié...

Qu'on nous permette de faire remarquer combien la
microscopique Toscane, peuplée d'un million d'habitants
à peine, pesait dans la balance de l'Europe, combien elle
était recherchée par toutes les cours. Elle trafiquait avec
l'Amérique et les Indes orientales, créait dans la Méditerranée une flotte avec laquelle elle enlevait Bone aux
Barbaresques, et remportait sur les Turcs des victoires
célébrées par les hymnes de Chiabrera et de Filicaja.

Informations de Niccolini. Son ministre Niccolini, très-écouté à Rome', tenait soigneusement le Grand-Duc au courant de tout ce qui s'y
passait. « La difficulté, faisait-il observer, consiste en ce
« que Galilée, tout en déclarant vouloir traiter hypothéti-
« quement du mouvement de la terre, argumente, parle
« et discourt d'une manière affirmative et concluante; il
« a contrevenu à l'ordre à lui donné en 1616 par le car-
« dinal Bellarmin au nom de la Congrégation de l'Index[2].
« On se plaint à tout propos de ce qu'il s'obstine à
« trancher du théologien : il résiste à des amis qui lui
« conseillent de s'en aller et d'éviter la lutte. »

Cité à comparaître, Galilée tarda cinq mois : il mit
vingt-cinq jours à faire le voyage de Sienne à Rome. Lorsqu'il fut arrivé, le 13 mars, Niccolini écrivit à son maître :

(1) Lettre du 27 février 1633. Nous empruntons cette citation aux
Lettere inedite degli uomini illustri, publiées par Fabroni, vol. II,
page 272 et suivantes.

Le pape m'a fait savoir que Galilée lui avait causé un plaisir singulier; qu'il n'en avait pas agi à son égard, comme à l'égard de tous autres, en lui permettant de vivre dans ma maison, au lieu de le faire enfermer dans les prisons du Saint-Office... Un seigneur de la maison de Gonzague avait non-seulement été placé dans une litière, escorté jusqu'à Rome, mais confiné dans une forteresse, et retenu captif jusqu'à la terminaison de son procès... Le cardinal Barberino a dit qu'il le tenait pour un homme remarquable, mais que sa cause était très-délicate, attendu que l'on pouvait introduire quelque dogme fantastique dans le monde, et particulièrement à Florence, où les esprits sont très-subtils et très-curieux...

Sa Sainteté m'a dit qu'elle ne croyait pas pouvoir le dispenser de comparaître devant le Saint-Office, lors de l'examen de la cause, conformément à l'usage. J'exprimai l'espoir que Sa Sainteté voudrait mettre le comble à ses bienfaits en l'exemptant de cette formalité, mais elle me répondit qu'elle ne croyait pas pouvoir faire moins...; qu'elle implorait l'indulgence divine pour la persistance avec laquelle il revenait sur ces matières, où il est question de doctrines nouvelles et de la sainte Écriture; que le mieux est de s'en tenir à l'opinion commune; qu'il y a un argument auquel jamais personne n'a pu répondre, à savoir, que Dieu est tout-puissant, et s'il peut tout faire, pourquoi voulons-nous le soumettre à la nécessité[1]. Sa Sainteté a conclu en me disant qu'elle lui ferait donner certaines chambres, les meilleures et les plus commodes de cet endroit.

16 *avril*. Lorsqu'il y fut transféré, le cardinal Barberino m'offrit pour lui toutes les commodités désirables, et m'assura qu'il ne serait point traité en prisonnier, qu'on ne le mettrait point au secret, qu'on lui donnerait un appartement commode, et dont peut-être les portes seraient ouvertes... J'avise à ce qu'il ait un serviteur et toutes ses aises.

Le père commissaire du Saint-Office l'a reçu avec de grands témoignages de bienveillance, et lui a fait assigner pour demeure

---

(1) Il était facile de répondre que si Dieu est tout-puissant, il peut aussi faire que la terre tourne autour du soleil. Lorsque j'exposais les preuves à l'aide desquelles les géologues établissent l'antiquité de la terre, Charles Troya, l'illustre historien, me répondait que Dieu a pu créer les os fossiles, les stratifications bouleversées, les roches métamorphosées, de la même manière qu'il a créé les vieilles plantes.

non les chambres qu'on donne aux prévenus, mais le propre
appartement de l'avocat fiscal, en sorte que non-seulement il vit
au milieu des employés, mais que toutes les portes lui sont ouvertes, et qu'il peut descendre jusque dans la cour... On pense
que l'affaire sera vite expédiée, car on a procédé d'une manière
insolite et très-amiablement..., tandis que l'on sait que des évêques, prélats ou gens titrés, à peine arrivés à Rome, ont été mis
au Château, ou dans le palais de l'Inquisition, gardés avec rigueur
et mis à l'étroit. On lui permet même que son propre domestique le serve et dorme dans son appartement; et, ce qui est
mieux encore, d'aller et venir où il lui plaît, que mes domestiques lui portent ses repas et s'en reviennent chez moi matin et
soir...

25 *avril.* Galilée m'écrit tous les jours... je lui réponds, et je lui
exprime librement ma manière de voir, sans qu'on ait l'air de s'en
apercevoir.

1ᵉʳ *mai* Galilée a été renvoyé hier, chez moi, alors que je ne
l'attendais nullement, *et bien que l'examen de sa cause ne fût pas
terminé,* grâce aux démarches faites par le père commissaire
auprès du cardinal Barberini. De son propre mouvement, et sans
en référer à la congrégation de l'Index, il l'a fait mettre en liberté,
pour qu'il pût réparer ses forces et se guérir des indispositions
ordinaires auxquelles il est sujet.

3 *mai.* On a laissé rentrer Galilée dans ma maison : il paraît
qu'il y est retourné dans un meilleur état de santé. Et comme il
désire qu'on termine son procès, le père commissaire du Saint-
Office lui a fait savoir indirectement qu'il pourrait venir le voir à
cette fin...

22 *mai.* J'ai parlé à Sa Sainteté de l'expédition de la cause de
Galilée : on m'a donné à espérer que cela se conclurait à huitaine, dans la seconde congrégation de jeudi. Je crois fort que
son livre sera prohibé, à moins qu'il n'aille à l'encontre en en
faisant spontanément l'apologie, ainsi que je le proposais à Sa
Sainteté. Il n'échappera pas non plus à quelque pénitence salutaire, attendu qu'il aurait transgressé les ordres à lui donnés en
1616 par le cardinal Bellarmin, à propos de cette même thèse du
mouvement de la terre. Je ne lui ai encore rien dit, ayant l'intention, *pour ne pas l'affliger,* de le préparer peu à peu à la sentence...

18 *juin.* J'ai fait de nouvelles instances pour la prompte expédition de l'affaire du seigneur Galilée. Sa Sainteté m'a affirmé
qu'elle était jugée, et que la semaine prochaine *il serait appelé un*

matin au Saint-Office pour entendre le jugement... Le Saint-Père a ajouté qu'on avait témoigné à Galilée toute la bienveillance possible, à cause du Grand-Duc, mais que, quant au fond de la cause, on ne pourrait faire moins que de condamner cette opinion comme erronée et contraire aux Écritures. Pour ce qui est de sa personne, il devrait, d'après la marche ordinaire, demeurer ici quelque temps en prison, pour avoir contrevenu aux ordres qui lui avaient été donnés en 1616 ; mais dès que le jugement aura été rendu public il me reverra et traitera avec moi de ce qu'il y aura moyen de faire pour qu'*il éprouve le moins de désagréments possible*... Toutefois, ne pourra-t-on faire moins que de le reléguer dans quelque couvent, comme à Santa-Croce, pour quelque temps... Je n'ai parlé à Galilée que de la prochaine conclusion de son procès et de la condamnation du livre ; mais je ne lui ai rien dit de la peine qui lui sera personnellement infligée, *afin de ne pas le contrister*, et même Sa Sainteté m'a imposé de ne pas toucher à ce point, *pour qu'il ne s'en préoccupe pas encore*.....

26 *juin*. Le seigneur Galilée a été appelé lundi soir au Saint-Office, où il s'est rendu mardi matin pour savoir ce qu'on voulait de lui : on l'y a gardé, et mercredi on l'a conduit à la Minerve devant les prélats et les cardinaux de la congrégation [1], où non-seulement on lui a lu sa sentence, mais on lui a fait de plus abjurer son opinion. Le jugement contient prohibition de son livre, et condamnation à la détention dans les prisons du Saint-Office au gré de Sa Sainteté, pour le fait d'avoir enfreint la défense à lui faite, il y a seize ans, relativement à ce sujet. Seulement cette condamnation a été commuée par Sa Béatitude en une relégation dans les jardins de la Trinité-du-Mont, où je l'ai conduit vendredi soir, et où il se trouve à l'heure qu'il est pour attendre les effets de la clémence de Sa Sainteté.

3 *juillet*. Sa Sainteté m'a dit que bien qu'il fût un peu tôt pour diminuer sa peine elle s'était néanmoins contentée de lui assigner d'abord le jardin du Grand-Duc, et que maintenant il pouvait se rendre jusqu'à Sienne, pour y séjourner dans tel couvent que bon lui semblerait, ou bien dans le palais de monseigneur l'archevêque. Elle se propose de lui permettre dans quelque temps de se rendre à la Chartreuse de Florence. »

----

(1) La sentence fut lue, voile levé, dans la salle du Saint-Office, en présence des professeurs de mathématique et de physique.

Galilée lui-même écrivait le 23 juillet, de Sienne, au bailli Gioli :

« Je vous écris pour me soulagér du long *ennui* d'une captivité de plus de six mois, de la souffrance et de *l'affliction d'esprit* d'une année entière, pendant laquelle je n'ai pas été exempt des malaises et des *dangers* corporels. Tout cela m'a été infligé pour ces torts dont chacun me sait coupable, excepté ceux qui m'ont cru digne de ce châtiment et d'un 'plus grand encore. »

La
prétendue
torture
de Galilée.

Après cela, je ne sais quel front il faut aux sophistes pour supposer que sa personne a eu à endurer de mauvais traitements (D). Quant à la prison, épreuve qu'on infligea même aux cardinaux Pole, Morone et Carranza, elle lui fut épargnée [1], parce qu'il s'agissait non d'un point de foi, mais d'une question de mathématique. Et d'indignes enfants de l'Italie s'en vont supposer que la torture lui a été infligée en Italie !

Élisée Masini a jugé bon d'exposer en italien le *Sacro Arsenale*, ou *Pratica dell' ufficio della santa Inquisizione* (Bologne, 1675); tant l'on cherchait peu à tenir secrète la procédure de ce tribunal. Dans la sixième partie, où il arrive à parler de la torture, voici comment il s'exprime :
« Lorsque le prévenu a nié les délits qui lui sont opposés,
« et que ceux-ci ne sont pas entièrement prouvés, si dans
« le délai qui lui a été assigné pour établir sa défense il
« n'a rien trouvé à sa décharge, ou si, ayant présenté sa
« défense, il ne détruit pas les indices qui résultent contre
« lui de l'ensemble du procès, il faut, pour avoir la vérité,
« en venir contre lui à l'épreuve de la souffrance, car la
« torture a été établie précisément pour suppléer au dé-
« faut de témoignages, lorsque ceux-ci ne peuvent

(1) Lettre de Geri Bocchinieri du 16 avril 1633.

« prouver entièrement contre le coupable. » Puis il poursuit en démontrant que cette manière d'agir « n'est nul-
« lement contraire à la mansuétude et à la liberté ecclé-
« siastiques. »

Or, dans le cas de Galilée, aucune de ces circonstances
ne se réalisait. Masini dit encore : « Comme dans une af-
« faire aussi importante on peut facilement commettre
« une erreur, soit au préjudice de la justice, de manière
« que les délits restent impunis, soit au préjudice des
« prévenus, et alors le préjudice serait grave, irrépara-
« ble, il faut que l'Inquisition propose d'abord dans la
« Congrégation des consulteurs du Saint-Office le procès
« offensif et défensif, et se conduise toujours d'après leur
« avis mûrement étudié (E.). »

Puis, développant avec minutie les diverses procédures,
il exige pour chaque cas qui devait entraîner la torture le
consentement préalable de la sacrée Congrégation. Or, dans
le procès de Galilée, il est dit : *Judicavimus necesse esse
venire ad rigorosum examen tui, in quo respondisti catholice..* En admettant qu'il ait été question de la torture, elle
ne lui fut pas infligée, puisqu'il répondit *catholice.* Galilée
ne s'obstine pas : Proudhon disait, il n'y a pas longtemps,
qu'il aimait mieux Galilée à genoux qu'en prison. Le savant poussé à bout professe que « non-seulement il tient
« pour fausse l'opinion condamnée de Copernic, et pour
« très-vraie, très-indubitable l'opinion de Ptolémée, c'est-
« à-dire la fixité de la terre et la mobilité du soleil; »
mais dès le premier interrogatoire il fait la déclaration suivante : « Je n'ai pas tenu et je ne tiens pas pour
« vraie l'opinion condamnée du mouvement de la terre
« et de la fixité du soleil : si l'on m'accorde, comme j'en
« ai le désir, le temps et le moyen d'en faire une claire

« démonstration, je suis prêt à la faire, et je promets de
« reprendre les arguments déjà apportés (*pour le plaisir*
« *de subtiliser*, avait-t-il dit d'avance) en faveur de cette
« opinion fausse et condamnée, et de les réfuter aussi
« efficacement que Dieu m'en fera la grâce. »

Le grand homme a dû assez souffrir, en se voyant
obligé de renoncer à ses opinions devant des personnes
incompétentes et prévenues, car la persécution produisit
les effets immoraux qui toujours l'accompagnent, c'est
dire que les juges se déshonorèrent en s'arrogeant l'autorité de juger en des matières qui leur étaient étrangères; Galilée aussi se déshonora en abjurant des opinions dont il était convaincu, et en laissant croire par
cette faiblesse que la persécution dont il était l'objet avait
sa raison d'être.

Nous déplorons les erreurs des hommes; nous condamnons cette inimitié implacable des esprits médiocres
contre les grands génies, et l'incurable faiblesse des amis
contre l'activité des ennemis (F.), mais nous n'accusons pas
plus l'Église que nous n'exagérons les torts de l'Italie en
lui attribuant ce qui est le propre de la nature humaine.
Est-ce que le grand Kepler n'eut pas à souffrir davantage
encore, lui à qui dans sa patrie on donnait le rôle de
bouffon dans les farces et les comédies ? Newton, qui établit la loi universelle de la gravitation, fut non-seulement
combattu par Fontenelle, par Cassini, par Bernoulli, mais
il fut accusé de matérialisme par le grand Leibnitz, qui
trouvait ses principes funestes à la religion. Dans le cas
qui nous occupe, Rome sut respecter un grand homme dont
elle croyait devoir désapprouver les enseignements ; au
lieu que notre siècle a offert des exemples bien différents
dans des circonstances où la persécution n'était pas

Condamna-
tion
de Galilée.
Sa fin.

même justifiée par de profondes convictions. Galilée fut
condamné à la prison, mais « pour le temps que cela
plairait au pape » ; et Urbain VIII commua immédiatement cette peine en une relégation dans les jardins Médicis, situés sur le délicieux Monte Pincio. On y ajouta
l'obligation de réciter une fois par semaine les psaumes
de la pénitence ; mais de cela sa fille, sœur Marie-Céleste
s'en chargea, sa fille, dont les lettres écrites du couvent
de Saint-Mathieu d'Arcetri, affectueuses et parfumées
de piété, apparaissent comme un calme ruisseau au milieu de la fange de ce procès [1]. Galilée fut bientôt transféré
à Sienne, dans le palais de l'archevêque, un de ses grands
amis ; et dès que la peste eut cessé à Florence il fut renvoyé
à sa villa d'Arcetri, où il continua ses travaux jusqu'au
moment où il perdit la vue. Là, Galilée se plaisait dans la
société de plusieurs religieux ; d'autres étaient des amis
particuliers. Au premier rang figurait le père Bonaventure
Cavalieri [2]. Benoît Castelli lui écrivait, le 16 mars de l'année
1630 : « Le père Campanella, s'entretenant ces jours der-

(1) La fille de Galilée, nommée dans le monde Polyxène, et en religion
sœur Marie-Céleste, mourut le 5 avril 1634. J'ai extrait un récit touchant de ces lettres, dont un choix sagement fait a paru dans l'édition
d'Alberi : Arduini, lui, a été indiscret.

(2) Guillaume Libri, qui a de nos jours renouvelé et aigri toutes
les vulgarités débitées à propos du procès de Galilée, fait de Cavalieri un de ses ennemis les plus implacables et son plagiaire. Or
Galilée parle toujours de lui avec affection et respect ; le 26 juillet, il
écrit : « Je jouis depuis huit jours de la douce conversation du T.
R. père Bonaventure Cavalieri, alter Archimedes. » Le 16 août :
« Le père mathématicien de Bologne est vraiment une intelligence
admirable. » Et le 18 octobre, au père Micanzio : « J'éprouve une
très-grande consolation de la satisfaction que vous (il s'agit du père
Micanzio) témoignez de me voir entretenir une correspondance affectueuse avec le père mathématicien de Bologne. »

Or, comment Libri s'est-il trompé ou pourquoi s'est-il trompé ?

Cavalieri était religieux Jésuate, et il l'a pris pour un Jésuite : inde iræ.

« niers avec notre Saint-Père,'il en vint à lui dire qu'il avait
« sous la main plusieurs gentilshommes allemands qu'il
« espérait convertir à la foi catholique; qu'ils étaient
« assez bien disposés; mais, qu'ayant appris la condam-
« nation du système de Copernic, ils avaient été scanda-
« lisés outre mesure, sans qu'il dépendît de lui d'empê-
« cher ce mal; notre Saint-Père répondit exactement les
« paroles suivantes : *Ce n'a jamais été notre intention, et*
« *si la chose n'eût dépendu que de nous, ce décret n'au-*
« *rait jamais été rendu* [1]. » Cela veut dire que le pape était
strict observateur de la loi, et respectait l'indépendance
des tribunaux, comme cela se pratique dans tout gouvernement bien constitué. Galilée lui-même écrivait d'Arcetri, le 26 juillet 1636, au père Fulgence Micanzio, l'ami
de frà Paolo Sarpi : « On m'apprend de Rome que l'é-
« minentissime cardinal Antonio et l'ambassadeur de
« France ont parlé à Sa Sainteté, et ont cherché à démon-
« trer, pour me justifier, que je n'avais pas eu la pensée
« de commettre l'acte coupable de vilipender sa personne,
« ainsi que mes ennemis pervers le lui ont persuadé; CE
« QUI A ÉTÉ LA CAUSE DE TOUTES MES SOUFFRANCES. A cette jus-
« tification le pape aurait répondu : *Nous le croyons, nous*
« *le croyons,* ajoutant que néanmoins la lecture de mon
« *Dialogue* était pernicieux à la chrétienté. » Disons encore que le cardinal Caiétan avait chargé Campanella
d'écrire l'apologie de Galilée, et que lorsqu'il était près
de mourir saint Joseph de Calasanzio lui envoya un de
ses prêtres pour l'assister. Après sa mort, ses restes furent
déposés dans l'église de Santa-Croce.

Il est de l'essence de l'injustice de ne pouvoir être ré-

---

(1) La Lettre se trouve dans le tome IX, p. 196, des *OEuvres de Galilée*,
édition de Florence.

parce que difficilement : on n'aime pas à revenir sur la chose jugée, confesser ses torts, parce que cela revient à mortifier son amour-propre. C'est pour ce motif que les livres de Galilée et tous ceux qui soutenaient le système de Copernic demeurèrent à l'Index, *donec corrigantur*, si bien qu'en 1748 le célèbre météorologiste Toaldo, ayant trouvé à l'université de Padoue le dialogue de Galilée *sur le système de Copernic*, il le fit imprimer, mais en plaçant au début de l'ouvrage la protestation où l'auteur déclare que le mouvement de la terre ne pouvait se soutenir que comme hypothèse, en corrigeant les passages où cette doctrine était donnée comme un théorème absolu, et en y joignant la dissertation de Dom Calmet, où les textes de l'Écriture sont conciliés avec la science dans un sens catholique [1]. En 1820 on traitait librement dans les écoles romaines du mouvement de la terre, et non plus sous forme d'hypothèse; puis cette tache disparut de l'Index, où l'on devait d'autant moins s'attendre à la voir, que Rome et les ordres religieux ont donné et donnent encore tant d'astronomes distingués, tant d'appui à la science céleste.

Ne taisons pas que la preuve du mouvement de la terre, établie au moyen des indices physiques, c'est-à-dire la déviation progressive du plan d'oscillation d'un pendule suspendu à un point fixe, n'a été mise en

---

(1) On a fait grand' montre du *Sta sol contra Gabaon*. Or, même dans les hypothèses les plus généralement acceptées, le soleil se meut en même temps que les autres soleils, probablement dans cette grande nébuleuse qui s'appelle la voie lactée. Si le soleil s'arrêtait, les planètes et les satellites de son système s'arrêteraient également, et par conséquent la terre et la lune. Cela ne ferait-il pas disparaître la contradiction, l'impossibilité que les astronomes voient dans le miracle de l'arrêt de la terre et de la lune seulement?

lumière que de nos jours, par Foucault. Mais à voir
l'obstination avec laquelle on nous jette sans cesse à la
face cette erreur, on serait conduit à dire qu'il n'en a pas
été commis d'autres. Est-ce que, du reste, un jugement
erroné du tribunal civil infirme la loi ou les institutions
juridiques? Ici c'est un tribunal ecclésiastique, et non le
pape, qui s'est trompé : et d'ailleurs eût-ce été le pape, il
ne prononçait pas *ex cathedra*. L'Église a soin de distinguer les jugements absolus sur les vérités de la foi et de
la morale de ceux qui concernent uniquement la discipline. Le fidèle soumet entièrement sa raison aux premiers;
il a du respect pour les autres, mais il ne se croit pas
obligé de les regarder comme article de foi. Enfin, avec ce
mélange de biens et de maux qui se partagent la terre,
de vérités éternelles et de vérités contingentes, il en est
qui sont périlleuses eu égard aux temps, ou qu'on ne
veut pas accepter à l'aveugle, par cela seul qu'elles sont
discutées : en bonne justice, peut-on accuser l'autorité
protectrice qui veille sur elles ?

Stenon.   Et puisque nous nous occupons dans ce Discours de
grands hommes, rappelons la conversion d'un étranger
illustre. Nicolas Stenon, de Copenhague, naturaliste distingué, visita Rome et l'Italie, où les discours de personnes savantes l'amenèrent à douter de la religion
protestante, dans laquelle il avait été élevé. Venu à Florence en 1666, les instances de Viviani obtinrent du
Grand-Duc sa nomination comme précepteur du prince
Ferdinand, « m'ordonnant, dans les termes les plus précis
(c'est Stenon lui-même qui écrit), de lui enseigner la philosophie chrétienne ; et lorsque j'eus commencé à mettre
ses ordres à exécution, il me dit une autre fois de lui
faire comprendre qu'il y avait un prince au-dessus de tous

les princes, à l'autorité duquel les autres sont soumis. »

Il se rendait souvent au couvent d'Annalena pour y acheter des pommades et de menus objets : or, une des religieuses, sœur Marie Flavie del Nero [1], lorsqu'elle sut qu'il était hérétique, lui avait dit qu'il ne pourrait être sauvé ; il se mettait à raisonner sur l'âme avec elle ; il récitait l'Ave, Maria, mais pas tout entier, ne pouvant se résoudre à croire à l'intercession de la Bienheureuse Vierge et des saints : il s'abstenait toutefois de l'usage de la viande le vendredi et le samedi, et visitait les églises d'après le conseil de la pieuse sœur, qui le mit en correspondance avec de savants religieux. Il était néanmoins toujours retenu par la crainte de paraître apostat : ce qui lui plaisait davantage c'était d'entendre la sœur parler de Notre Seigneur Jésus-Christ et en parler avec le cœur, comme savent le faire les femmes. Il était aidé dans l'œuvre de sa conversion par la noble dame Arnolfini, femme de l'ambassadeur de Lucques : enfin, après de longs combats et une étude sérieuse des saints Pères, il abjura.

Mais laissons le parler lui-même, il écrit en ces termes à l'ambassadeur Arnolfini :

Sa conversion.

« Lors du dernier voyage que fit à Lucques la cour que j'ai l'honneur de servir, j'ai promis à Votre Seigneurie de lui expliquer par lettre les raisons qui m'avaient engagé à abandonner la croyance luthérienne à laquelle j'étais très-attaché, et à embrasser la foi catholique romaine, que j'abhorrais si profondément auparavant. J'ai longtemps tardé d'accomplir ce devoir, parce que je me croyais obligé de vous exposer tout ce qui se rattache à ce grand événement. Une telle entreprise exi-

---

(1) Elle fait elle-même ce récit dans une lettre qui figure parmi les lettres inédites et qu'a publiées Fabbroni.

gerait plutôt des volumes qu'une lettre : et cette pensée a
retenu ma plume plus longtemps que je ne l'eusse désiré. Enfin, pour être aussi court que possible, j'ai résolu de me borner à un seul article, à celui sur lequel
Dieu m'a donné les premières impulsions pour chercher
sincèrement la vérité de ce qu'il avait révélé à son Église,
et que nous devons croire avec une foi divine, non sujette
à l'erreur. Une fois certain de la vérité du point dont je
vous parlerai, je n'eus plus de doute que j'étais tenu à
abandonner la croyance luthérienne, car du moment où
une religion se trompe sur un point essentiel, il est certain qu'elle ne peut venir de Dieu qui, à cause de son
infinie sagesse, est incapable d'erreur, et qui, à cause de
sa souveraine véracité, est incapable de mentir dans ce
qu'il dit, et de nous tromper par ses paroles ; d'où il suit
qu'il faut traiter de pure invention des hommes toute
secte qui s'éloigne de ce que nous savons avoir été révélé par Dieu à son Église. Et, bien que je me restreigne à
un seul point dans la présente lettre, il ne me sera pas
difficile de rendre raison des autres sur lesquels il plairait
à Votre Seigneurie de m'interroger.

« Je me trouvais à Livourne en même temps que vous,
au moment de la solennité du *Corpus Domini :* or, en
voyant porter en procession cette hostie avec tant de
pompe à travers la ville, je sentis s'éveiller dans mon esprit l'argument que voici : ou cette hostie est un simple
morceau de pain, et ceux qui lui rendent de si grands
honneurs sont des insensés ; ou bien, là est réellement
contenu le corps de Jésus-Christ, et alors pourquoi ne
l'honorerais-je pas ? A cette pensée qui traversa mon âme, je
ne pouvais d'un côté me déterminer à croire dans l'erreur
une partie aussi considérable du monde chrétien que l'est

celle formée par les catholiques romains, qui comptent
dans leurs rangs nombre d'hommes éclairés et savants ;
d'un autre côté, je ne voulais pas condamner la croyance
dans laquelle j'étais né et avais été élevé. Et cependant,
il fallait m'arrêter à l'une ou à l'autre de ces alternatives,
car il est également impossible de concilier deux propositions contradictoires, et de réputer vraie une religion
qui, dans un point aussi essentiel de la foi chrétienne,
se tromperait et induirait en erreur ceux qui la suivent.

« Dans cette disposition d'esprit, je vins à Florence pour
y demeurer quelque temps, et consacrer mes loisirs à apprendre l'italien dans une ville dont les habitants ont la
réputation de le parler avec pureté ; je devais ensuite poursuivre mon voyage à travers l'Italie, et visiter ses autres
villes principales. Là, pour calmer l'incertitude de mon esprit, préoccupé du mystère de l'Eucharistie, je m'appliquai
tout entier à rechercher le vrai, espérant que Dieu ou-
vrirait mon âme à la lumière de la vérité que je pour-
suivais dans toute la sincérité de mon cœur, bien que
l'éducation reçue dès ma naissance me fît violence en faveur de la croyance luthérienne, et m'excitât à protester en conservant mes anciennes opinions. Non content de discuter sur ces matières avec des personnes
instruites, telles qu'en fournît en grand nombre le catholicisme, il serait inutile de le nier, je voulus à mon aise
étudier les textes originaux de l'Écriture et des anciens
Pères ; je variai ces études, que je fis particulièrement à
une célèbre bibliothèque de manuscrits grecs et hébreux,
dans le but, tout en ne m'en remettant pas sans autre
examen aux versions latines, d'arriver à trouver celles-ci
d'accord avec les originaux des deux langues que je pos-
sédais déjà. Enfin, après force conférences, force lectures,

après un mûr examen et une comparaison sérieuse de tout ce que j'entendais et de tout ce que je lisais, je ne pus que demeurer convaincu de la vérité professée par les catholiques romains et de l'erreur dans laquelle vivent les luthériens abusés. La même chose arrivera à tout luthérien qui se mettra sincèrement à chercher la vérité, puisque Dieu ne négligera jamais d'éclairer ceux qui cherchent la vraie foi d'un cœur sincère, comme je l'ai éprouvé pour moi-même de sa bonté.

« Et puisque la foi divine (car telle est la nature de celle en vertu de laquelle on croit en la véritable Église de Jésus-Christ), doit être fondée sur la parole divine, voilà comment, appuyé sur ce fondement, je suis arrivé à la conviction ferme de trois vérités qui sont les vérités essentielles relativement au mystère de l'Eucharistie, lequel a tout d'abord fait naître mes premiers doutes, ainsi que je l'ai déjà dit à Votre Seigneurie.

« La première est qu'en vertu des paroles de la consécration, par la toute-puissance de Jésus-Christ Notre-Seigneur, qui a institué le sacrement de l'Eucharistie, le pain est substantiellement changé en son corps et le vin en son sang ;

« La deuxième, que le corps de Jésus-Christ se trouve non-seulement dans le pain consacré, au moment où l'on reçoit le sacrement, et jusqu'à l'instant de la communion, mais plus tard, et en dehors de l'usage actuel, la même chose doit s'entendre du sang par rapport au vin consacré dans lequel il se conserve ;

« La troisième, que ce n'est point aller contre l'Écriture, ou la parole de Dieu, que d'administrer le sacrement de l'Eucharistie sous une seule espèce, qui est celle du pain : c'est même un rite très-convenable.

« Pour être clair, je commencerai par la première vérité. Elle est clairement exposée dans l'Évangile de saint
Jean, au chap. VI, où on lit ces paroles de Jésus-Christ,
disant de lui-même : *Panis quem ego dedero, caro mea est
pro mundi vita ;* et plus loin, dans le même chapitre, le
Sauveur dit encore : *Caro mea vere est cibus, et sanguis
meus vere est potus.* Saint Mathieu, en rapportant, au
chap. XXVI, l'institution de ce divin sacrement, s'exprime
en ces termes : *Cœnantibus autem eis, accepit Jesus panem, et
benedixit ac fregit, deditque discipulis suis, et ait : Accipite et
comedite; hoc est Corpus meum. Et accipiens calicem, gratias egit, et dedit illis, dicens : Bibite ex hoc omnes ; hic est
enim sanguis meus novi testamenti, qui pro multis effundetur in remissionem peccatorum.* Saint Marc tient le même
langage au chap. XIV : *Et manducantibus illis, accepit Jesus
panem, et benedicens fregit, et dedit eis, et ait : Sumite; hoc
est Corpus meum. Et accepto calice, gratias agens dedit eis,
et biberunt ex illo omnes, et ait illis : Hic est sanguis
meus novi testamenti, qui pro multis effundetur.* Saint Luc
fait de même au chapitre XXII de son Évangile : *Et accepto
pane, gratias egit, et fregit et dedit eis dicens : Hoc est Corpus meum quod pro vobis datur. Similiter et calicem, postquam cœnavit dicens : Hic est calix novum testamentum in
sanguine meo, qui pro vobis fundetur.* Enfin l'apôtre saint
Paul, dans sa 1ʳᵉ épître aux Corinthiens, chap. XI, parle
de la manière suivante : *Ego enim accepi a Domino, quod
et tradidi vobis, quoniam Dominus Jesus in qua nocte tra-
debatur accepit panem, et gratias agens fregit, et dixit :
Accipite et manducate, hoc est corpus meum quod pro vobis
tradetur : hoc facite in meam commemorationem. Similiter et
calicem, postquam cœnavit dicens : Hic calix novum testamentum est in meo sanguine.* Puis il ajoute : *Itaque qui-*

cumque manducaverit panem hunc, vel biberit calicem Do-
mini indigne, reus erit corporis et sanguinis Domini.

« C'est sur ces textes si clairs de l'Écriture que les catholiques fondent leur doctrine et leur indubitable
croyance relativement à la présence réelle du corps de
Jésus-Christ sous l'espèce du pain, et de son sang sous
l'espèce du vin, et l'on ne peut dire autrement, sans faire
une violence manifeste au sens très-clair des textes,
comme l'ont fait du reste les sacramentaires, les zwingliens, les calvinistes et autres qui, contrairement à la
vérité, ont enseigné que ces textes parlent métaphorique-
ment et au figuré ; en sorte qu'il faudrait entendre que
le pain est une figure du corps de Jésus-Christ, et le vin
une figure de son sang. Nul, s'il est sincère, ne pourra voir
un pareil sens dans ces propositions évidentes en elles-
mêmes ; et, à défaut d'autre chose, la fausseté d'une telle
explication ressort de ce qu'il est dit du corps *quod pro*
vobis tradetur, et du sang *qui pro vobis, qui pro multis ef-*
fundetur ; car ce n'est pas la figure de Jésus-Christ, ce
sont son vrai sang et son véritable corps qui ont été, l'un
répandu, et l'autre donné, sur la croix pour la rédemption
du genre humain et la rémission de nos péchés. De plus,
comment accorder avec ces interprétations ces autres
paroles de saint Jean : *Panis quem ego dedero, caro mea est*
pro mundi vita ; caro mea vere est cibus, et sanguis meus vere
est potus? En admettant une pareille interprétation, comment le Seigneur pouvait-il dire que le pain qu'il donnerait est sa chair, et que sa chair et son sang sont une
vraie nourriture, un vrai breuvage, si tout se réduit à
une figure, à un signe, à un symbole ?

« Les catholiques romains fondent encore sur les mêmes
textes cette autre vérité qu'en vertu de la consécration, la

substance du pain et du vin disparaissent, et est remplacée
par le corps et le sang de Jésus-Christ, qui n'en conservent que les apparences. Luther a varié sur ce point,
comme on peut le voir dans ses écrits adressés, aux habitants de Strasbourg, aux Vaudois et autres, se mettant
ainsi en désaccord avec lui-même. Ses premiers disciples ont enseigné, et les sectateurs de leur doctrine
croient et enseignent, comme eux, qu'au moment où l'on
reçoit le sacrement le corps et le sang de Jésus-Christ
sont réellement présents, mais en même temps que le
pain et le vin, et en union avec eux; chose que les catholiques ont constamment niée, et qu'ils prouvent très-na-
turellement à l'aide des textes ci-dessus, si, au lieu de subtiliser et d'interpréter capricieusement la parole de Dieu,
on la prend suivant son sens vrai et direct. En écartant
le sens mystique ou figuré des sacramentaires et de leurs
partisans, réfutés non-seulement par les catholiques, mais
par les luthériens eux-mêmes, comment pourrait se vérifier cette parole de Jésus-Christ : *Le pain que je vous
donnerai est ma chair, ceci est mon corps, ceci est mon sang,*
si le pain qu'il tenait entre les mains était resté pain, et
le vin qui était dans le calice était resté vin? Il était nécessaire, pour que les paroles du Sauveur eussent du
sens, que le pain fût réellement son corps, et le vin
réellement son sang; le pain restant pain, et le vin restant vin, il y aurait eu contradiction et impossibilité.
Donc, le sens naturel et légitime de ces textes est celui
donné par les catholiques, d'après lequel, les propositions ci-dessus de la sainte Écriture expriment le
changement réel du pain au corps et du vin au sang de
Jésus-Christ; en sorte que le sens véritable est celui-ci :
Ce que je vous donne sous l'espèce ou apparence du pain

n'est plus du pain, mais c'est mon corps sous l'espèce du pain. Et ainsi du vin consacré. Il en fut de même aux noces de Cana, où l'eau, changée en vin par la toute-puissance du Sauveur, ne demeura pas tout à la fois eau et vin, mais devint du vrai vin et uniquement du vin. Certes, ce serait interpréter d'une manière monstrueuse ces paroles de saint Luc, au chap. VII : *Cæci vident, claudi ambulant, etc.,* si l'on disait que ces hommes étaient aveugles et voyants, estropiés et redressés, tandis que le vrai sens de ces paroles est que *ceux qui étaient aveugles ne le sont plus, mais voient, et que ceux qui étaient boiteux ne le sont plus, mais sont capables de marcher.*

« Cette interprétation soutenue par les catholiques romains contre les sacramentaires et leurs pareils, contre les luthériens, n'est pas une chose nouvelle dans l'Église, ainsi que l'ont prétendu les ennemis de l'Église romaine, mais est très-ancienne, et nous a été transmise de siècle en siècle depuis son origine, comme une chose fondée très-clairement sur la parole de Dieu exprimée dans les textes ci-dessus, auxquels on ne peut donner une autre explication raisonnable. Pour éviter d'autres longueurs, je citerai à Votre Seigneurie quelques-unes des autorités qui ont écrit dans les cinq premiers siècles de l'Église : ce sont tous hommes très-doctes et vénérés par les luthériens eux-mêmes comme de grands maîtres dans l'Église de Dieu ; on voit là que l'Église romaine a toujours suivi et enseigné la vraie foi donnée par Jésus-Christ, et que ses doctrines n'ont point été inventées par les hommes, plusieurs siècles après la fondation de l'Église, par politique, ou pour d'autres motifs et desseins humains, ainsi que l'ont prétendu sans raison ses adversaires.

« Je ne m'arrête pas aux actes du martyre de l'apôtre saint
André, actes décrits par ses disciples présents à son supplice
et à sa mort, pour ne m'en tenir qu'aux docteurs. Au
premier siècle ont écrit saint Ignace, évêque et martyr, et
saint Denis l'Aréopagite, aussi évêque et martyr, tous les
deux contemporains des apôtres.

« Le premier, dans son épître aux habitants de Smyrne,
dit, en parlant des hérétiques qui niaient que Jésus-Christ
eût un corps : *Eucharistias et oblationes non admittunt,
quod non confiteantur Eucharistiam esse carnem Salvatoris,
quæ pro peccatis nostris passa est, quam Pater sua benignitate
suscitavit.* Le second, dans le livre *De Hierarchia ecclesiastica,* chap. 3, part. III, outre les choses admirables qu'il
dit du divin sacrement, s'exprime en ces termes en s'a-
dressant à lui : *O divinissimum et sacrosanctum sacramentum, abducta tibi significantium signorum operimenta
aperi, et perspicue nobis fac appareas, nostrosque spiri-
tuales oculos singulari et aperto tuæ lucis fulgore imple.*
Une telle invocation serait une folie, sinon une impiété, si,
étant adressée au sacrement, celui-ci était un pain de
froment travaillé, et non le pain céleste et divin sous les
apparences duquel est le corps de Jésus-Christ.

« Au second siècle, c'est-à-dire de l'an 100 à 200, fleuri-
rent saint Justin et saint Irénée. Le premier, dans l'A-
pologie, affirme, au ch. II, vers la fin, que ce pain dont
nous nous nourrissons, c'est-à-dire le pain consacré par
la parole de Dieu, est la chair du Sauveur. Voici ses paroles : *Sic etiam per preces Verbi Dei ab ipso Eucharistiam
factum cibum, ex quo sanguis et carnes nostræ per muta-
tionem aluntur, illius incarnati Jesu et carnem et sanguinem esse edocti sumus.* Le second dit, au ch. 34 du livre IV : *Quomodo constabit eis, eum panem, in quo gratiæ actæ*

sunt, esse corpus Domini sui. Ainsi l'un et l'autre déclarent vraie cette proposition : *Le pain consacré est le corps de Notre Seigneur Jésus-Christ ;* or, sans le changement du pain au corps de Jésus-Christ, elle ne peut être vraie, puisque le pain demeurant pain ne pourrait jamais être le corps du Sauveur, comme nous l'avons dit ci-dessus. Je ne répéterai pas cette argumentation pour l'autorité suivante, ce serait superflu ; car chacun peut voir, à moins d'être aveugle, que ces changements de substance sont la conséquence nécessaire des textes cités.

« Au troisième siècle appartiennent les écrits de Tertullien et de saint Cyprien. Le premier, dans le livre IV, contre Marcion, dit de Jésus-Christ : *Acceptum panem corpus suum facit dicendo : Hoc est corpus meum.* Le second dit à son tour, dans son sermon *de Cœna Domini : Panis iste quem Dominus discipulis porrigebat, non effigie, sed natura mutatus omnipotentia Verbi, factus est caro.*

« Le quatrième siècle compte parmi ses écrivains sacrés saint Cyrille de Jérusalem, saint Ambroise, évêque de Milan, saint Grégoire de Nysse et saint Gaudens. Le premier, dans sa catéchèse 4e Mystagog, s'exprime ainsi : *Aquam aliquando mutavit in vinum, et non erit dignus cui credamus quod vinum in sanguinem transmutavit?* Et un peu plus loin, il dit : *Sub specie panis datur tibi corpus, et sub specie vini datur tibi sanguis ;* et plus bas : *Hoc sciens et pro certissimo habens panem hunc, qui videtur a nobis, non esse panem, etiamsi justus panem esse sentiat.* Le second, dans le livre *De iis qui initiantur mysteriis,* au chap. IX dit de la consécration de l'Eucharistie : *Quantis utimur exemplis ut probemus non hoc esse quod natura formavit, sed quod benedictio consecravit, majoremque vim esse benedictionis quam naturæ, quia benedictione etiam natura ipsa mutatur?* Le troisième écrit ce qui suit dans l'*Oratione magna cathechetica,* chap. XXXVII : *Recti Dei verbo sanctificatum panem in Dei verbi corpus credimus immutari.* Et ensuite : *Hæc autem tribuit virtute benedictionis in illud* (c'est-à-dire le corps de Jésus-Christ) *rerum quæ videntur* (c'est-à-dire le pain et le vin) *naturam utens.* Le quatrième s'exprime ainsi dans son deuxième traité sur l'Exode : *Ipse naturarum Creator et Dominus qui producit de terra panem, de pane rursus, quia et potest, et promisit, efficit proprium corpus, et qui de aqua vinum fecit, de vino sanguinem suum facit.*

« Au cinquième siècle vécurent saint Jean Chrysostôme, saint Augustin, Cyrille d'Alexandrie. Le premier dit dans l'Homélie 83 sur saint Mathieu : *Non sunt humanæ virtutis opera proposita, nos ministrorum locum tenemus, qui vero sanctificat ea et immutat, ipse est.* Dans l'Homélie *De Eucharistia in Enceniis : Num vides panem? num vinum? num sicut reliqui cibi in secessum vadunt? absit ne sic cogites. Sicut enim si cera igni adhibita, illi assimilatur, nihil substantiæ remanet, nihil superfluit, sic et hic sumpta mysteria consumi corporis substantia.* Le second, dans le sermon cité par Bède sur le chapitre X de la 1re lettre aux Corinthiens, s'exprime en ces ces termes : *Non omnis panis, sed accipiens benedictionem Christi, fit corpus Christi.* Et dans le sermon 28 *De Verbo Domini : Ubi Christi verba deprompta fuerint, jam non panis dicitur, sed corpus appellatur.* Le troisième écrit à Calosirius : *Ne horreremus carnem et sanguinem apposita sacris altaribus, condescendens Deus nostris fragilitatibus influit oblatis vim vitæ, convertens ea in veritatem propriæ carnis.*

« Je pourrais faire défiler devant les yeux de Votre Seigneurie les auteurs de chaque siècle, révérés dans l'É-

glise à la fois comme des saints et des savants, qui ont
toujours parlé d'une manière uniforme de la transsub-
tantiation du pain et du vin au corps et au sang de Jésus-
Christ; mais, pour ne pas m'étendre démésurément, et
afin de vous éviter la peine de me lire, j'abandonne ce
dessein, prêt à vous en adresser le catalogue avec leurs
paroles, si vous m'en exprimez seulement le désir. Ce désir
serait un ordre. Il est donc manifeste, d'après tout cela, que
le sens des textes de la sainte Écriture cités ci-dessus, très-
clairs en eux-mêmes, tels que l'entendent les catholiques
romains, est celui qui a été tenu dans le principe, qui a été
transmis, et s'est continué de proche en proche dans l'É-
glise de Dieu ; ce n'est point une invention ou une explication faite à fantaisie après douze siècles par quelques
docteurs catholiques romains isolés; c'est la foi de Jésus-
Christ et de nos pères depuis le commencement, et toujours vivante dans l'Église de Dieu. Si ce sens avait été
faux ou hérétique, comment la Providence divine aurait-
elle permis que tous les Pères s'accordassent à le donner ?
De plus, comment n'aurait-il pas été condamné dans
quelqu'un des conciles généraux, comme faux, hérétique
et en un mot comme contraire à la sainte Écriture, c'est-
à-dire à la parole de Dieu ? Certes, les conciles généraux
n'ont jamais eu peur des grandes personnalités de l'É-
glise pour distinguer la vraie doctrine de la fausse, et ils
ont condamné comme hérétiques plusieurs propositions
soutenues par d'illustres évêques et par de grands patriarches, en dépit de l'appui accordé à ces derniers par de
puissants empereurs, qui usaient même de la violence : c'est
là un fait notoire de l'histoire la plus reculée de nous. Or
ces conciles sont respectés et vénérés par les luthériens,
tout aussi bien que par les catholiques. Tels sont ceux de

Nicée, célébré en 325, de Constantinople en 381, d'Éphèse
en 430, de Chalcédoine en 450, le second de Constantinople en 553, et le second de Nicée en 787, sans parler
de tous les autres conciles généraux tenus par l'Église,
jusqu'à ces derniers temps.

« Je prie maintenant Votre Seigneurie de considérer si
l'on peut rejeter une interprétation des textes sacrés,
— textes très-clairs en eux-mêmes, — que l'Église a
donnée dès le premier siècle, qu'elle nous a transmise
sans interruption par les Saints Pères et par le sentiment
commun de l'Église universelle, non-seulement sans
blâme aucun, mais avec l'approbation et le sentiment général, comme l'est celui des catholiques romains sur la
matière. Je vous demande après tout cela ; si l'on peut rejeter cette interprétation comme fausse et ne pas l'accepter comme vraie, et si l'on peut regarder comme
vraie l'interprétation contraire, qui a pris naissance au
siècle dernier, et a été condamnée par un concile général
comme contraire à la doctrine catholique, suivie dans
tous les siècles par l'Église de Dieu ? Pour moi, j'estime
que nul ne voudra rejeter une vérité évidente comme l'est
celle-ci, pour peu qu'on la veuille juger sans passion. »

Stenon devint un fervent catholique et se montra tel non-
seulement pour professer, mais pour propager sa foi : il convertit plusieurs de ses compatriotes. Jouissant de la réputation d'un anatomiste hors ligne et d'un philosophe distingué,
il était caressé par les savants et par les princes. Huit ans
après sa conversion, il se fit prêtre, vécut dans une pénitence rigoureuse, fut créé évêque d'Héliopolis, et mourut
en odeur de sainteté, le 25 novembre 1686 [1].

(1) L'abbé Henry a publié à Paris, en 1865, *Les Protestants revenus
à la foi catholique, avec l'exposé des motifs qui les ont déterminés.* La

1re série comprend les conversions en France, la 2e celles en Suisse et en Allemagne, la 3e les Israélites. Nous croyons bien faire, en y ajoutant quelque chose pour l'Italie : nous mentionnerons dans cet appendice Albert Bury qui, ayant abjuré le calvinisme à Venise, publia dans cette ville, en 1576, *Methodus facilis veram Ecclesiam lumine rationis inveniendi, proposita a quodam calvinista seu reformato, in gremio sanctæ Eccl. Cath. ap. Rom. reducto.* Monseigneur Rœss, évêque de Strasbourg, publie également en ce moment : *Les convertis de la Réforme, d'après leur vie et leurs écrits;* c'est une véritable controverse en action.

NOTES ET ÉCLAIRCISSEMENTS

(A) On possède une lettre de Martin Hasdale à Galilée qui lui rapporte que Kepler se plaignait qu'il n'eût pas même mentionné Bruno dans son *Messager sidéral. Œuvres de Galilée*, ch. VIII, p. 59. Kepler parla de Bruno dans une lettre au docteur Brenger, qui lui répondait : « Vous m'avez écrit au sujet de Giordano « Bruno, brûlé avec des fagots (*prunis tostus*). Le fait est-il cer- « tain ? En quel temps et pour quel motif a-t-il fini ainsi ? Il ex- « cite ma pitié. » (*Kepleri opera*, éd. de Frisch. vol. II, p. 592). Kepler répondit qu'il avait appris par Walcher que Bruno avait été brûlé à Rome, et qu'il avait subi le supplice avec constance, affirmant que toutes les religions sont vaines et que Dieu s'iden- tifie avec le monde, avec le cercle, avec le point. Et Brenger, *homme positif*, de s'étonner de la *folie* de Bruno, qui, s'il ne croyait pas à l'existence d'un Dieu vengeur du crime, pouvait im- punément dissimuler et se soustraire ainsi à la mort. Ces rensei- ments seraient à joindre à ce que nous avons dit sur la mort de Bruno et à ceux qu'a enregistrés le professeur Berti dans une vie de lui, dont une partie a été imprimée après ce discours.

Bruno fut un fervent du système de Copernic ; il le saluait comme un nouveau Colomb qui franchit les barrières, abat les murailles fantastiques, et débarrasse la raison humaine des autres entraves inventées par la philosophie plébéienne. Nous ne voyons pas ce- pendant que dans son procès on ait fait un crime à Bruno de cette opinion.

(B) D'autres ont écrit contre le mouvement de la terre, citons :

Accarisi, *Terræ quies, solisque motus demonstratus*. Il était qua- lificateur du Saint-Office ; Rome, 1657.

Grandamico, *Nova Demonstratio immobilitatis terræ* (Flexiæ, 1645).

Dubois, *Liber de veritate et auctoritate S. Scripturæ in natura- libus contra Christophorum Wittichium ;* Trajecti, 1654. On écrivit

contre lui : *Demonstratio mathematica ineptiarum J. Durandi in op-
pugnanda hypothesi Copernici et Cartesii de mobilitate terræ* ; Roma,
1656.

En 1806, un certain Dominique Pino, Milanais, faisait imprimer
à Milan l'*Incredebilità del moto della terra,* opuscule où il résume
ce qu'il avait dit dans les ¦trois volumes de son *Esame del sistema
Newtoniano intorno al moto della terra.* Il ne s'effraye pas des
opinions contraires, puisque la théorie des tourbillons de Descartes fut pendant quelque temps embrassée et soutenue par les
partisans du mouvement. Il est naturellement conduit à parler du
procès de Galilée. Pour soutenir sa thèse, il fait appel aussi bien
à la science qu'à l'autorité.

Lorsque le docteur Cullen fut élevé à l'archevêché de Dublin,
un journal affirma que le prélat avait publié un livre soutenant
le système de Ptolémée, et réfutant celui de Copernic ; ce qui était
nier tous les progrès de la science moderne ; qu'ainsi le voulait
l'Église catholique. Le fait était archifaux ; mais, comme tant d'autres faussetés, il continua et continue à être répété, et tel qui
veut discréditer l'Église catholique comme ennemie de la science,
cite l'archevêque Cullen et son livre, que personne n'a vu. Il n'y
a pas encore longtemps que le *Times* en parlait avec la même horreur qu'il parle et reparle du supplice de Galilée.

(C) « Dilecte fili, nobilis vir, salutem et apostolicam benedictionem. Tributorum vi et legionum robore formidolosam esse
Etrusci principatus potentiam, Italia quidem omnis fatetur : at
etenim remotissimæ etiam nationes, felicem vocant nobilitatem
tuam ob subditorum gloriam ac Florentinorum ingenia. Illi enim
novos mundos animo complexi, et Oceani arcana patefacientes
potuerunt quartam terrarum partem relinquere nominis sui monumentum. Nuper autem dilectus filius Galilæus æthereas plagas
ingressus ignota sidera illuminavit, et planetarum penetralia re-
clusit. Quare, dum beneficum Jovis astrum micabit in cœlo quatuor novis asseclis comitatum, comitem ævi sui laudem Galilæi
trahet. Nos tantum virum, cujus fama in cœlo lucet et terras per-
agrat, jamdiu paterna charitate complectimur. Novimus eum in
eo non modo litterarum gloriam, sed etiam pietatis studium ; iis-
que artibus pollet quibus pontificia voluntas facile demeretur.
Nunc autem, cum illum in urbem pontificatus nostri gratulatus
reduxerit, peramanter ipsum complexi sumus, atque jucunde
identidem audivimus florentinæ eloquentiæ decora doctis disputa-
tionibus augentem. Nunc autem non patimur eum sine amplo
pontificiæ charitatis commeatu in patriam redire quo illum nobi-

litatis tuæ beneficentia revocat. Exploratum est quibus præmii magni duces remunerentur admiranda ejus ingenii reperta, qui Medicei nominis gloriam inter sidera collocavit. Quinimo non pauci ob id dictitant, se minime mirari tam uberem in ista civitate virtutum esse proventum, ubi eas dominantium magnanimitas tam eximiis beneficiis alit. Tum ut scias quam charus pontificiæ menti ille sit, honorificum hoc ei dare voluimus virtutis et pietatis testimonium. Porro autem significamus solatio nostra fore omnia beneficia, quibus eum ornans nobilitas tua paternam munificentiam non modo imitabitur, sed etiam augebit. »

(D) Bernini, dans l'*Histoire des hérésies*, fait rester Galilée cinq ans en prison. — Pontécoulant dit qu'il soutint, jusque dans les prisons de l'Inquisition, la rotation de la terre ; Brewster, qu'il fut retenu captif pendant une année ; Montucla parle de certains auteurs qui soutinrent qu'on lui avait crevé les yeux, etc. Le professeur Trouessart (*Quelques mots sur le procès et la condamnation de Galilée*, dans la *Revue de l'instruction publique*, 1860), qui est peut-être en France l'appréciateur le plus exact des œuvres de Galilée, et en même temps un ennemi violent des choses ecclésiastiques, conclut en ces termes : « *Galilée ne fut donc pas soumis à la torture physique. C'est à l'idée, non à l'homme qu'on en voulait. Ces pauvres inquisiteurs, qu'on nous représente comme des monstres, étaient, il faut oser le dire, d'aussi braves gens que vous et moi. C'étaient, pour la plupart, des amis, des admirateurs de l'illustre accusé. Ils furent pour lui bons et cléments, bien plus que ne le permettait la redoutable loi inquisitoriale qu'ils avaient à appliquer. Galilée était un relaps : sa mauvaise intention (je parle en style d'inquisiteur), était évidente..... et ils eurent à craindre bien plus, dans ce procès, d'être accusés d'avoir péché par trop d'indulgence que par trop de rigueur. Les inquisiteurs valaient mieux que l'inquisition, et c'est là encore une moralité consolante que nous espérons avoir fait sortir de ce procès.* »

Il y a également trace de la torture dans le procès. *Et ei dicto quod dicat veritatem, alias devenietur ad torturam, respondit*..... « Je ne soutiens pas et je n'ai pas soutenu l'opinion de Copernic depuis le jour où l'on m'a ordonné de l'abandonner. Du reste, je suis ici entre vos mains, faites de moi ce qui vous plaira. »

Et cum nihil aliud posset haberi, remissus fuit ad locum suum.

Cela prouve si bien qu'elle ne lui fut pas infligée, que Arduini lui-même dit : « Donc Galilée souffrit la torture morale, la plus « douloureuse de toutes, celle où il est si grand à nos yeux; et « ceux qui la lui ont infligée sont condamnés à jamais. »

En outre des articles connus, il en parut en 1865 et 1866 d'excellents d'Adolphe Valson dans la *Revue d'économie chrétienne* sur le mouvement intellectuel et scientifique au dix-septième siècle, et dans la *Revue des sciences ecclésiastiques* de l'abbé Bouix, qui démontre que le décret du Saint-Office n'obtint jamais les formalités nécessaires pour être transformé en acte pontifical.

Dans la *Revue de Dublin,* la condamnation de Galilée a été examinée au point de vue des congrégations romaines : l'auteur prouve que la décision fut rendue en partie comme décret disciplinaire, en partie comme décret doctrinal d'une congrégation, ce qui n'implique jamais l'infaillibilité : le pape n'a pas prononcé. Du reste l'auteur soutient que la congrégation n'a pas failli, puisque l'hypothèse de Galilée était invraisemblable, d'après les connaissances de l'époque ; et puisqu'elle paraissait attaquer les textes de l'Ecriture, il était prudent et presque nécessaire de ne pas abandonner le sens traditionnel de ces textes pour une théorie non encore prouvée. Le point important était de maintenir le principe de l'interprétation du texte sacré, principe de beaucoup plus précieux que la vérité scientifique. Et l'Eglise, qui ne s'est jamais mêlée de définir les vérités physiques, n'a fait que veiller à l'exactitude des interprétations théologiques présentées par Galilée.

(E) Il n'est pas inutile à notre sujet de rapporter ici la formule d'un jugement emprunté à l'*Arsenal sacré* de Masini (Bologne, 1665), qui donne une espèce de syllabus des hérésies alors les plus ordinaires.

— Formule de jugement et d'abjuration contre un hérétique formel, non relaps et pénitent.

Nous Père N..... Inquisiteur.....

Nous N..... vicaire, etc.

Etant acquis que toi, N. N., tu as été déféré à ce Saint-Office de N...;

Que tu t'es adonné à composer quelques livres sur la sainte Ecriture, et spécialement sur la divine Apocalypse, livres estimés très-impies et très-mauvais ; qu'ayant été repris, tu n'as pas voulu te désister de cette œuvre diabolique ;

Que tu as traité dans le sens hérétique du jeûne ecclésiastique, et que pour répondre aux arguments à toi opposés pour la défense de la sainte foi catholique tu as allégué l'autorité des hérétiques qui ont écrit sur ce sujet ironiquement et perfidement ;

Que tu as dit que, à partir du cinquième siècle, l'Eglise était corrompue, que tu as montré ne pas croire à l'autorité du souverain pontife et de la sainte Eglise catholique, apostolique et romaine, en disant que tu croyais au Christ et aux Ecritures, et que nul ne pouvait te forcer à croire ce que croit l'Eglise ;

Qu'une personne zélée et pieuse t'ayant démontré par des arguments victorieux que la sainte Eglise catholique romaine est la véritable Eglise, tu as parlé dans le sens contraire, approuvant les sectes impies et sacriléges de Jean Hus, de Martin Luther et de Calvin ;

Que tu as dit avoir fait venir du dehors une grande quantité de livres pour une notable somme d'argent, donnant, par tes paroles, à entendre que c'étaient des livres mauvais et hérétiques ;

Tu as été pour ces faits incarcéré par nos ordres au Saint-Office, et une perquisition ayant été faite à ton domicile, on t'a trouvé un grand nombre de livres hérétiques de Calvin et des Calvinistes, et même des Luthériens, lesdits imprimés, et un manuscrit traitant précisément de la divine Apocalypse, ainsi que plusieurs autres feuilles et cahiers contenant d'atroces hérésies, d'horribles blasphèmes contre la sainte foi catholique :

En conséquence, d'autres informations ont été prises à ton sujet desquelles il résulte :

Que tu as dit à quelques personnes qui récitaient l'Office de la bienheureuse Vierge, sans savoir le latin, qu'il était inutile de le dire, puisqu'elles ne comprenaient pas ce qu'elles lisaient; leur citant là-dessus quelques exemples ineptes et ce mot vulgaire : *legere et non intelligere negligere est* ;

Que tu as détourné de la fréquentation des sacrements, en disant qu'il suffisait de se confesser une seule fois et de ne plus pécher ; que se confesser souvent et retomber, c'était se moquer de Dieu ;

Que tu as dit que le jeûne pratiqué par les catholiques n'est pas ordonné par Dieu, mais que c'est un précepte de l'Eglise, et que Notre-Seigneur Dieu ne regarde pas si l'on mange plus ou moins ;

Que raisonnant sur la dévotion aux saints du Paradis, et des prières qu'on leur doit adresser lorsque nous prions, nous devons prier Dieu et non les saints ;

Que tu as dit que si tu avais acheté telle villa, tu aurais peut-être commandé de t'y ensevelir, comme faisaient les anciens, ajoutant d'autres paroles qui montraient que tu avais des opinions fausses sur la sépulture ecclésiastique ;

Que tu avais blâmé l'action d'entendre souvent la messe, en disant à une personne qui avait cette pieuse habitude, que ceux-là vont à la messe qui ont du bon temps et que cette personne devait, elle, en avoir ;

Que tu as dit que l'Église fait bien ses affaires, que les religieux et les prêtres vont toujours *maigrissant*, et qu'ils ne négligent rien pour gagner et tirer tout à eux ;

Que tu as également désapprouvé d'aller pieds nus visiter l'Église d'un saint du Paradis, en disant que ce qui peut nous sauver, c'est la miséricorde de Dieu et non des tartuferies, ajoutant beaucoup d'autres choses qui prouvent que tu avais des opinions mauvaises relativement à la vénération et à l'invocation des saints ;

Que plusieurs fois, sans empêchement légitime et au risque de produire un grave scandale, tu as négligé d'aller entendre la messe les jours de fête, t'excusant sur ce que tu n'étais pas vêtu à ton idée ;

Sur lesquelles choses t'ayant plusieurs fois examiné avec ton serment ; ayant reconnu, en jugement, tous les livres hérétiques et pernicieux trouvés chez toi, ainsi que le livre et les feuillets écrits à la main ; après beaucoup d'excuses, de négations, de tergiversations, tu as confessé avoir cru toutes les erreurs et hérésies exprimées par toi dans le livre et les feuillets écrits de ta main, et autres hérésies contenues dans les susdits livres hérétiques de Calvin, des calvinistes et des luthériens. Et en particulier,

Que l'impie et diabolique secte calviniste est la véritable Église de Jésus-Christ, figurée par le Saint-Esprit dans l'Apocalypse en cette femme qui apparut dans le ciel revêtue du soleil et couronnée d'étoiles, et que dans cette secte perverse et sacrilége se trouve la véritable doctrine évangélique et le salut éternel ;

Que la sacrosainte, catholique et apostolique Eglise romaine est la synagogue dè Satan et la prostituée de Babylone, la mère des fornications et des abominations, la Sodome spirituelle quant à la doctrine qu'elle enseigne ;

Que ladite Eglise romaine n'est pas revêtue du pouvoir des clefs, qu'elle ne sait pas ce qu'est l'esprit d'intelligence, qu'elle n'a pas bien compris les paroles de Jésus-Christ relativement à l'autorité qu'il lui a concédée, qu'elle n'admet ni discussions ni raisons ; mais qu'elle détruit cruellement ses ennemis par le fer, qu'elle persécute d'une manière impie les martyrs du Seigneur, entendant par martyrs les impies et criminels hérétiques justement condamnés à mort par elle pour cause de religion ; et que, comme une prostituée, elle dépouille les autres de leurs biens, réduit le monde et les princes à une misérable servitude ;

Que le saint concile de Trente, représentant la sainte Eglise romaine, est, pour le fait d'avoir condamné des livres d'auteurs hérétiques, le dragon décrit par l'Apocalypse, qui avec sa queue faisait tomber sur la terre la troisième partie des étoiles du ciel; que les Pères réunis en concile pendant vingt-deux ans n'ont rien fait autre chose que d'offenser la majesté de Dieu, et qu'à l'instar du dragon l'assemblée sainte a proféré des blasphèmes contre Dieu et contre Jésus-Christ; que, comme le dragon a trompé Eve, elle a trompé l'Eglise;

Que les susdits impies et criminels hérétiques ont été les instruments de la foi, qu'ils sont agréables à Dieu, qu'ils ont été prédits et figurés honorablement par l'Esprit Saint en plusieurs endroits de la sainte Écriture par toi expressément signalés dans le cours du procès;

Que Dieu a répudié la sainte Église romaine comme prostituée, et l'a donnée pour concubine à Satan, les condamnant tous deux au feu éternel; que tous ceux qui suivent la doctrine de l'Église romaine sont de vrais hérétiques;

Qu'aucun chrétien ne peut être forcé par l'Eglise romaine à croire ce qu'elle croit et enseigne elle-même;

Que l'Eglise est corrompue, et que la prière faite par Jésus-Christ en faveur de Pierre pour que sa foi ne défaillît pas avait été exaucée en Calvin, Luther et autres hérétiques, lesquels te paraissaient avoir, par le moyen de leur doctrine, vaincu et renversé l'Église romaine;

Que c'est un blasphème horrible de dire que la sainte Écriture tire son autorité de l'Eglise;

Que le pape n'est pas le chef de l'Église, mais l'Antechrist, le chef des ténèbres, la tête du diable, le diable lui-même, et que les titres de saint et de bienheureux ne lui conviennent pas le moins du monde;

Que les pontifes romains détruisent ce que Dieu a fait, convertissent la grâce en servitude, la liberté chrétienne en perdition, lient les hommes non-seulement par le corps, mais par l'âme, soumettent le ciel à la terre, et font pis que le diable;

Que si la doctrine du pontife romain en fait de religion était vraie, la passion et la mort de Jésus-Christ auraient été plus pernicieuses que le péché d'Adam, et que le pontife romain avec sa doctrine est cause que toute loi, si sotte, si insensée qu'elle soit, paraît sage en comparaison de la loi chrétienne;

Que les catholiques, et spécialement les papes, en faisant mourir les hérétiques, sont pires que le diable; qu'ils sont les successeurs le Caïn, les imitateurs de Judas le traître et de Pierre le renégat, les vendeurs juifs du sang du juste, les persécuteurs de la parole de Dieu;

Que le pape fait tout le contraire de Jésus-Christ dans la célébration de la messe;

Que c'est un acte d'idolâtrie de révérer le pape et les cardinaux;

Que les catholiques de la sainte Église romaine sont anti-chrétiens;

Que les sacrements de l'Eglise de Jésus-Christ ne sont qu'au nombre de deux, c'est-à-dire le Baptême et la Cène; qu'ils ne contiennent ni ne confèrent la grâce, mais qu'ils en sont simplement le signe;

Que dans le sacrement de l'Eucharistie ne sont pas contenus le corps et le sang de Jésus-Christ, mais que ce sacrement est simplement un signe de son corps et de son sang, un souvenir de sa passion et de sa mort; qu'il a été institué sous cette forme par Jésus-Christ; que tu avais cru cela pendant un certain temps, et qu'ensuite changeant d'avis, tu avais cru autrement;

Que ce sacrement, en dehors de l'acte de la communion, ne contient pas le corps et le sang de Notre-Seigneur, que conséquemment c'est une idolâtrie de l'adorer et de le porter en procession;

Qu'après les paroles de la consécration, la substance du pain et du vin reste avec la substance du corps et du sang de Notre-Seigneur;

Que l'Eglise romaine a erré relativement à la transubstantiation;

Que dans l'hostie consacrée se trouve seulement le corps sans le sang, et dans le vin seulement le sang de Jésus-Christ sans son corps;

Qu'il est nécessaire au salut que tous reçoivent ce sacrement sous les deux espèces;

Que le sacrifice de la messe n'est pas un vrai sacrifice de propitiation institué par Jésus-Christ dans l'Eglise, qu'il ne sert à rien, que même c'est de la sorcellerie et une abomination spirituelle; qu'il ne faut pas le célébrer avec des vêtements d'or; que les rites et cérémonies usités dans l'Eglise pour le célébrer sont superflus, et qu'il est mal de le célébrer en l'honneur des saints;

Que les saints dans le ciel ne voient pas ce qui se passe ici-bas; qu'il est en conséquence vain et inutile de les invoquer;

Que le culte des saintes images est une espèce d'idolâtrie et qu'il ne faut pas les vénérer;

Qu'après cette vie il n'y a pas de purgatoire, mais seulement le paradis et l'enfer ;

Que la confession sacramentelle de tous les péchés mortels devant un prêtre n'est pas nécessaire ;

Qu'avec la faute la peine est remise, et que par suite la satisfaction est inutile ;

Que les pénitents satisfont pour leurs péchés uniquement parce qu'ils ont confiance en la mort et en la passion de Jésus-Christ ;

Que nos satisfactions obscurcissent et diminuent le mérite de la passion de Jésus-Christ ;

Que la vraie pénitence consiste à ne plus pécher ;

Que les prêtres n'ont pas le pouvoir de remettre les péchés ;

Que les ordres et instituts monastiques sont un mal ; qu'on ne trouve pas le salut chez eux ; que les prêtres et les moines, même quant à leur état, sont pires que des Turcs, et que celui-là se trompe qui se fait religieux pour se sauver ;

Que l'office de la sainte Inquisition est un mal, et qu'il a été institué pour détruire le verbe éternel ;

Que toutes les traditions crues et observées par l'Église romaine ne méritent pas créance, et qu'il faut s'en tenir uniquement à ce que contient expressément la sainte Écriture ;

Que toutes les cérémonies et rites usités dans l'Église pour l'administration des sacrements et autres fonctions ecclésiastiques sont des puérilités ;

Que les bonnes œuvres ne méritent pas la vie éternelle ;

Que la foi seule suffit pour justifier ; qu'il est permis à chacun d'avoir et de lire la sainte Ecriture en langue vulgaire ; qu'on ne peut défendre cela sans offenser la conscience, et que cette défense est contraire à Dieu et à tous ses attributs ;

Que les indulgences n'existent pas dans l'Eglise de Dieu, et en particulier que les jubilés, stations, années saintes, médailles, couronnes et grains bénis ne sont que futilités ;

Que les évêques créés par le pontife romain ne sont pas de vrais et légitimes évêques, mais une invention humaine ;

Que l'état du mariage est meilleur que la continence et la viduité ;

Que toutes les censures ecclésiastiques sont vaines ;

Que le jeûne, ordinairement observé par l'Eglise catholique, n'est pas commandé par Dieu, et qu'il n'y a aucune obligation de l'observer de la manière et dans les temps prescrits par l'Église ;

Que l'homme a, par le péché d'Adam, perdu le libre arbitre, et que toute notre justification vient de Dieu, sans notre coopération ;

que toute bonne œuvre que nous faisons est le produit de la vertu divine, sans le concours de notre libre arbitre, et que l'homme pèche nécessairement;

Qu'il est permis aux religieux, aux prêtres et aux clercs engagés dans les ordres sacrés de se marier à leur gré;

Que les mariages secrets sont valides, même sans la présence des témoins et du curé que prescrit le concile de Trente; le serment des parties suffit;

Que tout endroit est bon pour ensevelir les morts, qu'il ne sert de rien, et que même c'est mal de les ensevelir dans l'Église ou autre lieu saint, et de faire les autres cérémonies pratiquées par les catholiques;

Que les pèlerinages aux lieux saints, les vœux formés et accomplis, les ornements des églises et des autels, la vénération des reliques des saints, l'observation des fêtes autres que les dimanches, Noël, Pâques, l'Ascension et la Pentecôte, sont des abus; qu'il ne faut pas en tenir compte;

Que les miracles faits par les saints de Dieu dans l'Eglise catholique, apostolique et romaine, sont des inventions humaines et même diaboliques;

Que les saints docteurs scolastiques de l'Église romaine ont été de faux docteurs, des docteurs plutôt humains qu'évangéliques, des philosophes plutôt que des imitateurs du Christ, et qu'en matière de religion ils ont écrit pour plaire à leur chef, le pape;

Que réciter en latin l'office de la sainte Vierge mère de Dieu, notre souveraine, et autres oraisons en forme de litanies, est chose inutile si l'on ne comprend pas ce que l'on dit;

Que Dieu n'a pas mis un ange à la garde de chaque homme et de chaque femme depuis le moment de sa naissance, mais qu'un seul est député à la garde de toute une province; et que croire que chacun a un ange gardien revient à répéter l'idolâtrie des anciens païens;

Outre cela, tu as confessé avoir, avec un esprit et des intentions hérétiques, affirmé dans tes écrits susmentionnés la majeure partie de ces erreurs, et t'être efforcé, comme cela ressort clairement de tes écrits, de les confirmer et de les corroborer à l'aide de l'autorité et des figures de la sainte Ecriture, spécialement de la divine Apocalypse, y mêlant d'exécrables blasphèmes, des injures violentes, des calomnies atroces et peut-être inouïes contre la sainte foi catholique. — Tu as déclaré que ces livres hérétiques t'ont été laissés, il y a grand nombre d'années, renfermés dans une cassette, par une personne d'au delà des monts qui t'a dit que c'étaient ses livres de compte ; que, l'envie t'étant venue de voir ce que c'était, tu avais ouvert cette cassette ; qu'ayant vu que c'étaient des livres hérétiques, tu t'étais mis à les lire avec plaisir, et que tu avais adhéré aux erreurs y contenues ; qu'enfin tu t'étais mis à écrire contre la foi catholique ; que tu avais persévéré dans l'hérésie, dix jours après ton incarcération au Saint-Office ; niant d'avoir appris de qui que ce soit les susdites hérésies, ni de les avoir enseignées *ex professo* à personne, encore moins d'avoir quelque complice dans la ville ou ailleurs, disant que tu te repentais d'avoir soutenu et cru ces erreurs et ces hérésies, et que maintenant tu croyais tout ce que tient et croit la sainte Eglise catholique romaine ;

Et ayant donné pleine information de ta cause à la congrégation de la sainte et universelle Inquisition romaine, par ordre exprès de Sa Sainteté, pour obtenir de toi l'entier aveu de la vérité, après t'avoir fait connaître le terme assigné à ta défense, dans laquelle tu n'as rien présenté qui te justifie, nous t'avons soumis, sans préjudice toutefois des choses par toi confessées et déduites du procès à ta charge, à un nouvel examen plus rigoureux, qui n'a amené aucune révélation ultérieure, nous en sommes venus, également par ordre de Sa Sainteté, à prononcer contre toi le jugement définitif ci-dessous.

Après avoir invoqué le très-saint nom de Notre-Seigneur Jésus-Christ, de la glorieuse vierge Marie sa mère et de saint Pierre martyr, notre protecteur, ayant devant nous les très-saints Evangiles, afin que notre jugement procède de la bouche de Dieu, et que nos yeux voient l'équité ; dans la cause et le procès pendant entre le sieur N...fiscal de ce Saint-Office d'une part, et toi N...susdit accusé, prévenu, poursuivi, convaincu et avouant comme dessus, d'autre part ; pour notre définitif jugement qu'assis sur notre tribunal nous prononçons en ces termes, en ce lieu et en cette heure par nous choisis, disons, prononçons, sentencions et déclarons que toi N...susdit, pour les choses par toi avouées et contre toi prouvées comme dessus, tu as été hérétique, et que conséquemment tu as encouru toutes les censures et peines portées et promulguées par les saints canons et par les autres constitutions tant générales que particulières contre les délinquants de cette espèce. Mais, parce que tu as dit te repentir de tes erreurs et hérésies, croire maintenant et vouloir croire jusqu'à la mort tout ce que tient et croit notre sainte mère l'Église catholique, apostolique et romaine ; comme tu as demandé pardon et miséricorde de ce grave égarement, nous nous contenterons de t'absoudre de l'excommunication majeure que tu as encourue

pour les susdites erreurs et hérésies, et de te recevoir dans le sein
de notre sainte mère l'Église, pourvu qu'auparavant, d'un cœur
sincère et avec une foi vraie, vêtu de l'habit de pénitence, et
marqué du signe de la sainte croix que tu devras désormais toujours porter au-dessus de tes autres vêtements, tu abjures, mau-
disses et détestes publiquement, devant nous, les susdites erreurs,
et généralement toutes les autres erreurs quelconques, hérésies
ou sectes contraires à la sainte Eglise catholique, ainsi que par le
présent définitif jugement nous t'ordonnons de le faire de la manière et en la forme qui prescrite sera;

Et, afin que tes manquements si graves ne restent pas sans le
châtiment qu'ils méritent, que tu sois plus prudent à l'avenir et
que tu serves d'exemple à autrui,

Nous te condamnons à toutes les peines prononcées contre les
hérétiques, contenues et exprimées dans les susdits saints canons
et constitutions pontificales, à être à perpétuité, sans espoir de
grâce, enfermé dans les murs du Saint-Office, où tu auras à pleu-
rer la grave injure que tu as faite à notre créateur Dieu, à Jésus-
Christ notre rédempteur, à son épouse bien aimée la sainte Église
catholique, apostolique et romaine, mère et maîtresse de toutes les
autres Eglises, hors de laquelle on ne peut trouver le salut éternel, et au très-saint pontife romain, chef suprême et époux visible de cette Église.

Ordonnant, en haine de tes impiétés et pour l'édification de tous
les catholiques, que les livres et écrits hérétiques possédés par toi
soient brûlés en public;

Et, afin que tu obtiennes plus facilement de la bonté et de la
clémence de Dieu le père des miséricordes la rémission et le pardon de tes erreurs et hérésies, nous t'imposons pour pénitence
salutaire:

De jeûner le restant de ta vie, simplement tous les premiers
vendredis du mois, et au pain et à l'eau les vendredis de mars et
le vendredi saint;

De réciter pendant le même temps, une fois la semaine, les
sept psaumes de la pénitence avec les litanies et les prières qui
suivent, et le rosaire de la sainte Vierge; et tous les dimanches
cinq fois le *Pater noster*, l'*Ave Maria* et une fois le *Credo* age-
nouillé devant quelque sainte image, et enfin

De confesser sacramentellement, ta vie durant, tes péchés au
prêtre que nous te désignerons, et qui, de son autorité propre, te
donnera la communion aux quatre principales fêtes, savoir: à
la Nativité, à Pâques, à la Pentecôte et à la Toussaint.

Réservant à la Congrégation du Saint-Office de Rome la faculté de mitiger, remettre, commuer en tout ou en partie les susdites peines et pénitences.

Et ainsi disons, prononçons, jugeons, déclarons, condamnons, ordonnons, imposons pénitence, et en référons de notre mieux de la manière et en la forme que nous pouvons et que nous devons.

Dans la *Revue des questions historiques*, V[e] *livraison*, il a été publié, après mon travail, un article très-remarquable de M. Henri de l'Epinois sur Galilée, dans lequel il utilise tout ce qui a été écrit avant lui, ainsi que le procès original qui lui fut communiqué à Rome. Il arrive aux mêmes conclusions que nous par une autre voie, ce qui ne fait qu'ajouter à notre conviction. « Le décret, dit-il, déclara *falsam* une doctrine astronomique qui en fait ne l'était pas; il la déclara contraire à la Sainte-Écriture, et elle ne l'était pas: il s'est donc trompé: tout le monde l'accorde; mais alors l'état des connaissances ne permettait pas d'admettre la nouvelle théorie du mouvement de la terre, qui ne fut jamais discutée devant le tribunal comme doctrine scientifique, mais bien comme contraire au sens traditionnel des saintes Écritures. C'est pour cela qu'au commencement du dix-septième siècle le tribunal la condamne : au dix-neuvième siècle le même tribunal l'admettait sans pour cela modifier les principes sur lesquels s'appuyait la sentence. Entre les deux époques, ce n'est pas le principe théologique qui a changé, c'est un fait scientifique, c'est-à-dire que la théorie de Copernic n'est plus aujourd'hui une improbabilité, mais une vérité constatée par la science. Le décret de 1616 fut une simple mesure de prudence pour que la vérité catholique n'eût pas à en souffrir : *ne in perniciem catholicæ veritatis serpat.* Tel est le motif : et à cet égard il faut noter la différence entre les expressions dont se servent les consulteurs et celles du décret de la congrégation. Les consulteurs déclarent insensée, absurde hérétique cette opinion : la congrégation laisse de côté toutes ces épithètes, et se borne à la déclarer fausse et contraire à l'Écriture. Dans la censure des consulteurs, la première opinion est condamnée sans réserve; la seconde, c'est-à-dire l'immobilité du soleil, n'est taxée que d'erronée. Donc, même sous le rapport scientifique, le tribunal est moins coupable qu'on ne le dit. Suivant Galilée le soleil n'avait aucun mouvement local; aujourd'hui le contraire est démontré, et l'immobilité du soleil est une absurdité en cosmographie. Qu'en conclure, sinon que la doctrine du mouvement de la terre était loin d'être scientifiquement établie? Et comment reprocher, non point à une commission scientifique, mais à un tribunal ecclésiastique de ne l'avoir pas immédiatement adoptée, en modifiant l'interprétation séculaire d'un texte de la sainte Ecriture ? » page 100.

L'auteur de cet article multiplie les preuves du respect et de la bienveillance des Romains et du pape envers Galilée, ainsi que de l'absurdité de la torture qui lui aurait été infligée, et que le haineux Libri se contente de prouver en disant, « qu'elle était tellement habituelle qu'on ne prit pas la peine d'en faire mention ». Ce même honnête M. Libri avance que les manuscrits de Galilée furent'pillés et dispersés par les familiers du Saint-Office, que la plus grande partie périt, et que peu s'en fallut qu'on ne jetât son propre cadavre dans un égoût. Or, il est constant que le grand-duc Léopold II fit faire l'édition des œuvres de Galilée, dont il conservait les manuscrits dans sa très-précieuse bibliothèque Palatine.

De l'examen du procès même il résulte que ce fut une précaution tout au moins inutile de ne pas le publier en entier. Car c'est là qu'on lit ces propres paroles de Galilée : « Pour mieux établir que je n'ai pas tenu et que je ne tiens pas pour vraie mon opinion condamnée du mouvement de la terre et de la stabilité du soleil, je suis prêt à le démontrer clairement, si l'on m'en accorde, comme je le désire, le temps et les moyens. L'occasion est d'autant plus favorable que dans le livre déjà publié les interlocuteurs sont convenus de se rencontrer de nouveau, après un certain temps, pour discourir sur divers problèmes de la nature ne se liant point au sujet traité dans leurs réunions. A cette occasion, devant ajouter une ou deux journées, je promets de reprendre les arguments apportés en faveur de cette opinion fausse et condamnée, et de les réfuter aussi efficacement que Dieu me le permettra. »

Et ailleurs : « Longtemps avant la décision de la congrégation de l'Index, et avant que l'on m'en eût fait une obligation, j'étais indifférent, et je regardais les deux opinions de Copernic et de Ptolémée comme discutables, car toutes deux pouvaient être vraies en elles-mêmes. Mais du moment qu'est intervenue cette décision, me confiant d'ailleurs en la prudence des supérieurs, j'ai déposé toute espèce de doute ; j'ai dès lors tenu et je tiens pour très-vraie et pour indiscutable l'opinion de Ptolémée sur la stabilité de la terre et sur le mouvement du soleil. »

J'ajouterai qu'il existe aux Archives de Florence une chronique de Settimanni, où les événements sont notés jour par jour. Le chroniqueur est très-hostile au clergé, et cependant il ne fait pas la moindre mention de mauvais traitements infligés à Galilée. Voici ce qu'il écrit : « Le 10 février 1632, jeudi, est arrivé à Rome G. Galilée, célèbre astronome florentin, appelé par la congrégation de l'Index; il a été enfermé dans le palais du sérénissime grand-duc à la Trinité-du-Mont, où résidait l'ambassadeur de Florence. — Décembre 1633. Le très-savant mathématicien G. Galilée, après avoir été cinq mois à la disposition du Saint-Office de Rome, enfermé dans le palais de l'ambassadeur de Florence, a abjuré l'opinion de Copernic sur le système du monde ; puis, après être resté, par ordre du même Saint-Office, cinq autres mois dans le palais de monseigneur l'archevêque Piccolomini, liberté lui a été accordée de s'en aller à la campagne, et il s'est retiré à sa villa de Bellosguardo. »

Dans la correspondance des cardinaux, à ces mêmes archives, rang LXXXIV, il y a des lettres du cardinal Frédéric Borromée et du cardinal Orsini, qui promettent au grand-duc d'appuyer Galilée de tout leur pouvoir, à l'époque où il était cité à Rome.

(F) — « *Pour ruiner un malheureux, spécialement un talent supérieur..... deux ou trois acharnés suffisent à l'œuvre..... Dans le procès de Galilée, le mouvement de la terre n'était point en jeu; mais seulement le mouvement de l'envie* » Philarète Chasle, *Galileo Galilee*, Préface. Répudiant les *on dit* vulgaires, il accuse l'envie des hommes de lettres ses ennemis et la tiédeur de ses amis.

« Quelle aménité! Ce monde social est si délicat! Le pape punit à regret; le grand-duc voudrait sauver le philosophe; Niccolini s'y emploie; Bali-Cioli le porte dans son cœur. Partout convenance, bonne grâce, révérences attendries, obéissance acceptée, une régularité accomplie. De justice et d'équité pas un mot. On ne le jette pas en prison, ce qui serait trop féroce. Son agréable ennemi Firenzuola vient le voir, lui sourit, l'interroge, le plaint, l'allaite d'espérances... Les dernières années du grand astronome se passèrent dans cette vie solitaire. Aucun geôlier ne le surveillait, et cette pénitence enfantine aigrissait l'ennui de la retraite, joint à de vives souffrances physiques. Le sentiment de sa faiblesse intime, de ses détours inutiles, et de ses inutiles concessions, devait y ajouter bien de l'amertume ; et le peu de fruit qu'il recueillait de sa longue humilité devait la lui faire regretter cruellement.... Tout savant qui voulait plaire et arriver aux honneurs le couvrait d'injures dans un gros livre dédié aux puissances : on disait et on imprimait tout ce qu'on voulait contre lui : lui ne pouvait rien imprimer, ni rien répondre à qui que ce fût. Les Grassi, les Caccini, les Firenzuola se frottaient les mains en achevant cet assassinat à coups d'épingle et à coup de matela. O personnes distinguées! o mœurs adoucies! ce que vous avez de pire, c'est que vous avilissez et dégradez vos victimes..... Mais, grand homme, pourquoi vous laissez-vous dégrader? On peut comparer ce doux assassinat, qui a duré huit ans et n'a fini qu'avec sa vie, au meurtre du malheureux Prina, dont les bourgeois d'une autre ville italienne se défirent en 1814 à coups de parapluie lentement, doucement, hommes civilisés qui détestaient le bruit, opéraient comme les envieux de Galilée, avec componction, sagesse et convenance. »

Le protestant Frédéric de Rougemont (*L'homme et le singe, ou le matérialisme moderne*, Neufchâtel, 1865) s'écrie : *On nous parle beaucoup d'un Galilée emprisonné, il y a plusieurs siècles, par l'Inquisition romaine, et l'on a oublié que l'autre jour, pour ainsi dire, les républicains de 1793 interdisaient à 25 millions de Français le culte de la religion chrétienne.*

DISCOURS VII.

Depuis un siècle et demi les discordes enfantées par la Réforme bouleversaient l'Europe entière : plus ou moins sanglantes partout, elles l'étaient principalement dans le pays qui en avait été le berceau. L'Allemagne, en effet, champ de bataille et théâtre de toute espèce de dissolutions depuis le commencement, vit à la fin éclater cette *guerre de trente ans* dont le but avoué était d'obtenir aux croyants la liberté de croire, mais dont le but vrai était d'octroyer aux princes la faculté d'introduire telle religion qu'il leur plairait. Des pays entiers furent dépeuplés, un grand nombre de châteaux devinrent le repaire des loups, et la civilisation de ce peuple qui au moyen âge avait tenu le premier rang, fut noyée dans le sang. Les deux partis épuisés laissèrent enfin tomber les armes de leurs mains fatiguées, et la paix de Westphalie signée, en 1648, fut la première qui se conclut non plus d'après le pacte religieux du moyen âge au nom de l'Evangile et de la république chrétienne, sous l'autorité souveraine et reconnue du pape et de l'Empereur, mais à l'abri d'un nouveau droit politique et sous l'inspiration d'une idée toute nouvelle aussi, celle de l'équilibre matériel des puissances européennes.

Trente années de luttes sanglantes avaient démontré qu'une religion ne parviendrait plus à en abattre une autre : aussi convenait-on d'un commun accord que le catholicisme, le luthéranisme et le calvinisme seraient également tolérés, dans les limites territoriales qu'ils avaient à cette époque. Les partis ne se mettaient donc pas d'accord : ils s'obligeaient tout au plus à cesser réciproquement les hostilités. En constituant légalement protestante une si grande partie de l'Europe, on enlevait aux papes l'espérance de jamais la ramener à un seul bercail. L'Église n'accepte pas les faits accomplis jusqu'à renoncer à ce qu'elle a une fois légitimement possédé, lors même que les conventions internationales les plus solennelles violent son droit inaliénable. Aussi Innocent X réprouva-t-il le traité de Westphalie[1], le déclarant sans effet, non pas certes qu'il ne fût très-désireux de la paix, lui qui en avait poursuivi la conclusion avec infiniment de zèle, mais parce que cette paix était préjudiciable à l'Église et au salut des âmes, en tant qu'on y formulait un principe absolument immoral, à savoir que : *le chef de l'État était par cela même le chef de la religion.* De cette doctrine naquirent le despo-

---

(1) Voir la note 1 du Discours IV ci-dessus, p. 302. Les papes purent sauver des dévastations de cette guerre la bibliothèque du palais d'Heidelberg, qui fut transportée à Rome et rendue en 1815. Scioppius, que nous avons déjà rencontré sur notre chemin, a accusé Léon Alatius, dont nous avons également fait mention, d'avoir distrait les meilleurs livres de cette collection : ce dernier s'en est disculpé.

Le marquis François Nerli, ambassadeur du duc de Mantoue à Rome, écrivait à son souverain : « L'antique gloire de la cour de Rome se mourait, non sans grand dommage pour notre sainte religion, dans les dernières années de la vie d'Innocent X, car non-seulement cette Allemagne gangrenée, non-seulement les langues envenimées des hérétiques, mais les bouches profanes de chrétiens impies vomissaient toutes sortes d'injures abominables contre la majesté papale ; c'était assez des ministres du défunt pontife et de toute la sequelle des membres cupides de la maison Pamphli pour exciter de toutes parts des clameurs continuelles. Accablé sous le poids de ces souvenirs honteux, l'odieux pontife est resté malade quelques mois, et s'est éteint d'hydropisie. »

tisme sur les consciences, et une tyrannie telle, que depuis la chute du paganisme jamais tyrannie pareille n'avait pesé sur la société civile, et cela jusqu'au point où, les vives croyances d'autrefois étant venues s'engloutir dans l'indifférence pour le dogme, les princes purent décréter ce que bon leur sembla sans que les peuples songeassent même qu'il fût de leur intérêt de résister.

La paix de Westphalie marque le temps d'arrêt de l'influence que l'Église avait reconquise avec tant d'éclat depuis le concile de Trente. La souveraineté temporelle fut définitivement reconnue et consolidée. Clément VIII (1592-1605), qui reçut Henri IV dans le sein de l'Église et fut le médiateur de la paix de Vervins, eut, pendant le jubilé qu'il accorda, la consolation de voir un grand nombre de juifs et de mahométans se convertir à la foi. Il recouvra Ferrare, qui, avait été donné en fief. Urbain VIII fit rentrer de la même manière sous son autorité Urbino, Montefeltro, Gubbio, Pesaro, Sinigaglia ; et, fidèle à la bulle *Admonet vos* de Pie V, qui défendait de convertir en fiefs les possessions de l'Église, il refusa d'en investir féodalement les Barberini, ses parents, et se contenta de leur faire des libéralités en argent. Déjà Camerino avait été repris par Paul III, en 1539 ; Innocent X ayant enfin reconquis, en 1649, Castro et Ronciglione, l'État pontifical se trouva reconstitué comme l'indiquait la bulle de Pie V, avec autant de territoire qu'il était nécessaire pour le libre exercice de l'auguste souveraineté pontificale.

Comme pour compenser tant de pertes subies, la Propagande fit d'immenses progrès, institua de nouveaux sièges épiscopaux dans le Brésil, en Californie, aux deux extrémités de l'Afrique et dans ses îles. Les Jésuites s'avancèrent dans le Thibet, pénétrèrent chez les Birmans,

Clément VII.

IV — 26

à Siam, à Malaga, dans le Tonking, en Cochinchine.

Mais de toutes parts éclatèrent bientôt les discordes intestines : les princes catholiques eux-mêmes ne respectaient plus la suprématie religieuse et refusaient aux papes
jusqu'aux égards dus aux souverains.

Alexan-
dre VII et
Louis XIV. Dans les conférences qui précédèrent la paix de Westphalie, le cardinal Fabius Chigi, Siénois, qui devint pape
sous le nom d'Alexandre VII, avait eu la haute main. Un
M. Lebrun imprima à Genève, en le datant de La Haye
(1686), un voyage en Suisse où il raconte que, dans ses
longues négociations avec les princes et les ministres
protestants, ce cardinal avait conçu une grande estime
de leur religion; lui qui quelque temps auparavant avait
publié sous le pseudonyme d'Ernest-Eusèbe le *Jugement
d'un théologien*, où il malmenait les dissidents, se con-
vainquit alors qu'il n'y avait rien d'hérétique dans
leurs doctrines; il ne fit cependant point de pas plus décisif en avant, jusqu'au moment où le comte Pompée,
son proche parent, finit par lui ouvrir les yeux. Celui-
ci vivait en Allemagne, dans une terre dont il avait
hérité de sa mère; le nonce, étant allé l'y visiter, passa
tout un hiver avec lui. Ils vinrent naturellement à causer
de religion : et, ayant eu sur ce sujet un grand nombre
d'entretiens, ils mirent la main sur la Bible annotée par
Diodati, et après maintes discussions ils restèrent d'accord
que la religion protestante est la véritable. Le nonce
promit à son parent d'abandonner l'erreur dès qu'il
ne serait plus nonce, et de venir le rejoindre pour abjurer la religion romaine. Le comte Pompée se rendit en
effet à Orange, où il fit profession publique de protestantisme : toute l'Europe retentit de ce scandale, mais
bientôt après il mourut empoisonné, à Lyon. Le nonce

en fut atterré : devenu cardinal, et ensuite premier secrétaire de la chambre apostolique, il changea de résolution, tout en restant calviniste de cœur, à ce qu'as-
suraient maintes publications faites en Flandre.

Tout cela devait être de pures inventions des journalistes
de l'époque, et alors que l'imprimerie était encore très-
peu répandue, il arrivait facilement que les fausses nouvelles duraient assez longtemps pour paraître des vérités.
Mais nous ferons remarquer que Sorbière répondant à quelqu'un qui lui avait écrit : *Si vous allez à Rome, vous y
verrez des choses qui vous feront revenir à l'Église réformée,*
affirme n'y avoir rien vu qui ne l'eût édifié, et admire particulièrement le saint-père et sa conversation pleine d'affabilité. D'autre part, quelques gentilshommes anglais, ayant
été reçus en audience par le même pape, et s'étant agenouillés suivant l'usage, celui-ci sachant qu'ils étaient
protestants leur dit : « Allons, levez-vous ! Je ne veux pas
« que vous commettiez ce qui dans votre opinion est une
« idolâtrie. Je ne vous donnerai pas ma bénédiction, puis-
« que vous ne croyez pas à ce que je suis, mais je prierai
« Dieu qu'il vous rende dignes de la recevoir [1]. »

On raconte que lorsqu'il fut élu pape, il ne voulait pas
être intronisé à Saint-Pierre avec la cérémonie tradition-
nelle de l'adoration des cardinaux, et que tant qu'elle dura
il tint dans ses mains un grand crucifix, pour que l'adoration fût adressée à Jésus lui-même. Lorsqu'on le dépouilla de ses habits pour le vêtir en pape, on découvrit
un rude cilice sur son corps : il fit aussitôt préparer son

---

(1) Bayle, au mot *Chigi.* Le livre de Chigi auquel je fais allusion
est : *Judicium Theologicum super quæstionem an pax qualem desiderant
protestantes sit secundum se illicita...,* opere ac studio Ernesti de Euse-
biis *civis romani.*

cercueil, que l'on plaça sous son lit. L'art lui doit des monuments somptueux, parmi lesquels nous citerons la
colonnade de Saint-Pierre. Il avait la pensée de former à
Rome un collège composé des plus grands savants du
monde, pour s'aider de leurs lumières dans les controverses sur la foi et pour la réfutation des livres hétérodoxes.

Nous devions faire connaître ce pape, puisqu'on a tant
médit de lui, depuis le jour où commencèrent ses querelles
avec la France. Les princes avaient cessé de chicaner les papes au sujet des rapports de l'Église avec l'État, au moment
où les uns et les autres étaient menacés par l'ennemi commun ; mais on en était venu à discuster la question de savoir
si le pape est supérieur au concile; s'il a la suprématie
sur les rois pour protéger leur autorité et empêcher l'abus
qu'ils peuvent en faire. La France voulait rester catholique,
mais à la condition que l'Église ne se mêlerait pas des
affaires de l'État, et il ne manquait pas de personnes, aussi
droites que bien pensantes, qui estimaient pouvoir, sans
rompre l'unité, établir une Église nationale ayant pour
chef le roi et pour juges les assemblées du clergé; on aurait formé ainsi une Église *gallicane*, non pas séparée, mais
distincte de l'Église *ultramontaine*.

On publia à ce sujet une infinité d'écrits : on fit entendre le mot menaçant de schisme, non pas au nom de la
liberté humaine, mais au nom de l'absolutisme royal. Le
cardinal de Richelieu, ministre de France, avait espoir que
cette innovation le conduirait à la dignité suprême; ayant
été déjoué dans ses projets, il donna à la cour de Rome
ces ennuis, ces embarras par lesquels les puissants ont
coutume de la punir d'avoir raison. Le roi Louis XIV, qui
inventa et fit admirer le despotisme administratif, ne vou-

lait pas avoir moins d'autorité dans les choses sacrées
que n'en avaient les protestants.

Un domestique du cardinal d'Estrée fut tué à
Rome; cette mort fournit au roi le prétexte de réclamer avec fracas des satisfactions, qui parurent d'autant
plus indécentes à Alexandre VII, que ce même Louis XIV
supportait sans mot dire, les insultes du Grand-Turc, qui
faisait donner la bastonnade à De la Haye envoyé de France
à Constantinople.

Dans son assemblée de 1682, le clergé français publia
la fameuse Déclaration que l'on regarda depuis lors comme
le symbole de l'Église gallicane, bien que ce ne soit au fond
qu'une consultation de droit canon. En décrétant l'omnipotence du roi, on y établit que, suivant l'antique coutume de France, le jugement du pape en matière de foi
n'est irréformable que s'il a été accepté par l'Église
universelle; et qu'au roi appartient le revenu des bénéfices vacants tant que ceux qui en ont été investis n'ont
pas prêté le serment.

Déclaration gallicane. Les franchises.

Fort de la décision du parlement, qui avait prononcé
que nul ne devait être supérieur au roi, Louis, désireux
d'associer à sa magnificence vraiment théâtrale la gloire
des luttes théologiques (A), décréta que ces articles seraient lois d'État et défendit d'enseigner le contraire; il
les étendit aux pays nouvellement acquis à sa couronne.

C'était là une nouvelle phase du conflit entre l'Église
et l'État : trente-quatre évêques, hommes liges du roi et
réunis par son ordre, prétendaient enseigner à l'Église et
à son chef ce qu'elle peut ou ce qu'elle ne peut pas.

Le fait en lui-même et aussi la manière dont il se passa dé-
plurent au nouveau pape Innocent XI, qui refusa de confirmer les nouveaux évêques de France. Et lorsque Bossuet lui

écrivait, au nom des évêques, pour l'exhorter « à céder à la volonté du plus catholique des rois et à montrer de la bonté dans une affaire fâcheuse où il n'y avait pas lieu de montrer du courage », Innocent répondait : *Adversus vos ipsos potius pugnatis, dum nobis in ea causa resistitis in qua istarum Ecclesiarum salus ac libertas agitur.*

Non content de le harceler par une foule d'écrits, le roi lui chercha querelle pour les franchises. Les ambassadeurs avaient obtenu à Rome une immunité qui exemptait leurs palais et les dépendances de ces palais de la justice du pays. Cette garantie, opportune en temps de troubles, dégénéra en une source d'abus : ces palais, les jardins et les places environnantes devinrent l'asile des vagabonds et des criminels, qui de là, comme de derrière un retranchement, insultaient la loi et les magistrats, au point que Rome avait la physionomie d'un refuge de malfaiteurs : d'autant plus que les princes indigènes et les cardinaux réclamaient la même franchise.

Innocent XI. Innocent XI pensa remédier au mal en ne recevant plus aucun ambassadeur s'il ne renonçait à cette franchise. La plupart se soumirent : Louis résista, et, s'appuyant sur le droit du plus fort, il ordonna à Lavardin, son nouvel ambassadeur, de faire son entrée à Rome avec huit cents hommes armés qu'il échelonna autour du palais de France. Et lorsque le pape refuse de le recevoir, lorsque les prêtres quittent les églises où l'envoyé de France entre, Louis occupe Avignon, et menace de diriger une armée sur Rome.

C'est encore là le choc entre une conscience ferme et une force brutale ; entre le *nous voulons* d'un homme armé et le *nous ne pouvons* d'un homme désarmé. En attendant, les Églises de France restaient sans évêques ; l'idée d'un

schisme effrayait les timorés ; si bien que le roi dut conseiller aux nouveaux évêques de se soumettre, ce qu'ils
firent : on cessa d'autre part d'appliquer les édits contraires
à la liberté ecclésiastique, et tout fut de nouveau apaisé.

Les Français, toujours hommes liges du roi, n'épargnèrent aucune injure à Innocent XI, et prodiguèrent les
flatteries à ces fastueuses brutalités de Louis XIV. Les
journaux regorgeaient d'infamies contre le pape : on alla
jusqu'à dire que, pour nuire à la France, il avait protégé
les protestants persécutés par le roi, et qu'il était lui-
même protestant[1]. Voltaire proclama qu'il était « le seul
pontife du siècle qui n'eût pas su se conformer à son
temps. » Honorable reproche s'il en fut jamais !

Innocent XI supprima un *Office de l'Immaculée Conception
de la Très-Sainte-Vierge, Notre Dame, approuvé par le souverain Pontife Pie V*, etc., Milan, 1615. Aussitôt les gallicans
firent imprimer ce décret du 17 février 1678, avec un autre
portant l'abrogation de diverses indulgences : ils voulaient
conclure de là à la faillibilité du pape. Or l'Office en question était déjà ancien ; il était approuvé, il était en usage,
mais, dans l'édition de Milan, on y avait ajouté des choses
fausses et téméraires, et c'est sur ces choses fausses et téméraires que tombait la désapprobation.

Ce fut un grand malheur qu'occupée par ces puériles querelles de princes, l'attention de la cour romaine ne pût point
se porter suffisamment sur les grands problèmes politiques

(1) Et tout le parti Protestant
     Du saint Père en vain très-content.
     Le chevalier de Sillery
     En parlant de ce pape-cy
     Souhaitait pour la paix publique
     Qu'il se fût rendu catholique.
          (LA FONTAINE, *OEuvres posthumes*, pag. 171.)

et moraux qui s'agitèrent alors dans le sein de l'Église et au dehors. Cette époque a pour caractère l'indépendance avec laquelle les nations étrangères, la France et l'Angleterre principalement, que leurs troubles intérieurs avaient empêchées de prendre part au mouvement scientifique du siècle précédent, travaillaient à remplir le vide laissé par la chute de la scolastique, au moyen de combinaisons philosophiques artificielles : elle se fait remarquer encore par le besoin qu'éprouvent les auteurs de ces systèmes de tout désapprouver dans le passé, de tout renouveler dans l'avenir, partie avec leurs propres fantaisies, partie avec des réminiscences. Le protestantisme, qui avait provoqué la rupture de la théologie et de la philosophie, n'était point étranger à cette disposition des esprits : aussi la philosophie émancipée cherchait-elle à constituer la raison juge suprême et absolu des choses elles-mêmes se rattachant au monde surnaturel. Si l'on ne niait pas encore les principes généralement admis et révérés, on osait déjà les ébranler par le doute.

Descartes.   Réné Descartes (1596-1650) voulut entièrement divorcer avec le passé, et affranchir la raison humaine de toute idéalité objective, en appliquant à tout le doute scientifique, en éliminant des sciences toute autre autorité que celle de la raison pure, tout criterium de la vérité hormis l'évidence : « Qu'on ne cherche pas, disait-il, ce que d'autres pensèrent de l'objet de nos études ou ce que nous en supposons nous-mêmes, mais seulement ce que nous pouvons voir avec évidence, déduire avec certitude. »

C'est ainsi que Descartes remettait tout en doute : les livres, les hommes, lui-même, jusqu'à la morale; s'en faisant une provisoire, qui consistait à obéir aux lois et aux coutumes du pays; à conserver sa religion propre; à ac-

complir avec résolution tout acte bien délibéré quoique
douteux en lui-même; à modérer ses désirs, à former sa
raison.

Déjà Galilée avait écrit au père Castelli : « Le doute en
philosophie est père de l'invention; il ouvre le chemin à
la découverte du vrai[1]. » Mais si le doute logique est universel, il ne reste aucune certitude, et de là nait cette discorde de systèmes, cette anarchie de la pensée qui
forme précisément l'opposé de la méthode catholique,
celle-ci ayant pour fondement idéal le verbe révélé, pour
criterium infaillible de certitude la révélation, et pour
guide dans la doctrine la voix du prêtre : une fois ces
bases posées, nous sommes portés à croire à notre existence, à celle des autres hommes et de Dieu, à la Rédemption, à l'Écriture et à un grand nombre de faits.
Il nous faut donc ou être illogiques, ou tomber dans le
scepticisme en rejetant l'évidence naturelle de l'intelligence. Pour ne pas tomber dans le scepticisme, Descartes
alambiqua des arguments : et, après avoir prouvé que Dieu
existe, parce que nous avons l'idée de Dieu, il conclut que
le monde existe, parce qu'autrement Dieu lui-même nous
tromperait si nos sens créés par lui nous trompaient.
Il n'admet cependant pas une connexion intime entre les
choses et l'idée que nous en avons; il existe dans le système cartésien un dualisme entre l'âme et le corps, duquel Malebranche fera plus tard dériver ses causes occa-
sionnelles. Descartes ne prévoyait pas certes les conséquences désastreuses que ses successeurs en tireraient; il
ne prévoyait pas qu'il ouvrait la voie au panthéisme et à
cette opinion d'après laquelle chacun est libre de se

[1] *OEuvres de Galilée,* vol. I, p. 231.

créer une science à soi, qui porte en elle-même la raison de la certitude et de la connaissance de Dieu. Descartes était, lui, très-religieux : pendant qu'il se passionnait autour de sa *Méthode des recherches*, il fit vœu d'aller en pèlerinage à la sainte maison de Lorette; il s'y rendit en effet en grande dévotion, à pied depuis Venise, dans l'année 1624 : de Lorette on le vit aller gagner le jubilé à Rome [1].

Le philosophe Fardella proclame divine l'analyse cartésienne; mais un Italien, Gioberti, ne trouve pas de termes suffisants pour flétrir l'incapacité, l'ignorance, la légèreté de Descartes, les paralogismes continuels sur lesquels il étaye son œuvre, la plus absurde des œuvres, qui tend, dit-il, à greffer le dogmatisme sur le scepticisme, à considérer le néant comme l'origine de toute chose. Il l'accuse d'avoir créé le psychologisme, qui constitue l'hétérodoxie moderne. Les écrits de la scolastique et la décadence des moines faisaient, toujours d'après Gioberti, sentir le besoin d'une réforme. En y travaillant, il s'est égaré : les Allemands, à leur tour, sont tombés dans la négation de l'idée, en voulant remonter immédiatement à l'expression écrite du véritable idéal sans le secours de la parole, c'est-à-dire sans le secours de l'Église, et en interrompant la chaîne historique de l'idée. On enleva ainsi aux hommes de l'avenir la possibilité de jamais ressaisir l'idée, quelque ardeur que les Allemands aient mise à sa poursuite, puisque

(1) Ce sont des Italiens qui ont le mieux combattu Descartes. Citons Thomas Rossi, auteur des *Mystères divins*, qui resta inconnu; Doria, lui aussi, presque inconnu; mais J.-B. Vico, pendant que Descartes démolissait l'histoire, lui assigna les lois de ses progrès et une raison d'être toute nouvelle. Il a précédé ceux qui la soumettent au fatalisme et lui donnent le caractère de l'éternel et de l'infini; il y maintint les lois de la métaphysique et l'enrichit par ses théories.

l'hérésie est le psychologisme religieux, père du psychologisme philosophique et source de toutes les erreurs.

Gioberti pense qu'en Italie le terrain était, plus encore
qu'en Allemagne, propice à la semence luthérienne, au
moins dans les classes cultivées, tandis que les autres
montrèrent toujours de la répugnance à la recevoir. Les
Sociniens employaient le principe protestant, non plus à
renverser les ordres et les rites catholïques, mais l'ontologie
chrétienne. Descartes fit le troisième pas en transportant
les doctrines protestantes dans le camp de la philosophie,
en appliquant, comme Luther, l'analyse sans la faire précéder de la synthèse, non pas seulement à la foi mais à la
raison (B). Bien plus, pendant que le protestantisme accepte
l'authenticité de la Bible et les vérités morales premières
et naturelles, Descartes doute de toute espèce de vérité, et
enlève à l'intelligence tous les étais sur lesquels elle pourrait s'appuyer pour élever l'édifice de la science ; il donne
à croire que l'homme est capable de réussir dans cette
entreprise par la seule étude de lui-même, et de déduire
l'être de sa propre pensée. Là prit naissance le vice principal qui infecte toute la philosophie moderne, le psychologisme qui conduit nécessairement au *sensisme* et à
toutes les petitesses de la science contemporaine. Or Descartes fut *sensiste* dans les principes et dans la méthode :
de lui procèdent Locke, qui enleva à la psychologie sa base
ontologique ; Spinoza, qui cherche une ontologie nouvelle,
détachée de la tradition ; Kant et Condillac, qui rejetant
l'ontologie, réduisent la science à la psychologie et donnent
à l'idée les qualités des sens ; enfin, les sceptiques absolus,
qui nient la possibilité de toute psychologie ou de toute
dogmatique et de toute ontologie, c'est-à-dire de tout ce
qui est réel et susceptible d'être saisi par la connaissance.

Je ne dois pas omettre de dire que notre Bruno en philosophie, notre Galilée en physique avaient devancé Descartes. Ochin, qui est aussi un fils de l'Italie, avait déjà
formulé la fameuse proposition : *Je pense, donc j'existe*[1].
Il faut reconnaître cependant que l'influence de Descartes,
se plaçant à la tête des penseurs modernes, fut immense.
Si d'une part, en séparant la pensée de l'étendue, il mit
en lumière deux séries de faits perpétuellement distincts,
d'où naquit la séparation des sciences spirituelles d'avec les
sciences physiques, de l'autre il opposait les idées innées
au *sensisme* de Bacon, et attirait sur les phénomènes in-
ternes l'attention que les Anglais avaient uniquement fixée
sur les phénomènes externes. Si, placé en face des questions religieuses, il répondait : « Cela ne me regarde pas »,
il est vrai de dire aussi qu'en se cramponnant à la philosophie platonicienne, il éclaira le chemin qui conduit
à Dieu, en s'écriant : « Je suis un être imparfait, incom-
plet, dépendant d'un autre; un être qui aspire continuellement à quelque chose de meilleur et de plus
grand; mais les grandes choses auxquelles j'aspire, celui

---

(1) Dans le *Catéchisme*, imprimé à Bâle en 1561, on lit :

Le Ministre. Bien que notre être soit infiniment loin de l'être de Dieu,
on ne peut concevoir que l'homme n'existe pas. Que dis-je, c'est chose
si claire, qu'on ne peut pas en trouver de plus notoire, et celui qui ne
croit pas à l'existence fait preuve d'une absence totale de bon sens.
Aussi, je te prie, mon cher illuminé, de me dire s'il te semble que tu
existes, oui ou non.

L'Illuminé. Il me semble que j'existe, mais je ne suis pas sûr pour
cela que j'existe; car, tout en croyant exister, peut-être que je me
trompe.

Le Ministre. Il est impossible à celui qui n'existe pas qu'il lui semble exister; donc, puisqu'il te semble que tu existes, il faut dire que tu
existes.

L'Illuminé. Ainsi, c'est vrai.

dont je dépends les possède actuellement, infiniment[1]. »

Mais en voulant appliquer sa doctrine, ses disciples tombèrent dans le panthéisme et l'épicuréisme. Gassendi, provençal (1592-1655), grand ennemi de la scolastique, fit créer à Dieu les atomes seulement : du concours des atomes s'est formé tout ce que nous voyons; l'âme elle-même n'est qu'une atténuation de la matière : en sorte que, reconnaissant le travail et l'activité seule de la nature, Gassendi nie tout ce qui est au-dessus des sens. En morale il exalta Épicure et Lucrèce, tout en cherchant à les épurer, comme il convenait à un bon prêtre qu'il était.

Gassendi.
Malebran-
che.

Malebranche (1638-1715) distingue les idées des sensations et même des sentiments; mais l'existence réelle des corps externes n'a, selon lui, de certitude que par la révélation; entre eux et les esprits il n'existe d'autre corrélation que celle que Dieu établit; ils sont en outre la simple cause occasionnelle des sensations.

Baruch Spinosa, israélite (1632-77), définit la substance, ce qui est en soi et se conçoit par soi, *per substantiam intelligo id quod in se est et per se concipitur.* — La substance est donc nécessaire et infinie, et par conséquent une et indivisible; elle est Dieu.

Spinosa
et
spinosisme.

Une substance ne peut exister sans attributs; et, étant infinie, elle ne peut avoir que des attributs infinis. Donc Dieu a un nombre infini d'attributs infinis. Parmi tous ces attributs nous n'en pouvons distinguer que deux : l'étendue infinie et la pensée infinie.

L'attribut de l'extension infinie n'implique pas que Dieu soit corporel; par l'extension infinie, Dieu se soustrait à toute division. Quant à la pensée, Dieu n'en a pas d'autre

(1) *Méditation III*, in fine.

que sa propre essence : ainsi, lorsque par métaphore on parle de l'intelligence divine, il n'y a pas lieu à la confondre avec l'intelligence humaine, de la même manière que lorsqu'on parle du bélier, du zodiaque, on ne le confond pas avec le bélier du troupeau. Nous avons de la peine, il est vrai, à ne pas rapporter à Dieu nos propres facultés ; mais si le triangle pouvait penser, il dirait que Dieu est éminemment triangulaire.

Extension infinie mais non divisible, pensée infinie sans intellect, Dieu doit être considéré comme libre, pourvu qu'on ne se méprenne pas sur le sens de ce mot. Croire que Dieu ait à choisir, lui attribuer une liberté d'indifférence, supposer que volontairement il proportionne certains moyens à certaines fins, est une grossière erreur. La liberté de Dieu est cette vertu qui fait que toutes choses procèdent de Dieu, précisément comme elles en procèdent : les manifestations de Dieu lui sont inhérentes, comme au triangle ses propriétés : en conséquence toutes choses sont bien comme elles sont ; tout est pour le mieux ; tout vient de Dieu, tout est par Dieu, tout est Dieu ; Dieu est la cause efficiente, immanente de tout ce qui existe.

Dieu est la *nature naturante*. Si la nature, substance infinie, douée d'attributs infinis, se révèle par les deux attributs de l'étendue infinie et de la pensée infinie, ces attributs ne se manifestent qu'avec des modes ; d'où *la nature naturée*, le monde. Cela ne veut point dire qu'il y ait création. Le tout étant un et immobile dans sa plénitude infinie, parmi les modes des attributs et les attributs eux-mêmes il n'y a pas procession, mais gradation. Les modes de l'attribut, qui est l'extension infinie, sont les corps ; ceux de l'autre attribut sont les idées, les esprits, les âmes.

Entre ces deux modes on découvre un parallélisme constant, puisque les corps et les âmes ne sont autre chose que les modes de deux attributs appartenant à une substance unique. Bien plus, cette dualité des corps et des âmes se trouve partout, jusque dans les minéraux.

Considéré isolément au milieu de l'universalité des choses, l'homme est un mode complexe de l'extension et de la pensée divine ; son âme est une idée, une succession d'idées divines. Et puisque toute idée a un idéal, c'est-à-dire un objet, le corps est précisément l'objet de l'idée, qui est l'âme. L'âme est le corps qui se pense ; le corps est l'âme qui se sent. Le corps ne peut pas déterminer l'âme à la pensée, ni l'âme le corps au mouvement. Dieu, substance de l'âme et du corps, établit l'harmonie entre l'un et l'autre ; car il ne peut rien arriver en Dieu, extension de notre corps, qui ne se reflète en Dieu, pensée de notre âme.

A l'homme ainsi conçu appartient la connaissance, laquelle est tantôt adéquate comme celle que nous avons de l'esprit, tantôt inadéquate, comme celle que nous avons du corps. La connaissance a des degrés : opinion, imagination, raison ; — quant à l'erreur, n'étant qu'une négation, toute connaissance qui est en nous est divine, toute idée est idée de Dieu.

Avec une telle conception c'est un délire que parler de liberté. La volonté n'est autre chose que le jugement, et entre l'*agir* et le *souffrir* il n'y a pas d'autre différence qu'entre l'idée claire et l'idée confuse. Toute autre liberté, en dehors de l'idée distincte que nous avons de la cause de notre action, est l'hallucination d'un homme ivre. Dieu détermine tout en nous ; nous sommes l'argile dans la main du potier ; l'homme est un automate spirituel. S'il

se plaignait d'avoir reçu de Dieu un caractère mauvais,
ce serait comme si le cercle se plaignait de n'avoir pas les
propriétés de la sphère. Dira-t-on alors que s'il pèche il
est excusable? Si par là on entend qu'il n'excitera pas la
colère de Dieu, on est dans le vrai, attendu que Dieu
n'est pas irritable; si l'on veut dire qu'il est digne de la
béatitude, c'est une folie : celui qui a été mordu par un
chien enragé est certes non coupable, on ne l'en étouffe pas
moins et à bon droit : ainsi l'homme qui ne peut dominer
ses passions est excusable, mais il n'en doit pas moins
être privé de la vision de Dieu. Ce serait tomber dans
l'anthropomorphisme que de concevoir Dieu comme un
juge qui punit et récompense. Dieu doit être considéré
purement et absolument comme Dieu; c'est la qualité de
l'œuvre qu'il faut apprécier, et non la puissance de l'ouvrier, puisque l'œuvre porte nécessairement ses conséquences, comme il est naturel au triangle que ses trois
angles forment deux angles droits.

On a reconnu là le panthéisme matérialiste de l'italien
Giordano Bruno.

Spinosa déclare la théologie vénérable par l'obéissance
et la foi qu'elle inspire, mais il est nécessaire de placer à
ses côtés la philosophie, qui demande à la raison seule la
vérité et la certitude. Les pratiques religieuses sont enfantées par la crainte; c'est pourquoi elles sont indépen-
dantes dans les gouvernements libres. L'État a le droit de
régler et la philosophie et la religion. Les religions sont
un produit de l'esprit humain; elles se plient aux circonstances, et plaisent à Dieu pourvu qu'elles conduisent les
hommes à la vertu. Pas de miracles, pas de prophéties ; il
n'est pas nécessaire pour le salut de croire en Jésus-Christ.
La tranquillité de l'esprit est la grande aspiration de

l'homme qui, par un égoïsme raisonné, évite les agitations qui naissent de la compassion, et ne cherche ni l'amour de Dieu ni celui de ses semblables.

C'est ainsi que Spinosa tirait franchement les conséquences des principes de Descartes, conséquences devant lesquelles Malebranche s'était arrêté. Pendant que Descartes portait l'examen sur l'intérieur de l'homme, Locke le fixa sur l'extérieur, en popularisant, ou plutôt en vulgarisant la métaphysique. Locke fut le véritable père des *sensistes*; il ne reconnaît d'autre révélation que la révélation des sens, réduit la morale à la religion, et la religion n'est plus que le calcul de l'intérêt. Malebranche donc, à force de penser au Créateur, faussait le sens de la création, en considérant Dieu comme cause non-seulement efficiente mais immanente : Locke s'enorgueillissait dans la puissance du moi jusqu'au point d'anihiler Dieu.

L'empirisme politique de Machiavel, qui cherche le succès quand même, sans s'inquiéter de la justice, fut recueilli comme un héritage par Hobbes (1578-1679). Ce philosophe voulut donner la tyrannie pour remède aux discordes révolutionnaires de son pays. Il affirme que la nature humaine est essentiellement perverse, et que conséquemment l'État gouvernant par la force est nécessaire, l'État qu'il personnifie dans Léviathan, animal monstrueux, vivant d'intrigues politiques.

Il ne voit donc que sensations, intérêt, machinations, guerre de tous contre tous. Il borne le christianisme à la croyance que Jésus-Christ a été envoyé pour fonder le royaume de son Père; mais l'Église doit être nationale et placée sous la direction de l'État qui est l'interprète suprême des Écritures, afin que le sens n'en reste pas abandonné au génie individuel. Si le prince voulait changer

Locke.

Hobbes.

de religion, il faudrait lui obéir. Hobbes, en un mot, n'admet Dieu que pour empêcher tout appel à la liberté de l'homme.

Leibniz.
Bacon.

Le cartésianisme fut encore le -point de départ d'un autre penseur de cette époque, Leibniz (1646-1716); mais il s'en servit pour réfuter le *sensisme* de Bacon et de Descartes, pour prouver les vérités chrétiennes à l'aide de la science; à l'idée de substance il oppose celle de forcé, de cause substantielle, et montre la manière dont la foi concilie en un mystère la coexistence du fini et de l'infini, de la liberté et de la nécessité, de la créature et du Créateur.

Plus positif, Bacon (1561-1626) avait déjà voulu avant Leibniz substituer aux systèmes de la philosophie rationaliste, empirique et superstitieuse, l'investigation des faits, les classifications, la méthode; il indique les sources des erreurs, veut que l'on prenne la nature sur le fait, que l'on combine les phénomènes, qu'on les classe et qu'on arrive par l'induction à leur véritable compréhension. Partant de là, il dispose la science universelle d'après un arbre encyclopédique, et la rattache tout entière aux trois facultés de la mémoire, de l'imagination et de l'intelligence. Les rationalistes le glorifièrent d'avoir le premier rompu en visière avec le moyen âge, et cependant un grand nombre de philosophes italiens l'avaient précédé dans cette voie [1].

Les
philosophes
italiens.

Il serait injuste de ne pas reconnaître que la véritable renaissance fut l'œuvre des Italiens. Comment en aurait-il été autrement au milieu de cette exubérance de vie intellectuelle et matérielle qui s'alimentait aux nombreux

(1) Voir ci-dessus, page 327.

centres de civilisation et de mouvement politique qui s'é-
taient multipliés comme les républiques et les principautés d'Italie? Si tout le talent de Bruno, de Telesio, de
Campanella, de Cesalpino ne parvint pas à élever des
systèmes de doctrine, ces hommes contribuèrent puissamment à affranchir la pensée du joug de l'autorité. Les Italiens n'ont jamais su d'ailleurs que marcher dans les sen-
tiers battus par les étrangers, et nous n'avons pas de noms
à opposer aux illustrations que nous venons de citer, quelque
vigueur et quelque talent qu'ils aient déployés; imitateurs
plutôt que copistes, désireux de transformer plutôt que
de reproduire et de communiquer une nouvelle vie aux
choses mortes, les Italiens s'appliquent à ces choses mortes,
au lieu de chercher la vérité par l'étude immédiate de tout
ce qui est du domaine de la science. S'ils ont parfois des
éclairs de génie, en revanche ils glissent facilement dans
le paradoxe; en un mot aucun d'eux n'a réussi à fonder
un système qui comprît des vérités capables de subju-
guer l'intelligence; car, après tout, si l'intelligence admire
un moment les excentricités, elle ne se repose que dans
l'ordre.

Nous avons vu prétendre à l'originalité Thomas Campanella qui, avant Bacon, avait tenté de fonder une philosophie de la nature sur l'expérience. Il respecte la révélation, fondement de la théologie, comme la nature est la
base de la philosophie. Il admire saint Thomas et Albert
le Grand; mais sa tapageuse indépendance le porte aux
témérités de la logique; il réprouve les païens et n'approuve pas les chrétiens, qui, selon son expression, *en
partie christianisent, en partie paganisent;* dégoûté des
péripatéticiens, il s'éprend de Telesio et de sa liberté de
philosopher

Dans un écrit adressé au grand-duc Ferdinand II, il louait ses pères d'avoir, en remettant en honneur la philosophie de Platon, banni celle d'Aristote et substitué aux opinions des hommes l'expérience de la nature. « Grâce à « cette faveur (dit-il), j'ai réformé toutes les sciences, « d'après la nature et suivant le texte des Écritures de Dieu. « Le siècle à venir jugera de nous, car le siècle présent « crucifie ses bienfaiteurs; ceux-ci au reste ressuscitent « le troisième jour du troisième siècle. »

En lui envoyant de Paris ses ouvrages, il dit encore : « Vous verrez qu'en quelques points je ne suis pas d'ac- « cord avec l'admirable Galilée, votre philosophe, mon « ami et mon maître. La divergence de nos opinions n'em- « pêche point la concorde de nos deux volontés ; je con- « nais d'ailleurs Galilée un homme si sincère et si parfait, « qu'il aura plus de plaisir à mon opposition que non pas « à l'aveugle approbation de bien d'autres. »

Suivant Campanella, la création comprend *l'être et le non-être; l'être,* c'est la puissance, la sagesse, l'amour, ayant pour fin l'essence, la vérité, le bien, pendant que *le non-être,* c'est l'impuissance, la haine, l'ignorance. En tirant les choses du néant, l'Être suprême dans lequel les trois qualités primordiales n'en font qu'une, quoique distinctes, communique à la matière ses idées inépuisables, qu'il subordonne au temps et à l'espace ; il leur infuse en outre les trois qualités qui deviennent les principes de l'univers sous la triple loi de la nécessité, de la providence et de l'amour. Procédant ainsi par triades, il défend, contre les partisans de Machiavel, la liberté de la science et les droits de la raison ; il établit contre les sceptiques un dogmatisme philosophique, basé sur le besoin qu'éprouve la raison d'arriver à la vérité.

Fut-il panthéiste? non pas dans l'intention, puisqu'il professe que Dieu a tiré les choses finies du néant, qu'il les a créées de lui-même, et non de sa propre substance [1] : mais il est panthéiste par voie de conséquence, lorsqu'il dit que Dieu crée par une certaine émanation. Si l'homme possède une intelligence immortelle, à combien plus forte raison le monde qui est tout ce qu'il y a de plus parfait? Que tout ait vie et sentiment, il en trouve la preuve dans l'aimant et dans la sève des plantes; il dépeint avec éloquence les sympathies de la nature et la marche de la lumière à travers toutes les parties de la création, et cette infinité d'opérations ne peut s'accomplir sans volupté.

Descartes, qui était loin d'être l'ennemi des nouveautés, écrit : « Il y a quinze ans, j'ai lu le livre *De sensu rerum* et « autres traités de Campanella; mais j'ai trouvé si peu « de solidité dans ses écrits, que ma mémoire n'en a rien « retenu. Je n'en saurais dire pour le moment autre chose « sinon que ceux qui s'égarent en affectant de suivre des « chemins extraordinaires, me paraissent moins à plaindre « que ceux qui se fourvoient en la compagnie de beau- « coup d'autres. » Il est de fait que Campanella avait recours aux sciences occultes elles-mêmes.

Je citerai encore, et seulement pour le nom qu'il s'est fait dans la littérature et la jurisprudence, Jean Vincent Gravina (1644-1718). Ayant passé sa première jeunesse à Rome dans la maison de Paul Coardo de Turin, qui fut plus tard camérier de Clément XI, Gravina eut là l'occasion de connaître un certain nombre de grands personnages, avec lesquels il discutait principalement sur la morale relâchée. Cette thèse devint celle de son traité *De*

Gravina.

_____

(1) *Quœst.* II. Dans les Libri Fisionomici. Nous en avons parlé en détail tome III, page 562 et suivante.

corrupta morali doctrina, où il démontre que les fauteurs de cette doctrine causent plus de préjudice à l'Église que les hérésiarques. L'ouvrage fit du bruit, et le père Concina l'inséra presque tout entier dans son traité *De incredulis*.

Puisque nous en sommes aux poëtes, n'oublions pas Thomas Ceva, Milanais (1648-1756), qui remplit de ses sentiments de piété les vers latins où il chante que les hérésies de Luther et de Calvin naquirent le jour où l'on abandonna la doctrine d'Aristote.

Vico.   Ce fut en combattant le cartésianisme que le Napolitain J.-B. Vico (1668-1744) acquit la vigueur qui le distingue; ce fut en réfutant le génie qu'il devint un génie lui-même. Il ne s'occupa point du problème fondamental de la philosophie, comme l'avaient fait Pythagore et Malebranche; mais il en étudia les applications, et en montra les relations avec la philologie, la jurisprudence et l'histoire; il fit voir comment elle s'incarne et se manifeste dans la vie des nations; il chercha à résoudre le doute par la vérité positive, en créant une *science nouvelle* du droit chrétien, la philosophie de l'histoire.

Vico blâme Descartes d'exiger, pour des vérités qui ne le comportent pas, l'évidence mathématique; sa méthode peut produire des critiques, mais n'enfantera jamais une grande découverte; le mépris de l'érudition porte au mépris des hommes. Prêchant d'exemple, Vico recourt, lui, à la fable, à l'étymologie, aux traditions, aux langues pour rencontrer la réalisation du droit dans l'histoire, et faire voir clairement qu'elle s'agite, par une espèce de flux et de reflux, sous la conduite de la Providence.

Le plus grand philosophe de l'Italie, et l'un des plus grands que l'Europe ait enfantés depuis la Réforme, fut donc un grand catholique : il fut aussi un profond théo-

logien, comme le furent d'autres penseurs de ce siècle :
Leibniz, Malebranche, Pascal, Newton, Kepler, Descartes,
Fénelon, Bossuet. Tous ils appliquèrent la puissance de la
raison et de l'intelligence à découvrir et à comprendre la
vérité, perpétuant les grandes traditions philosophiques,
alors même qu'ils faisaient profession de s'en affranchir;
tous ils crurent à la raison, mais en même temps ils crurent à l'âme et à Dieu.

Ce que Naudé et Languet reprochaient à la philosophie
italienne du XVI° siècle, d'être excessive (*nimia*), peut s'appliquer aussi à la philosophie cartésienne du siècle suivant, interprétée par Gravina, Vico, Fardella. Leibniz
écrivait au président Des Brosses que les Italiens et les Espagnols *Itali et Hispani, quorum excitata sunt ingenia, tam
parum in philosophia præstant quia nimis arctantur* [1], et
dernièrement Eckstein [2] croyait avoir découvert dans les
philosophes italiens un socinianisme déguisé. Ce n'était
peut-être qu'une prédilection pour la physique, et du mépris pour les sciences logiques par eux confondues à tort
avec les inepties de la scolastique : mais, puisque c'en fut
assez pour les égarer, les hommes pieux et prudents
eurent peur et reculèrent devant l'étude des sciences spé-
culatives; de là le frein qu'ils s'imposèrent dans cette étude.

Les vérités religieuses durent nécessairement se ressentir des vérités philosophiques, que les uns patronnèrent,
que les autres réfutèrent même en Italie. Dans les *difficultés proposées à monsieur Steyaert,* œuvre d'un théologien
cartésien, c'est-à-dire Arnauld (IX° partie, page 81) je lis :
« qu'il y eut à Naples des personnes que la lecture de Gassendi jeta dans l'erreur d'Épicure sur la mortalité de

(1) *Opera,* tome II, part. I, pag. 277.
(2) *Le Catholique,* Paris, 1826, tome II, page 198-199, et ailleurs.

l'âme. » L'auteur ajoute que, de fait, « le livre de ce philosophe (*Dubitationes et Instantiæ adversus Cartesii metaphy-
sicam*) contre Descartes est capable d'inspirer l'erreur aux
jeunes gens faibles dans la foi, parce que, d'après lui, la
raison ne démontre pas par des preuves solides que l'âme
soit distincte des corps, pas plus qu'un corps subtil n'est
distinct d'un corps grossier.

Disciples
de
Gassendi
à Naples.

On sait d'ailleurs qu'à Naples l'Académie des *Investi-
ganti* suivait beaucoup Gassendi ; on vit, par suite, divers
jeunes gens se jeter dans les théories d'Épicure et de Lucrèce, résultat que déplorèrent hautement les religieux,
obligés de voir leurs écoles non-seulement abandonnées,
mais tournées en dérision. Les plaintes redoublèrent
quand le médecin Thomas Cornelio mit à la mode Descartes. L'Inquisition de Rome essaya d'introduire ses
commissaires dans le royaume ; monseigneur Gilbert,
évêque de la Cava, ouvrit un tribunal où il recevait les
dénonciations, eut ses prisons à lui, et obtint de force un
grand nombre d'abjurations[1] ; mais la ville se récria,
et en 1692 on lui confirma ses privilèges, en enlevant au
Saint-Office la faculté de procéder dans le royaume.

Ce bizarre esprit qui a nom Trajan Boccalini, critique
éveillé des erreurs et des tyrannies de son temps, se
montre non-seulement l'adversaire des Réformés, mais il
repousse toute espèce de tolérance envers eux, et jusqu'aux simples disputes religieuses.

(1) Voir notre vol. III, p. 43. Il n'y a pas longtemps l'esprit de Lame-
nais, évoqué par la magie moderne, disait : Quand en Italie on brûla
Arnauld de Brescia, Giordano Bruno, Thomas Campanella (*comme s'ils
eussent été des contemporains!*), on étouffa les dernières voix protestant au nom de la vérité contre le fanatisme qui tuait le Christ. Vous
devez ressusciter ces voix saintes. » *Annales du spiritisme en Italie,*
t. I, p. 663.

Mais en général on faisait presque unanimement silence sur les questions soulevées par les protestants, et ce n'est pas une des choses les moins merveilleuses de ce temps-là ; car bien qu'elles fissent répandre le sang dans une partie de l'Italie, bien que la moitié de l'Europe fût bouleversée par les guerres de religion, nous ne trouvons sur la fin du siècle ni champions illustres, ni adversaires redoutables de l'Église, pas même une émotion de curiosité à propos de doctrines protestantes. Nos théologiens d'alors étaient bien loin de la vigueur des Français. Le cardinal Vincent Gotti, Bolonais, démontra la vérité du christianisme contre les athées, les idolâtres, les juifs, les mahométans. Le père Dominique Gravina de Naples combattit Marc-Antoine de Dominis, et publia *Catholicæ præscriptiones adversus omnes veteres et nostri temporis hæreticos*. Le père François Brancati, également de Naples, traita de la prédestination d'après saint Augustin, et de la juridiction du Saint-Office. Philippe Guadagnolo, professeur d'arabe et de chaldéen à la Sapience, fut chargé de traduire la Bible en arabe. Il mourut en 1656. Il avait publié en latin (1631) une apologie de la religion chrétienne contre les objections de Ahmed-ben-Zin-Alabedin, que l'on dit être le meilleur traité contre le mahométisme.

Parmi les livres défendus à cette époque nous citerons :

En italien :

JACQUES RICCAMATI, *Dialogue dans lequel on démontre les ruses que les luthériens mettent en œuvre pour tromper les gens simples et les attirer à leur suite;*

La Science du salut restreinte à ces deux mots, IL Y A PEU D'ÉLUS, *livre traduit du français en italien,* par l'abbé NICOLAS BURLAMACHI;

Buonaventura, abbé de Laurenzana, *Chroniques de la ré-forme de Basilicate;*

Abîmes du Siége Apostolique, ou la cour de Rome persécutée et persécutrice;

Entretiens dé deux amis italiens sur la religion.

En français :

Trois Lettres touchant l'état présent de l'Italie, écrites en l'année 1687. *La première regarde l'affaire de Molinos et des Quiétistes; la seconde, l'Inquisition et l'état de la religion; la troisième regarde la politique et les intérêts de quelques États d'Italie.*

Il est inutile de faire de nouveau observer qu'être à l'Index n'implique pas le fait d'hérésie. Sont plus directement hérétiques les livres de Jacques Picenino : *Apologie des réformateurs et de la religion réformée;* — *Vêtement pour les noces de l'Agneau sur cette terre;* — *Conciliation du mariage et du saint ministère;* — *Triomphe de la vraie religion contre les invectives d'André Semery.* — Ces ouvrages furent défendus en 1707 et 1714.

L'Index nous fait encore connaître un certain André Pissisni, qui se montre matérialiste dans son *Naturalium doctrina;* un père Mazzarini, qui fut poursuivi pour opinions hétérodoxes; un nommé Antoine Pellegrini, qui dans les *Signes de la nature de l'homme* attaque la Providence; enfin, un certain Thomas Léonardo, qui entreprit de prouver que saint Thomas était hérétique [1].

---

(1) Nous trouvons aussi mentionnés à l'Index :

Chiaretta, *Sull'Eucaristia.*

Ciaffoni, *Apologia della morale de' Santi Padri.*

Bozi, *La Tebaïde sacra.*

Gambacorta, *Le immunità ecclesiastiche.*

Jean Garrido, *Sui Benefizj.*

Romulus Cortaguerra, *L'uomo, il papa, il re.*

L'Inquisition, en combattant l'invasion des hérésies, multiplia aussi les procès de sorcellerie, du genre de ceux qui ailleurs déjà ont occupé notre attention. Une femme qui vivait aux gages d'un mauvais prêtre, lui confessa que dame Vittoria Mendoza, femme d'Ossuna, vice-roi de Naples, avait jeté un charme sur ce dernier pour qu'il n'aimât pas d'autres personnes qu'elle, son fils et son gendre ; ce qui expliquait comment ils étaient si fort avant dans ses bonnes grâces. La chose ayant été découverte, Ossuna court trouver Victoria, et, le poignard sur la gorge, la force à tout avouer. Il se rend ensuite chez sa femme, lui raconte ce qui est arrivé, et en attribue le succès à ses prières ; elle se répandit en effet en d'infinies actions de grâces envers Dieu pour avoir brisé le charme. Mais l'accusée était fille du duc d'Alcala, femme du duc d'Uzeda, alliée aux grands d'Espagne : Ossuna, qui l'aimait, ne songea pas à la punir, bien qu'il appliquât les lois à d'autres magiciennes et à leurs maris [1].

Nous avons parlé (tome III, p. 153) du procès de Centini d'Ascoli et autres de ce temps-là.

Plus d'un écrit rapporte, vers l'année 1547, l'histoire de l'âme de Salvator Caravagio : mais c'est dans un long discours de Monsignor Bonifacio, archidiacre de Trévise, que nous la trouvons avec plus de détails. Nous donnons sa version presque mot pour mot :

Spiritisme.
L'âme
de
Caravagio.

JEAN GRILLENZONI, *De lanzietà dell' anima.*
SCIPION CALANDRINI, *Origine delle eresie.*
FELICIEN OLIVA, *La Giurisdizione ecclesiastica.*
BONINI, de Chiavari, *L'ateista convinto.*
CHARLES CALA, *Il contrabando de' preti.*

(1) Le fait est ainsi raconté par l'historien Zazzera. Parmi les livres prohibés à cette époque apparaissent les *Scienze ermetiche* de Jean Orsino ; et *Magica, seu mirabilium historiarum de spectris et apparitionibus spirituum ; item de magicis et diabolicis incantationibus.*

Dans la rue fameuse des *Quarante-Saints*, qui est la plus large
et la plus droite de Trévise, en face l'église des Capucins, se
trouve une petite maison qui était infestée par les esprits : le
sabbat et les manifestations se renouvelèrent pendant plus de
vingt mois. Là habite Périne, veuve déjà âgée, d'une excellente
réputation, et dont le mari a été appelé à une vie meilleure
depuis dix ans. La maison appartient à la dame Périne, et il n'y
a avec elle que Geneviève, fille de son fils Bernardin, qui est également mort. Geneviève a quatorze ans : elle n'est point belle et
point vaniteuse non plus; comme je l'ai constaté dans le cours
du procès et dans mes entretiens avec elle, elle est en outre
simple et candide. Toutes deux sont pauvres, et demandent aux
travaux de femme, au fuseau et à l'aiguille le pain de chaque
jour, attendu qu'elles n'ont qu'un petit domaine d'un très-mince
revenu, lequel devra bientôt se partager encore en un grand
nombre de lots, car Geneviève n'est pas seule : elle a plusieurs
frères et plusieurs sœurs. Jour et nuit on voyait voler des pierres
et des carreaux, la vaisselle se briser, les meubles et les vêtements changer de place; puis, tantôt l'aïeule, tantôt ses petites
filles recevaient de légers coups qui ne manquaient pas de leur
faire mal, quoiqu'ils ne laissassent aucune trace de contusion. A
plusieurs reprises, le pain manquant à la maison, on trouva de la
pâte toute préparée pour le four. La bonde et la cannelle d'un fût et
d'un barillet, dont le vin se [répandit, furent arrachées et lancées
au loin. Si l'on replaçait robinets et bouchons, les premiers étaient
de nouveau ouverts et les seconds encore arrachés. Les ar-
moires furent vidées ; un beau jour on trouva amoncelé sans ordre
tout ce qui les garnissait naguère au milieu d'une chambre.

Ces extravagances furent vues non pas seulement par les habi-
tantes, mais par leurs parents et leurs amis que la curiosité attirait; mais jamais on n'aperçut ni pied ni main, ni aucun agent
soit naturel, soit artificiel auquel on pût attribuer ces actes sin-
guliers. On coupa encore les jambes ou le nœud du genou à toutes
les poules avec tant de précision et de prestesse que, marchant
encore quelque temps, elles paraissaient n'avoir reçu aucune
blessure; puis, à un moment donné, elles tombaient de leurs
jambes, comme si celles-ci avaient été des béquilles ou des sup-
ports postiches. On vit de plus au milieu de la pièce principale de
la maison un drap plié avec un art infini, auquel on avait si bien
donné la forme humaine qu'on eût dit un cadavre : deux flam-
beaux avaient été placés l'un à sa tête, l'autre à ses pieds; les
mains tenaient une croix faite de deux crochets de fer : ceux-ci

avaient été empruntés à l'ancien matériel, de la maison dont le
maître avait de son vivant vendu des saucisses, du lard, des jam-
bons et autres viandes salées. Quand il plut à la divine Providence
de faire cesser cette longue série de désordres, on entendit une voix
inarticulée et accompagnée de sifflements : aux sifflements succé-
dèrent des gémissements, aux gémissements des plaintes rauques et
plus accentuées, soit pendant le jour, soit pendant la nuit : cette voix
paraissait appeler tantôt Périne, tantôt Geneviève, bien qu'on ne dis-
tinguât pas encore parfaitement les paroles. A cette sommation faite
au nom de Dieu : Qui êtes vous ? la voix répondit : Je suis Salvator
Caravagio, mari de l'une et aïeul de l'autre. A la demande : Que
voulez-vous ? la réponse fut : Des secours et des suffrages pour
être tiré du purgatoire. Vous plairait-il qu'on fît venir les Capucins ? Oui. Quatre prêtres de cet ordre vinrent donc faire les
exorcismes, conjurations et bénédictions, conformément aux rites
de l'Eglise, et répandre l'eau bénite sur la maison et ses habitants ;
puis, exposant des *Agnus Dei* au milieu des reliques des saints, ils
invitèrent l'âme à faire connaître sa condition actuelle. Dans plusieurs séances, et répétées en des temps différents, elle répondit
distinctement qu'elle était l'âme de Salvator Caravagio, mort depuis dix ans et enseveli sur la paroisse de Venegazzone, village
de ce diocèse; qu'on allât au cercueil où était son corps, qu'on
creusât sa tombe, on l'y retrouverait tout entier. Interrogé sur
ce qu'il désirait, il répondit qu'il désirait la célébration de huit
messes à l'église de Saint-Gothard, peu distante de là, dans un village du même nom. Comme on lui fit observer qu'il serait long et
mal commode de faire célébrer ces messes dans cette petite église
peu fréquentée, il répondit qu'il serait également satisfait si on offrait le saint sacrifice pour lui sur l'autel dédié à saint Gothard
dans l'église de Sainte-Marguerite, collégiale des pères augustins
de cette ville, et à la question s'il n'avait besoin de rien autre
chose, il répondit qu'il avait besoin de huit autres messes, à l'autel du crucifix, à Sainte-Agnès, sa paroisse. Il demanda en outre une
messe dans l'église de la Chartreuse du bois de Montello, et pria
avec instances et supplications Georges des Grossi (enfant de sa sœur)
de prêter sa charrette à Périne et à Laure, sa belle-fille, aux filles
de Laure, c'est-à-dire à Geneviève et à ses sœurs, pour qu'elles al-
lassent à la Chartreuse entendre la messe et accomplir un vœu qui ne
l'avait été ni par lui, ni par Bernardin, père des jeunes filles. Il exhorta enfin les assistants, qui étaient des amis et des voisins, à bien
vivre, à fréquenter les sacrements, à être justes et loyaux dans
l'exercice de leur profession et de leur commerce. L'Esprit par-

lait sans être vu, d'une voix distincte, quoiqu'un peu embarrassée,
à peu près comme dans la maladie qui l'avait emporté. Dans le
même temps, l'esprit de Bernardin apparut à un tailleur du pays,
nommé Dominique Minoto, et le pria de faire célébrer la messe
votive à la Chartreuse : le tailleur ayant immédiatement accompli cette prière, l'esprit de Salvator se déclara son obligé,
pour la charité qu'il avait exercée envers son fils Bernardin,
charité qui lui avait profité à lui-même, puisqu'il avait pris
part au vœu. Voulant néanmoins s'assurer par d'autres épreuves
s'il était vraiment un esprit bon, ces religieux lui proposèrent
la récitation d'un grand nombre de prières : l'esprit les dit
tout entières d'une voix bien franche ; et comme un homme qui
balbutie un peu ; il répéta plusieurs fois : *Domine, in manus
tuas commendo spiritum meum*, ou bien : *Peccavi, Domine,
Miserere*, paroles qui ne pouvaient sortir de la bouche des diables, incapables de confesser leur péché et d'en implorer
le pardon. Il récita en outre dans leur entier le Psaume *Miserere mei, Deus*, l'antienne *Salve Regina*, le symbole des Apôtres
et autres prières saintes. Pendant que les pères psalmodiaient,
il affirmait en ressentir un grand soulagement ; à l'Evangile de
saint Jean, en particulier, lorsque, faisant la génuflexion, ils prononçaient ces paroles *Verbum caro factum est*, on l'entendait s'é-
crier : Qu'elles soient à jamais bénies ces paroles saintes ! quelle
consolation, quel allégement elles me procurent !

On lui demanda encore pourquoi, étant élu et de plus uni par
les liens les plus étroits à ces femmes, il leur avait causé tant de
préjudices, puisqu'il est très-certain que les âmes du purgatoire,
aussi bien que celles qui sont consommées en grâce, ne peuvent
plus commettre même la faute la plus légère. Ce n'est pas moi,
répondit-il, qui suis l'auteur de toutes ces inconvenances et de
toutes ces sottises, c'est l'esprit mauvais. Quel est cet esprit mauvais ? J'en ai toujours deux avec moi, l'un bon et l'autre mauvais. Interrogé sur le sort des âmes de quelques personnes qui
avaient été ses parents, ses voisins ou ses amis, il dit de deux
prêtres qu'ils étaient en paradis, de deux laïques qu'ils étaient
en purgatoire, d'un seul qu'il était en enfer pour avoir tronqué
ses confessions et caché une bonne partie de ses fautes.

Interrogé encore sur l'état de quelques autres, il déclara n'en
rien savoir, mais que si le bon ange son compagnon le lui découvrait, il le dirait : peu de temps après, il fit savoir que ces âmes
étaient en purgatoire. — Lorsqu'on aura fait célébrer les messes et
accompli les satisfactions par vous demandées, reviendrez-vous ?

— Non. Tout ce qu'il désirait ayant été exécuté, on n'entendit en effet plus aucun bruit dans la maison, qui fut désormais habitée par ces femmes avec une pleine sécurité.

Ici se placent d'autres citations sur le même sujet. On lui posa un grand nombre d'autres questions, dont il se débarrassa en disant qu'elles le fatiguaient. On lui demanda par où il sortirait; il dit que ce serait par la fissure d'une fenêtre placée en face; prié de donner un signe de sa présence, il frappa le plancher d'en haut avec tant de force qu'il tomba une abondante poussière sur les assistants.

Tous ces faits sont attestés par les quatre pères capucins qui intervinrent, par les deux femmes habitant la maison hantée, par Louis Caravagio, fils de l'une et oncle de l'autre, par Georges de Grossi, Marius Zambri artisan, Libera sa femme, Dominique Minoto, et par Bernardin Carraro et autres, tous par moi examinés. Leurs dépositions contiennent un grand nombre d'autres circonstances qu'il serait trop long et trop ennuyeux de passer séparément en revue. J'ai soigneusement inspecté tous les lieux, visité les coins et les recoins de la maisonnette. Je n'ai nulle part découvert une trace de fraude; la fraude du reste n'aurait pu se cacher si longtemps : il était également impossible de tromper tant de personnes malignes et naturellement portées à la défiance; enfin, on aurait fini, à la faveur du jour, par découvrir l'imposture, si imposture il y avait eu, puisque le bruit et les voix étaient entendus aussi bien le jour que la nuit, non pas par quelques-uns seulement, mais par un grand nombre de personnes d'esprit, d'opinions et d'intentions différentes, et parmi lesquelles il ne pouvait y avoir accord et entente[1].

Pour ceux qui, n'ajoutant pas foi au spiritisme moderne, ne voudraient voir en tout cela que de la prestidigitation, nous rappellerons le souvenir du Milanais Joseph

François
Borri.

(1) Extrait d'une copie existant aux archives des Frari, à Venise.

François Borri. Né en 1625, d'un père qui était médecin
et sénateur, élevé par les jésuites de Rome, il parvint à
se créer à la cour du pape une position comme chimiste
et médecin : mais, accusé des dérèglements les plus
odieux, il se réfugia dans une église (1654), et esquiva le
châtiment qu'il avait mérité en simulant une conversion. Il
commença à cette époque à se dire poussé par de fréquentes
visions du ciel à réformer le monde, à rétablir la pureté
dans la foi et les mœurs; il était le pro-Christ, c'est-à-dire
le défenseur du Christ; il se présenterait sur la place du
Dôme de Milan pour prêcher sur les misères de l'âme et
du corps; au bout de vingt ans, il établirait le règne du
Très-Haut, et réunirait tous les hommes dans un seul bercail; quiconque résisterait, fût-ce le pape, serait exterminé
par l'armée pontificale, à la tête de laquelle il se mettrait
avec une épée à lui donnée par saint Michel, et avec l'argent que lui procurerait l'alchimie. A Rome, après l'extermination des méchants, on trouverait dans le *sancta
sanctorum* des écrits de la sainte Vierge; le successeur du
pape régnant serait son ami; il aurait une triple couronne en épines d'or. De là, s'enfonçant dans le gâchis de
sa religion bizarre, il disait qu'*ab œterno* le Fils de Dieu
n'était pas content de sa gloire, qu'il aspirait à une gloire
future et qu'il poussait le Père à créer *ab extra*. La divinité
de la troisième personne est inspirée; l'essence du Verbe
est engendrée, et nous est venue par filiation; l'un et l'autre
sont inférieurs au Père. La vierge Marie est Déesse; elle a
été conçue par une opération divine; fille du Père, égale
en tout au Fils, elle est l'incarnation du Saint-Esprit; elle
est née d'une vierge, c'est pour cela qu'elle est *pleine de
grâce;* elle est présente dans la sainte Eucharistie; enfin
il l'appelait la *très-sainte Déesse;* et il faisait ajouter par

ses prêtres à l'*Ave* et au canon de la messe la formule
Unispirata Filia Altissimi [1].

Dieu voulut que Lucifer adorât Jésus et sa mère la co-
déesse; Lucifer ayant refusé fut précipité dans l'abîme et
une multitude d'anges avec lui; ceux des esprits qui ne
furent leurs complices qu'en pensée voltigent éternellement dans les régions de l'air; c'est par le ministère de
ces derniers que Dieu a créé la matière et les animaux
sans raison; les hommes seuls ont une âme divine et inspirée. La création n'est pas un acte de la libre volonté
de Dieu; il a été forcé de le produire. Les enfants conçus
dans le péché n'en peuvent effacer la souillure, et ils demeurent entachés non-seulement du péché originel, mais
aussi du péché actuel. Si l'homme croit, Dieu est obligé
de lui accorder la Grâce.

Se disant autorisé par saint Paul à critiquer saint Pierre,
il relevait un grand nombre d'erreurs dans les saints
livres; il corrigeait et interprétait le *Pater;* dans le *Credo,*
il enseignait que Marie était sortie du sein de la divine
essence avec une âme déifiée. Il appelait ses disciples les
Raisonnables ou *les Évangéliques;* il exigeait d'eux les vœux
d'union fraternelle, de secret inviolable, d'obéissance au
Christ et aux anges, d'apostolat fervent et de pauvreté;

(t) *Vita del Cavaliere Borri*, p. 354. C'est peut-être l'ouvrage de
Leti, comme le fut l'*Ambasciata di Romolo di Romani,* livre très-rare,
imprimé à Bruxelles, en 1671, et attribué à tort a Borri, et qui contient
comme annexe le procès de ce dernier. Il fut reproduit dans les *Amœ-
nitates literariæ,* t. V, p. 149, et dans la *Storia d'Italia* de Brusoni
(Turin, 1680, de la page 724 à 732), « car en vérité d'aucun hérésiarque nous n'avons lu tant d'extravagances et de folies en matière de
foi. »

Sur le compte de Borri, voir d'autres particularités aux Archives de
Florence, *papiers Strozzi,* série CCXLIV, et série LXXIX du tome XI *Se-
gretaria Vecchia,* qui contient aussi son abjuration.

pour la perfection de ce dernier vœu; ils devaient lui remettre tous leurs biens; l'imposition des mains était le sacrement par lequel il leur communiquait leur mission divine. Dieu, disait encore Borri, a réservé à ces temps la réunion des fidèles avec les infidèles, afin qu'ainsi se manifestent les prérogatives de la très-sainte mère de Dieu, en tout égale à son Fils.

Après le triomphe, l'Église jouirait de la paix pendant mille ans; les soldats vainqueurs, dont on formerait un ordre monastique, seraient vêtus d'une peau blanche avec un collier de fer portant cette inscription : « Brebis esclave de l'Agneau-Pasteur ». Tout cela lui était inspiré par son ange, et il le soutenait avec des textes de l'Écriture détournés de leur sens. Il couvrait ses enseignements du voile du mystère et de formules initiatrices. Il essaya de réaliser la fondation de son Église à la mort d'Innocent X, pendant qu'un grand nombre de cardinaux, laissant trois mois le saint-siège vacant, étaient occupés à tramer l'expulsion de l'Espagne pour assurer l'indépendance de l'Italie. Mais Alexandre VII ayant été élu, Borri jugea prudent de se retirer à Milan (1655), où il continua en même temps qu'à Pavie de faire des prosélytes. Il paraît étrange que ni le gouvernement ni le Saint-Office n'aient eu vent de ces menées avant mars 1659. Quand il apprit qu'il était décrété d'arrestation, il résolut de frapper un grand coup, de se présenter sur la place de Milan entouré de ses partisans, de massacrer l'archevêque et son clergé, d'ouvrir les prisons, de s'élever contre les abus du gouvernement séculier et ecclésiastique, d'appeler le peuple à la liberté, au cri de « Mort au Christ! Vive Calvin ! », d'occuper Milan et de s'en faire le Duc, pour de là pousser plus loin ses conquêtes. Son projet fut éventé, et un grand nombre

de sectaires furent arrêtés ; sept d'entre eux durent abjurer solennellement au Dôme ; ils furent ensuite livrés
au gouvernement romain et condamnés à porter *en signe
de leurs erreurs un mantelet gris sur les épaules*. Quant à lui,
il prit la fuite : le Saint-Office lui fit son procès, et le condamna par contumace, ordonnant que *omnia illius scripta
hæretica comburenda esse; omnia bona mobilia et immobilia
confiscanda et applicanda, vetantes sub pœna latæ sententiæ
ne quis cum illo tentet, recipiat, juvet; et mandantes omnibus patriarchis et primatibus ut ipsum Burrum arrestent,
vel arrestandum curent, teneant, certiores nos faciant ut sta-
tuamus quid ipsi faciendum; relaxantes ut non solum magistratus secularis sed quilibet qui possit et velit in favorem
fidei nostræ ipsum capiat et teneat.*

Le 3 janvier 1661 « l'effigie dudit Joseph-François Borri,
« peinte de grandeur naturelle, fut portée à travers les rues
« de Rome, sur un char où avaient pris placé les agents
« de justice, jusque sur la place de Campo di Fiore, où
« elle fut attachée à un gibet par la main du bourreau, et
« brûlée avec tous ses écrits. »

Borri s'était refugié en Suisse, où on lui fit un excellent
accueil en sa qualité de victime de l'Inquisition, et à Strasbourg « le bruit courut qu'il excita les hérétiques à
brûler publiquement la statue du pape, probablement
pour se venger d'avoir été, lui, brûlé en effigie à Rome.
En Hollande, il acquit grand crédit comme chimiste et
médecin distingué; les chevaliers et les princes, tant de
France que d'Allemagne, venaient en poste le consulter
ou simplement le voir. » Devenu riche, il se faisait appeler
Excellence, avait été nommé citoyen d'Amsterdam, et possédait, dit-on, plus de dix mille pistoles en argent et en
pierres précieuses, quand, ayant perdu son crédit avec la

même facilité qu'il l'avait acquis, il s'enfuit aissant de lui
une réputation détestable. A Hambourg, il rencontra Christine reine de Suède, qui lui donna les moyens d'arriver à la
réalisation du grand œuvre, c'est-à-dire à la transmutation
des métaux inférieurs en or. Sa tentative avorta ; il se rendit
ensuite à Copenhague, où Frédéric III lui fournit encore
de l'argent pour fabriquer de l'or, en même temps qu'il
lui demandait des conseils politiques. Le successeur de Frédéric, Christian V, lui donna cinq cents thallers pour qu'il
déguerpît sur le champ. Il se dirigea alors vers la Turquie ;
mais, arrêté en Moravie comme suspect, il fut remis par
l'empereur entre les mains du nonce pontifical, qui l'expédia
à Rome, en lui garantissant la vie sauve. Il parut devant
« les juges, magnifiquement vêtu d'un habit noir en moire
« fleurie, avec une hongreline de la même étoffe, ornée et
« brodée ; il est haut de stature, ses membres sont ro-
« bustes et admirablement proportionnés ; sa chevelure
« est noire et abondante, son visage rond, sa carnation
« blanche, son maintien majestueux. » On le tint pour fou,
et on se contenta de l'obliger à abjurer : l'abjuration solennelle eut lieu en octobre 1672, à Lorette, où on le conduisit
pour faire amende honorable à la sainte Vierge, et réciter
les psaumes et le credo, après quoi il fut enfermé dans une
prison à perpétuité. Il resta néanmoins, même en prison,
un objet de curiosité. Le duc d'Estrées, ambassadeur de
France, étant gravement malade, lui fit demander une
consultation ; ayant été guéri, il obtint que Borri serait
simplement détenu au château Saint-Ange ; que même il
pourrait entretenir des correspondances et sortir quelquefois pour visiter des malades. Il mourut le 20 août 1695.

Sa doctrine est exposée dans la *Clef du cabinet du
chevalier G.-F. Borro, à l'aide de laquelle on voit di-*

verses lettres scientifiques, chimiques et très-curieuses, avec plusieurs instructions politiques, et autres choses dignes de curiosité, ainsi qu'un bon nombre de très-beaux secrets (en italien), Cologne, 1681 ; — on y trouve dix lettres relatives aux secrets du grand œuvre, que l'on suppose écrites à des notabilités. Olaus Barck n'hésite pas à l'appeler *Phœnicem naturæ et gloriam non tantum Hesperiæ suæ, sed Europæ*[1]. Cette *Clef* fut imprimée par d'autres pendant sa captivité, et on ne s'explique pas comment, tout en y parlant des esprits élémentaires, de la pierre philosophale, des cosmétiques et des panacées, il s'y moque des sciences occultes « qu'il a toujours soupçonnées d'être pleines de vanité ». Il paraît qu'il ne s'y adonna que pour exploiter la crédulité universelle : « De cette manière, « dit-il, je fus bientôt un grand homme : j'avais pour « compagnons des princes et des grands seigneurs, de « belles dames et quelquefois aussi des laides, des doc- « teurs, des prélats, des moines, des religieuses, des per- « sonnes de toutes classes. Quelques-uns inclinaient pour « les diables, d'autres pour les anges, les uns pour le « génie, les autres pour les incubes ; les uns aspiraient à « l'art de guérir tous les maux, les autres à l'astrologie ; « d'autres recherchaient les secrets de la divinité, et presque « tous la pierre philosophale. » Il profitait, on le voit, de la crédulité publique comme les charlatans de nos jours.

Un autre soin de l'Inquisition fut de veiller sur les dévotions ou téméraires, ou excessives, comme celles que pratiquaient les esclaves de Marie ; comme le vœu sanglant qui obligeait à soutenir au besoin par les armes l'Immaculée Conception ; comme les indulgences prodi-

Superstitions.

---

(1) *De ortu et progressu chimiæ.* A la bibliothèque Magliabecchiana, mss., classe XXIV, 65. C'est une invective contre Borri.

guées à quiconque portait le scapulaire, et pour d'autres pratiques de dévotion. C'est en ce sens que devait être repréhensible Jacques Lombard, dont la *Simplicité spirituelle*, le *Traité de l'Extériorité* (en italien), etc., furent défendus le 28 mars 1675, avec tous ses autres opuscules. Les *Pratiques* ou arsenaux du Saint-Office contiennent de longs catalogues de livres superstitieux, prières, historiettes dévotes, scapulaires, tels que la *Médaille Hébraïque; dite. Maghen David et Abraham,* déclaration d'Ange Gabriel Anguisciola, dont l'Inquisition ordonna à tout détenteur de consigner les exemplaires au Saint-Office. ,

Elle ne laissa point passer inaperçue l'idée de l'Évangile éternel, c'est-à-dire d'une nouvelle révélation qui se substituerait à celle du Christ et l'achèverait, en conduisant à une perfection cénobitique plus élevée (C.). Marc-Aurèle Scaglia du Montferrat revêtait l'habit ecclésiastique, jouissait de la vision du bienheureux Amédée confesseur de Sixte IV et de celle du Florentin Neri; il disait qu'au temps de Paul V aurait lieu dans l'Église une réforme radicale, accompagnée de grandes tribulations; qu'il viendrait un franciscain, homme angélique du nom de Pierre, et après lui d'autres Pierre; et que toutes sortes de bonheurs en adviendraient à Florence [1].

En Sicile, une sœur Thérèse fut, par de prétendues visions, amenée à se persuader à elle-même qu'elle était la

---

[1] Voir un manuscrit de la Magliabecchiana, classe VIII.

Le visioni del Beato Amedeo, gros volume de 215 feuillets qui existe en manuscrit dans cette même bibliothèque, affirme que les erreurs seront détruites par ceux qui reconnaîtront ce pasteur suprême, *quorum potior pars reperietur in urbe Florentina tanquam capite religionis, non auctoritate qua Roma potestatis caput est, sed adhesione. Nulla nam civitas ita rebus Christi adherebit sicut illa. Conservabitur et illa de qua tibi aliàs dixi pro liberatione ab alienis totius Italiæ.*

quatrième personne de la Trinité et la co-rédemptrice :
un grand nombre de personnes eurent foi en elle. En 1693
se fit connaître au monde la secte des chevaliers de
l'Apocalypse, dont le but était de défendre l'Église catholique contre l'Antechrist. Leur fondateur, Augustin
Gabrino, fils d'un marchand de Brescia, en avait tout d'a-
bord recruté quatre-vingts, la plupart ouvriers ou marchands : même pendant le travail ils devaient tenir un
estoc à leur flanc ; leur poitrine était ornée d'une étoile à
sept rayons avec une queue environnée d'un fil d'or : l'é-
toile figurait le globe terrestre, la queue le glaive que vit
dans son ravissement le solitaire de Pathmos. Gabrino
s'intitulait monarque de la Sainte-Trinité : les mauvaises
langues lui prêtaient l'intention de préparer à des boule-
versements politiques et d'introduire la polygamie. Le dimanche des Rameaux de l'année 1693, au moment où l'on
entonnait à Saint-Pierre du Vatican le verset *Quis est iste rex
gloriæ*, il se jeta l'épée au poing au milieu des célébrants,
en s'écriant : *Ego sum rex gloriæ.* Il répéta la même chose
dans une autre église ; c'en fut assez pour le faire reléguer
parmi les aliénés. Mais un de ses adeptes, sculpteur sur
bois, le dénonça à l'Inquisition, qui fit le procès aux
accusés.

Antoine Oliva, de Reggio (1624-1689), venu à Rome, où il
parvint à une réputation telle qu'à l'âge de dix-neuf ans il
fut nommé théologien du cardinal Barberini, prit part
à l'échauffourée de Masaniello : condamné à l'exil, il
se retira à Florence, où, devenu membre de l'Académie
du Cimento, il écrivit sur les liquides, sur les sels et sur la
génération des chenilles des mémoires fort estimés de ses
contemporains. Abandonnant tout à coup la chaire de
Pise, peut-être à cause de quelque inimitié avec Redi, il se

Antoine
Oliva.

rendit de nouveau à Rome, où il jouit de toutes les bonnes
grâces des prélats et des papes. Mais, sous Alexandre VIII,
le Saint-Office découvrit que dans la maison de monseigneur Gabrielli il se tenait un conciliabule nommé Académie des Blancs, parce qu'elle se proposait de *blanchir*
non-seulement les abus du gouvernement pontifical, mais
la religion, pour la ramener à la simplicité des premiers
âges. En étaient membres, le dit Antoine Oliva, les nommés Picchetelli, dit encore Cecco Falegname, Alfonsi,
Capra, les docteurs Mazzutti, et Pignatta, secrétaire. Ils
furent tous arrêtés et mis à la torture, à l'exception de
monseigneur Gabrielli, qui fut regardé comme idiot et rejeta
toute la faute sur Oliva. Cet infortuné, se voyant perdu,
se précipita d'une fenêtre du palais de l'Inquisition, et se
brisa la tête.

Mysticisme. 　Nous avons montré ailleurs comment le mysticisme
s'était emparé des âmes pieuses et saintes. Obéissant à
ce sentiment, Bellarmin écrivit *l'Échelle pour monter des
créatures à Dieu,* qui a été traduite du latin dans toutes
les langues, et le *Gémissement de la Colombe ou le bonheur
des larmes.* Plus illustre encore dans cette voie fut sainte
Thérèse, appelée par le pape et par Philippe II à réformer
les monastères : c'est elle qui définissait le démon : *Ce
malheureux qui n'a jamais aimé;* c'est elle aussi qui disait
que *l'intelligence humaine devrait juger des choses, comme
s'il n'y avait au monde qu'elle et Dieu*[1].

Dans d'autres circonstances les mystiques paraissaient
ramener les âmes aux exagérations du moyen âge, où la
hardiesse et même la témérité des idées s'associait à la

(1) Ce fut un grand mystique que le poëte espagnol Louis Ponce de
Léon, qui resta dans les prisons de l'Inquisition de 1572 jusqu'en 1576
et qui mourut en 1591.

piété la plus fervente, à la foi la plus ferme. Cette ten-
dance à s'abîmer dans la divinité du Christ jusqu'au point
d'oublier l'humanité portait à des pensées qui fournis-
saient un aliment dangereux aux passions et à d'orgueil-
leuses théories ; or, on le sait, les théories les plus su-
perbes ne valent pas le plus petit acte de bien pratique.

Il fut révélé à un certain frère Egidius qu'une bonne
femme peut mieux aimer Dieu qu'un docteur en théologie. Il se mit à courir les rues en criant : « Venez, bon-
« nes femmes ; aimez notre Seigneur, et vous pourrez
« être plus grandes que saint Bonaventure. »

Michel Molinos, prêtre de Saragosse (1627-1696), s'étant   Molinos.
fixé à Rome en 1662, y acquit bientôt une réputation de
grande piété, et fit imprimer (en italien), en 1675, un
Guide spirituel qui conduit l'âme par le chemin intérieur à
la contemplation parfaite et au riche trésor de la paix inté-
rieure. Son dogme fondamental était que celui qui unit
son âme à Dieu par l'oraison du repos ne peut plus pécher volontairement ; il arrivait ainsi à une espèce d'ex-
tase et en somme à s'anéantir en pensant à Dieu, et dans cet
état à n'avoir nul souci de ce qui se passe dans le corps ; les
imaginations les plus lubriques peuvent surgir dans l'âme
sensitive sans la souiller, et sans atteindre l'âme supérieure,
où résident l'intelligence et la volonté. Dieu soumet le
croyant au martyr spirituel des vives tentations pour lui
faire connaître sa propre abjection ; mais loin de s'en ef-
frayer, il faut les mépriser, laisser faire le démon, et se reposer dans la certitude que Dieu conduit au salut non-seulement par les vertus, mais aussi par les vices. On croirait entendre Luther écrivant à Mélanchthon : « Sois pé-
« cheur et pêche vigoureusement, mais que ta foi soit
« plus grande que ton péché..... Il nous suffit d'avoir

« connu l'agneau de Dieu qui efface les péchés du monde.
« Le péché ne peut effacer en nous le signe de l'agneau,
« alors même que nous forniquerions ou que nous tue-
« rions mille fois par jour. » [1]

C'est ainsi qu'à l'aide d'un quiétisme obscène l'immoralité était érigée en théorie.

Pendant vingt-deux ans, Molinos fut regardé comme un
saint dans la direction des âmes ; et Paul Segneri, qui le réfuta
par son livre de l'*Accord de l'action et du repos en l'oraison*, passa pour un envieux et un calomniateur ; peu s'en
fallut même qu'il n'y perdît la vie ; mais l'évêque de Naples, Inigo Caracciolo, s'aperçut du mal causé dans son
diocèse par Molinos : Innocent XI, démasquant ses erreurs, en avertit la chrétienté. Le prêtre espagnol avait
une correspondance si étendue, que lorsqu'il fut arrêté, en
1685, on trouva chez lui douze mille lettres et des sommes
considérables, à lui confiées par ses dévots. Malgré les pro-
tections et les influences, il fut jugé par le Saint-Office, et
ses livres condamnés ; convaincu d'actions abominables,
il dut se rétracter publiquement sur la place de Sainte-
Marie-de-la-Minerve, le 3 septembre 1687, revêtu d'un
habit gris, avec une croix rouge devant et derrière. On
avait accordé une indulgence de quinze ans et de quinze
quarantaines à quiconque assisterait à la cérémonie de
rétractation, en sorte que, outre le sacré collège, on vit
accourir une grande multitude de peuple, de nobles et
de savants, pour lesquels on avait dressé des tribunes ;
à la lecture de chacune des maximes de l'auteur, non
moins monstrueuses que ses fautes, la foule sifflait et
criait : *au feu, au feu !* La lecture terminée, Molinos abjura ses

_____

[1] Mss. de Spalatin, Lettres de Luther à Mélanchthon, 5 août.

erreurs, reçut avec l'absolution les coups de verge sacramentels sur les épaules : on le revêtit ensuite de la livrée
du repenti et on l'enferma dans une chambre, en lui imposant l'obligation de se confesser quatre fois par an, et de
réciter tous les jours avec le *credo*, le tiers du Rosaire :
il vécut ainsi dans la pénitence jusqu'au 28 décembre 1696.

En même temps que lui furent condamnés à l'abjuration et à la prison ses prosélytes Simon Leoni, prêtre, et
Antoine-Marie, son frère laïque, natif de Campione sur le
lac de Lugano. Ce dernier s'obstina pendant deux mois à
soutenir de fausses interprétations de certains passages
de l'Écriture : à la fin il abjura également. Soixante-huit
propositions de Molinos furent formellement condamnées
par Innocent XI, dans la bulle *Cœlestis Pastor*, du 20
novembre 1688. On condamna aussi à cette époque,
comme infectée de quiétisme, la *Contemplation mystique* du
cardinal Pierre-Mathieu Petrucci, évêque de Jesi (États
romains) sa ville natale, qui avait défendu Molinos, et qui,
repentant, renonça à toutes les dignités.

Dans les contrées subalpines, et particulièrement à
Verceil, le barnabite savoyard François La Combe et la
fameuse madame Guyon prêchaient les voies intérieures,
l'oraison du silence, la foi nue, l'amour de Dieu pur et
pour lui-même, sans crainte, sans espérance ; en sorte que
l'âme, dépouillant son individualité, confond sa volonté
avec celle de Dieu, au point qu'elle ne sait plus que condamner en elle et de quelle faute se confesser. On sait
que Fénelon lui-même se laissa prendre aux exaltations
mystiques de madame Guyon, et eut à ce propos des dé-
mêlés avec Bossuet, qui se terminèrent par une condamnation, à laquelle le pieux évêque de Cambrai se soumit.

Dans le Valcamonica, terre alpine arrosée par l'Oglio,

[marginal notes:]
François
La Combe.
Mme Guyon.

Pélagiens.

entre le Trentin et la province de Brescia, l'évêque de Brescia, Marc-Antoine Morosini, avait fondé un grand nombre d'oratoires et de confréries pour l'instruction des montagnards. Ces dévotions trouvaient un ardent apôtre en la personne de Jacques Philippe, laïque milanais, qui amena l'évêque à les organiser de la même manière que les oratoires de sainte Pélagie à Milan ; mais on y découvrit bientôt des désordres tels, que l'évêque suspendit, puis défendit l'œuvre, en 1653. Le mal avait jeté des racines, il se propagea dans ces contrées une espèce de quiétisme que prêtres et laïques prêchaient publiquement ; les hommes et les femmes se réunissaient indistinctement la nuit pour prier et se flageller ; on refusait obéissance aux curés et aux évêques ; la prière se prolongeait jusqu'à sept ou huit heures du matin ; ces flagellants croyaient être seuls des saints, et se confessaient en public. Le cardinal Pierre Ottoboni, devenu évêque de Brescia, déploya la plus grande vigueur pour la répression de ce nouveau pélagianisme.

On raconte qu'un jour qu'il était à sa fenêtre il vit passer avec des clefs et des cadenas un ouvrier qui criait sa marchandise ; puis un second, un troisième, un quatrième. Soupçonnant quelque chose, il fait appeler le suivant, et lie conversation avec lui ; puis, fouillant dans sa cassette, il y trouve des catéchismes calvinistes et des opuscules concernant les croyances et les pratiques pélagiennes. A la suite de cette découverte, il publia une pastorale en date du 13 mars 1656, fit venir dans la vallée les inquisiteurs, qui découvrirent un grand nombre d'hérétiques : les oratoires furent abolis, les prêtres Marc-Antoine Ricaldini, J.-B. Maurice, Benoît Passanesio et quelques autres furent bannis ou emprisonnés. Leurs prétentions allaient jusqu'au miracle : un certain François Negri dit Fabianini, en par-

ticulier, se vantait de parler à Dieu face à face : il avait
écrit un petit volume de révélations et de prophéties, rempli de tant d'erreurs, que l'inquisiteur de Trévise ordonna
de brûler l'opuscule.

Jean-Auguste Ricaldini, frère de Marc-Antoine, fit sa
rétractation dans l'église de Trévise, et déclara s'être
trompé en croyant que l'oraison mentale fût l'unique
porte du salut; que le don de l'oraison mentale est plus
grand que celui de la rédemption et de l'institution du
Très-Saint-Sacrement; que les macérations et les pénitences ne sont pas chères à Dieu, en tant qu'elles
domptent la chair, puisqu'il n'est pas bien de mortifier
celle-ci, attendu que nous sommes créés pour aimer,
non pour souffrir; que Dieu veut enlever aux prêtres de
l'Église le soin d'expliquer les saintes Écritures pour le
confier aux laïques; que les princes auront juridiction
sur les ecclésiastiques, en feront mourir un grand nombre, et dépouilleront les autres de leurs dignités.

Un nommé Beccarelli, de Brescia, fut encore condamné
comme quiétiste par les juges des hérésies de Venise.
L'hérésie des quiétistes avait surtout fait du mal parmi les
femmes et dans les monastères, nommément dans ceux de
Faenza, de Ravenne, de Ferrare (D). Le cardinal Ottoboni,
que nous avons déjà nommé, devenu inquisiteur général,
contribua puissamment à l'extirpation du quiétisme; il fit
plus encore, lorsqu'il devint pape sous le nom d'Alexandre VIII. Bernino, parlant de l'horreur que toute espèce
d'hérésie inspirait à ce pape, raconte qu'il fit arrêter un
clerc de sa propre chambre, protonotaire apostolique,
suspecté de spinosisme, et le livra à la congrégation du
Saint-Office, bien que quatre cardinaux composant ce tribunal se trouvassent être parents de l'accusé.

En 1689, l'Inquisition condamna encore sœur Françoise de Pistoie, religieuse - de Saint Benoît de Pise, qui se faisait passer pour sainte. Morte impénitente, elle dut être ensevelie comme les personnes convaincues d'hérésie, c'est-à-dire que ses restes et son effigie furent portés sur la charrette des criminels, brûlés par la main du bourreau sur le lieu du supplice, et ses cendres jetées au vent.

La famille des Ricasoli, l'une des plus illustres de la Toscane, est d'antique origine lombarde : elle a le titre héréditaire de baron. L'inscription du tombeau d'un membre de cette famille, qui se trouve à Santa-Maria-Novella, vante le dévouement de Ricasoli pour la maison alors régnante de Toscane.

Pandolphe Ricasoli.

Du mariage de François-Marie, appartenant à la branche des barons de la Trappola, avec Diamante Antinori, était né, le 2 avril 1581, Pandolphe, savant helléniste et docte hébraïsant, profond théologien, grand orateur. Entré chez les Jésuites, il en sortit avant d'avoir fait profession, et devint chanoine de la cathédrale de Florence. Il écrivit sans les publier un grand nombre d'ouvrages de controverse et d'ascétisme, parmi lesquels nous citerons : les *Instructions pour les prêtres, où l'on donne les remèdes spirituels avec lesquels ils doivent opérer la guérison spirituelle des âmes malades des fidèles, et administrer les secours spirituels à celles qui sont arrivées au moment de l'agonie et à la fin de leur vie* (en italien). Il prononça les oraisons funèbres du prince François de Médicis et de Cosme II; il fit imprimer à Bologne, en 1613, *l'Académie japonaise*, dialogue où il défend la vérité des dogmes catholiques; il y ajouta un *Discours en l'honneur de Jésus-Christ crucifié* qu'il avait prononcé devant la magistrature de Raguse. En

1621, il publia à Naples les *Observations sur une très-éminente vertu chrétienne, et histoire sacrée de la vie céleste et des divins sacrifices de la bienheureuse Marguerite de Cortone;* puis en 1623, à Venise, *Observations sur la manière facile d'acquérir la perfection chrétienne, contenues dans la vie du père Ange-Marie Montorsi, avec un appendice où l'on montre la manière de remplir les obligations de son état.* Beaucoup de ses ouvrages sont encore inédits; le plus important est le Traité *De Unitate et Trinitate Dei, et de primo et secundo adventu Filii Dei, hebraice et latine, adversus nostræ ætatis atheistas, hæreticos et judæos.*

Ces ouvrages, dépourvus de mérite littéraire ou doctrinal, sont néanmoins fort vantés par les contemporains, qui en outre louent l'auteur de son assiduité à la chaire et au confessionnal, de son zèle et de sa courtoisie.

Faustine Mainardi, veuve Petrucci, avait fondé une institution de jeunes filles sous le titre de Sainte-Dorothée; elle ne crut pouvoir mieux faire que de placer sa maison sous la direction du chanoine Ricasoli. Ce fut un malheur pour lui : à l'âge de cinquante ans il s'éprit d'une belle flamme pour la directrice; dans le but d'arriver plus sûrement à ses fins, il s'aida de l'inclination de la dame à l'ascétisme; peut-être que lui-même, dans le désir de tranquilliser sa conscience, crut pouvoir faire dire aux livres saints et à la théologie que tout est permis aux sens, pourvu que l'âme reste indifférente : c'est de la part du chrétien un mérite d'accepter ce que Dieu lui envoie; les contacts de la chair, loin d'être peccamineux, sont méritoires, pourvu qu'ils soient faits avec l'intention de se rendre toujours plus parfaits dans la voie spirituelle et de glorifier Dieu. Il appuyait ces erreurs sur des révélations qu'il affirmait lui avoir été faites par son ange gardien, lequel lui apparaissait souvent et lui donnait l'avant-goût des joies du paradis; l'ange allait même jusqu'à lui manifester par des miracles la volonté et l'approbation divines.

Non-seulement la maîtresse, mais les élèves se laissèrent tromper par des doctrines si favorables aux sens; doctrines qui étaient encore propagées et appliquées par un certain père Séraphin Lupi, servite, auteur de plusieurs ouvrages de théologie mystique; par un jeune prêtre de la maison Fantoni, par le chevalier André Biliotti, par Jérôme Mainardi et un anonyme.

Malgré cette affreuse corruption, Ricasoli n'était ni moins studieux, ni moins zélé : à l'occasion de la peste de 1630, il traduisit et publia le beau discours de saint Cyprien sur ce fléau; il termina le *Typus optimi regiminis ecclesiastici, politici et œconomici,* où il offre David comme modèle aux rois; il commenta plusieurs psaumes, pour servir d'exercice d'hébreu (E), et donna la *Perfectio pulchritudinis, seu Biblia hebraïca.*

Ces désordres honteux duraient depuis huit ans, lorsque l'Inquisition fut mise sur la piste. Ricasoli n'hésita pas à aller s'accuser lui-même : il fut incarcéré et ses compagnons avec lui. L'Inquisiteur Jean Mazzarelli, de Fanano, ne put procéder franchement; vu qu'il s'agissait de personnages de haute noblesse et de grand savoir, alliés aux premières familles. Ajoutez les marques de repentir sincère données par Ricasoli en prison : aussi la peine fût-elle moins sévère que ne le comportait le délit.

La prudence faisait un devoir de cacher et la faute et le châtiment. Et cependant le 23 avril 1641, dans le réfectoire du couvent de Santa-Croce, au milieu d'un appareil funèbre, en présence des princes de Médicis, d'un grand nombre de théologiens, de seigneurs et de plébéiens, on fit aux coupables, agenouillés et revêtus des habits de l'ignominie, lecture de l'acte d'accusation et de tous les détails scandaleux de la cause. Ricasoli, Fantoni et la dame Mainardi furent condamnés à la réclusion perpétuelle. Après avoir fait abjuration et amende honorable de ses erreurs et de ses péchés, Ricasoli fut enfermé dans une étroite cellule de ce couvent, où il vécut encore seize ans, dans les macérations et dans l'exercice de la pénitence la plus austère. Il mourut le 17 juillet 1657, et on lui refusa les honneurs de funérailles solennelles [1].

La bibliothèque nationale de Naples possède en manuscrit l'*Histoire de sœur Julie de Marc et des fausses doctrines enseignées par elle, ainsi que par le père Aniello Arciero et Joseph de Vicariis*. Sœur Julie était née à Sepino, province de Molise, d'un paysan de Sarno : devenue orpheline, elle entra, à Naples, au service d'une dame. Séduite par un palefrenier, elle confie sa faute à sa maîtresse, qui l'aide charitablement à en dissimuler le fruit. Revenue ensuite à la dévotion, elle se fait recevoir dans le Tiers-Ordre de Saint-François ; mais le père Aniello Arciero, religieux crucifère, son confesseur, lui infiltre les abominables doctrines du quiétisme, et l'amène jusqu'à recueillir chez elle des femmes qui cachaient leurs désordres sous le manteau des pratiques religieuses, et qui suivaient entre elles les rites imputés aux Patarins. La chose était si bien voilée, que de très-nobles dames, et jusqu'à deux femmes de vice-

(1) « Car ainsi le voulurent ses bourreaux, » dit Passerini dans la *Genealogie et histoire de la famille Ricasoli* (Florence, 1861). Son procès se trouve dans le manuscrit de la Bibliothèque *Riccardiana*. Pendant que la dame Faustine corrompait ces pauvres jeunes filles, des religieuses virent un *Ecce homo* suer le sang à l'église de Sainte-Lucie de la rue San-Gallo.

roi, y adhérèrent : la vérité s'étant fait jour, la bande fut envoyée à Rome, et dut abjurer dans l'église de la Minerve, le 12 juillet 1615.

L'île de Sicile, qui s'est toujours vantée de n'avoir jamais été souillée par l'hérésie, et qui en 1631 érigeait sur la place Bologni à Palerme une statue en bronze de Charles-Quint jurant la constitution, avec l'épigraphe : PURGATORI EUROPÆ, LERNÆARUM HÆRESEON EVERSORI, EXTINCTORI PANORMUS PIISSIMA D. D., — la Sicile, après avoir appartenu aux ducs de Savoie pendant quelques années d'une domination heureuse et courte, était revenue à ses anciens maîtres autrichiens, dont le retour fut fêté avec les exagérations ordinaires en pareille circonstance, et en l'honneur desquels on frappa des médailles portant en exergue : *Ab Austro prosperitas et felicitas.* Sous le gouvernement du marquis d'Almenara, le 6 avril 1704, on fit à Palerme, sur la grande place, au côté méridional du dôme, un solennel auto-da-fé en présence d'au moins vingt mille personnes, des autorités, de la noblesse et du corps diplomatique. Quelques-uns des spectateurs pouvaient se rappeler d'en avoir vu un autre, le 19 juin 1690, où avaient figuré sœur Jeanne Rosselli, franciscaine, et Vincente Morana. Une procession pompeuse accompagna ce nouvel auto-dafé. Sur l'autel élevé au milieu de la place brûlaient en grand nombre des cierges de couleur grise, et depuis minuit on y avait célébré sans interruption des messes pour la conversion des condamnés. Parmi ces derniers venaient en premier lieu les convertis et les pénitents, la tête découverte, un cierge à la main; ensuite les réconciliés, couverts du sanbenito, espèce de scapulaire en grossière laine grise, serré au corps et semé de croix rouges, avec la mitre en tête, enfin les relaps et les obstinés avec le sanbenito et la mitre à flammes. Ils se placèrent sur les gradins de l'autel, et le père Antoine Majorana fit un discours de circonstance : en face de la chaire était le secrétaire de l'Inquisition, ayant devant lui une petite table où se trouvaient les pièces du procès; aux côtés, les membres du Saint-Office, ayant sur la poitrine une croix d'or, de brillants et de rubis, et plus haut le grand Inquisiteur, don Jean Ferrero. On fit défiler devant eux les condamnés, à qui on lut la sentence; un grand nombre étaient renvoyés avec de légères pénitences, après avoir abjuré et reçu l'absolution; quelques-uns furent placés sur des ânes et fustigés : mais sœur Gertrude Marie de Jésus, tertiaire de Saint-Benoît, dans le monde Philippine Cordova, et frère Romuald, des Augustins Déchaussés, dans le siècle Ignace Barberi, tous deux de Caltanisetta, furent condamnés à être brûlés vifs, *donec in cinerem convertantur, cinis vero dispergatur.*

Placés sur une charrette traînée par des bœufs, ils furent conduits au bûcher, sur la place de Saint-Érasme : là on les exhorta de nouveau au repentir, pour qu'ils obtinssent au moins d'être étranglés, avant d'être jetés sur le bûcher, avant que l'on mît le feu aux cheveux et à la robe de la femme : ayant refusé obstinément toute rétractation, ils furent étouffés dans les flammes. — Et le peuple assistait au spectacle[1].

(1) Mongitore raconte longuement le supplice des quiétistes.

NOTES ET ÉCLAIRCISSEMENTS

(A) Pasquino se moquait dans les vers légers que nous traduisons ci-dessous de la politique de ce prince, dont l'Italie eut tant à souffrir.

A César il déclare la guerre et propose la paix,
Toujours également prompt à la paix et à la guerre;
Glorieux à la guerre et dans la paix
Il est l'arbitre de la paix et de la guerre.
La guerre, dit-il, c'est moi qui la porte et c'est encore moi qui
    porte la paix;
Que le monde choisisse à son gré ou la paix ou la guerre :
Juste est la guerre pour qui ne veut pas la paix,
Belle est la paix pour qui ne veut pas la guerre.
Moi, je fais la guerre, parce que je ne veux pas la guerre,
Les autres parce qu'ils veulent la guerre, font la paix,
Ou faisons la paix dans la paix, ou faisons la guerre dans la
    guerre.
Quel grand roi! quelle grande guerre! et quelle grande
    paix!
Il envoie la paix commencer la guerre
Il envoie la guerre pour en faire sortir la paix.

(B) « Le vrai idéal, instinctif et révélé est de sa nature axiomatique : il se réduit en un système scientifique par déduction et induction, par synthèse et analyse; il procède en un mot d'une manière tout à fait différente des sciences naturelles et de la philosophie secondaire. L'analyse ne peut venir qu'après; si on la fait marcher la première, elle ne peut aider autrement qu'à titre de simple instrument. La synthèse primitive constitue en religion la foi catholique, et en philosophie la foi rationnelle à l'Idée; elle est la connaissance du vrai contemplé dans ses analogies ou en lui-même, par l'intermédiaire du verbe hiératique. Lorsque l'intelligence de l'enfant catholique, formé et disposé par la double institution du cathéchisme et de la grâce, de l'Eglise et de Dieu, arrive à ce degré de connaissance qui lui permet de dire avec conviction et entière liberté : *Je sais et je crois* ; il acquiert la double foi de l'homme et du chrétien. La connaissance suffisante du vrai intelligible et *sur-intelligible*, qu'il a reçue de la parole enseignante, rend intime sa persuasion raisonnable, son obéissance. Ayant appris par l'enseignement ecclésiastique les vérités rationnelles et les dogmes mystérieux de la religion, il admet les premières à cause de leur évidence, et, guidé par la lumière qu'elles répandent, il croit à l'autorité de la parole révélatrice qui les exprime et les accompagne ; il croit aux mystères incompréhensibles sur la garantie digne de foi de ceux qui les enseignent. Ainsi l'homme, qui par la grâce du premier rite était chrétien *in habitu*, le devient *in actu* ; il prend librement possession de l'idée parfaite, et entre avec elle dans la naturalisation spirituelle qui lui a été concédée au céleste royaume. Nul ne peut déterminer l'instant précis et le mode spécial de cette opération dans chaque individu ; car la vérité absolue et multiforme du christianisme peut influer sur l'esprit de mille manières diverses, et l'impression divine qui accompagne et accroît l'efficacité de la vérité peut s'adapter diversement au caractère particulier de l'enfant et aux conditions dans lesquelles il est placé. Mais ce qui est clair et manifeste, c'est que la foi chrétienne et la foi rationnelle dans l'enfant bien élevé ne sont jamais précédées de l'analyse, du doute, de l'examen, et que la méthode cartésienne et protestante est également contraire à la religion et à la nature. Dans les deux cas, on anéantit la foi par le scepticisme, afin de pouvoir la refaire par l'examen ; on renonce à la possession d'un don précieux, reçu par l'éducation, et l'on encourt le risque grave de ne pouvoir plus le retrouver, à la façon de celui qui, ayant en main un trésor nécessaire à sa vie, le jetterait dans la mer pour avoir le plaisir de le repêcher, au prix de grandes fatigues et au risque de se noyer. En vérité la foi, qui est l'innocence de l'esprit, est, comme celle des mœurs, plus facile à conserver qu'à recouvrer lorsqu'on l'a perdue, pourvu qu'on use de la vigilance nécessaire. La foi est la vie des âmes, qui, de la même manière que les corps, ne peuvent sortir d'un sommeil mortel et ressusciter sans un miracle. » Gioberti, *Introduction à l'étude de la Philosophie.*

(C) « L'esprit moderne s'est montré fort sévère à l'égard du cénobitisme. Nous avons oublié que c'est dans la vie commune que l'âme de l'homme a goûté le plus de joie. Le cantique « Oh ! qu'il est bon, qu'il est charmant à des frères d'habiter ensemble ! » (Ps. CXXXIII) a cessé d'être le nôtre. Mais quand l'individualisme moderne aura porté ses derniers fruits; quand l'humanité, rapetissée, attristée, devenue impuissante, reviendra aux grandes institutions et aux fortes disciplines; quand notre mes quine société bourgeoise, je dis mal, notre monde de pygmées, aura eté chassé à coups de fouet par les parties héroïques et idéalistes de l'humanité, alors la vie commune reprendra tout son prix. Une foule de grandes choses, telles que la science, s'organiseront sous forme monastique, avec hérédité en dehors du sang. L'importance que notre siècle attribue à la famille diminuera (!). L'égoïsme, loi essentielle de la société civile, ne suffira pas aux grandes âmes. Toutes, accourant des points les plus opposés, se ligueront contre la vulgarité. On retrouvera du sens aux paroles de Jésus et aux idées du moyen âge sur la pauvreté. On comprendra que posséder quelque chose ait pu être tenu pour une infériorité, et que les fondateurs de la vie mystique aient disputé des siècles pour savoir si Jésus posséda du moins « les choses qui se consomment par l'usage ». Ces subtilités franciscaines redeviendront de grands problèmes sociaux. Le splendide idéal tracé par l'auteur des *Actes des Apôtres* sera inscrit comme une révélation prophétique à l'entrée du paradis de l'humanité. » (Renan, *Les apôtres*, pages 131 à 133.)

(D) Bernino, *Histoire des hérésies*, XVIIᵉ siècle, ch. 9.

Un grand nombre des livres prohibés à cette époque ont trait à la mystique. Tels sont en italien : *Le trésor mystique révélé à l'âme aspirant après l'oraison continuelle,* ayant pour auteur un prêtre génois (condamné en 1605). — *Progrès de l'âme dans le chemin de la foi pure,* de Jean-Paul Rocchi (défendu en 1687). — Petrucci Pierre Mathieu, *Lettres et traités spirituels et mystiques.* — *Énigmes mystiques dévoilées.* — *La contemplation mystique acquise.* — *Le néant de la créature, le tout de Dieu* (condamnés en 1686). *Alphabet littéral, fantastique, mystique, acquis, contemplatif, réponse circulaire à une religieuse pusillanime dans l'exercice de la contemplation mystique acquise* (prohibé en 1687);

Deuil spirituel pour les pauvres âmes du purgatoire (défendu en 1703).

Dialogue de la beauté et moyen de bien se servir des fenêtres de l'âme (défendu en 1733).

Un grand nombre de livres de dévotion de Michel Cicogna, tels que : l'*Ambroisie céleste, ou nourriture suave de l'âme contemplative.* — *Source du divin amour.* — *Jésus-Christ aimant.* — *Flammes de l'amour divin dans l'âme desireuse de faire le bien.*

Et de Jean Falconi : *Alphabet pour savoir lire en Christ.* — *Lettre* d *une fille spirituelle, dans laquelle on enseigne le plus pur et le plus parfait esprit d'oraison.*

(E) La bibliothèque Magliabecchiana possède de Pandolphe Ricasoli, une « Interprétation des psaumes hébreux » Ce sont cinq psaumes écrits en commençant par la fin ; au-dessous de chaque verset est placée la traduction italienne, et un commentaire adressé à une religieuse à laquelle le Seigneur « inspire et donne la volonté,
« l'esprit et la force d'apprendre avec une grande facilité et une
« grande persévérance la langue sacrée hébraïque pour s'en servir
« dans la contemplation des divins mystères, et non pour prêcher
« ni enseigner. »

Il existe encore à la Magliabecchiana l'*Esposizione del Pater noster* par Celse Cittadini, offerte à don Cosme de Medicis en 1602, la première fois qu'il allait à Sienne (Manuscrits, classe **XXXV**, n° 19). Il dit dans la préface avoir déjà commenté l'*Ave Maria* et la Canzone de Pétrarque à la Vierge, et il dédie son travail à la grande-duchesse.

Enfin, j'y ai trouvé les traces d'une mission solennelle que le père Segneri donna en 1714 sur la place de Santa-Croce : il fut reçu avec la pompe que notre siècle réserve aux princes ou aux charlatans : la foule, la noblesse, le grand-duc assistaient à ses prédications.

Au cœur des Alpes occidentales se formait une puissance Les ducs de Savoie. qui, en s'annexant les restes du royaume de Bourgogne, puis en obtenant la lance et l'anneau de Saint-Maurice de l'abbaye de ce nom, peu à peu s'étendit de la Saône à la Sésia et du lac de Neufchâtel à la Méditerranée, épiant du haut des Alpes de quel côté soufflait le vent, pour lui déployer les voiles, indécise s'il valait mieux s'agrandir en deçà ou au delà des monts, et favorisant tantôt l'Empire, dont elle était vassale, tantôt la France, dont elle était la voisine insidieuse, jusqu'à ce qu'elle se tournât résolument du côté de l'Italie, où elle devait non-seulement survivre, mais se substituer à toutes les dynasties. C'est pour cela qu'à l'histoire de l'Italie nous rapportons celle des pays dont les ducs de Savoie tirèrent et leur berceau et leur titre, et qu'ils ont abandonnée naguère pour de plus grandes aspirations. Charles III, dit le Bon, était neveu de François Ier; mais comme il le craignait, à cause de son voisinage et parce qu'il possédait les clefs de son État, c'est-à-dire Saluces, il pencha pour Charles-Quint, dont il épousa la belle-sœur, et qu'il aida puissamment contre son rival en Italie. En conséquence, le roi de France envahit toute la partie de ses États comprise entre Moncalieri et les Alpes, pendant que l'empereur occupait le reste

et fortifiait Asti, Fossano et Verceil, de sorte que le duc
disait à Muzio : « J'ai deux maîtres de ma maison, l'empereur et le roi, qui gouvernent mes biens sans m'en rendre
compte. »

Comment devait s'en trouver le pauvre pays, Dieu le
sait; mais le duc espérait toujours, en louvoyant, arriver à ses fins. En lui promettant un succès plus sûr,
on l'exhorta à profiter de la Réforme, à l'embrasser ouvertement, ce qui lui vaudrait la faveur de tous les adversaires de la papauté et de l'Autriche.

Anémond de Coct, chevalier du Dauphiné, plein d'enthousiasme pour le nouveau symbole, engageait vivement Luther à y convertir le duc : « Il est, disait-il,
fortement enclin à la piété et à la vraie religion[1]; il
aime à parler de la Réforme avec les personnes de sa
cour; il a adopté la devise *Nihil deest timentibus Deum*, devise qui est la vôtre. Humilié par l'Empire et par la
France, il aurait un moyen d'acquérir une suprême influence sur la Savoie, la Suisse, la France. »

Luther, en effet, lui écrivit, mais sans résultat. Au contraire, le duc passait des matinées entières à visiter des
églises et à entendre des messes : en 1528 les trois États
de Savoie le suppliaient de tenir prêtes des troupes suffisantes pour réprimer les tentatives des Réformés, et pour
empêcher leur extension dans le pays; quant à lui, comme
l'idée, alors naissante, d'unifier l'État, lui souriait, il ne
demandait qu'à en arracher l'hérésie. Mais en cinquante
ans de règne, en voulant tout acquérir, cet ambitieux ne
fit que perdre; nous avons vu (t. III, p.625 et suiv.) comment
sa passion de se rendre maître de Genève fit que cette ville

---

(1) *Ein grosser Liebhaber der wahren Religion und Gottseligkeit.*
Lutheri epp. 401.

se révolta contre lui, et, s'appuyant sur les Cantons suisses réformés, embrassa la Réforme, dont elle devait devenir la Rome ; nous avons vu aussi comment le duc regretta éternellement la perte de cette cité, et comment plusieurs fois il tenta de la recouvrer, mais toujours à sa honte [1].

Dans une histoire du Val d'Aoste, existant à la bibliothèque du roi à Turin, on trouve des lettres d'où il appert que, bien qu'on ne voulût pas d'inquisiteurs, cependant Calvin, ayant propagé l'hérésie dans cette vallée, quelques personnes furent poursuivies par le vicaire de l'évêque Gazzino, et convaincues de ce chef furent livrées aux seigneurs pairs ou non pairs, pour examiner la sentence, sans qu'aucun inquisiteur y eût part.

Le 12 juillet 1529, Pierre Gazzini, évêque d'Aoste et ambassadeur à Rome, dans une lettre qu'il écrivait au duc de Savoie, lui racontait qu'il avait exposé au pape qu'à Chambéry s'était tenu un synode général, composé de prélats et d'abbés, pour délibérer sur les affaires de la religion, et que ceux-ci le suppliaient de venir à leur secours, vu les excès commis par les Luthériens dans les vallées de la Savoie. Il ajoute que la Bourgogne supérieure et le comté de Neuchâtel sont envahis par cette secte ; qu'à Genève l'évêque n'ose plus habiter, qu'on n'y fait plus le carême, qu'on y mange gras les jours maigres, et qu'on lit des

---

(1) Dans la liste des pasteurs envoyés à dés églises étrangères par la compagnie des pasteurs de Genève, de l'an 1555 à l'an 1556, je trouve à la date de 1555, comme ayant été envoyé à Aunis et Saintonge, le Piémontais Philippe Parnasso : envoyés en Piémont, Jean Vineannes le 22 juin 1556 : Jean Lanvergeat en octobre 1556 : Albert d'Albigeois le 27 septembre 1556 : Jean Chambeli en janvier 1557 : à Pragelat, Martin Tachart le 3 juin 1558 : à Turin, Christophe, fils du médecin de Vevey, en décembre 1558.

livres défendus. Selon lui, Aoste et la Savoie seraient tota-
lement pervertis si le duc n'avait pas fait décapiter douze
gentilshommes, principaux apôtres de ces doctrines.
Malgré cela, il ne manque pas de gens pour répandre ce
venin dans les domaines du duc, bien que celui-ci ait défendu d'en parler sous peine de rébellion et de mort. Ces
personnes s'écrient que le duc n'est pas leur roi, et vu le
malheur des temps et les lourdes dépenses de la guerre,
elles demandent à grands cris qu'on vende le peu de biens
que les ecclésiastiques possèdent encore, et avec ces mau-
dites promesses elles gagnent beaucoup d'adhérents.
L'évêque conclut en disant au Saint-Père quels grands services le duc de Savoie rend à sa cause, en poursuivant cette
secte, et en l'empêchant de pénétrer en Italie. Le pape lui
répondit en le remerciant, et lui manifestant ses regrets
de ne pouvoir, à cause de la ruine de son trésor, lui envoyer de l'argent, mais il le suppliait de surveiller de près
Genève, car il faut à tout prix empêcher sa perversion.

Une lettre datée de décembre 1535 signale l'existence
de graves contestations entre les habitants d'Aoste et l'é-
vêque Gazzini qui les avait excommuniés. Cette même
année, nous voyons les pays environnants troublés par la
guerre et par l'hérésie de Calvin; et Ami Porral, député
de Genève à Bâle, écrivait : « Le duc nous dit qu'il a fort à
faire au delà des monts, en partie à cause de l'évangile
qu'on propage dans toutes les villes. Il convient que la
chose aille de la sorte, car elle vient de Dieu, au mépris
des princes. »

Le même historien raconte que dans les premiers jours
de février 1536 Calvin pénétra dans la vallée, et s'appro-
cha de la ville, se tenant caché dans la laiterie de Bibiano,
chez l'avocat noble François Léonard Vaudan. Le réfor-

mateur parvint à pervertir quelques habitants, et sema
des écrits pour les engager tous à recouvrer leur liberté
et à s'allier aux Cantons suisses protestants. Le péril fut
conjuré par des prédications et des processions, auxquelles
assistèrent outre le peuple l'évêque Gazzini, le clergé, le
comte Renaud d'Echalland, et les personnes les plus notables, pieds nus et couvertes d'un sac et de cendres : elles
firent un pacte avec les seigneurs des sept décuries sises
dans le Valais, par lequel elles s'engagèrent à se défendre
réciproquement contre tout changement en fait de religion
ou d'allégeance. On fit en outre, dans une assemblée générale, défense au nom de son altesse, sous peine de mort,
de lancer une proposition quelconque hostile aux souverains
ou à la religion.

Les adhérents de Calvin s'enfuirent, passant à gué le
torrent Buttier au-dessous de Cluselin, d'où ils se rendirent dans le Valais par les montagnes de la Valteline. Les
trois États réunis en assemblée, levant les mains au ciel,
firent une profession de foi publique, et jurèrent solennellement de vivre et de mourir dans la religion catholique,
et établirent une procession le jour de la circoncision et
le mardi de Pâques et de la Pentecôte, à laquelle assistait
toute la ville, sans compter qu'ils décrétèrent l'érection
d'une grande croix de pierre au milieu de la ville : en
outre on enjoignait à tous les habitants de mettre sur leur
porte le nom de Jésus.

Dans la relation de Grégoire Barbarigo, ambassadeur
vénitien près Charles-Emmanuel Ier en 1611, il est dit
combien la perte de Gex et des autres cantons, ainsi que
celle de Genève étaient cruelles pour le duc de Savoie,
« ce duc désirant plutôt reculer les limites anciennes de ses
États, que de se voir privé des possessions que lui avaient

léguées ses ancêtres. » A la mort d'Henri IV, il espéra les
recouvrer, d'abord à cause du mariage du prince son fils,
ensuite parce que l'appui des Français était perdu pour
Genève, où il y avait moins d'affluence de Protestants,
depuis qu'ils étaient tolérés en France, moins d'indus-
trie, depuis qu'à Lyon on favorisait les manufactures
nationales, moins de travail d'imprimerie, depuis qu'aux
livres publiés dans cette ville, bien qu'ils fussent souvent
orthodoxes et bons, on refusait la marque des libraires
lyonnais avec laquelle ils circulaient librement.

Il continue à raconter comment le duc se servit toujours
de la religion comme prétexte pour agrandir ses États : par
ses intelligences avec la Ligue, il espéra s'étendre en Provence ; sous prétexte de chasser les Huguenots, il désirait
ardemment obtenir Genève ; mais lorsqu'il vit que ses
auxiliaires étaient insuffisants, il se fit l'ami des Protestants d'Allemagne, et n'hésita pas à déplaire au pape, surtout en attirant la guerre en Italie. Le pape comprit qu'il
fallait user d'égards envers un pays, qui, se trouvant en
contact avec Genève, pourrait manquer au respect qui lui
était dû. Et à cette occasion il parle des vallées vaudoises,
et de leur obstination dans les croyances soit anciennes, soit
nouvelles. Il ajoute que l'État, en même temps qu'il fut
occupé par les Français, fut envahi par la doctrine des
Huguenots ; elle y eut des prédicateurs publics à Turin [1] et
ailleurs, « mais ceux-ci, dès que le duc fut redevenu

---

(1) Dans un itinéraire manuscrit d'un anonyme milanais, cité par
Argelati, p. 1721, et qui est de l'année 1515, on lit : « De Milan à Boffa-
lora, à Novare, à Verceil, San-Germano, Ciliano. Chivasso est un pays
fortifié, et grand comme Abiategrasso. Turin est une ville grande comme
Pavie et la métropole du Pied des monts : là se trouve le sénat du
duc de Savoie et une université de peu de valeur ; il y a aussi un
méchant château, point fort du tout. »

maître de ses États, furent obligés de partir ; de sorte
qu'aujourd'hui on est partout catholique, les ducs comprenant que, autant diminuait le zèle pour la religion catholique, autant croissait la sympathie pour les Français. »

Le clergé vit sous la dépendance étroite du duc, ce qui
enlève au pape toute possibilité de le contrarier ; en effet,
les bénéfices ecclésiastiques sont presque tous conférés
librement par le duc, y compris les deux archevêchés de
Turin et de Tarentaise, et les neuf évêchés, ayant de
deux à cinq mille écus de revenu ; le duc propose à
l'approbation du pape un seul nom ; il laisse les sièges
longtemps vacants, et en profite alors pour récompenser
les personnes et les familles qui lui sont dévouées ; il ne
permet aux étrangers ni de les occuper ni de régler les
consciences de ses sujets : il en a converti un certain
nombre en commanderies des Saints-Maurice-et-Lazare.
Dans les matières de juridiction, il a même au delà des
monts pleine autorité sur les personnes ecclésiastiques ;
en Piémont celles-ci conservent encore quelques privilèges. Il s'efforce de bannir l'intervention cléricale dans
les fiefs. Il est jaloux des Capucins, qui, dépendant de la
province de Gênes, ne tiennent pas assez au prince ; aussi
les chasse-t-il, principalement du couvent qu'ils possèdent sur la colline de Turin.

Voilà pour le Piémont proprement dit. Pour ce qui
concerne les pays qui appartenaient à Gênes, je trouve
qu'à Vintimille, en 1573, l'évêque pardonne à Antoine
Planca, de Tende, lequel à Gênes (ou à Genève ?) avait embrassé la religion luthérienne. A Sospello, on indique
encore les maisons où habitaient quelques calvinistes,
qui n'étaient tolérés que dans cette ville.

A la date du 17 avril 1582, Hugolin Martelli, évêque de

Glandève, dans une lettre au duc de Savoie, lui parlait d'un cas d'hérésie qui s'était vérifié à Pogetto. Il s'agissait d'un médecin, du nom de Morin, qui dix ou douze années auparavant était parti avec son père pour cause d'hérésie, et qui de retour dans sa patrie avait fait acte d'obéissance à l'Église en présence du gouverneur. L'opinion commune est que tout va bien, mais pour lui, au fond de sa conssience, il doute de la sincérité de sa conversion, et en conséquence il le fait surveiller de près pour l'empêcher de vendre ses biens paternels, dont il a été remis en possession depuis son abjuration ; enfin, il conseille au duc de faire tout au monde pour l'empêcher de les convertir en argent, pour ensuite le laisser partir et retourner à son *vomissement* (sic).

Il assure que l'hérésie qui s'était montrée à Pogetto douze ans auparavant n'y a plus reparu. Au contraire, à Cigala, les prêtres se plaignent que beaucoup de personnes se confessent pour obtenir une permission de voyager, mais cette permission obtenue elles se déclarent hérétiques, et emportent l'argent provenant des biens qu'elles ont vendus secrètement. Il suggère au duc de faire déclarer de pareilles ventes nulles.

A Aghidone, quelques personnes font insolemment profession d'hérésie, mais comme elles appartiennent à la classe pauvre, il suffira de leur faire peur et de leur appliquer de bonnes censures. Si cependant elles persistaient, il faudrait leur enlever leurs enfants, et les mettre en lieu sûr.

A Sero aussi, le mal s'est répandu dans les montagnes, non par la faute des populations, mais par la volonté des Seigneurs [1].

(1) Archives du royaume. *Correspondance du duc de Savoie.*

L'évêque de Vintimille, à la date du 28 août 1572, faisait part au duc de ses doléances au sujet de l'élargissement de Maladorno, bien qu'il soit complice des *abominables choses* arrivées peu auparavant : on le soupçonna d'avoir abattu l'image de sainte Madeleine et d'avoir souillé les marches de l'autel [1].

Quand de Turin on va par le sud-ouest vers les Alpes Cottiennes', qui forment les limites de la France, après Pignerol, au milieu des montagnes plus ou moins sauvages qui dominent le mont Viso et le mont Cenis, on voit s'ouvrir une succession de vallées : au nord celle de Perosa, sillonnée par la Germanesca, et plus loin celle de Pragelat; au sud de ces dernières, celle de Rorà, plus petite et plus élevée; à l'ouest, la vallée de Luserne, baignée par le Pellice, de laquelle se détache celle d'Angrogna ou de San-Martino, et qui d'un côté touche au Piémont, de l'autre donne accès dans le Dauphiné par le col de la Croix, passage important pour les troupes et les marchandises vers la France. De gras pâturages s'étendent le long des torrents Angrogna et Pellice, qui en tombant de rocher en rocher les arrosent d'eaux trop froides et souvent les dévastent, et au-dessus d'eux s'élèvent par gradins des plateaux, cultivés avec beaucoup de soin par les habitants, qui consacrent leur robuste existence à la garde des troupeaux, à la chasse, à la pêche, à la culture des céréales, des mûriers, à l'exploitation des bois, et des ardoisières. Aux scènes champêtres, à mesure qu'on gagne les hauteurs et qu'on pénètre dans les vallées, succèdent d'autres scènes austères, à cause des neiges presque perpétuelles et des terribles avalanches. On y parle le piémontais, mais mélangé de beaucoup de français.

Les vallées vaudoises.

(1) Archives du royaume. *Correspondance du duc de Savoie* .

La vallée de Luserne est maintenant peuplée de vingt mille âmes : son chef-lieu, Torre, avec trois mille deux cents habitants, est très-agréablement situé aux penchant du Vandalino, et a été placé à cette hauteur précisément pour être garanti contre les excursions de l'étranger.

C'est là, entre la plaine subalpine et les Alpes gigantesques qui la protègent, que s'étaient retirés les débris de ces Vaudois que nous avons vus, au XIIIᵉ siècle, troubler l'Italie et donner naissance à l'Inquisition. Les Vaudois cherchent à faire croire que leur religion vient directement des apôtres et de leurs premiers disciples ; qu'elle s'est conservée sans altération au milieu de ces Israélites des Alpes, qui seraient ainsi les chrétiens les plus anciens, prédestinés de Dieu pour conserver la vraie foi et la pureté de l'Évangile ; que les réformateurs de tout temps ont tiré d'eux les doctrines qu'ils ont prêchées. Celles-ci pourtant ont varié suivant les ministres et suivant les temps. En parlant d'eux (t. I, *Discours* V), nous avons indiqué comment ils entendaient se distinguer des Albigeois et des autres sectes manichéennes. Bossuet affirme [1] qu'à l'époque où ils se séparèrent ils ne différaient de nous que par un petit nombre de dogmes, et peut-être par aucun. Régnier Saccone, qui, étant des leurs, devait les connaître, dit qu'ils avaient sur tous les points des croyances correctes, mais qu'ils blasphémaient l'Église et les ecclésiastiques [2] ; et le pape Lucius III les mit parmi les

---

(1) *Histoire des variations*, liv. XI.

(2) *Cum omnes aliæ sectæ immanitate blasphemiarum in Deum audientibus horrorem inducant, hæc magnam habet speciem pietatis, eo quod coram hominibus juste vivant, et bene omnia de Deo credant, et omnes articulos qui in symbolo continentur observent; solummodo Romanam Ecclesiam blasphemant et clerum.* Claude de Seyssel, archevé-

hérétiques à cause de quelques dogmes et pratiques entachés de superstition, ce qui indiquerait qu'ils n'eurent pas d'erreurs fondamentales, surtout de celles autour
desquelles on fit depuis tant de bruit. Ils tinrent même, après
la condamnation du pape, une conférence à Narbonne,
en présence d'arbitres ; et le rapport qu'en fait Bernard,
abbé de Foncaude, nous porte aussi à croire que leurs
fautes consistaient principalement à refuser l'obéissance aux
prêtres et aux évêques, à se regarder comme autorisés à
prêcher, hommes et femmes; en opposition avec les Catholiques, qui soutenaient qu'il faut obéir aux prêtres et
ne pas en médire; que les femmes ne doivent pas prêcher, non plus que les laïques sans la permission des pasteurs; qu'il ne faut pas rejeter les prières pour les morts,
ni abandonner les églises pour prier dans les maisons
particulières. Alain de l'Isle, qui écrivit un livre pour les
réfuter, insiste, lui aussi, sur la défense de prêcher sans
mission, et sur le devoir d'obéir aux prélats lors même qu'ils
sont mauvais; il dit que l'ordre sacré, et non pas le mérite personnel, leur confère l'autorité de consacrer, de
lier et de délier; qu'il faut se confesser aux prêtres, et
non aux laïques; que dans certains cas il est permis de
jurer, et de punir de mort les malfaiteurs, ce que niaient
les Vaudois [1].

Condamnés par Bolesmanis, archevêque de Lyon, ils demandèrent la protection du pape Lucius III, qui, après
un nouvel examen, condamna les *nouveaux* hérétiques
en 1184 [2] ; ils ne se soumirent pas, mais revinrent cher-

que de Turin, a déclaré leur vie irréprochable ; ce qui paraît à Bossuet
une nouvelle séduction du démon.
(1) V. la note **A.** du *Discours* VIII, t. III, p. 426.
(2) MANSI. *Concil. Collectio*, t. XXII, p. 492.

cher la faveur d'Innocent III, qui condamna encore
toutes leurs réunions et tous leurs enseignements, en
1199.

Jacques, évêque de Turin, étant allé en 1209 à la cour
de l'empereur Othon IV, lui fit connaître cette peste
de son diocèse, et il en obtint un rescrit dans lequel
l'empereur proteste que « le juste vit de la foi, et que
celui qui ne croit pas est jugé ; » aussi veut-il que dans
son empire tout hérétique soit puni avec la rigueur officielle ; il lui confère l'autorisation spéciale de chasser de
son diocèse les Vaudois et quiconque sème la zizanie des
fausses doctrines[1]. Cependant peu à peu leur audace s'ac-
crut ; à l'exemple des Fraticelles, ils soutenaient que
pour administrer les sacrements il faut être pauvre, et
qu'en conséquence les prêtres catholiques n'étaient pas
les véritables successeurs des apôtres. En 1212 ils s'adres-
sèrent de nouveau à Rome pour obtenir du Saint-Siège
la liberté de prêcher ; et Conrad, abbé d'Ursperg, qui les y
vit avec leur maître Bernard, dit qu'ils affectaient la pauvreté apostolique, portant des sandales et des tuniques
comme les moines, mais ayant les cheveux longs, contrairement à ceux-ci, et que dans leurs assemblées secrètes
et leurs sermons ils singeaient les rites de l'Église. Il
ajoute que ce fut pour donner à l'Église de véritables pauvres que le pape approuva les Franciscains [2].

(1) *Præsertim tibi auctoritate mandantes quatenus hæreticos Valdenses
et omnes, qui in Taurinensi Diocesi zizaniam seminant falsitatis, et fidem catholicam alicujus erroris seu pravitatis doctrina impugnant, a toto
taurinensi episcopatu imperiali auctoritate expellas : licentiam enim,
auctoritatem omnimodam et plenam tibi conferimus potestatem, ut, per
tuæ studium sollicitudinis, taurinensis episcopatus area ventiletur, et omnis gravitas quæ fidei catholicæ contradicit penitus expurgetur.* GIOF-
FREDDO, *Histoire des Alpes maritimes,* à l'année 1209.

(2) Chron., *Corradi Urspergensis,* à l'année 1212.

Alors ils vivaient renfermés dans les vallées subalpines,
d'où, en 1308, ils repoussèrent à main armée les inquisiteurs, et mirent à mort Guillaume, prévôt catholique de
la vallée, le soupçonnant de les avoir dénoncés. Jean XXII,
dans un bref du 8 juillet 1332, adressé à l'inquisiteur
Albert de Castellars, originaire de Marseille, se plaignait
des progrès des Vaudois dans le Piémont, et surtout du
pasteur Pierre Martin, et il indiquait les moyens d'y remédier. En 1354 Jacques, prince d'Achaïe, résidant à Pignerol, ordonnait à Balanger Rorenco et à Huet, son neveu, seigneurs della Torre, d'emprisonner tous les Vaudois qu'ils pourraient prendre dans la vallée de Luserne [1].
En 1365, le jour de la Purification, ils tuèrent dans le couvent des Franciscains de Suse Pierre Cambiano, de l'ordre
des Frères Prêcheurs, qui avait acquis le fief de Ruffia.
Le dominicain Antoine Pavoni, inquisiteur à Savigliano,
pendant qu'il y prêchait le dimanche in Albis de l'année
1374, fut tué, et son cadavre mis en lambeaux. Les meurtriers ayant été découverts, le comte de Savoie fit détruire
leur maison, avec défense de la rebâtir et de cultiver leurs
champs ; ajoutant que s'ils étaient saisis ils seraient pro-
menés dans tout le Piémont, ignominieusement vêtus, et
les mains derrière le dos ; placés aux portes de chaque
église pendant les fêtes, puis mis en prison jusqu'à ce qu'ils
eussent reçu le châtiment mérité [2]. En 1370 le nombre
des Vaudois s'était tellement accru que les productions du
pays étaient insuffisantes à les nourrir ; un grand nombre
d'entre eux émigrèrent, et ce fut peut-être alors qu'ils fon-

(1) RORENCO, *Mémoires historiques sur l'introduction des heresies dans
la vallee de la Luserne, le marquisat de Saluces, etc* , *Turin*, 1649.

(2) La vie de Cambiano a été écrite par le théologien Charles Marc
Arnaud, de Lagnasco. Cambiano et Pavoni ont été béatifiés.

dèrent des colonies dans les Calabres et dans la Pouille.

Ils étaient dirigés par des anciens, qu'ils appelaient barbes', c'est-à-dire oncles, nom de famille affectueux, et dont plus tard ils tirèrent le titre de *barbets*. Adversaires de Rome et des rites qu'ils qualifiaient d'idolâtres, ils prétendaient avoir conservé dans son intégrité la prédication évangélique ; mais, sans s'embarrasser dans des subtilités dogmatiques, ils se contentaient de croire et d'adorer conformément à ce que dictait leur conscience ; et ils s'éloignaient si peu des croyances catholiques, que toutes les fois qu'ils n'avaient pas de barbes ou qu'ils les trouvaient trop ignorants dans les choses de l'âme, ils venaient requérir nos prêtres.

Missionnaires et inquisiteurs.

Quelques religieux allaient les évangéliser, et saint Vincent Ferrier, en 1403, écrivait à son général pour lui rendre compte de ses prédications en Piémont et en Lombardie : « J'ai passé trois mois à parcourir le Dauphiné, annonçant la parole de Dieu ; mais je me suis arrêté plus longtemps dans les trois fameuses vallées de Luserne, d'Argentière et de Valputa. J'y retournai deux ou trois fois, et bien que le pays soit rempli d'hérétiques, le peuple écoutait la parole de Dieu avec tant de dévotion et de respect, qu'après y avoir planté la foi avec le secours de Dieu, je crus devoir y reparaître pour confirmer les fidèles. Je descendis ensuite en Lombardie, à la prière d'un grand nombre, et pendant treize mois je ne cessai d'annoncer l'Évangile. Je pénétrai dans le Montferrat et dans les pays subalpins, où j'ai trouvé de nombreux Vaudois ainsi que d'autres hérétiques, surtout dans le diocèse de Turin ; et Dieu aidait visiblement mon ministère. Ces hérésies ont leur source principale dans une ignorance profonde et dans le défaut d'instruction ; il y en a beaucoup qui m'ont assuré que depuis trente ans ils n'avaient pas entendu prêcher, sauf quelque ministre vaudois qui avait coutume de venir de la Pouille deux fois par an. Cela me fit rougir et trembler ; je considérais quel terrible compte auront à rendre au pasteur suprême les supérieurs ecclésiastiques dont les uns reposent tranquillement dans de riches palais, les autres ne veulent exercer leur ministère que dans les grandes villes, laissant périr les âmes, qui ne recevant de personne le pain de la parole, vivent dans l'erreur et meurent dans le péché. Dans la vallée de Luserne je trouvai un évêque d'hérétiques qui, ayant accepté une conférence avec moi, ouvrit les yeux à la lumière et embrassa la foi de l'Église. Je ne parlerai pas des écoles des Vaudois, de ce que je fis pour les détruire, ni des abominations d'une autre secte, qui habite une vallée dite Pontia. Béni soit le Seigneur de la docilité avec laquelle les membres de ces sectes renoncèrent à de faux dogmes et à des pratiques criminelles en même temps que superstitieuses ! Un autre vous dira comment je fus reçu dans un pays où depuis longtemps s'étaient réfugiés les assassins de saint Pierre Martyr. Quant à la réconciliation des Guelfes et des Gibelins, et à la pacification générale des partis, mieux vaut n'en rien dire ; à Dieu seul j'en rends toute la gloire [1]. »

C'est avec cette charité chrétienne qu'opéraient les missionnaires. N'allez pas croire pourtant que les supplices manquassent ; vingt-deux Vaudois furent brûlés à Coni, en 1442 [2].

(1) Lettre datée de Genève, le 17 décembre 1403 : suit l'exposé de quelques superstitions de cette ville où l'on fêtait saint Orient ; à Lausanne, s'il faut l'en croire, les campagnards adoraient le soleil et lui adressaient tous les matins leurs prières et leurs vœux.

(2) Les pièces du procès sont aux archives de l'archevêché de Turin, Protocole 19ᵉ, fol. XLVI. ;

Le samedi 5 septembre 1388, à Turin, le frère Antoine de
Settimo de Savigliano, inquisiteur dans la haute Lombardie, fulmina une condamnation contre les Cathares,
les Patarins, les Spéronistes, les Léonistes, les Arnaldistes,
les Circoncis, les Passaggins, les Joséphins, les Franceschi,
les Bagnoresi, les Comistes, les Berrucaroli, les Curamelli,
les Varini, les Ortolans, les Sacatenses, les Albanais et Vaudois, et les hérétiques de toute autre secte. Déjà, dans notre
premier volume (pag. 150 et suiv.), nous avons rapporté ce
procès, où l'on n'employa pas les tortures : les châtiments
consistaient dans l'obligation de porter sur le vêtement
deux croix couleur jaune pâle d'un palme de long et
de trois travers de doigt de large, d'assister avec elles
à la grand'messe et au sermon, et de payer une amende.
En cas de récidive, leurs biens étaient confisqués, et ils
étaient remis au châtelain d'Asti et de Pignerol pour recevoir
une punition sévère. Dans maintes autres occasions, nous
trouvons les blasphémateurs et les relaps punis d'amendes
pécuniaires : en 1272, Pasqueta de Villafranca fut condamnée à payer quarante sols, parce que *faciebat sortilegia
in visione stellarum;* Antoine Carlavario, en 1363, à quarante florins sous l'accusation d'avoir fait tomber la grêle
à Pignerol en lisant des livres de nécromancie ; et en
1386 trente-deux hommes de la vallée de Saint-Saturnin
furent condamnés à une amende de cent vingt florins
d'or, parce qu'ils croyaient faire guérir par enchantement
leurs animaux, dans le cours d'une épidémie [1].

Vers 1440 s'étaient introduits d'autres hérétiques, qui
causèrent de grands troubles; pleins d'audace, ils injuriaient les curés catholiques, les appelant ignorants, les

_____

[1] SEMERIA, *Histoire de l'Église de Turin*, liv. 1er, p. 678.

accusant de perdre les âmes et les corps; ils en maltraitèrent deux; ils tuèrent celui d'Angrogna, qui combattait
victorieusement leurs sophismes, frappèrent celui de Fenile, assaillirent celui de Campilione et d'autres. L'évêque
de Turin ne voulut pas laisser ces crimes impunis; en
1446, il envoya vers eux le frère Jacques Buronzio, inquisiteur, avec une troupe de soldats, *et si non fuissent milites
qui eum custodiebant*, dit un chroniqueur, *una cum multis
aliis bonis catholicis non rediisset vivus*. Il trouva presque tous
les habitants des vallées en proie à l'hérésie, et parmi
eux un grand nombre de relaps. Il fit des conférences, et
ayant invité à Luserne tous ceux qui voulaient discuter
avec lui, le vieux Claude Pastre, barbe très-savant, vint
l'y trouver avec plus de trois cents Vaudois, et s'en retourna sans convaincre et sans avoir été convaincu. Ce
dernier prêchait d'autres hérésies contre l'incarnation du
Fils de Dieu et contre la présence réelle, et tenait des assemblées comprenant jusqu'à cinq cents hérétiques; lesquels ou repoussaient les inquisiteurs, ou les assaillaient,
ou bien les tournaient en dérision.

L'inquisiteur, qui ne voulait se servir que des armes de
l'Église, et qui ne pouvait les punir un à un à cause de
leur nombre, prononça l'interdiction de la vallée, qui
fut maintenue de 1448 à 1453. À cette époque le frère
Buronzio y étant retourné ramena certains habitants;
les convertis implorèrent le pardon de Nicolas V, qui
en effet ordonna aux évêques de Turin et de Nice de
réconcilier tous ceux qui abjureraient. Il y en eut
plus de trois mille qui abandonnèrent l'hérésie; l'è-
vêque les accueillit, leur fit des présents; mais il leur
déclara que s'ils retombaient dans leurs erreurs ils
perdraient leurs biens. Cela n'empêcha pas un grand

nombre de retourner rapidement à leur vomissement[1].

Ce fut sous cet évêque, Louis de Romagnano, que certains brigands ayant volé un ostensoir avec les saintes espèces, la bête qui les portait, en passant par Turin, se jeta à terre, et l'hostie s'éleva lumineuse (6 juin 1453), miracle qu'on a fêté jusqu'à ce jour.

Malgré ce prodige et quelques autres de cette époque, les Vaudois persistaient dans l'erreur; aussi en 1475 on décréta que tout contrat passé avec eux n'avait aucune valeur, et le frère Jean d'Aquapendente veillait à ce que les magistrats se conformassent à ce décret.

Le 23 janvier de l'année suivante, Yolande, sœur de Louis XI, veuve du bienheureux Amédée de Savoie et tutrice de Charles, d'accord avec les évêques, enjoignait aux châtelains de Pignerol et de Cavour, et au podestat de Luserne, de faire observer les ordres de l'Inquisition, et d'user de tous les moyens pour ramener les Vaudois à l'Église catholique. On envoya ensuite contre ceux-ci l'inquisiteur Albert des Capitanei, archidiacre de Crémone, dont les rigueurs poussèrent à la résistance; en 1487 Pierre Revel d'Angrogna assassina Negro de Mondovi, et les troupes venues pour les réduire furent maltraitées. Ils furent vivement persécutés par le bienheureux Aimon Tapparelli, d'Azeglio, inquisiteur en 1495.

Les Vaudois donnaient de l'ombrage à leurs voisins, et déjà en 1417 les inquisiteurs des diocèses d'Asti et de Turin écrivaient au gouverneur de Saluces d'empêcher les réunions secrètes que les hérétiques tenaient dans le pays, et *in suis conventiculis docent ea per quæ fides catholica dilaceratur, et animæ variorum, per tales de*

---

(1) *Monum. Historiæ patriæ Scriptores*, vol. IV, p. 1445 et suiv.

ceptæ, in dominationis barathrum dilabuntur. Malgré ces
précautions, les doctrines des Vaudois s'étaient répandues
dans le marquisat de Saluces; au commencement de l'année 1500, beaucoup de Vaudois étaient établis principalement dans les bourgs de Praguglielmo, Bioletto, Bialo-
netto. La marquise Marguerite de Foix, veuve de Louis II,
laquelle avait fait ériger Saluces en ville capitale et évêché,
publia un édit portant peine de mort contre les ennemis
de la foi.

Déjà, en 1509, d'accord avec les seigneurs de Paesana,
elle avait commencé des persécutions. Frère Angèle Ric-
ciardino de Savigliano, inquisiteur, publia un édit enjoi-
gnant aux habitants de ces bourgs et d'autres de descendre à Paesana et de faire pénitence. Personne n'y vint.
On saisit à Sanfronte un certain Pierre Faro des Giuliani
de Praguglielmo « comme un homme perdu de vices »,
et on l'amena par des mauvais traitements à faire des révélations. Il dénonça en effet comme étant imbus d'hérésie tous ses compatriotes, et sa déclaration fut confirmée
par un autre habitant de Sanfronte. Les soldats appelés
par l'inquisiteur n'en purent arrêter le 25 novembre que
deux, qui étaient François Marie et Balangiero Lanfrè;
et ceux-ci « sans attendre le martyre confessèrent qu'ils
étaient Vaudois ». Alors la marquise fit venir deux cents
soldats; les habitants, menacés, prirent la fuite, on ne put
saisir qu'un petit nombre d'entre eux et mettre à sac les
chaumières de Sanfronte. Quand le procès fut terminé, suivant les errements alors trop ordinaires, le 24 mars 1510,
on condamna au feu Jacques Mainero, François Maria, Antoine Lanfrè, Luchino Maria, Guillaume Maria. L'exécution devait avoir lieu le jour des Rameaux, mais il tomba
tant de neige qu'on la remit au lendemain. Pendant

la nuit, les condamnés trouvèrent moyen de s'échapper : parvenus à Bopodiano, ceux de Paesano se procurèrent près d'un serrurier d'Oncino des limes et des marteaux pour se débarrasser de leurs chaînes, et se réfugièrent à Barge.

On se vengea de leur fuite sur d'autres détenus : et, bien qu'on leur eût promis la vie, Julien Genet, Maria Genet, Balangiero, Lanfrè furent brûlés sur les rives du Pô, le 2 mai. Pour ceux qui vinrent après, on adoucit le châtiment : les uns furent battus de verges et exilés, les autres retenus en prison jusqu'à ce qu'ils eussent fait pénitence.

En 1512 encore, cinq hérétiques vivant dans des cavernes furent pris et brûlés vifs sur la place de Sanfronte ; on jeta par terre la maison où ils tenaient leurs assemblées : « elle était belle à voir et faite comme un labyrinthe ». On ordonna que Pragugielmo s'appelât désormais Borgo-San-Lorenzo ; on confisqua les biens au profit des seigneurs ; les exilés accouraient quelquefois du val de Luserne jusques à leurs maisons, et les voyant occupées par d'autres, ils y mettaient le feu et tuaient hommes et bêtes.

En 1513, le pape Léon X leur accorda pardon et fit cesser la persécution : par suite la marquise leur restitua la partie de leurs biens non encore vendus; leur permit de retourner chez eux moyennant le payement d'une somme de quatre mille quatre cents ducats, et comme ils ne purent verser une si grosse somme, elle leur ordonna de sortir dans le délai de trois jours sous peine de la vie ; plus tard elle se contenta de six cents ducats outre une redevance de soixante par année. Les habitants de Praguglielmo convinrent avec le seigneur de Paesana de payer à chaque Saint-Martin dix ducats d'or, de moudre tou-

jours à son moulin, et de lui donner toutes les perdrix,
lièvres et jeunes éperviers qu'ils prendraient au prix
de trois *grossi*. Les Vaudois s'étaient renfermés dans leurs
vallées. Si tranquilles qu'ils y fussent, le silence des Alpes
ne les pouvait pas toujours soustraire aux soupçons et
aux châtiments des gouvernements, surtout de la France,
qui était gênée de leur voisinage. Le roi Charles VIII les
avait persécutés; le pape Innocent VIII avait excité les
croyants contre ces *aspics vénéneux;* et le légat conduisit une armée dans les paisibles vallées d'Angrogna et
de Pragelat. A sa venue, quelques-uns répondirent par
une abjuration; les autres se retirèrent dans des montagnes plus inaccessibles : mais le roi Louis XII, après informations prises, se serait écrié : « Ils sont meilleurs chrétiens que nous ! »

Juge incompétent! Mais, en 1517, Claude de Seyssel, ar- Claude
de
Seyssel.
chevêque de Turin, qu'on vénérait pour sa sagesse et pour
les charges à lui conférées par Louis XII et François Ier,
ayant connu les Vaudois dans une visite pastorale, s'é-
tudia à rechercher leurs erreurs jusque dans la racine,
et à les convertir; or, il regarda ceux-ci comme une
race abjecte et brutale, ayant à peine assez de raison
pour distinguer s'ils sont des hommes ou des animaux,
s'ils sont vivants ou morts; il n'y a donc pas lieu, disait-
il, d'avoir avec eux une discussion en règle. Cependant
il parle de leurs doctrines, et ce ne sont pas celles que
professèrent ensuite les Réformés. La principale consistait à faire dépendre l'autorité du ministère ecclésiastique
du mérite des personnes, de telle sorte qu'on ne pût consacrer et absoudre celui qui n'observe pas la loi du Christ;
en conséquence, on ne doit pas obéir au pape ni aux prélats, parce qu'ils se sont détournés de la voie des apôtres;

Rome, le centre de tout mal, est la prostituée de l'Apocalypse. Claude de Seyssel ajoute bien que « quelques-uns
« d'entre eux, savants de haute ignorance, jasent plutôt
« qu'ils ne raisonnent au sujet de la substance et de la
« réalité de l'eucharistie ; mais ce qu'ils en disent comme
« un secret est tellement élevé qu'à peine les plus experts
« théologiens arrivent à le comprendre. »

Ils ne s'agissait point de la doctrine qui nie la présence
réelle, doctrine la moins élevée, et la plus conforme aux
sens. Cet archevêque fait même dire à un Vaudois : « Com-
« ment un évêque et un prêtre qui ont attiré le courroux
« de Dieu pourraient-ils jamais rendre Dieu propice aux
« autres ? Comment celui qui est banni du royaume de
« Dieu pourrait-il en avoir les clefs ? Si ses prières et
« ses actions n'ont aucune utilité, comment Jésus-Christ
« pourrait-il jamais, à ses paroles, se transformer sous l'es-
« pèce du pain et du vin, et se laisser toucher par un homme
« qu'il a entièrement rejeté[1] ? »

Bossuet, qui, dans son *Histoire des Variations,* a raconté
celles des Vaudois, assure que dans une certaine bibliothèque existent les procès faits en 1495 dans leurs
vallées, recueillis en deux gros volumes, où, entre autres,
on trouve l'interrogatoire d'un nommé Quoti de Pragelat.
On y demande à celui-ci ce que les barbes enseignent sur
le sacrement de l'autel, il répond « qu'ils prêchent et
« enseignent que quand un chapelain revêtu des Ordres
« prononce les paroles de la consécration, il consacre sur
« l'autel le corps du Christ ; que le pain se change en ce
« vrai corps ; » que pour lui il recevait tous les ans à Pâ-

<hr>

(1) CLAUDII SEISSELLI, *Archiep. Taurinensis, adversus errores et sec-
tam Valdensium, disputationes.* Paris, 1520, p. 55 et 56.

ques « le corps du Christ; » et les barbes disaient que
pour bien le recevoir il faut s'être confessé, aux barbes
plutôt qu'aux chapelains, c'est-à-dire aux prêtres, parce
que ces derniers menaient une vie débauchée, tandis que
la conduite des autres était juste et sainte. Ils revenaient
donc toujours à la théorie du mérite personnel, leur
dogme principal. Les autres répètent aussi qu'ils se
confessaient aux barbes, qui ont la faculté d'absoudre; ils se confessaient à genoux, et pour chaque
confession ils donnaient une monnaie; on leur imposait des pénitences qui consistaient le plus souvent en un
Pater, un *Credo,* jamais en un *Ave-Maria;* il leur était défendu de jurer; ils ne devaient ni invoquer les saints ni
prier pour les morts.

Ils continuèrent ainsi à vivre et à croire jusqu'à ce
que, malheureusement pour eux, ils eurent connaissance
de la Réforme prêchée par Luther. Ils n'étaient pas poussés
par réaction à l'embrasser comme le furent les Suisses et
les Allemands. Cependant, invités par eux, ils députèrent
en 1530 Pierre Masson, Georges Morel et Martin Gonin,
leurs barbes, pour s'en entretenir à Bâle avec OEcolam-
pade, à Strasbourg avec Bucer, à Berne avec Berthollet,
Haller et autres champions. Ils expliquèrent à ceux-ci
qu'ils pratiquaient la confession auriculaire, que leurs ministres vivaient dans le célibat; et que parmi eux il y
avait des vierges qui faisaient vœu de chasteté perpétuelle.

Relations des Vaudois avec les Réformés.

Ceux qui appuyaient les négations protestantes sur les
usages du christianisme primitif n'aimèrent pas à reconnaître que ces prétendus contemporains des apôtres
différaient de leurs nouvelles opinions sur des points
aussi controversés, et qu'ils prenaient scandale des asser-

tions de Luther contre le libre arbitre. Pierre Gilles, leur historien, note que les maîtres du protestantisme leur donnèrent avis de trois choses : 1° de quelques points de doctrine qu'il rapporte, et sur lesquels ils voulaient qu'ils se réformassent; 2° de mieux discipliner les assemblées ; 3° de ne plus permettre que les membres de leur église assistassent à la messe, ni qu'ils adhérassent en aucune manière aux superstitions du pape et aux prêtres catholiques[1].

Du reste, aucun auteur ne laisse apercevoir qu'ils eussent une confession ou canon de foi : de sorte qu'il est présumable que les confessions alléguées ont été compilées après leur réforme alors qu'ils cessèrent d'être ce qu'ils étaient d'abord, et se mirent sur les traces des Protestants, dont ils se donnaient volontiers pour les précurseurs. De Bèze lui-même reconnaît que les Vaudois avaient « abâtardi la pureté de la doctrine, » et abandonné la piété et la doctrine[2]; et le protestant Scultet, dans la relation de leur conférence avec Œcolampade (A), fait confesser par un de leurs députés que jusqu'alors ils avaient reconnu sept sacrements; mais ils n'admettaient pas la messe, le purgatoire, l'invocation des saints; leurs ministres étaient ignorants au suprême degré, comme des personnes contraintes à vivre de travail et d'aumônes; ce n'était pas d'eux, mais des prêtres romains qu'ils recevaient les sacrements, ce dont ils demandaient pardon à Dieu, parce qu'ils ne pouvaient faire autrement : que ces ministres ne se mariaient pas, mais se livraient à la fornication, et qu'alors ils demeuraient exclus de la société des

(1) PIERRE GILLES, *Histoire ecclésiastique des églises vaudoises.*
(2) Livre Ier, page 23, à l'année 1536; pages 35 et 36, à l'année 1544, etc.

Barbes et de la prédication. Et pour leur instruction ils demandaient non-seulement « s'il est licite au magistrat de
punir de mort les criminels », mais aussi s'il était permis
de tuer le faux frère qui les dénonçait, attendu que,
n'ayant pas de juridiction parmi eux, ils ne trouvaient
que ce moyen de répression ; si les ecclésiastiques pouvaient recevoir des dons et posséder quelque chose en
propre ; si l'on devait admettre la distinction du péché
en originel, véniel et mortel ; si les enfants d'une nation
quelconque sont sauvés par les mérites du Christ ; si les
adultes qui manquent de foi peuvent arriver au salut dans
quelque religion que ce soit. Ils se montraient surtout
blessés de ce qu'ils avaient lu dans Luther sur la prédestination et sur le libre arbitre, « pendant qu'ils croyaient
que l'homme avait naturellement quelque force, quelque
vertu, qui, avec l'aide de Dieu, n'étaient pas sans une certaine valeur, conformément aux paroles : *Frappez et
l'on vous ouvrira*. Si les prédestinés ne peuvent devenir
réprouvés, et réciproquement, pourquoi tant de sermons,
tant d'écritures ? Pourquoi, si tout arrive par nécessité ? »

On prétendit y trouver une plus grande conformité avec
les doctrines de Calvin, qui, ayant pénétré dans la vallée
d'Aoste après avoir abandonné la duchesse de Ferrare,
fit tous ses efforts pour que ces montagnards embrassas-
sent sa croyance, et, secouant le joug de la Savoie, se fon-
dissent avec les Cantons protestants de la Suisse. Cependant
les états de cette vallée, assemblés en février 1536, prirent
des mesures sévères pour la conservation de la foi catholique. Le célèbre Génevois Farel eut plus de succès avec les
Barbets ; il les amena à publier leur profession de foi, à
se déclarer calvinistes ou à le devenir, en abolissant les suf-

frages pour les morts, les jeûnes, le sacrifice de la messe, tous les sacrements excepté le baptême et la cène, à croire à la prédestination et au salut par la foi seule ; enfin à ne pas admettre d'autre médiateur que le Christ entre Dieu et les hommes.

Était-ce vraiment là le symbole antique? ou bien, ainsi que nous l'avons vu affirmer ci-dessus, admettaient-ils dès l'origine l'efficacité des œuvres?

Quand on reprochait aux novateurs d'être nés d'hier, il fallait avant tout établir ces points, et de là des discussions pleines de cet acharnement qui toujours offusque la vérité. Les controversistes modernes nient que les Vaudois remontassent à Claude de Turin ; selon eux, la *confessio fidei* n'est pas de 1120 ; elle est certainement postérieure à la conférence des Vaudois avec Œcolampade ; et c'est peu à peu qu'ils s'étaient éloignés de l'Église catholique [1].

Les articles vaudois.

Dans l'assemblée que tinrent les Vaudois pendant six jours à Angrogna, au milieu de septembre 1532, on proposa une confession de foi unique, dont les bases étaient :

1° Qu'on ne peut servir Dieu qu'en esprit et en vérité ;

2° Que ceux qui furent ou qui seront sauvés ont été élus par Dieu avant la création ;

3° Que reconnaître le libre arbitre, c'est nier la prédestination et la grâce de Dieu ;

4° Que l'on peut jurer, pourvu qu'on ne prenne pas le nom de Dieu en vain ;

5° Que la confession auriculaire est contraire à l'Écri-

---

(1) *Ann. Evangelii renovati.* Decad. 2, année 1530. Voir encore RUCHAT, *Histoire de la réformation en Suisse*, vol. VII.

ture, tandis qu'il faut louer la confession réciproque et la répréhension secrète;

6° Il n'y a pas de jours fixés pour le jeûne chrétien;

7° La Bible ne défend pas de travailler le dimanche;

8° Dans la prière, il n'est pas besoin d'articuler les paroles, ni de se mettre à genoux, ni de se frapper la poitrine;

9° Les apôtres et les Pères de l'Église ont pratiqué l'imposition des mains, mais comme un acte extérieur et arbitraire;

10° Les vœux du célibat sont antichrétiens;

11° Les ministres de la parole de Dieu ne doivent pas voyager ni changer de résidence, à moins que le bien de l'Église ne l'exige;

12° Pour pourvoir aux besoins des familles, ils peuvent jouir de revenus autres que les fruits de la communion apostolique;

13° Les seuls signes sacramentels sont le baptême et l'eucharistie.

Cependant tous n'approuvèrent pas ces articles : et les Barbes Daniel de Valence et Jean de Molines en particulier refusèrent d'y adhérer; en se retirant du synode, ils passèrent en Bohême : premier schisme entre les Vaudois, dont la raison principale fut que « quelques-uns pensèrent qu'en acceptant de telles conclusions, ils déshonoraient la mémoire de ceux qui jusque-là avaient dirigé leur Église. »

Après l'édit de 1555, ils exposèrent au lieutenant du roi de France une autre profession de foi, portant que leur religion, comme celle de leurs pères, était révélée par Dieu dans l'ancien et le nouveau Testament, et sommairement exprimée dans les douze articles du *Credo*; ils

Leurs altérations.

reconnaissaient les sacrements, mais pas tous; ils acceptaient les quatre conciles œcuméniques de Nicée, d'Éphèse, de Constantinople et de Chalcédoine, le symbole de saint Athanase, les commandements de Dieu; ils reconnaissaient les princes de la terre, mais ils n'entendaient pas obéir à l'Église catholique ni à ses décrets.

Il paraît donc que les enseignements de la science ingénue des Barbes ne tenaient pas de ce dogmatisme absolu et systématique dont s'armèrent les Réformés pour combattre l'Église romaine; ils avaient peu lu, peu discuté; leur principale défense consistait à souffrir et à croire; ils toléraient dans l'Église romaine tout ce qui ne heurtait pas leur sens moral. Mais Farel et les sectateurs de Calvin les amenèrent à repousser tout accord avec elle, réussissant mieux à changer leurs croyances que tant de prédications et tant de persécutions. En 1842 le pasteur Paul Appia gémissait de l'introduction de ces changements. « Si l'on veut, disait-il, bien connaître l'Église « vaudoise, il faut l'observer avant la Réforme, quand elle « n'avait pas encore été déformée par les professions cal- « vinistes. Ce ne fut pas pour elle un beau jour que celui « où le génie colossal mais trop absolu de Calvin lui im- « prima son cachet vigoureux, mais dur; j'aime mieux « nos Barbes, qui dans leurs retraites ou en plein air réci- « tent des passages de la Bible. Ah! pourquoi les Israélites « des vallées n'ont-ils pas préféré rester dans leur obscu- « rité, tels qu'ils étaient avant ce déluge de controverses, « c'est-à-dire des hommes de la Bible, de la prière, de l'ab- « négation, pauvres d'esprit comme ceux à qui appartient « le royaume des cieux? »

La Bible française.

Ce furent les Vaudois qui donnèrent à la France la première traduction de la Bible. En effet, ayant reconnu des contre-sens et des altérations dans le petit nombre d'exemplaires qui circulaient, ils engagèrent Robert Olivetano, versé dans le grec et dans l'hébreu, à la traduire en français. Il exécuta cette traduction dans une année : « J'ai fait de « mon mieux, dit-il ; j'ai travaillé, j'ai creusé autant que « j'ai pu dans la mine vivante de la vérité pure pour en « retirer ce présent que je vous offre, pour la décoration « du saint temple de Dieu. Je n'ai pas honte, comme la « veuve de l'Évangile, d'avoir porté devant vous les deux « seuls deniers qui sont tout mon avoir. D'autres vien-« dront ensuite qui pourront mieux préparer le chemin et « rendre la voie plus douce. »

Une quête pour la faire imprimer produisit quinze cents écus d'or, et dans la préface de l'édition de 1535 on disait à l'Église naissante de France : « C'est à toi, « pauvre petite Église, qu'est adressé ce trésor par un pau-« vre peuple, ton ami et ton frère en Jésus-Christ, et qui, « depuis qu'il en fut doté et enrichi par les apôtres du « Christ, en eut toujours la jouissance ; et maintenant, vou-« lant te donner ce que tu désires, il m'a chargé d'enlever « ce trésor des écrins grecs et hébreux, et, après l'avoir en-« veloppé dans des sachets français le mieux qu'il m'est « possible suivant le don de Dieu, de t'en faire présent, à « toi, pauvre Église, à qui l'on n'offre rien. Oh ! la gra-« cieuse denrée que la charité, dont on fait un marché si « utile et si profitable ! O bienfaisante profession de la « grâce, qui rend à celui qui donne et à celui qui reçoit une « même joie, une même délectation[1] ! »

Dès que le contact des Réformés les eut tirés de leur

Persécution
d'Oppède.

---

(1) DE BÈZE, *Histoire des Églises réformées*, tome Ier, p. 36 ; PERRIN, *Histoire des Vaudois*, p. 161.

tranquille obscurité, les Vaudois eurent à traverser les orages d'une époque où tout était suspect. Soudain le parlement d'Aix et celui de Turin (le Piémont étant alors sous la domination de la France) leur appliquèrent les peines capitales dirigées contre les hérétiques, le bûcher et le fer rouge; puis, parce qu'ils maltraitaient les religieux qu'on envoyait pour les convertir, on annonça par un édit qu'on les extermineraient, et qu'ils perdraient leurs fils, leurs biens, leur liberté. Ces rigueurs rencontrèrent une opposition énergique de la part de Sadolet, évêque de Carpentras; et le roi François Ier, voyant qu'ils étaient honnêtes et qu'ils payaient bien, ordonna au parlement de cesser les poursuites, et leur donna trois mois pour se réconcilier ; mais, après ce temps, Jean Mainier, baron d'Oppède, président du parlement, l'engagea à faire exécuter l'édit. Une soldatesque fanatique commence le massacre; quatre mille Vaudois sont mis à mort, huit cents sont envoyés aux galères; ceux de Cabrières, de Mérindol et de vingt autres villages sont passés au fil de l'épée (1549). La chronique sent l'exagération ordinaire aux temps de parti; la vérité est que l'universalité et la cruauté de l'intolérance firent frémir la généreuse nation française, et que le roi en mourant recommandait à son fils de châtier les auteurs de ces excès. Mais, quand on porta l'accusation devant le parlement de Paris, d'Oppède s'y présenta impassible, comme quelqu'un qui a rempli un devoir; il commença sa défense par ces paroles : « Lève-toi, Seigneur; soutiens nos droits contre la nation inique; » et il fut absous ; les autres aussi s'en allèrent impunis, ce qui causa aux Protestants un grand dépit.

La persécution s'étant peu à peu ralentie, les Vaudois pratiquèrent même publiquement leur culte; en 1555, ils

bâtirent leur premier temple à Angrogna, et, bien que
Jean Caracciolo, prince de Melfi et duc d'Ascoli, lieutenant du roi de France, eût démantelé les forts de Torre,
Bobbio, Bricherasio et Luserne, cependant, sous la domination française, ils s'étendirent encore dans le marquisat
de Saluces et dans les environs de Château-Dauphin; ils
accueillaient les fugitifs d'Italie, parmi lesquels Dominique Baronio, prêtre florentin, qui voulut composer une
messe, conciliant le rite catholique avec celui des Vaudois; mais on la repoussa comme une pure fantaisie[1].
Ce dernier écrivit diverses brochures latines et italiennes contre l'Église catholique; dans l'une d'elles il soutenait qu'en temps de persécution on doit manifester
sans réticence ses opinions religieuses personnelles; en
cela il fut contredit par Celse Martinengo.

On ne cessait de travailler à la conversion des Vaudois, soit par la prédication, soit par d'autres moyens propres à ce temps, et les décurions de Turin veillèrent avec soin pour empêcher leur extension dans cette ville. A cette intention, ils écrivirent à Pie IV qu'ils voulaient fermement maintenir jusqu'à la mort la foi de leurs aïeux; et ils envoyè-rent à Charles IX, leur roi, des délégués pour le supplier de ne pas tolérer les scandales que donnaient les Luthériens; en 1561, ils obtinrent un décret qui interdisait aux ministres hérétiques de prêcher dans cette ville, et de tenir des assem-blées soit publiques, soit privées. Déjà depuis 1532 la cité avait élu un maître pour lire les épîtres de saint Paul, thème des controverses les plus habituelles, et en 1542 elle décla-rait que nul n'obtiendrait des charges publiques s'il ne fai-sait profession de la foi catholique. Sept personnes pieuses,

Turin et l'hérésie des Vaudois.

---

(1) GILLES, *Histoire générale des Églises vaudoises,* chap. X.

qui furent l'avocat Albosco, le capitaine Della Rossa, le chanoine Gambera, l'avocat Ursio, Valle négociant, Bossi tailleur, Nasi libraire, instituèrent la Compagnie de la Foi,
dite ensuite de saint Paul, qui s'étendit rapidement, et
développa les œuvres de charité, lesquelles devaient con-
sister à prêcher avec zèle contre l'hérésie. Le principal
mérite de l'érection de cette confrérie revint au frère
Paul de Quinzano de Brescia, qui avait combattu les Luthériens chez les Suisses; l'histoire de cette association
fut écrite par le fameux Emmanuel Tesauro, et ses saintes
œuvres se sont continuées jusqu'à ce jour à travers les ou-
trages du peuple et les tracasseries du gouvernement.

Voici ce que racontent les annales des Capucins. A Turin,
quand Charles de Savoie eut été dépossédé de cette ville par
les Français, les soldats hérétiques de cette nation, préposés
à la garde des portes, injuriaient les catholiques et surtout les moines quand ils y descendaient de la Madone
del Campo qui était voisine. Un de leurs capitaines insulta
un prédicateur fameux, qui, perdant patience, commença à lui répondre et finit par lui faire cette proposition : « Lions ensemble nos bras nus, et mettons-les
sur le feu. Celui dont le bras restera intact, nous tien-
drons qu'il possède la véritable foi. » L'hérétique refusa
la proposition, mais il en conçut une telle rancune contre
tous les Capucins, qu'il résolut avec ses hommes d'assaillir
le couvent et de les égorger pendant une certaine nuit.
Les frères le surent; mais ils ne voulurent ni s'enfuir, ni
se préparer à la défense; le gardien les rassembla dans
l'église pour prier à l'intention de leurs persécuteurs, et
pour recommander à Dieu leurs propres âmes. A l'approche de la bande des assassins, le gardien commande de
tirer le verrou et d'ouvrir largement la porte; mais les

agresseurs, effrayés comme s'ils étaient assaillis par une troupe armée, se mettent à fuir, et les Capucins ont la palme du martyre sans avoir répandu de sang[1].

Quand Turin fut restitué au duc, celui-ci y trouva un grand nombre de Huguenots ; aussi institua-t-il dans l'Université une chaire de théologie pour y expliquer les épîtres de saint Paul ; en cela il fut puissamment aidé par le jésuite Achille Gagliardi, par le théologien Louis Codretto, et par le père Jean Martini qui parcoururent en prêchant les vallées vaudoises.

On raconte aussi qu'à Verceil un courtisan calviniste, perdant au jeu, entra furieux dans la cathédrale, et donna un soufflet à une effigie en marbre de la Madone. Il y resta l'empreinte de la main et du sang qui en jaillit, et le duc Charles voulut que le coupable, bien qu'appartenant à la cour, fût pendu.

On rapporte également que dans le château de Cham- Le Saint-Suaire.
béry, le 4 décembre 1532, le saint suaire, linceul dans lequel on croit que le Christ mort fut enveloppé, fut préservé d'un incendie si violent qu'il fondit le métal de la caisse dans laquelle il était renfermé : pour vérifier ce miracle, Clément VII envoya le cardinal Gorrovedo. Plus tard, en 1578, ce linceul sacré fut enlevé de Chambéry, parce qu'il courait risque d'être violé par les hérétiques, et porté à Turin, où il n'a pas cessé depuis d'être en vénération.

Les Vaudois s'étaient enhardis, grâce aux désordres du pays et à l'accroissement de leurs coreligionnaires en France et en Suisse ; aussi le duc publia-t-il de Nice un édit pour mettre un frein à leur prosélytisme. Ensuite on envoya

(1) Boverio, *Annales M. Capuccinorum,* à l'année 1555.

l'inquisiteur Thomas Giacomelli et des missionnaires,
parmi lesquels se trouvait Possevin [1].

Possevin.   Possevin, né à Mantoue en 1534 d'une famille ;noble,
mais pauvre, entra comme précepteur dans la maison
du cardinal Hercule Gonzàgue, où il connut les célébrités
les plus florissantes d'Italie, et gagna leur estime. Devenu
abbé de Fossano, il voyait s'ouvrir devant lui une splendide carrière, mais il préféra les fatigues du jésuite, et fut
un des membres les plus actifs dans cette société si active.
Nous n'avons pas à raconter ici ses missions diplomatiques en Suède, en Pologne, en Hongrie, à Moscou, pays
qu'il fit le premier connaître, on peut le dire; il fonda des
colléges en Piémont, en Savoie, en France.

Au milieu des terres de France se trouvait le comtat
d'Avignon, qui appartenait à l'Italie comme domaine des
papes, lesquels y avaient demeuré longtemps, pendant
cette période qn'on a appelée la captivité de Babylone;
ils y entretinrent ensuite un légat comme gouverneur civil; celui-ci dut bien vite travailler à en exclure l'hérésie. Les Huguenots y excitaient des tumultes pour avoir
un prétexte de soustraire le pays au sceptre du souverain
pontife dont ils détruisirent même les palais. Pie IV y
envoya son cousin Fabricius Serbelloni, frère du fameux
Gabriel, qui, avec le titre de général, puis de gouverneur,
et avec des pouvoirs extraordinaires, soutint les Catholiques; ce qui lui fit reprocher par les Protestants des
actes de grande cruauté; le fait est qu'il réussit à les
dompter; il en exila deux mille, et rétablit la messe.

(1) Jeanne de Jussie, Savoyarde, religieuse franciscaine de Sainte-Claire
à Genève, voyant les désordres de la Réforme, se retira à Annecy et y fit
imprimer, en 1535, *le Levain du Calvinisme,* où elle raconte les sacriléges
et les maux dont les hérétiques se rendent coupables.

Quand les guerres civiles de la France éclatèrent, le comtat eut beaucoup à souffrir ; la ville elle-même fut attaquée pendant la nuit, 'mais un flambeau miraculeux fit le tour des murs en réveillant les sentinelles, et la surprise échoua. Depuis elle fut défendue par les armes de Torquato Conti, et par les sermons de Félicien Capitoni' de Narni.

C'est là qu'avait été envoyé Possevin comme préfet du collège des Jésuites ; mais, en 1569, il alla à Rome, et, quand il revint, on murmura que son voyage avait eu pour objet de dénoncer au pape un grand nombre d'hérétiques ; qu'il voulait introduire dans la ville l'Inquisition à la mode espagnole, et abolir les confréries des Disciplins. En des temps de troubles, rien n'est aussi facile que de faire croire les contes les moins probables. Les exagérés poussent à l'exagération : la cité se soulève contre Possevin ; le magistrat est contraint de calmer ces fureurs par un édit sévère contre les Jésuites ; mais le pape écrit en démentant les faits ; les colères s'apaisent ; tout rentre dans le repos.

Possevin nous a laissé un curieux récit de sa mission au milieu des Vaudois [1], durant laquelle il réunit une assemblée générale à Chivasso, mais sans résultat. C'est en allant jusqu'à les menacer des galères et du gibet qu'on empêcha l'exercice public du culte et les prédications des Barbes ; de sorte que Scipion Lentulo, Napolitain d'une grande science [2], et Simon Fiorillo, qui s'étaient réfugiés dans ces vallées, allèrent prêcher dans la Valteline, où

(1) Édité par Zaccaria, *Iter literarium per Italiam.* 2e partie, op. XIII.
(2) Il a décrit minutieusement les circonstances de cette guerre dans des lettres aux ministres de Genève, qui sont reproduites par Léger, tome II, p. 687-96.

nous les avons trouvés. D'autres aussi abandonnèrent
ce refuge; puis, les rigueurs croissant, les Vaudois discu-
tèrent entre eux la question de savoir s'il était licite de
résister les armes à la main. Quelques Barbes soutenaient
« qu'on ne doit pas résister au prince, pas même pour défendre sa vie, surtout dans notre cas, puisque nous pouvons
nous retirer avec nos biens dans des montagnes plus recu-
lées »; les autres disaient : « Oui, vous avez le droit de vous
servir des armes, non contre le prince, mais contre le
pape. » Les uns adoptent la première opinion, les autres se
lancent dans une rébellion ouverte. Pour les apaiser, le
duc proposa une conférence; mais le pape n'aimait pas
que, dans l'Italie même et sous ses yeux, on discutât sur
son indiscutable autorité : il déclara que, si ces peuples
avaient besoin d'instruction, il enverrait des théologiens et

Guerre aux Vaudois. Emmanuel-Philibert. un légat avec pleine autorité de les absoudre, mais sans
grande espérance, connaissant l'opiniâtreté des héréti-
ques qui, dans chaque mesure prise pour les persuader,
voyaient une preuve d'impuissance à les réprimer.

Les ducs de Savoie publièrent un grand nombre d'é-
dits pour ramener à l'ordre ou pour comprimer les Vaudois; chez eux paraissaient souvent des inquisiteurs et des
missionnaires, et on usait de la persuasion et de la
prière. Les malheurs du pays, où l'ambition incessante
de Charles III avait attiré la domination française, donnèrent une nouvelle impulsion aux mouvements antireli-
gieux, jusqu'à ce qu'Emmanuel-Philibert (1553-1580),
qui avait acquis une grande renommée guerrière au service de l'empereur par les victoires de Gravelines et de
Saint-Quentin, eût recouvré par la paix de Cateau-Cambré-
sis pour prix de ses services les domaines de ses aïeux. Il
chercha à se rendre indépendant de la France et fort,

en faisant la guerre, en supprimant les représentations des
provinces, en accablant ses sujets d'impôts, pendant
qu'il les déliait des liens de servitude personnelle et de
mainmorte. Il comprit que les intérêts de sa maison devaient se transporter en Italie, et il y établit sa capitale ;
mais il n'abandonnait pas pour cela les idées de ses
pères, et rêvait un royaume allobroge, limité par la Provence et le Dauphiné, par le Lyonnais et par la Bresse,
par la Suisse française et par les provinces subalpines.
C'est à quoi le poussait le sénateur Joly d'Allery en 1561
dans un écrit qui, comme les opuscules de Napoléon III,
répandu par milliers de copies, devait ou faire, ou
tromper, ou tâter l'opinion publique. Mais, pour assurer des partisans à ces desseins, il lui suggérait de se
concilier les Huguenots de France, les princes et les cantons protestants, en embrassant leur doctrine, comme
il l'avait fait, lui le sénateur Joly, en établissant une
Église évangélique à Chambéry.

Cette proposition de Joly devait faire horreur, et on lui
fit un procès ; il confessa que l'agrandissement de la Savoie était l'ambition de tous les sujets ; quant à la religion, il ne désirait que voir publier non les doctrines de
Calvin ou de Farel, mais l'Évangile. Condamné à une
peine très-légère, il rentra promptement en grâce auprès
du duc, dont il avait flatté les ambitions.

Certainement, s'il avait apostasié, Emmanuel-Philibert
aurait écarté l'opposition que faisaient à ses conquêtes
Lesdiguières, Genève, Berne, et attiré à lui les Huguenots
de France qui, tenant plus à la religion qu'à la nationalité, et tendant la main à l'Angleterre et à la Hollande,
se seraient ralliés au chef des Vaudois.

Mais le besoin qu'il avait de l'Espagne et du pape, sa piété personnelle¹ et le désir de conserver l'unité de croyance parmi ses sujets, lui firent préférer les armes, qui étaient son métier, d'autant plus que beaucoup de Français accouraient dans ces vallées pour aider leurs coreligionnaires, ce qui lui donnait à craindre qu'ils ne remissent en danger l'indépendance nationale. Il expédia donc des troupes qui, dans la difficile guerre de montagnes, essuyèrent et firent essuyer d'énormes pertes. Voyant la difficulté du succès et l'inopportunité des moyens, et de plus sept mille hommes de la Savoie ayant éprouvé une défaite sanglante à Saint-Germain, ce qui rendit cœur aux insurgés, le duc vint aux accords ; il pardonna aux Vaudois et leur permit de se réunir et de prêcher en des lieux déterminés ; ailleurs ils ne pourraient que consoler les infirmes et accomplir certains rites ; les fugitifs pouvaient rentrer ; le duc aurait le pouvoir d'exclure les prédicateurs qui ne lui conviendraient pas, mais ils pourraient en choisir d'autres ; ils ne passeraient pas leurs confins et ne proscriraient pas les rites des Catholiques (5 juin 1560). Le bourg de Torre, demantelé par Caracciolo, fut de nouveau fortifié, et il devint le siège du gouvernement de la vallée.

Procès intentés contre eux. Avec cela Emmanuel-Philibert se rendit agréable à la cour de Rome (B), qui s'interposa pour lui faire céder par la France les forteresses qu'elle tenait en-deçà des Alpes. Mais le duc, qui aida la France contre les Huguenots (C), resta en

---

(1) Boldù, ambassadeur de Venise, raconte que, étant à la veille de se diriger avec son armée vers Hesdin en Flandre, Emmanuel-Philibert sortit sur la brune, accompagné d'un seul serviteur. Ceux qui le virent crurent qu'il allait prendre congé de quelque sienne amie. Au lieu de cela, il alla au monastère de Saint-Paul, y passa toute la nuit. Le lendemain, il se confessa et communia, se recommanda à Dieu, puis retourna a ses devoirs de général.

mauvais renom auprès des novateurs, soit à cause de ces mesures préventives, soit à cause des procès qu'il fit contre les hérétiques. Le 20 juin 1556, sur la place du Château à Turin, on avait mis à mort Bartholomé Actor ; on l'avait arrêté au moment où il arrivait de Genève portant des lettres et des livres hétérodoxes dans le val San-Martino. D'autres condamnations eurent lieu les années suivantes, et Mainardi écrivait de Chiavenna, le 7 mai 1563, à Fabricius Montanus : « Ceux qui viennent ici du Piémont rappor-
« tent que le duc de Savoie a été fait par le pape capitaine
« de l'Église, ou gonfalonier; et il reçoit chaque année un
« traitement de soixante mille écus. » Et Vergerio écrivait au duc Albert, le 5 avril 1562 : *Cum natus fuerit filius ill. Sabaudiæ duci, ille non modo antichristum, sed quinque pagos Helveticos acerbissimos purioris evangelii hostes ascivit sibi in susceptores, seu compatres, quod non obscuram dat significationem quod adversum nos aliquid moliatur.*

Fabricius Ferrari, résident de Toscane à Milan, écrivait, le 5ᵉ février 1566 : « En Piémont, on dit que cha-
« que jour on découvre de nouveaux partisans des Hu-
« guenots, et que le duc a beaucoup de difficulté à remé-
« dier à cela, craignant surtout que son épouse et presque
« tous ses ministres n'aient du penchant pour eux. Plaise à
« Dieu d'y mettre la main, car la moindre étincelle qu'on
« jetterait parmi ces peuples, en général très-mécontents,
« c'est-à-dire parmi les Huguenots et leurs pareils du
« duché, ferait redouter d'allumer dans ces vallées un
« autre incendie [1]. »

Au contraire le père Laderchi, à l'année 1568, insinue

---

(1) *Correspondance de Médicis* aux Archives diplomatiques de Florence.

que Marguerite de Valois, fille de François Iᵉʳ et sœur
d'Henri II, avait adopté les erreurs de la fameuse Marguerite de Navarre, et qu'elle avait protégé Carnesecchi à la
recommandation de Flaminio. Devenue l'épouse de
Philibert de Savoie, elle avait amené avec elle des lettrés
et des érudits infectés de calvinisme; par son influence,
ajoute l'historien, et avec l'aide de ces derniers, elle avait
engagé son époux à résister à l'autorité du pape à laquelle, à l'exemple de ses aïeux, il avait été très-docile.
Les ministres du duc avaient imposé aux habitants de Ve-
rua et d'autres lieux dépendant de l'Église d'Asti l'obligation de payer un tribut, de fournir des soldats, et d'a-
cheter à leurs frais certaines armes. Cette restriction de
liberté parut injuste au pape; il fit voir au duc combien
son nom en souffrait; il l'exhortait à retirer ces ordres,
ou, s'il croyait avoir des raisons, à les lui faire connaître.
De graves reproches furent adressés par le pape à l'é-
vêque d'Asti Gaspard Caprio, qui avait donné son assentiment à ces impositions extraordinaires; il allait en informer le duc, lorsqu'il tomba d'un escalier et mourut.
Il avait été lent à persécuter les hérétiques, qui à l'occasion de la guerre étaient venus en grand nombre dans
ce diocèse, et il laissa beaucoup à faire à son successeur,
le frère Dominique Della Rovere, déjà inquisiteur. Celui-
ci sut avec fermeté amener le duc à renoncer aux usurpations diverses qu'il avait commencées contre les immunités ecclésiastiques.

   Le 30 décembre 1569, Pie V écrivait à Honoré de Savoie,
comte de Tende, *omnium hæreticorum hostem acerrimum*,
qu'il eût à arrêter Antoine Planca, ce scieur de bois dont
nous avons parlé ci-dessus, et qui était retombé dans
l'hérésie après rétractation; Innocent Guino, dit Umeta,

et d'autres dont il lui transmettait les noms, et que vite
et secrètement il les livrât à l'évêque de Vintimille. Le
pape demandait aussi à Emmanuel-Philibert, le 2 avril
1570, qu'il livrât au Saint-Office Jean Toma, hérétique et
apostat, enfermé dans les prisons de Turin, et dont il espérait obtenir des révélations sur ses complices. On dit
aussi qu'à cette époque il y eut des édits, des condamnations, des réactions, soit dans ces vallées, soit dans le
Dauphiné, qu'on détruisit des églises, qu'on massacra des
curés, ce qui fut attribué par les uns aux Vaudois, par
les autres aux Huguenots, réunis dans la vallée de Pragelat. Le frère Thomas Giacomello de Pignerol, mort en
1569, inquisiteur général à Turin, puis évêque de Toulon,
et auteur de deux traités *De auctoritate papæ et contra
Valdenses*, prit le chef des Barbets, et le livra au bras
séculier.

Saint François de Sales s'illustra dans la conversion
des Vaudois (1567-1622). Il avait été élève de Panciroli à
l'Université de Padoue, où il fut reçu docteur le 5 septembre 1591 ; durant ses études il avait connu le pieux
et doux jésuite Possevin qu'il prit pour directeur de sa
conscience, et peut-être est-ce de lui qu'il tira cette douceur qui le caractérise. Il professait une dévotion spéciale pour la Bienheureuse Vierge, et il le fit voir dans
son pèlerinage à la sainte maison de Lorette. A Rome, il
ne trouva que sainteté, là où Luther n'avait vu qu'abomination ; devenu prêtre, il se consacra tout entier à la conversion des hérétiques, et fut fait évêque de Genève.
Allant à Milan pour vénérer le corps de saint Charles, et,
pendant son voyage, ayant eu connaissance de la congrégation des Barnabites instituée depuis peu, il logea près
d'eux dans des chambres qui avaient déjà servi à ce saint

*Saint
François
de Sales
et la
Savoie.*

IV — 32

alors qu'il allait y faire des exercices spirituels, et il les
pria de venir régir le collège d'Annecy, fondé par Eustache Chappuy, qui avait été au service de Charles-
Quint. En effet, avec le consentement de Frédéric Borromée, le frère Juste Guérin y alla ; et ce fut lui qui
succéda au saint dans l'évêché de Genève, et qui établit à
Annecy les prêtres de la mission.

Charles-
Emmanuel.

Alors régnait le duc de Savoie Charles-Emmanuel (1580-
1630), dit le Grand parce qu'il se mêla à toutes les querelles
de cette époque avec une ardeur infatigable et parce qu'il
chercha à agrandir le Piémont sous le prétexte d'unifier l'Italie et d'en chasser les étrangers, tandis que par
ses mesures il les y attirait. Il envoya prier saint François de venir à Turin, pour discuter les moyens de ramener le Chablais dans le bon chemin ; le saint, persuadé
que la scission du pays avait eu pour cause principale
l'ignorance de la vraie religion, proposa d'y envoyer des
missionnaires zélés, capables de dissiper les préventions
et de réfuter les calomnies ; on exclurait de la Savoie les
ministres calvinistes ; aux livres hérétiques on en substituerait de bons ; on introduirait les Jésuites pour élever
les jeunes gens et soutenir les controverses. Pourtant,
parmi les ministres mêmes de Charles-Emmanuel, un
grand nombre inclinaient pour les nouvelles doctrines ; et
saint François de Sales eut trop à exercer sa modeste majesté et sa douce persuasion pour renouveler les rites catholiques dans la Savoie, dont enfin les calvinistes furent
exclus.

Le duc aidait le saint à convertir les Savoyards ; il les
attirait à son château de Thonon, les accueillait avec
courtoisie, et leur exposait les arguments les plus efficaces
pour démontrer l'unité de la foi et de l'Église. Un grand

nombre d'entre eux répondirent à son empressement, et,
quand il sortait, le peuple l'entourait en criant : « Vive Son
Altesse royale! Vive l'Église romaine! Vive le pape (D) ! »

Christine de France, devenue l'épouse du prince de Piémont, voulut avoir François de Sales pour aumônier;
mais il n'accepta qu'après de longues instances, et à la
condition de ne pas quitter sa résidence. Elle lui fit présent
d'un beau diamant, le saint s'empressa de le vendre; alors
elle le remplaça par un autre; mais le saint lui donnant
à entendre qu'il ne pouvait conserver de bijoux tant qu'il
y aurait des pauvres, elle le pria de ne pas le vendre,
mais de le mettre en gage, ajoutant qu'elle-même le ra-
chèterait. Voilà le communisme des saints!

Charles-Emmanuel, dans son insatiable ambition de
s'agrandir et habile à profiter de toute occasion, en vit une
dans les guerres religieuses de France; il s'allia avec Philippe II, et grâce à son appui enleva Saluces aux Français,
assurant qu'il le faisait pour soustraire ce pays au danger
de tomber dans les mains des Huguenots (1588). Se
donnant le titre de champion du catholicisme, il appelle
toute l'Europe à son secours, attaque la Provence, tente
d'enlever Marseille par surprise, emploie tour à tour les
menées et les violences, jusqu'à ce que, fatigué, Henri IV
lui déclare la guerre.

Lesdiguières prit le commandement des Protestants du Lesdiguières
Dauphiné, qui alors se répandirent dans le marquisat de et Henri IV.
Saluces, dans San-Germano, à Pramollo; et avec eux
en 1592 il prit les châteaux de Perosa, Cavour, Bricherasio, et d'autres, ce qui le fit surnommer l'Écumeur
des Alpes. Le fort de Sainte-Catherine, qui des confins de
la Savoie menaçait toujours Genève, fut donné à cette
ville; on l'enleva au duc, qui céda aussi, lors de la paix,

les pays qui entourent le lac Léman, mais qui garda Saluces.

Charles-Emmanuel, disposé à tourner casaque toutes les
fois qu'il y trouverait son avantage, s'associa aux protestants allemands, et, par le moyen du comte Ernest de
Mansfeld et de Christian d'Anhalt, offrit de les secourir
dans la guerre de Trente ans; il espérait ainsi arriver à
l'empire, mais il ne put y réussir [1]. Il se ménagea des intelligences avec Lesdiguières, à qui il avait toujours fait la
guerre comme chef des Huguenots, et il pensait à conquérir le Milanais, le Montferrat, la Corse et le pays de Gênes
dont il devait céder la capitale et la rivière du Levant à la
France, pour qu'elle eût un passage libre vers l'Italie. Mécontent de son insuccès en Italie et de sa honteuse expédition contre Genève, après avoir ruiné son pays pour én
acquérir d'autres, il mourut de chagrin.

Dans une requête adressée au duc en 1585, les Vaudois
disaient qu'ils professaient leur culte secrètement depuis
un certain nombre d'années, et ouvertement depuis
trente ans; ils vantaient leurs droits à la tolérance; ils
voulaient pactiser avec leurs propres souverains, et ils
envoyaient des ambassadeurs aux souverains étrangers.
En 1593, lorsqu'Henri IV était prêt à abjurer, ils lui écrivirent : « Sire, Dieu vous a fait maître de la Gaule tran-
« salpine; la cisalpine aussi sera vôtre, pour peu que vous
« la vouliez. Le marquisat de Saluces vous reviendra ainsi
« que Milan. Déjà les vallées de Luserne, de Perosa, de
« Saint-Martin vous appartiennent, et serviront de bastions

---

(1) Un mémoire de lui adressé à Mansfeld est imprimé dans l'*Archi-
rium unito-protestanticum* de 1628, et illustré par B. Erdmansdorfer,
Herzog C. Emmanuel von Savoyen und die deutsche Kaiserwal von 1619.
Leipzick, 1862.

« à votre Dauphiné, bastions construits par le souverain
« Architecte et élevés jusqu'au ciel. Cela est beaucoup,
« mais ce n'est pas tout, car avec ces murailles hautes et
« crénelées vous aurez des remparts et des châteaux forts.
« Ils sont vos peuples, Sire, ceux qui habitent le cœur de
« ces vallées ; ce sont des combattants invincibles par leur
« nature et dont la renommée remonte aux temps anti-
« ques ; consacrés maintenant et toujours au service de
« Votre Majesté, ils vous ont offert leurs biens ; ils sa-
« crifieront sur votre autel leurs corps et leurs vies ; eux
« et leurs fils ont vécu pour vivre et mourir sous votre
« règne. En un mot ils sont à vous [1]. »

Il n'est donc pas vrai, ainsi qu'on l'a tant répété jusqu'à ce jour, qu'Henri IV voulut agrandir la maison de
Savoie en Italie : il est notoire que, dans son fameux
Plan de république chrétienne, il mettait à la tête de la
confédération italienne le souverain pontife, et qu'il ne
tolérait en Italie que la religion catholique [2].

_____

(1) CAPEFIGUE (*Histoire de la Réforme et de la Ligue,* tome VI, p. 310)
reproduit cette lettre, qu'il a trouvée à la Bibliothèque impériale.

(2) V. la note H du *Disc. IX,* t. III, p. 483. On sait, du reste, que quand
Henri III, revenant ou s'enfuyant de Pologne, passa par la Savoie, on
lui demanda la cession, pour une somme d'argent, des villes de Pignerol et de Savigliano, et qu'il y consentit. Peu après le duc, voyant
Henri III engagé dans la guerre civile, envahit le marquisat de Saluces,
tout en protestant de son intention de le rendre : en attendant, il des-
titua les fonctionnaires français et fit frapper une médaille avec un
centaure qui foule aux pieds une couronne et le mot *opportune,* pour
indiquer qu'il avait su saisir l'occasion. Après le meurtre de Henri III,
il occupa d'autres lieux de la Provence : pour l'arrêter, Henri IV fit
envahir la Savoie, et frapper une médaille avec un Hercule terrassant le
centaure, et le mot *opportunius.* Ces faits sont rappelés dans la *Première
et seconde Savoisienne,* pamphlets publiés à l'époque où Henri IV obligea
le duc de Savoie à lui céder le marquisat de Saluces. Clément VIII seul
parvint à calmer Henri, auquel tous les hommes politiques, et surtout le
cardinal d'Ossat, conseillaient de garder la Savoie et le Piémont pour

Les pâques
piémon-
taises.

Dans ses intrigues avec Lesdiguières, il se laissa
amener par celui-ci à accorder aux Vaudois un édit de
grâce en 1617. Par cet édit, « les très-fidèles et très-hum-
« bles sujets et serviteurs de Son Altesse, qui font profes-
« sion de la religion réformée selon l'Évangile de Jésus-
« Christ dans les vallées de Luserne, Perosa, Saint-Martin,
« Roccapiatta, Saint-Barthélemy, Taluco, Meana, Matti et
« dans le marquisat de Saluces » eurent une longue paix.
Ils s'en servirent pour repasser le Pellice, qui était leur
limite prescrite, et pour se répandre dans les vallées de
Suse et de Saluces, pour construire des temples, et célébrer des pâques solennelles avec une si grande affluence
que l'évêque de Saluces accourut, la même semaine, afin
de redonner quelque splendeur à son église abandonnée[1].
Ils profanèrent aussi des églises et des cimetières, et com-
mirent des crimes que l'histoire ne doit relater qu'avec de
grandes précautions, convaincue qu'elle est des calomnies
que les partis ont coutume de se lancer mutuellement.

Les Vaudois avaient continué à vivre dans le Marquisat, même après sa soumission à la France. Lorsque,
au mois d'août 1572, survint à Paris le déplorable massacre des Huguenots, on envoya de cette ville l'ordre à
Louis Birago, gouverneur de Saluces, de faire massacrer
aussi dans sa province les dissidents. Il rassembla les magistrats et les principaux ecclésiastiques, et tous d'un
commun accord prirent une délibération en vertu de laquelle on devait refuser obéissance. Voilà des gens qui
comprenaient jusqu'où doit s'arrêter l'obéissance.

Mais, en 1621, on vit se renouveler les persécutions,

punir le perfide duc : Henri, plus généreux que prudent, restitua tout à
Charles-Emmanuel.

(1) MUSTON, *Histoire des Vaudois des vallées du Piémont*, 1834.

les confiscations et les incendies, en sorte que les persécutés se réfugièrent dans les vallées des Alpes et en Suisse, ce qui amena la dépopulation de ces forteresses, et l'abandon pendant plusieurs années de ces terrains qui restèrent incultes; aussi après 1633 ne trouve-t-on plus d'hérétiques dans la vallée du Pô. Les émigrés y paraissent seulement de temps à autre pour recueillir les fruits provenant des fermes dont ils avaient été injustement dépossédés, mais quelques-uns furent arrêtés et envoyés aux galères [1].

Le 24 janvier 1624, Charles-Emmanuel ordonnait la démolition de six nouveaux temples, et le renvoi d'un maître; il envoyait aux Vaudois des édits qui ressemblaient à des lettres pastorales; il leur défendait de parler dans l'église d'autre chose que du culte; il élevait des forteresses contre leur humeur turbulente; il expédiait des capucins et des jésuites, qui tenaient des conférences publiques. Une d'elles eut lieu en 1598 à San-Germano entre le capucin Philippe Ribotti de Pancalieri et le ministre David Rostagno, à la suite de laquelle divers capitaines embrassèrent le catholicisme; en 1602 l'archevêque de Turin donnait un sauf-conduit aux Barbes pour venir discuter avec lui à Perosa.

En 1596, l'archevêque Broglia visitait les vallées vaudoises, à la tête des missionnaires, capucins et jésuites, et fit de nombreuses conversions, en commençant par les menaces, puis en accueillant avec une grande charité les néophytes. A Festonea seulement, près De monte, les hérétiques continuèrent à se montrer insolent

(1) MULÉTTI, *Storia di Saluzzo, e de' suoi marchesi*: Saluces, 1833. Voir aux diverses années, et à l'appendice.

et obstinés, mais ils finirent aussi par être réduits à l'o-
béissance, excepté trois qui furent exilés. Il y retourna
dans la suite en 1601 et pût purger Luserne ; les habitants
de Bibiana voulurent que leur barbe Augustin, moine italien, réfugié chez eux et marié, pût discuter sur la vérité
de la messe ; mais, lorsqu'ils étaient, soit lui, soit d'autres,
serrés par l'argumentation, ils tournaient la chose en ridicule. L'archevêque y entretenait toujours des missions,
surtout de capucins, et faisait beaucoup d'aumônes. En 1620,
le père Gérôme de Mondovi restaura l'église de Perrero,
ainsi que le presbytère ; le père Ambroise de Moncalieri
réunissait le dimanche les fidèles pour leur expliquer la
doctrine ; et les années suivantes le père Étienne de Turin
relevait les chapelles détruites, instruisait, secourait. Le
père Jean-Thomas de Brà fondait à Perosa un gymnase ; le
père Gérôme de Pamparato, en 1648, y retourna plusieurs
fois pour empêcher que le fisc ne s'emparât des biens
destinés à ces missions. En 1623, l'archevêque Chiglietti,
visitant la vallée de Pragelat, soumise à la France, n'y
trouvait plus aucun vestige de pratiques catholiques.

Marc-Aurèle Rorenco, co-seigneur de la vallée de Luserne et grand prieur de Saint-Roch à Turin, fit de
grands efforts pour convertir les Vaudois ; sa mère le se-
condait, et il fut considéré, au dire de Léger, comme
l'instrument le plus actif, le plus subtil, le plus efficace
contre eux. En 1632, il imprima un « Récit de l'introduction des hérésies dans les vallées du Piémont » ; et en
1649 « Mémoires historiques de l'introduction des hérésies,
dédiés au duc de Savoie » ; il dit dans la préface : « Agis-
« sez et parlez ; il y a des personnes qui se rappellent que
« vos frères agissaient et parlaient autrement ».

Quand, par le traité de Cherasco de 1633, le duc de

Savoie Victor-Amédée recouvrait les domaines de ses aïeux, on revint aux édits anciens, qui éloignaient les Vaudois de Pignerol, et punissaient de mort ceux qui dépassaient les confins qu'on leur avait assignés.

Mais survinrent de nouvelles guerres, et Charles-Emmanuel, dans le traité de paix, dut céder encore aux Français Pignerol et la vallée de Perosa ; Louis XIV, le 4 août 1654, y prohibait l'exercice du culte vaudois, et remettait en vigueur les édits des ducs. Changeant alors leur patience en fureur, les Vaudois se réunissent en grand nombre dans les vallées de la Doire et de Pragelat, sous le commandement de Jean Léger, consacré ministre de Prali, San-Germano et Rodoreto ; en 1639, ils s'avancent dans la vallée du Pô en mettant tout à sac ; leurs ministres et leurs femmes sont accusés d'incendies de monastères et d'églises, et d'assassinats comme celui du curé de Fenile, que le meurtrier Berru déclara avoir commis à l'instigation d'Antoine Léger et d'autres Barbes.

Quant au duc, après des édits nombreux et inutiles, des concessions nouvelles et des rigueurs pour restreindre les Barbets dans leurs confins propres, il envoie le marquis de Pianezza pour camper au milieu d'eux, pour occuper leurs châteaux et leurs habitations. Alors eurent lieu de terribles batailles : et dans l'une, à Bobbio, du 11 mars 1655, il périt cent soixante Vaudois et autant de catholiques ; à Villar il y eut cinq cents morts des deux côtés ; deux mille en tout, dit-on. En avril la vallée entière de Luserne était dévastée par l'incendie et la mort. Conduits par Léger, Giavanello et Jayer, qui tuaient tous les catholiques qu'ils pouvaient prendre, les Vaudois se rassemblèrent sur les rives de l'Angrogna, vers les cimes les plus ardues ; à la Vacherie et au Pré du Four, ils se forti·

Jean¹
Léger.]

fièrent si bien qu'ils paraissaient invincibles, pendant qu'ils
invoquaient l'aide de leurs coreligionnaires de toute l'Europe.

Confirmés dans leurs croyances par les persécutions,
ils notèrent chaque jour ce qui leur arrivait; leurs fuites,
leurs victoires, leur exil, ils ont tout raconté avec cette passion qui, en diminuant la vraisemblance, accroît l'intérêt.
Et si aujourd'hui ce récit a tant d'attrait pour nous qui en
sommes éloignés, qui sommes d'une autre croyance, que
devait-il en être alors, et entre des coreligionnaires? Jean Léger, qui avait envenimé leur haine contre les Piémontais,
et qui encore, au synode de Boissel, les avait déterminés à
l'insurrection, a décrit (espérons-le) en les exagérant les
persécutions qu'ils avaient souffertes, surtout dans l'*Histoire
des églises évangéliques dans les vallées du Piémont* (Leyde,
1669). Il y excitait l'indignation des Réformés de toute l'Europe en racontant que des vierges avaient été violées, des
mères empalées, des enfants écrasés contre des rochers,
des hommes attachés aux arbres la poitrine ouverte, après
qu'on leur eut arraché le cœur et les poumons, et d'autres
écorchés vifs; que le sang avait coulé par torrents; que
le pays avait été incendié par Pianezza, rendu plus cruel
par les excitations de certains religieux; à cela s'ajoute l'attrait des dessins de ces martyres. Ce Tacite de la secte trans-
mit à ceux qui vinrent ensuite et le récit et l'indignation ;
aussi parmi ses contemporains Charles-Emmanuel II passa
pour un Néron, et fut à propos des *pâques piémontaises* un
objet d'horreur. On fit pleuvoir de la Hollande et de la
Suisse les remontrances; Cromwell, protecteur en Angleterre, faisait semer partout ses plaintes; Charles-Emmanuel répondait qu'il paraissait étrange de qualifier de
barbares les châtiments paternels infligés à des sujets

dont nul souverain n'aurait pu tolérer la rébellion ; quant
à lui, il était disposé à pardonner par déférence pour le
sérénissime protecteur. De tous côtés on fit des quêtes
pour secourir les Vaudois ; on recueillit deux millions de
livres en l'Angleterre ; six cent quarante mille florins en
Hollande. Cromwell consacra douze mille livres sterling par année à venir en aide aux églises des Vaudois, auxquels il offrit un asile et du terrain en Irlande.

Alexandre VII désapprouva les cruautés des Piémontais, et il en reçut mille éloges des gazettes hollandaises
de ce temps[1]. Enfin la France s'interpose ; à Turin, le
31 juillet 1655, fut rétablie la paix avec pardon général, et
avec les concessions primitives ; les terres que les Vaudois
possédaient hors des confins furent échangées contre
d'autres situées entre le Pellice et le Chison.

Un ennemi à qui on laisse toutes ses forces intactes n'est
pas vaincu ; aussi de nouveaux tumultes ne tardèrent pas à
attirer de nouvelles guerres sur cette « terre maudite, sans
moines ni madones ». Les colères étaient allumées par le
grand nombre de ceux qui, dédaignant le pardon, s'étaient
fixés en Suisse, et qui, comme tous les bannis, agitaient leur
patrie plus par vengeance que par désir d'y rentrer. Léger,
qui avait été condamné à mort par contumace, ne cessait
de blâmer tout acte du gouvernement, et de se plaindre
aux princes protestants, en accumulant des calomnies et
en réunissant des souscriptions, des armes et des deniers ;
il ne cessa de se remuer jusqu'à sa mort, à Leyde, où il
était devenu parleur. C'est ainsi qu'on provoquait des
cruautés dans les deux partis (E) ; à Turin on faisait des
procès et des condamnations, dans les vallées des in-

_____

(1) V. BAYLE, au mot *Chigi*, et ci-dessus, pag. 402.

surrections, et en 1663 surtout il y eut beaucoup de morts ; l'année suivante, par l'intermédiaire des puissances catholiques, on fait de nouveau la paix, et Charles-Emmanuel pardonne « malgré les qualités et les circonstances des offenses, des dommages supportés par les sujets fidèles, par nous et par la justice, malgré leur chute dans des crimes toujours plus grands ».

Louis XIV.
Victor-
Amédée II. Peu après (1685), Louis XIV révoquait l'édit de Nantes, par lequel Henri IV avait accordé en France la liberté du culte aux Calvinistes. A ce roi pape, à ce roi Dieu, qui n'avait plus de sujets, mais des adorateurs, à ce roi que Bossuet félicitait à cette occasion avec les paroles que les évêques adressaient en commun à l'empereur Constantin, à celui qui avait réussi (ainsi que s'en vantaient ses adulateurs) à faire changer de religion à un million de sujets, et à réduire tout son royaume à une même croyance, on donna à entendre que les religionnaires fugitifs de France trouvaient un refuge dans les vallées subalpines pour se soustraire aux prisons et aux dragonnades. Par son ambassadeur, le marquis d'Arcy, Louis XIV déclara donc, le 12 octobre 1685, qu'il voulait convertir les vallées soumises à son autorité, et qu'en conséquence le duc de Savoie eût à éteindre ce foyer d'hérésie et de rébellion sur ses frontières ; il envoya des troupes pour le déterminer et pour l'aider à les chasser. Victor-Amédée II, alors jeune, bien qu'il ne se dissimulât pas les difficultés de l'exécution, après des habitudes si invétérées, après les vaines tentatives de ses prédécesseurs, qui avaient agi dans leur plein droit, ne crut pas pouvoir répondre par un refus et il enjoignit à tous les protestants du marquisat de Saluces de se faire catholiques dans le délai de deux mois sous peine de mort et de confiscation des biens. Aussi ne resta-t-il pas un

seul protestant dans les communes de Paesana, Bron-
dello, Crissolo ; il interdit le culte privé dans les vallées
privilégiées ; il ordonna qu'on démolît les temples, qu'on
expulsât les Barbes, qu'on élevât les enfants dans le catholicisme ; en cas de désobéissance, les pères seraient
condamnés à cinq ans de galère, et les mères au fouet ; les
hérétiques étrangers devaient s'en·aller et vendre leurs
biens, qui autrement seraient achetés par le fisc.

Pour mettre à exécution ce décret intolérant, il fallut Nouveaux
massacres.
une armée, et ce fut Victor-Amédée en personne qui la
commanda, peut-être pour épargner le sang : Louvois,
ministre de la guerre du grand roi, unit aux Savoyards
quatre mille soldats ; grosse armée contre des montagnards désarmés ; elle était commandée par le Français
Catinat et par le Savoyard Gabriel. Les hommes qu'on prenait étaient envoyés garrottés à Turin ; on ne laissait que
les femmes, les enfants, les vieillards, exposés à la bru-
talité des soldats, qui les maltraitaient pour les faire abjurer.

Les Suisses obtinrent de Victor-Amédée que les Vaudois
pussent émigrer : « Vous pouvez encore (disaient-ils à
ceux-ci) quitter ce pays si cher et si funeste ; vous pouvez
emmener avec vous vos familles, conserver votre religion, éviter une nouvelle effusion de sang ; au nom du
ciel, ne vous obstinez pas à une résistance inutile. » Pourtant, dans l'assemblée de Roccapiatta, en avril 1686, ils ré-
solurent de résister jusqu'à la mort ; ils tuèrent et sa-
lèrent le bétail, et se réfugièrent dans les Alpes les
moins accessibles, pendant que les hommes vigoureux se
préparaient à repousser résolûment les troupes.

Ceux qui, considérant la puissance du grand roi et la
valeur du maréchal Catinat, auraient de la peine à se per-

suader qu'une poignée de Vaudois leur ait résisté avec succès, montreraient qu'ils ignorent ce que peut une nation qui défend sa patrie et sa foi, et qu'ils ne connaissent point quelles positions imprenables sont celles de Balsilla, de Serra, de Crudele et autres, où deux peuvent lutter contre mille, et les pierres détachées des rocs écraser la cavalerie et les canons. Mais la discipline de l'ennemi, et plus encore la faim, empiraient la situation des Barbets : lorsqu'ils étaient pris, ils étaient exécutés comme coupables de lèse-majesté, ou bien envoyés, soit en prison, soit aux galères. Réduits à un petit nombre, ils se réfugièrent sur le sol de l'Helvétie : mais de là ils tournaient leurs regards vers la patrie absente; quelques-uns voulurent y rentrer par la force, et une colonne de neuf cents hommes, encouragée et conduite par le vieux Gianavello, s'embarqua sur le lac de Genève, traversa la Maurienne et le mont Cenis, descendit par la vallée de la Dora dans celle de Pragelat, et du haut de la Balsilla repoussa douze mille Français et dix mille Piémontais : Catinat toutefois en prit un grand nombre et les pendit.

Les Vaudois obtiennent la tolérance.

Au milieu de ces événements, le duc de Savoie trouva qu'il lui était avantageux de se brouiller avec la France et de s'unir à l'Autriche. En conséquence, pour amadouer l'Angleterre, amie de cette dernière, il rétablit les Vaudois dans leurs droits primitifs, relâcha ceux qui languissaient dans les prisons de Turin, et poussa la complaisance jusqu'à laisser revenir à la religion de leurs pères ceux qui, par peur ou pour des motifs humains, l'avaient abandonnée. L'Inquisition romaine cassa ces dispositions comme excessives, impies, détestables : le duc défendit la publication de ce décret, et demanda l'abolition

du Saint-Office dans ses États; quant au pape Innocent XI,
il reconnut qu'on était allé trop loin.

Les Vaudois récompensèrent le duc de sa tolérance en
l'aidant de toutes leurs forces dans la guerre contre la
France, où ils servirent d'avant-garde au prince Eugène
de Savoie : réunis en régiments avec la devise *La patience
fatiguée devient de la fureur,* ils causèrent de grands dommages tant au Dauphiné qu'aux troupes de Louis XIV.
Peu de temps après, Victor-Amédée trouvait de nouveau
qu'il était de son intérêt de faire la paix avec le grand roi,
et de recouvrer Pignerol ainsi que la vallée de Perosa,
que détenait la France depuis soixante-trois ans. Par une
des clauses de cette paix, le roi s'obligea à en chasser les
Vaudois : ils quittèrent le Piémont, et se dispersèrent en
Suisse, en Prusse, dans la Hesse, dans le comté d'Isemberg,
dans le Baden-Durlach. Hebrard-Louis, duc de Wurtemberg, par une patente de 1699, leur octroya des terres
entre Maulbronn et Knittlingen, où ils bâtirent des villages
auxquels, pour rappeler leur origine alpestre, ils donnèrent les noms de Villar, Pinasca, Luserna, Mentoulles.

Le reste a toujours habité depuis avec plus ou moins de
tranquillité ces anciens asiles de sa liberté et de ses croyances, obéissant silencieusement, aimant même le prince op-
presseur. Il ne manqua jamais d'hommes zélés qui s'appliquèrent à les convertir : en 1686, le bienheureux Valfrè de
Verduno, au diocèse d'Alba, s'employa énergiquement pour
établir des curés catholiques parmi eux. Ce pieux oratorien
était vivement affligé du conflit entre Victor-Amédée II et
le pape : lorsque le roi alla le visiter à son lit de mort, il
lui recommanda d'épargner à ses sujets les maux de la
guerre, et de rester toujours uni au vicaire de Jésus-Christ,
s'il voulait que Dieu le bénît, lui, sa famille et l'État. En

1637, la duchesse Marie-Jeanne-Baptiste, régente, fonda à
Turin un refuge pour les catéchumènes, qu'elle confia à
la direction des chevaliers des saints Maurice et Lazare, et
où l'on devait avoir le vivre et le vêtement comme on faisait à l'*Hospice de Vertu :* les jeunes gens y étaient instruits
dans la foi et formés à un métier quelconque; les vieillards y trouvaient le repos, et les filles à marier une dot.
Cet état de choses dura jusqu'en 1740, mais les guerres
et les dissensions avaient ruiné et chargé de dettes l'institution : une réforme était nécessaire. En 1754, Charles-
Emmanuel III érigea à Pignerol un magnifique hospice
pour les catéchumènes : mais, en 1800, il fut livré aux Protestants par la *Commission exécutive* qui gouverna le Piémont à la suite de l'occupation jacobine. Les protestants
flattèrent les nouveaux venus : l'empereur Napoléon reconnut l'organisation en églises consistoriales qu'ils s'é-
taient donnée à Torre, à Prarostino et à Villa Secca; il mit
leurs temples au rang des édifices publics et à la charge
de l'État : mille francs en terres et deux cents francs de
supplément furent assignés aux ministres à titre de traitement. Plus tard l'hospice de Pignerol a été rouvert par
le zèle de monseigneur Charvaz [1] : ce savant archevêque
de Gênes est le premier catholique qui, après Bossuet, ait
écrit sur les Vaudois.

Leur dernière organisation. En 1814 le Piémont fut rendu à ses anciens maîtres.
Restaurer le passé fut un moment à la mode; sous l'em-
pire de cette mode, on rappela les anciens décrets, notamment ceux concernant les Vaudois, qui furent quelque
peu inquiétés : mais les gouvernements de Prusse et
d'Angleterre s'interposèrent en leur faveur, et obtinrent

---

(1) V. Bernardi, *Hospice des Catechumènes à Pignerol.* Pignerol, 1864.

pour eux la faculté d'exercer un grand nombre de professions civiles et de conserver les biens qu'ils avaient acquis en dehors des limites assignées : il fut de plus pourvu à l'entretien de leurs pasteurs. Le bruit qui se fit autour d'eux poussa un certain nombre de voyageurs, anglais pour la plupart, à les visiter, à les secourir, à écrire leur histoire et leur défense (F) : en 1825, grâce à l'intervention de Gilly, un comité fut fondé à Londres pour protéger leurs intérêts. Ils comptaient alors quinze églises, chacune avec un ministre qui devait être sujet sarde, rétribué par les habitants auxquels on accordait, pour ce motif, une réduction de l'impôt. Ces églises sont présidées par un synode, qui se réunit tous les cinq ans et est composé de tous les pasteurs et de députés laïques. La Table, magistrature formée de trois ecclésiastiques et de deux laïques, gouverne dans les intervalles qui s'écoulent d'un synode à l'autre : réélue à chaque réunion du synode, elle apaise les controverses, répartit les aumônes. Chaque église a son consistoire propre, composé du pasteur, des anciens, de l'économe et du procureur chargé de l'administration temporelle et spirituelle, de veiller aux bonnes mœurs, des pauvres, des écoles dans lesquelles, comme pour le culte, on a adopté la langue italienne. A des époques déterminées, le ministre va visiter les populations isolées dans les Alpes, pour leur apporter les consolations de la religion. Alors, de toutes les prairies, de toutes les hauteurs, les bergers accourent sur leurs pas : l'écho des vallées répète les louanges du Seigneur, les psaumes de la foi et de la consolation. Le ministre dispense les conseils, les consolations, les réprimandes, arrange les différends, raccommode les ménages, extirpe les scandales ; puis à tous il rompt, du haut de la chaire, le pain de la parole, et leur recommande de veiller, de prier, de rester fermes dans la foi.

En 1603, ils avaient publié leur profession de foi, conforme à celle des Églises réformées : ils la répétèrent dans le manifeste de 1655 ; et depuis, elle a conservé force légale. Les méthodistes de Génève s'introduisirent parmi eux après l'année 1821, et, quoique combattus, ils firent des prosélytes : ils observent rigoureusement le repos du dimanche, s'abstiennent de réjouissances et de danses, tiennent des assemblées du soir, et n'obéissent qu'à l'inspiration du Saint-Esprit.

A Torre, chef-lieu du mandement, on inaugura en 1844 l'Église et un collège destiné aux neuf cents catholiques de la localité. Deux mille trois cents Vaudois ont ouvert solennellement en 1852 un temple en style ogival avec cette inscription : *La vraie vie consiste à croire en Dieu et en Jésus-Christ, son fils.* Près du temple se trouve la maison du pasteur et des ministres chargés du culte et de l'instruction : c'est là que se tiennent les assemblées, et que se conservent les actes de leur école, composée de ministres et de laïques, et à laquelle appartient l'administration suprême des intérêts des religionnaires. En 1825, la propagande anglaise accordait une subvention de vingt mille livres sterling pour fonder un collège, avec dix bourses de cent francs l'une, outre qu'elle pourvoyait en Angleterre à l'éducation de trois jeunes élèves destinés à revenir se livrer à l'enseignement chez eux : des subsides furent également accordés pour les écoles de filles. Infatigable à quêter des secours, Gilly obtint d'une seule personne restée anonyme cinq mille livres sterling : c'est à l'aide de collectes semblables qu'un hôpital fut élevé en 1827. Une bibliothèque, composée d'ou-

vrages partout ailleurs très-rares, fut fournie principalement par le colonel Beckwith, qui dépensa plus de deux
cent mille francs pour la diffusion de l'instruction parmi les
Vaudois. Lorsqu'en 1842 les maîtres d'école des vallées
se réunirent pour une fête, au sommet d'une montagne!,
au retour chacun d'eux portait une branche de rose des
Alpes : arrivés à Torre, tous en détachèrent une fleur,
et l'offrirent à Beckwith.

Les Vaudois pouvaient posséder, être notaires, archi-
tectes, chirurgiens, procureurs, pharmaciens, administra-
teurs de la commune, mais seulement chez eux. Ces restrictions cessèrent le 17 février 1848, lorsque, la constitution ayant été octroyée au royaume de Sardaigne,
les Vaudois furent assimilés aux autres citoyens. En juillet
1849, les Protestants de Turin demandèrent à se réunir
avec l'église Vaudoise, ce qui fit donner à cette congrégation, le nom de paroisse Vaudoise; en 1853, un temple
nouveau fut ouvert dans cette ville : favorisés par les circonstances et les raisons politiques, les Vaudois érigent
ailleurs des églises, impriment des journaux [1], font des
prosélytes, inspirent tour à tour des craintes et des espérances. Depuis 1856, quelques-uns ont commencé à
émigrer en Amérique; ils ont fondé dans la Répub-
que orientale de l'Uruguay une colonie, dite *du Rosaire,*
que le travail et beaucoup de moralité ont jusqu'ici fait
prospérer.

(1) *L'Écho des Vallées; la Bonne nouvelle; les Soirées Vaudoises,* etc.
Nous en reparlerons au *Discours* V du tome V.

NOTES ET ÉCLAIRCISSEMENTS

AU DISCOURS VIII.

(A) Ce point est également soutenu par le protestant J. J. Herzog (*De origine et pristino statu Waldensium secundum antiquissima eorum scripta cum libris catholicorum ejusdem œvi, collata.* Halle, 1849), qui a analysé tous les manuscrits vaudois des bibliothèques de Genève, Lyon, Paris, Cambridge, Dublin. Le même a publié à Halle, en 1853, *Die Romanischen Waldenser, ihre vorreformatorichen Zustœnde und Lehren, ihre Reformation im sechszehenten Jahrhundert, und die Ruckwirkungen derselben, nach ihren eignen Schriften dargestellt.* Bien que protestant, il veut prouver que les croyances des Vaudois se sont considérablement modifiées, en s'écartant graduellement de celles de l'Eglise catholique, et qu'ils ont adopté les opinions des Hussites.

De son côté A. W. Dieckhoff (*Die Waldenser in Mittelalter, zwei historische Untersuchungen.* Gœttinge 1851), tend à prouver que les divers écrits que l'on rapporte ordinairement aux commencements des Vaudois sont une simple imitation des Hussites. Ces écrits seraient : *L'Anticristo, Aiço es la causa del nostro despartiment de la Glesia romana,* avec la date de 1120, et la *Nobla Leizon* de 1100. De toute manière ils seraient bien postérieurs à l'époque apostolique à laquelle quelques-uns feraient remonter ces croyances ; mais la bonne critique ne reconnait pas une aussi grande antiquité au premier de ces ouvrages, dans lequel est cité le nom d'Augustin Trionfo qui est mort en 1328, et n'est probablemen qu'une traduction d'un travail des frères Bohèmes portant le même titre. Quant à la *Nobla Leizon,* on ne peut la placer qu'à la fin du 12e siècle.

Voir CHARVAZ, *Recherches historiques sur l'origine des Vaudois, et caractères de leurs doctrines primitives.* Paris, 1836. Il est étrange que frà Paolo Sarpi, après avoir dit au commencement de son histoire du concile de Trente, que le monde entier obéissait à Rome, ajoute : « Seulement dans un petit pays situé au milieu des montagnes qui joignent les Alpes aux Pyrénées, se trouvaient les restes des anciens Vaudois ou Albigeois. Mais il régnait parmi eux une telle simplicité et une telle ignorance des belles-lettres, qu'ils n'étaient pas capables de communiquer leur doctrine à d'autres personnes. Outre cela, ils étaient en une telle réputation d'impiété et d'immoralité auprès de leurs voisins, qu'il n'y avait pas de danger que la contagion pût s'étendre à d'autres. »

(B) Le 13 juin 1560, saint Charles écrivait à Monseigneur de Collegno, ministre du duc de Savoie, que le Pape avait « remis 20,000 écus ès mains de Messire Thomas de Marini à Milan, qui doivent servir à la défense des Cantons catholiques contre les autres Cantons hérétiques qui voudraient offenser lesdits catholiques : et de ces 20,000 écus Son Altesse le duc en tirera tel profit, que, les Cantons luthériens étant empêchés de faire la guerre aux catholiques, ils ne pourront venir au secours de Genève, quand Son Altesse ira l'attaquer. Outre cela, Sa Sainteté offre au seigneur duc de l'aider de 20,000 autres écus payables comptant dans les trois mois, quand il ira sus à Genève. Et de plus il enverra sa chancellerie, payée à ses frais, laquelle aura à servir S. A. pendant que durera l'entreprise contre Genève. S. S. pour la conduite de cette guerre, si elle devait durer plus que nous n'espérons, se contentera d'accorder quelques dîmes et encore la croisade, si besoin est. — S. S. rappelle à S. A. qu'il n'est pas à propos de désigner cette guerre, en disant qu'elle est faite contre les Luthériens, mais seulement contre ses sujets rebelles, et pour recouvrer Genève qui lui appartient. Pourtant en cela il s'en remet au bon jugement de S. A. » *Archives du Royaume.*

On a imprimé l'instruction que la cour de Rome donnait au père Corona le 28 juillet 1621, lorsqu'il fut envoyé à la cour de Turin et à celle de France, dans le but spécial de pousser à une entreprise contre Genève, ville qui, n'ayant ni territoire ni dignité propres, ni mérite guerrier ou scientifique, n'a pas de raison d'être indépendante, tandis qu'elle est une sentine de maux pour l'Italie : elle devrait appartenir au duc de Savoie, *salvo jure episcopatus.* Le duc avait l'intention de l'occuper, mais il en fut empêché par la guerre, qui épuisa ses ressources. Maintenant le moment serait propice, mais il faudrait élire le pape comme chef de l'entreprise, pour qu'on n'accusât pas d'ambition le duc de Savoie. C'est vers ce parti qu'il faut d'abord se tourner, puis s'il venait à échouer, ce serait vers le roi de France ; certes une fois gagné à la cause, le duc n'hésiterait pas. Il faut faire voir au roi combien le pape désire le rachat de Sedan, de la Rochelle, d'Orange, etc., et surtout celui de Genève : on ne peut pas dire-que ce roi poursuit de bonne foi les Huguenots, puisqu'il pro-tége Genève, qui est la Rome des Évangéliques. Le moment est choisi à propos, tandis que Suisses et les Grisons sont occupés en Valteline. On n'a rien à craindre de l'Angleterre et des Bernois : Fribourg verrait volontiers Genève sa voisine rendue aux Ca-tholiques; cela ferait encore mieux l'affaire de l'archiduc Albert pour l'Alsace et le Tyrol : l'empereur aurait la satisfaction de voir augmenter le nombre des vicaires de l'empire; quant aux princes italiens, ils n'y ont aucun intérêt, et le roi d'Espagne se souviendra de tout ce qu'a fait Philippe II pour aider le duc de Sa-voie à ce résultat. Les Bernois eux-mêmes verraient plus volon-tiers Genève aux mains de ce dernier que dans celles du roi de France, qu'ils pourraient craindre, s'il s'en servait pour mettre la discorde entre la Suisse et la Savoie.

(C) Le cardinal d'Este écrit de Paris au cardinal Borromée à Rome (avril 1562) : « Le Seigneur duc de Savoie a envoyé faire ici à Sa Majesté l'offre très-honorable et très-gracieuse de dix mille fantassins italiens, de six cents cavaliers, et de sa personne elle-même s'il en est besoin, déclarant qu'il voulait payer pendant six mois le tiers des dépenses. Cette offre a été fort agréable, et on lui en a ici une grande obligation. » *Manuscrit de la biblio-thèque de Parme.*

De Bèze (dans le *Réveille-matin des Français.* Introduction, page 12), oppose à Charles IX la tolérance d'Emmanuel Philibert. *Vous pourriez imiter l'exemple de monseigneur de Savoie, tout aussi ca-tholique que vous, et qui entretient les pasteurs et ministres de notre religion aux dépens des trop gras revenus des trois baillages de Tho-non, Gex et Ternier, où il ne souffre nullement d'être dit une seule méchante petite messe basse : étant au reste si bien obéi d'eux, qu'il n'a nuls de ses sujets desquels il ne puisse mieux assurer que de ceux-ci et de ceux du val d'Angrogne, auxquels il donne presque une an-cienne liberté.*

Aussi, en 1568, 'avocat géhéral de la Savoie signifia aux pas-teurs protestants la défense de combattre ou de blâmer dans leurs sermons la religion romaine, attestant que l'hérésie serait bientôt extirpée (CLAPARED et NOEFF, *Histoire du pays de Gex.*). L'ordre des saints Maurice et Lazare fut institué et réorganisé pour protéger la religion catholique, et Grégoire XIII en 1575 l'enrichissait des biens ecélésiastiques appartenant aux baillages occupés par les protestants, et il ajoutait que « lorsque les habi-tants de ces pays seraient parvenus à a lumière du vrai, leurs évèques établiraient un nombre suffisant de paroisses, en prenant au besoin sur les biens cédés aux chevaliers des saints Maurice et Lazare une rente de cinquante écus par curé ».

(D) HAMON, *Vie de saint François de Sales,* 1854.

Le roi Charles Albert a fait ériger dans Saint-Pierre de Rome, à saint François de Sales, une statue, œuvre d'Adam Tadolini, qui a coûté 30,000 francs. Le même monarque fit des instances auprès de Grégoire XVI, pour qu'il reconnût le culte rendu de temps immémorial au B. Humbert, au B. Boniface , archevêque de Cantorbéry, à la B. Louise, tous les trois de la maison des comtes de Savoie; il ajouta à ces derniers la vénérable Clotilde, femme du roi Charles Emmanuel IV, le B. Amédée IX, la B. Marguerite, tertiaire de Saint-Dominique. Il fut fait un rapport à la congrégation des Rites : quand on le lut à Grégoire XVI, il s'écria : « Mais c'est une maison de saints. »

En 1631, on publia à Chambéry une *Apologie de la sérénissime maison de Savoie contre les invectives scandaleuses intitulées* Première et seconde savoisienne. Cette apologie entreprend de nier que les ducs de Savoie aient usurpé des terres sur les rois de France et sur l'empire, qu'ils aient commis de graves offenses envers l'Eglise et affirme que « le Saint-Siége et l'Eglise n'ont jamais eu de fils plus soumis que les princes souverains de Savoie, honorés, en reconnaissance de leur zèle, des plus grands éloges par les souverains pontifes ».

La *Revue des Deux Mondes* de novembre 1866 se plaint en ces termes de la piété constante qui a distingué la maison de Savoie : « Il n'est pas de race royale plus constamment soumise. Sa dévotion, portée jusqu'aux minuties du cloître, lui donne une physionomie à part, où les traits de l'ascète et du moine se mêlent souvent à ceux du politique et du guerrier. Ils se font volontiers moines, évèques, cardinaux et papes. Rome les canonise ; elle ne sait rien refuser à ces saints; et tandis qu'*elle ne laisse aucun pouvoir étranger prendre pied sur le sol italien,* elle se montre conciliante envers celui-ci; elle en vient avec lui aux concordats et aux accommodements.

(E) Monseigneur Bernardi nous a fourni quelques notes se référant à cette époque; nous les transcrivons :

« Je soussigné Laurent Bernardi, podestat de Bubbiana, certifie et atteste avoir, les jour et fête de Saint-Laurent dernier, qui fut le 10 août de l'année écoulée, procédé à la visite et reconnaissance des cadavres tués par les religionnaires rebelles, venus le matin dudit jour dans le présent lieu, et en avoir retrouvé le nombre suivant, tous

de cet endroit-ci. Et d'abord noble Mathieu Barbero, homme de condition, chargé de huit enfants, 55 ans; Maria Bonanda, environ 86
ans, pauvre femme et misérable mendiante; Adrien et Anne, enfants
de défunt Marcellin Sebraro, cultivateur de la campagne, ayant,
Adrien 14, et Anne 13 ans; Catherine et Marie, filles de Jean Dominique Porta, âgées, Catherine de 16, et Marie de 20 ans, pauvres,
mais de bonne condition; Antoine Buffo, en service chez Jérôme
Cocho, 15 ans, pauvre; Caterino et Giovannina, âgés tous deux
d'environ 20 ans, cultivateurs à la campagne; Gabriel Alloa,
environ 40 ans, chargé de deux petits enfants, cultivateur; André
Chiaberto, 25 ans, cultivateur; Jeanne Bertotta, 60 ans, mendiante; Jacques Antoine, fils de Barthélemy Baron, 14 ans, cultivateur; Madeleine, fille de Bernard Richa et femme de Jean
Pierre Sebraro, grosse, sur le point d'accoucher, 20 ans, de la
campagne; Jean François Smoriglio, clerc, de la Motta, environ
15 ans, recommandable par ses qualités; Madeleine et Laurent,
mère et fils de Veroni, âgés, Madeleine de 60, et Laurent d'environ 15 ans, personnes pauvres et vivant de leur travail : en tout
dix-sept corps, comme il ressort de l'acte de visite et des informations de la reconnaissance que je m'offre à certifier, à toute
réquisition. En foi de quoi j'ai fait la présente déclaration et l'ai
signée de ma main.

« Bubbiana, le 8 janvier de l'an 1664.

« BERNARDI, podestat. »

«Je soussigné Laurent Bernardi, notaire et podestat de Bubbiana,
certifie que dans l'incursion qu'ont faite en ce présent lieu les
rebelles religionnaires, les jour et fête de Saint-Laurent, le 10
août, ils sont entrés dans les églises et maisons suivantes des
particuliers, et les ont saccagées, comme il est expliqué ci-dessous :
« Etant d'abord entrés dans l'église et le couvent des R. R. P. P.
missionnaires de ce lieu, ils ont brisé la porte, enlevé la pyxide et
le calice, mis en pièces l'image de la Madone, et tous les ornements, chasubles, nappes et autres, comme cela résulte pleinement des informations prises par nous. De plus, dans l'église des
Disciplinants du présent lieu, ils ont brisé les siéges, emporté
leurs vêtements, les ornements sacerdotaux, l'autel, le calice et
diverses autres choses, comme il apparaît par nos informations;
de plus, ils ont saccagé la maison du sieur Pierre Moreno, comme
on le voit d'après les renseignements transmis à l'excellentissime
seigneur marquis de Pianezza. — De plus, la maison du capitaine
Thomas Barbero, la maison d'André Bonino, la maison de ma-

dame veuve Simonda Moresca, la maison de M. André Buffa, la maison de Barthélemy Castella, la maison de François Bonino, la maison de Jacques Antoine Orcello, la maison de M. le lieutenant Jean Gerando, la maison de Mathieu Borgo, la maison de M. François Falco, la maison de Marcellin Paul et la maison de M. Mathieu Barbero, brisant les portes, emmenant les chevaux, les bestiaux, ouvrant les greniers, et emportant quantité de linge, d'argent et d'effets, comme il résulte pareillement des susdites informations; et après que je les eus fait chasser de ma porte qu'ils mettaient à bas à coups de massue, ils ont brisé la porte d'une maisonnette, à moi appartenant, peu distante d'ici, m'ont pris une jument de prix valant six doublons, comme il conste de l'information reçue par le sieur Pierre Morello, notaire et co-podestat du présent lieu. En foi de quoi j'ai signé de ma main.

« Fait à Bubbiana, le 13 janvier 1664.

« BERNARDI, podestat. »

(F) Outre ceux déjà cités, mentionnons :

RORENGO, *Memorie historiche della introdutione delle heresie.*

Authentic detail of the Valdenses in Piemont and other countries, with abridged translations of l'HISTOIRE DES VAUDOIS PAR BRESSE, *et* la RENTRÉE GLORIEUSE D'HENRI ARMAND : *with the ancient Valdesian catechism; to wich is subjoined original letters, written during a residence among the Vaudois of Piemont and Wurtemberg in* 1825. Londres.

GILLY, *Narrative of an excursion to the montains of Piemont in the year* 1825, *and researches among the Vaudois or Waldenses protestants, inhabitants of the Cottien Alpes. With maps.* Londres, 1820.

JONES, *The history of the christian Church, including the very interesting account of the Waldenses and Albigenses,* 2 vol.

LOWTHEC'S, *Brief observations on the present state of, the Waldenses.* 1825.

ACLAND, *A brief sketch of the history and present situation of the Vaudois.* 1826.

ALLIX, *Some remarks upon the ecclesiastical history of the ancient Churches of Piedmont.*

PEYRUN, *Notice sur l'état actuel des Églises vaudoises.* Paris, 1822. Il y soutient que les Vaudois remontent à la fondation du christianisme.

A. Muston, *Histoire des Vaudois des vallées du Piémont*, 1834.

L'Israel des Alpes, ou les Martyrs vaudois, les fait venir de Léon, qui au IVᵉ siècle se sépara du pape Sylvestre, quand celui-ci accepta la donation de Constantin.

'TABLE DES MATIÈRES.

FIN DE LA TABLE.

ERRATA.

Page 20, à la note marginale. Au lieu de : *Antarelli*, lisez : *Santarelli*.

Page 41, 11ᵉ ligne. Au lieu de : *Castelfranco*, lisez : *Cittadella*.

Page 91, 22ᵉ ligne. Au lieu de : *De la Composampiero était Tiso Thiene*, lisez : *De la famille Camposampiero naquit Tiso Thiene*.

Page 108, 1ʳᵉ ligne. Au lieu de : *Mariana*, lisez : *Marciana*.

Page 119, 28ᵉ ligne. Au lieu de : *incarcération*, lisez : *incamération*.

Page 139, 13ᵉ ligne. Au lieu de : *Il nous a passé*, lisez : *il nous est passé*.

Page 192, 32ᵉ ligne. Au lieu de : *dans des cabanes aux flancs nus*, lisez : *suspendues aux flancs nus*.

Page 263, 32ᵉ ligne. Au lieu de : *ait été mise*, lisez : *avait été mise*.

Page 278, 18ᵉ ligne. Au lieu de : *influences*, lisez : *voilà les influences*.

Page 280, 2ᵉ et 3ᵉ ligne. Au lieu de : *livrés d'horribles supplices*, lisez : *livrés à d'horribles supplices*.

Page 297, 39ᵉ ligne. Au lieu de : *oder urzer*, lisez : *oder kurzer*.

Page 321, 19ᵉ ligne. Au lieu de : *dont il lui offrait*, lisez : *dont lui offrait*.

Page 337, 2ᵉ ligne. Au lieu de : *du soulèvement*, lisez : *le soulèvement*.

Lightning Source UK Ltd.
Milton Keynes UK
UKHW010916050119
334854UK00007B/1316/P

9 780266 318200